本书出版得到 2023 年东北师范大学哲学社会科学优秀学术著作出版基金资助以及东北师范大学世界古典文明史研究所研究基金的资助，特此致谢！

Research on Byzantine Legal
Documents from the
Perspective of National Governance

国家治理视域下的拜占庭法律文献研究

李 强 等著

中国社会科学出版社

图书在版编目(CIP)数据

国家治理视域下的拜占庭法律文献研究 / 李强等著. 北京：中国社会科学出版社，2024.12. -- ISBN 978-7-5227-4279-3

Ⅰ.D909.1

中国国家版本馆 CIP 数据核字第 2024JY9452 号

出 版 人	赵剑英
责任编辑	耿晓明
责任校对	闫 萃
责任印制	李寡寡

出　　版	中国社会科学出版社
社　　址	北京鼓楼西大街甲 158 号
邮　　编	100720
网　　址	http://www.csspw.cn
发 行 部	010-84083685
门 市 部	010-84029450
经　　销	新华书店及其他书店
印　　刷	北京明恒达印务有限公司
装　　订	廊坊市广阳区广增装订厂
版　　次	2024 年 12 月第 1 版
印　　次	2024 年 12 月第 1 次印刷
开　　本	710×1000　1/16
印　　张	22.75
插　　页	2
字　　数	345 千字
定　　价	118.00 元

凡购买中国社会科学出版社图书，如有质量问题请与本社营销中心联系调换

电话：010-84083683

版权所有　侵权必究

目　录

序　言 …………………………………………………………… (1)

一　文献评注篇

第一章　查士丁尼《国事诏书》译注 …………………………… (3)
第二章　《查士丁尼二世"赠礼"法令》译注 ………………… (23)
第三章　《罗得海商法》译注 …………………………………… (35)
第四章　《农业法》译注 ………………………………………… (57)
第五章　拜占庭《士兵法》译注 ………………………………… (85)
第六章　《法律选编》译注 ……………………………………… (101)
第七章　拜占庭《市政官法》译注 ……………………………… (155)
第八章　拜占庭马其顿王朝土地立法选注 ……………………… (188)

二　文献研究篇

第九章　罗马—拜占庭"藩盟"安置法刍议 …………………… (215)
第十章　《查士丁尼二世"赠礼"法令》碑文探究 …………… (228)
第十一章　论中世纪伊斯兰海商法的形成 ……………………… (241)
第十二章　试论拜占庭的拓殖运动 ……………………………… (258)
第十三章　拜占庭《法律选编》的"仁爱"化问题探微 ……… (274)
第十四章　论拜占庭帝国对官办工厂的管理 …………………… (287)

目 录

第十五章 拜占庭《市政官法》中体现的城市管理理念 ………（299）
第十六章 罗曼努斯与934年新律 ……………………………（319）
第十七章 节制权贵比较优势：马其顿王朝土地立法类型学
　　　　 分析 …………………………………………………（340）

附 录 ………………………………………………………………（353）

后 记 ………………………………………………………………（356）

序　言

国家治理是古今中外国家建设与发展中的重要议题。拜占庭帝国是中世纪时期地中海世界的强大帝国，其在国家治理上同样投入了极大的财力、物力与精力。帝国延续千年，这与其国家治理的有效性密不可分，其中，法律是其治理的核心要素。东北师范大学拜占庭学研究团队，经过10余年的合作，对6—10世纪拜占庭的重要立法文献加以整理、评注与研究，并通过对立法文献的深入分析与研究揭示出拜占庭帝国在政府管理、宗教政策、经济管控、城市与贸易、土地分配以及对外关系等方面的重要成就，这对于当下思考国家治理中的中国法治具有积极的启示性意义。

本书所收文章包括两种类型：一、评注论文，二、研究论文。其中大部分内容已经以不同形式出版。由于上述内容出版较为分散，考虑到它们的史料与研究结论的重要意义，经团队成员同意，作此结集，目的是将其以整体的形式呈献给学界。译注论文包括对《国事诏书》（查士丁尼）《查士丁尼二世"赠礼"法令》《罗得海商法》《农业法》《士兵法》《法律选编》《市政官法》以及《马其顿时期土地法令》等重要的拜占庭法律文献所作的翻译与评注。本书课题组成员多接受过古典希腊语和拜占庭希腊语的训练，并且掌握多门现代语言，这为本书课题的研究提供了扎实的基础。该系列文献的评注以经过校对和整理的原始希腊语文献为底本，辅以英文、法文、意大利文、现代希腊文等现代语言的译本进行比对，以期得到更为符合原意的中译本。研究论文主要以上述法律文献的翻译为基础，对拜占庭的国家、城市、社会的结构、运行机

序言

制及其与帝国周边的互动与影响进行更为细致的剖析和研究。

本书作为国内第一部较为客观、中肯，并立足于希腊文原典翻译，进而全面研究拜占庭帝国立法的著作，其出版具有重要的价值。

拜占庭帝国地处亚欧大陆的肯綮要地，是文明互动的核心地区，是除中华文明之外典籍浩瀚的文明实体之一。拜占庭文明具有综合性特征，是古典希腊罗马文明与近东文明及公元1世纪产生的基督教观念相结合的产物，在历史上曾经对西欧文明、斯拉夫文明、伊斯兰文明等产生了深刻的影响。对拜占庭文明遗产的整理与研究既具有重大的实践价值，又具有重要的学术价值。

6—10世纪，是拜占庭由古代晚期时代进入中世纪时代的历史转型时期。由于外部族群的长期侵扰（包括斯拉夫人、欧亚游牧族群和新兴伊斯兰教势力）等问题，拜占庭帝国管辖下的中近东领土大量丧失、海上贸易路线也因受到阿拉伯海盗的威胁而举步维艰；加之自然灾害的侵袭（如地震、瘟疫、全球气候的变化等），以及宗教冲突等问题，拜占庭社会不同阶级间的矛盾、统治阶级内部的矛盾和基督教会内部的矛盾日益激化。随着传统元老贵族和教会贵族的衰微及军事新贵的崛起，社会阶层的双向流动成为这一时期阶级关系变化的主流。新老贵族间所发生的社会财产与权力再分配的矛盾，在8—9世纪以"破坏圣像运动"这一宗教斗争形式暴露出来，导致激烈的社会动荡。外来族群的传统与古代希腊—罗马传统在拜占庭土地上的冲突与融合，也迫使统治者阶层重新审视古代的立法，尽可能合理地适应当时社会的需要，调适以解决种种社会问题。

另外一个值得注意的问题是，自6世纪中期查士丁尼皇帝逝世后，拜占庭帝国加快了其希腊化—拜占庭化的进程，虽然其统治阶层一直以"罗马帝国"和"罗马皇帝"自诩，其民众也多以"罗马人"自称，但以往作为帝国官方语言的拉丁语已经退出了上层建筑领域，查士丁尼所修编完善的《罗马民法大全》已经不能适应拜占庭社会的新变化，如其边境地区全方位暴露于巴尔干和阿拉伯世界的新兴族群攻击下、原本属于"罗马世界的内湖"上的各地区间的商业贸易活动增加了新兴的、富有活力的阿拉伯人的参与。这迫使拜占庭各届统治集团致力于用希腊语修订和选录罗马帝国晚期的法典、并尽量使之能够为新移民（主要是斯拉夫人）和海上所有参与贸易活动的各族民众理解和接受。于是，出现了一系列半官方半民间习惯法的法律汇编手册，如《农业法》《士兵法》《罗得海商法》。同时，为了调节新时代的城乡社会关系，伊苏里亚王朝皇帝编纂了《法律选编》，其后的马其顿时期皇帝们也颁布了多条涉及土地管理的新律，同时君士坦丁堡也出现了重要的管理手册《市政官手册》等。虽然无人能证明这些法律文献完全由皇帝或宫廷控制下的法学人士修编而成，但它们的确反映了7世纪至12世纪拜占庭社会的变化和社会阶层流动的新动向，而且也的确在不同的历史时期发挥了它们的重要作用。

因此，本书将上述几部法典和皇家敕谕集选为重要译注篇章，以使其能够有助于研究这一特定历史时期内拜占庭社会，尤其是城乡经济生活、政治及军事结构发展变化的基本趋势及导致这种变化的尖锐复杂的社会矛盾，以及国家立法对于这种矛盾的关注与调适策略。

虽然本书是东北师范大学拜占庭学团队多年研究的成果，但是鉴于成员多是研究历史出身，而非来自法律专业，因此在法律术语的把握上稍有欠缺，如有浅陋，请方家批评指正。

李　强　徐家玲

撰于史苑，2019 年 11 月 03 日，2023 年 11 月 17 日定稿

一　文献评注篇

第一章　查士丁尼《国事诏书》译注

提要：《国事诏书》系哥特战争结束后拜占庭皇帝查士丁尼为重建意大利而颁布的"法律意见",是学界研究查士丁尼统一理念、拜占庭法律思想的重要原始文献。关于《国事诏书》的整理与解读,国外成果汗牛充栋,1895年《新律》标准本附录所收文本为学界公认权威版本。本章在拉丁标准本基础上,参照英译本,对《国事诏书》进行移译与注释,以期为国内研究者提供一份较为忠实的中文译本。

二十年哥特战争（535—554）后意大利重归拜占庭帝国,其重建工作也被提上议事日程。就现存史料来看,帝国的意大利重建构想主要存留于查士丁尼皇帝于554年颁布的《国事诏书》(*Pragmatica Sanctio*,以下简称《诏书》)中。作为意大利重建工作的政策指南,《诏书》就新旧法律效力、财产关系、奴隶归属、赋税征收等问题作了详尽规定,表明查帝意在继承东哥特王国所保留的罗马旧制基础上,通过恢复固有财产关系、明定税制的方法,实现意大利回归社会常态的重建目标。

论及《诏书》流传情况,就不得不提君士坦丁堡法学教授朱利安的《朱利安摘抄》(*Epitome Iuliani*,以下简称《摘抄》)。尽管近世学界（主要是注释法学派）通常将《新律》(*Novellae Constitutiones*) 的成书归功于查帝,但严格说来,查帝任内从未组织过《新律》的修纂,今人所谓的《新律》实为一系列私人汇编的合集,如《摘抄》《正本汇编》(*Authenticum*,以下简称《正本》)和《168条新律汇编》(*Collectio*

CLX Ⅷ*Novellarum*，以下简称《168条》）等。① 朱氏之所以能凭《摘抄》独领众多汇编之先，其原因也正在于《诏书》的颁布。由于朱氏主要负责教授来自意大利的学生，因此当哥特战争结束，查帝决定在意大利推行新律时，他便顺势摘抄查帝于535—555年颁布的新律124条（其中重复者两条），并在文后法学教案中附上《诏书》，以示编纂缘由。②

由于朱氏《摘抄》契合帝国西部法律工作者的需要，因此其在中世纪西欧流传极广，各种抄本层出不穷。③ 文艺复兴以降，有关《摘抄》的整理成果甚多，但真正现代意义上的评注本却仅有1873年德国学者黑内尔（Gustav Hänel）编订的《查士丁尼新律的朱利安拉丁文摘抄》。④ 但因所存诸多缺陷，其评注本并未获得学界广泛认可。⑤ 今人若欲引证《诏书》，便只能从1895年德国学者舍尔（Rudolf Schoell）和

---

① 《正本》和《摘抄》一样，均用拉丁文编纂，共收新律133条。其得名据说是因为意大利注释法学家伊尔内留斯（Irnerius，约1050—1125或1125年以后）认为它是查帝颁行于意大利的官方汇编。《168条新律汇编》亦称《希腊法汇编》，是众汇编中发现最晚的（约于1200年），主要有威尼斯和佛罗伦萨两种版本，二者均用希腊文编纂，共收新律168条。此外，《新律》还有其他一些不甚重要的汇编版本，如《阿塔纳修斯摘抄》（*Epitome Athanasii*）、《狄奥多鲁斯摘抄》（*Epitome Theodori*）等。Timothy G. Kerley, "The Creation and Transmission of Justinian's Novels", *Law Library Journal*, Vol. 102, No. 3, 2010, pp. 383 – 391.

② 关于查帝在意大利推行《新律》的规定，详见《诏书》第11条。《摘抄》前半部分为《新律》的拉丁语节本，后半部分系其法学教案附录。该作成书于555年，但其所署出版日期却表明它与554年颁布《诏书》的内在关联。Timothy G. Kerley, "The Creation and Transmission of Justinian's Novels", *Law Library Journal*, Vol. 102, No. 3, 2010, p. 383；[意]朱塞佩·格罗索：《罗马法史》，黄风译，中国政法大学出版社1998年版，第452页。

③ 《摘抄》是中世纪流传最广的《新律》汇编，其经典地位直到12世纪才随着《正本》的出现而逐渐丧失。伦巴德史家助祭保罗（Paul the Deacon）就曾将其误认作查帝钦定本。关于《摘抄》在中世纪流传情况，详见 Paul the Deacon, *History of the Langobards*, with an English translation by William Dudley Foulke, Philadelphia: University of Pennsylvania, 1907, p. 46；Timothy G. Kerley, "The Creation and Transmission of Justinian's Novels", *Law Library Journal*, Vol. 102, No. 3, 2010, pp. 384 – 385; Charles M. Radding and Antonio Ciaralli, *The Corpus Iuris Civilis in the Middle Ages*, Leiden & Boston: Brill, 2007, pp. 35 – 37.

④ Gustav Hänel ed. , *Iuliani Epitome Latina Novellarum Iustiniani*, Leipzig: Hinrichs, 1873.

⑤ Timothy G. Kerley, "The Creation and Transmission of Justinian's Novels", *Law Library Journal*, Vol. 102, No. 3, 2010, p. 393.

克罗尔（Wilhem Kroll）编订的《新律》标准本附录中窥其风貌。①

论及英文译注，目前《新律》有两种译本，一是1932年的斯科特（S. P. Scott）本，②二是2010年的布卢默（Fred H. Blume）本。③但不知出于何种原因，斯氏所采底本系1840年的奥森布鲁根（Eduard Osenbrüggen）本，④故在其译本中并不见《诏书》身影。布氏所宗倒是标准本，加之移译法条多附注释，其学术价值远高于斯本，但遗憾的是，由于译作未及校毕，布氏便已辞世，目前公示文本仅为其原始手稿的网络电子化，因个中疏漏在所难免，引证时须参看拉丁原文，谨防偏差。⑤

虽然本文将查帝颁布的这份 *Pragmatica Sanctio* 译作"国事诏书"，但需要指出的是，此 *Pragmatica Sanctio* 与目前学界一般意义上的"国事诏书"在内涵上是有所区别的。现今所谓的"国事诏书"通常指近世君主针对国家重要事务而发布的具有基本法性质的法令，如1438年法王查理七世颁布的旨在限制教宗权力的法令，1713年神圣罗马帝国查理六世、1830年西班牙费迪南德七世分别颁布的王位继承法令。⑥而本文所译 *Pragmatica*

---

① 标准本的编订主要依据《168条》和《正本》。其正文每页左侧为《168条》希腊文校勘本，右侧为与之相对应的《正本》拉丁文校勘本，底部系现代拉丁文翻译（至于《正本》所缺条文，则上方为希腊文本，下方为现代拉丁文翻译）。附录部分为《摘抄》与其他汇编收录，但未见诸《168条》和《正本》的法条。Paul Krueger, Rudolf Schoell, Theodor Mommsen and Wilhelm Kroll eds., *Corpus Iuris Civilis*: *Novellae*, Berolini: Apud Weidmannos, 1895.

② S. P. Scott, *The Civil Law*: *The Novels*, Cincinnati: The Central Trust Company, 1932［文中简作"Scott, *Novels*"］。

③ Fred H. Blume, *Justinian's Novels*, 2nd ed., ed. by Timothy Kearley, Laramie: College of Law George William Hopper Law Library, The University of Wyoming, 2010［文中简作"*Novels*"］。

④ 主要依据《168条》整理而来，收录于1843年德国学者克里格尔（Kriegel）兄弟主编的《民法大全》中。Emil Herrmann, Albert Kriegel, Moritz Kriegel and Eduard Osenbrüggen eds., *Corpus Juris Civilis*: *Novellae et Reliquae*, Lipsiae: Sumtibus Baumgaertneri, 1843.

⑤ 关于布卢默本移译风格及公示始末，详见Timothy G. Kerley, "Justice Fred Blume and the Translation of Justinian's Code", *Law Library Journal*, Vol. 99, No. 3, 2007, pp. 525–554。

⑥ 《不列颠百科全书》（第13卷），中国大百科全书出版社1999年版，第454页，"布尔日国事诏书（Pragmatic Sanction of Bourges）""查理六世国本诏书（Pragmatic Sanction of Emperor Charles Ⅵ）""费迪南德七世国事诏书（Pragmatic Sanction of King Ferdinand Ⅶ）"词条；《大美百科全书》（第22卷），光复书局1994年版，第361页，"Pragmatic Sanction 国事诏书"词条。

一 文献评注篇

Sanctio 其实是罗马帝国晚期出现的一种新敕令形式：① 皇帝依地方当局（如行省、城市、库利亚）或公共机构（如行会、学校）请求就公共事务发布的法令。② 但在界定它与其他形式敕令的关系方面，学界却莫衷一是，因为它有时类似敕答，有时又像是一般敕令（即敕谕，*edictum*）；它具有一般性，但又未上升到一般敕令的地位。因此，就法律效力而言，查帝的这份敕令并非后人眼中的基本法，而是为解决意大利重建过程中所遇问题，应罗马教宗维吉里乌斯之请颁布的近似"法律意见"的敕令。③

就笔者译注而言，本章主要是在对照《新律》标准本基础上，参考布本移译而来。总体框架格式皆循标准本：尖括号中的文字是标准本为保证行文逻辑通畅而加；方括号中的年份为标准本推算的公元纪年；星号部分乃标准本怀疑有所脱漏之处。鉴于布氏遗稿尚未尽善，而斯本亦有一定参考价值，故本文注释所涉法条除标注目前学界通行的标准本编号（亦即布本编号），另附斯本编号以备参考。另因国内已有《法学总论》《学说汇纂》的全译本和节译本，笔者在引证时，亦列中译本出处以供对照。④

---

① 帝国时代罗马传统的敕令（*constitutiones*，亦译谕令）形式主要有敕谕（*edictum*，亦译诏谕）、敕裁（*decretum*，亦译裁决）、敕答（*rescriptum*，亦译批复）、敕训（*mandatum*，亦译训示）四种。关于这些敕令形式的各自适用范围及法律效力，详见周枏《罗马法原论》（上册），商务印书馆1994年版，第51—53页。[意] 朱塞佩·格罗索：《罗马法史》，第345、395页。

② 关于 *Pragmatica Sanctio* 敕令形式的定义及适用范围，详见 Fred H. Blume, *Annotated Justinian Code*, 2nd ed., ed. by Timothy Kearley, Laramie: College of Law George William Hopper Law Library, The University of Wyoming, 2010 [文中简作 "*Code*"], 1.22.6, 1.23.7; S. P. Scott, *The Civil Law: The Code of Justinian*, Cincinnati: The Central Trust Company, 1932 [文中简作 "*Scott, Code*"], 1.22.6, 1.23.7; [意] 朱塞佩·格罗索：《罗马法史》，第396页。

③ 国内法学界通常将 *Pragmatica Sanctio* 译作"法律意见"。黄风编著：《罗马法词典》，法律出版社2001年版，第206页，"法律意见（*pragmatica sanctio*）" "依维吉里乌斯请求发表的法律意见（*pragmatica sanctio pro petitione papae Vigilli*）"词条。

④ 文中参考文献主要有：Alan Waston, *The Digest of Justinian*, Philadelphia: University of Pennsylvania, 1998 [文中简称 "*Digest*"]; J. B. Moyle, *The Institutes of Justinian*, Oxford: Claredon Press, 1911 [文中简作 "*Institutes*"]; [意] 桑德罗·斯奇巴尼选编：《民法大全选译·物与物权》，范怀俊等译，中国政法大学出版社1993年版；[意] 桑德罗·斯奇巴尼选编：《民法大全选译·契约之债与准契约之债》，丁玫译，中国政法大学出版社1998年版；[意] 桑德罗·斯奇巴尼选编：《民法大全选译·人法》，黄风译，中国政法大学出版社1995年版；[拜占庭] 查士丁尼：《法学总论》，张企泰译，商务印书馆1989年版。

第一章　查士丁尼《国事诏书》译注

查士丁尼敕令摘抄——关于意大利重建①

第1条　阿玛拉宗塔、阿塔拉里克、提奥达图斯的任何颁授将继续有效[1]

承令人尊敬的古罗马〈主教〉维吉里乌斯[2]之请，我们认为，应当制定有裨于西方所有臣民福祉的政策。对此，我们首先规定：阿塔拉里克或其母后阿玛拉宗塔或提奥达图斯应罗马人民或元老院之请而作之颁授，将继续有效，不容违背。我们亦核准我们或令人缅怀的先皇后狄奥多拉·奥古斯塔[3]的各项颁授。无论何种目的，何种理由，未经批准，任何人不得触犯上述人士的一切颁授。唯提奥达图斯以马西安努斯之产为礼赠予马克西穆斯者另当别论，我们记得，所赠之半已赐予最为尊贵者利贝里乌斯，余数尽归高贵者马克西穆斯，我们规定，这些财产自当各归其主。[4]

[1] 阿玛拉宗塔（Amalasunta, 526—534年摄政）为东哥特王国开国之君狄奥多里克（Theodoric, 493—526年在位）之女。阿塔拉里克（Atalaricus, 526—534年在位）乃狄奥多里克外孙，阿玛拉宗塔之子。提奥达图斯（Theodatus, 534—536年在位）是阿玛拉宗塔的表兄。狄奥多里克死后传位阿塔拉里克，因阿塔拉里克登位时年纪尚幼，阿玛拉宗塔以摄政者身份成为东哥特实际统治者。阿塔拉里克死后，阿玛拉宗塔与提奥达图斯成婚，使提奥达图斯成为东哥特第三任统治者。帝国之所以对阿玛拉宗塔、提奥达图斯的各项措施予以承认，其主要原因在于，从狄奥多里克到提奥达图斯，所有东哥特国王的上台都是经帝国认可的。换言之，他们只是作为拜占庭臣属在意大利代行统治而已，无论他们在位期间做过什么，其措施都具有法律效力。关于历代东哥特国王受封于拜占庭的法律文献，详见 Cassiodorus, *The Letters of Cassiodorus: Being a Condensed Translation of the Variae*, with an English translation by Thomas Hodgkin, London: Henry Frowde, 1886（以下简作"Cassiodorus, *Variae*"）, 1.1, 10.3, 10.4。至于文中缘何未提狄奥多里克，英国学

---

① 标准本并未标注标题，该题引自《摘抄》的黑内尔评注本。另据黑氏考证，某些抄本中还有"法律意见若干条，查士丁尼皇帝颁布"字样。Gustav Hänel ed., *Iuliani Epitome Latina Novellarum Iustiniani*, p.185.

者霍奇金认为,这或许是因为自狄奥多里克去世到诏书颁布,之间已间隔28年,相距甚远,查帝觉得已无重提必要,详见 Thomas Hodgkin, *Italy and Her Invaders*, Vol. 6, Oxford: Clarendon Press, 1895[以下简作"Hodgkin(1895)"],p. 519。

［2］古罗马,原文为"*antiquioris Romae*"(*antiqua Roma* 的单数属格形式),与"*nova Roma*"(新罗马,亦即君士坦丁堡)相对应。古罗马〈主教〉维吉里乌斯,亦即罗马教宗维吉里乌斯(Vigilius, 537—555年在位)。上台后即忙于意大利重建事宜(当时拜占庭大将贝利萨留已初步平息战争),后因一性派"三章"争论而于545年被查帝强行召至君士坦丁堡,临终前才得以返回罗马。

［3］查帝之妻(约497—548年),狄奥多拉(Theodora)为其名字,奥古斯塔(Augusta)为其尊号。

［4］马西安努斯(Marcianus),同时期同名者甚多,生平不详。马克西穆斯(Maximus,生卒年不详),出身罗马贵族,西罗马皇帝马克西穆斯(Petronius Maximus, 455年在位)的后裔,535年与东哥特公主成亲。文中所谓财产赠予似为公主出嫁时的嫁妆。Cassiodorus, *Variae*, 10.11-12。至于该嫁妆如何取自马西安努斯之手,史籍并无记载。利贝里乌斯(Liberius, 465—554年),出身罗马贵族,在东哥特和拜占庭政府中均担任要职。历任意大利大区长、高卢大区长、东哥特驻君士坦丁堡使节、埃及大区长(代表拜占庭)等职,并在哥特战争中为帝国出力甚多。查帝与狄后何时将马西安努斯的半数财产转赠给他,史籍并无记载。"尊贵者"(*gloriosus*)和"高贵者"(*magnificus*)均属爵级。爵级的高低与官阶、权力大小关系密切,*Code*, 12.1 (Sott, *Code*, 12.1)对帝国官员的爵级、特权作了详尽阐述。

第2条 托提拉的任何颁授皆属无效[1]

如若发现暴君[2]托提拉对罗马人或其他人有所颁授,对其效力,我们绝不予以承认,我们还规定,被不法占有者侵占之物须归还原主。易言之,我们绝不允许我们的法治时代记载他暴政时期的所作所为。[3]

［1］托提拉(Totila)于541年被东哥特各部首领推为国王,继续领导反抗拜占庭帝国的战争。任内大量释放奴隶,将土地分配给农民,赢得下层支持,使得昔日的元老、贵族沦为奴隶,并一度收复被拜占庭占领的意大利大部土地。552年战败身亡。提奥达图斯536年死后,托提拉上台前,起兵反抗拜占庭的还有维蒂吉斯(Witigis)、伊尔狄巴杜斯(Ildibaldus)、埃拉里克(Eraric)等其他一些东哥特国王。为什么诏书单单反对托提拉,而对其他国王的地位不置可否,笔者以为其原因

主要有两点：其一，这与他们抵抗不坚、态度摇摆有一定关系。这些统治者在对抗拜占庭的过程中，往往主动乞和，以求帝国承认其合法地位；其二，这些统治者大多在位时间短暂（只有维蒂吉斯稍长，536—540年在位），而且并未造成严重的社会动荡。关于托提拉打击贵族、释放奴隶的举措，详见［拜占庭］普洛科皮乌斯：《战争史》（下卷），王以铸、崔妙因译，商务印书馆2010年版，第666、679、692—693、716—717、817页。关于这些东哥特统治者请求拜占庭承认其合法地位的记载，详见Cassiodorus, *Variae*, 10.32；［拜占庭］普洛科皮乌斯：《战争史》（下卷），第645—646页。

［2］暴君，原文为"tyranno"（*tyrannus*的单数夺格形式），可作"僭主"与"暴君"两种解释，此处有双关意味。一方面旨在强调托提拉地位的非法性——未经帝国批准，与《诏书》第1条所列诸王的上台经过形成鲜明对比；另一方面意在谴责托提拉打击贵族政策的残暴性。

［3］布氏将该句话意译为："因为他暴政时期的所作所为不应玷污我们的法治时代"（For whatever is found to have been done by him during his tyranny shall not stain our time of legitimacy）。

第3条　不得因契约的佚失而损害身陷囹圄之人[1]

虽然一般法律[2]已做出规定，为避免契约的佚失对物主——为其利益而订立契约——造成任何财产损害，但我们还是认为，应在那些地区郑重重申该法，因为我们知道，因罗马城及其他地区屡罹各种灾难，饱受敌人入侵，契约多已佚失。因此，为避免任何人遭受诉讼、承担任何伤害，我们规定，不得以契约的丢失或损毁而就所有权[3]或占有物、〈或〉债务，损害签署契约的财物所有人或占有人或债权人。

诏书颁布于八月十三日，我主查士丁尼皇帝、永生的奥古斯都第二十八年，显贵者巴西利乌斯担任执政官第十三年。［554年］[4]

［1］关于契约佚失而造成的损害，详见 *Code*, 4.21 (Scott, *Code*, 4.21)。

［2］一般法律，原文为"*generali lege*"（*generales leges*的单数夺格形式），敕令形式之一，即"敕谕"（或"诏谕"）。

［3］所有权，根据原文"*domino*"（*dominus*的单数夺格形式），此处应作"所有人"解，考虑到上下文有对应关系，遂参照英译本，将其转译为"所有权"（ownership）。

[4] 原文落款在英译本中均被省略,在此笔者按原文格式予以补齐。巴西利乌斯(Basilius,生卒年不详),出身罗马贵族,541年担任罗马执政官,546/547年因托提拉攻陷罗马城而逃至君士坦丁堡。

第4条 如果有人自动或奉他人之命侵占,或声称占有无主或囚主的财产,或许是畜群,我们令其物归原主——当物主返回或被释放时,或物归其嗣,不得延误。〈正如〉法律的权威所规定的,若物主恰巧亡故,财产须归还其嗣。[1]

是年是日,执政官签署。

[1] 布氏认为该条是 Code, 8.52(Scott, Code, 8.53)的概括,但经笔者查证,Code, 8.52(Scott, Code, 8.53)所述系古代习惯的法律效力,与本条主题并不相干。关于无主、囚主财产的侵占问题,应见于 Code, 8.5(Scott, Code, 8.5),此处只是简述相关原则。

第5条 严禁侵占他人财产[1]

因为我们还认为,暴政时期,许多人因慑于把持官府或受命托提拉或手握大权或受宠于托提拉之人,经变卖或各种名号的契约关系而丧失其财产,但如果有人意图撤销先前行为,只要这些行为乃暴政时期暴力、恐吓使然,我们规定,任何人皆有权从法官处收回、索还、接收财产,已经赔付的款项——赔付人认为并能证明自己已经赔付——将继续有效,而不应通过欺诈手段被拿走,或以某种方式索回;因为我们认为,万事莫不有因,彼时诸事皆源自恐惧或暴力,而我们的法治时代要求废止此类事情。根据前述法律,契约中所列惩罚在各方面均属无效。

颁布于是年是日,执政官签署。

[1] 关于暴力侵占财产的规定,详见 Code, 2.19, 9.33(Scott, Code, 2.20, 9.33)。

第6条 关于囚房后公民资格、财产恢复权的时效[1]

此外,当仁慈的上帝令万物重归我们的帝国,我们规定,根据我们法律的权威,时效期为三十至四十年[2],根据上述其余经法律□□□

诸条[3]，其地位应予以确立，并在各方面保持效力，暴君篡位后的混战乱世，绝不应纳入规定期限。

颁布于八月十三日，我主查士丁尼皇帝、永生的奥古斯都第二十八年，显贵者巴西利乌斯担任执政官第十三年。[554年]

[1] Code, 8.50（Scott, Code, 8.51）用20条篇幅详细论述了战后公民资格、财产恢复过程中的种种问题，唯独未说明恢复权的时效问题。该条对此作了补充说明。

[2] 关于"三十年至四十年"期限的最初适用范畴，详见 Code, 7.39（Scott, Code, 7.39）。

[3] 标准本认为此处似有脱漏，应作"根据上述其余经法律确认的诸条"。

第7条　契约〈不〉应宣告无效

〈此外，因为〉我们得知，当凶残之敌围困罗马城或其他地区时，受困的罗马人中曾缔结过各式契约，签署过各项文书，但时至今日，有人意欲撤销上述契约，宣告文书无效。我们规定，尽管此类文书毁于入侵之敌，但人们无权废止履行事宜，围困期间订立的所有契约均继续有效，所有文书都有其效力，不得以其佚失而损害物主权益。易言之，严谨的统治绝不允许正常履行之事因突发的战争而废止。[1]

颁布于是年是日，执政官签署。

[1] 该条除重申《诏书》第3条规定外，还论述了意外事变或不可抗力与契约撤销之间的关系，但究竟如何判定契约撤销在意外事变或不可抗力中的适用，情况比较复杂。关于一般的原则性界定，详见 Digest, 50.17.23（[意]桑德罗·斯奇巴尼选编：《民法大全选译·契约之债与准契约之债》，第463页）；关于现代法学界的分析论述，详见丁玫《罗马法契约责任》，中国政法大学出版社1998年版，第81—85、303—312页。

第8条　关于动产与不动产[1]

此外，从狄奥多里克当政到万恶的托提拉现身这段时间内，罗马人根据各种法律，或凭借各种权利，通过自己或占有权或他人而占有了动产或不动产或自动产[2]，对此，所有通过这些手段而事先占有财产之人将继续拥有这些财产，我们将依照社会秩序保证这些财产不受侵扰，承认上述时期占有的财产继续有效。

颁布于是年是日，财政官签署。

[1] 关于动产与不动产，学界通常的表述是：动产指能够自行移动或用外力移动而不改变其性质和价值的有体物；不动产指不能自行移动，也不能用外力移动，否则就会改变其性质或减损其价值的有体物。详见周枏《罗马法原论》（上册），第283页。但这一标准系现代法学发展的产物，罗马法并未对动产与不动产作过确切的论述和区分，因为"在罗马社会中，对动产与不动产的划分是一个渐进过程"。费安玲：《不动产与动产划分之罗马法与近现代法分析》，《比较法研究》2007年第4期；黄璞虑：《论罗马法上不动产界定标准的逻辑演进》，《南方论刊》2010年第2期。

[2] 自动产指动产中能够自行移动的那类，如奴隶、家畜等。

第9条 关于赋税的豁免[1]

关于赋税征收，为避免各省人民遭受赋税征收之苦，我们规定，严禁安排更高级别官员从事赋税征收，而应通过各省长官[2]及其所部□□□发现税民因赋税征收而遭受任何财产损失[3]；更高级别长官及其所部不应对征税权予以否认[4]，若赋税未能征齐，各省长官及其所部就应自动集合，前往征集亏空，如此既饱国库，又护税民权益。

颁布于是年是日，执政官签署。

[1] 关于赋税征收的具体规定，详见 Code, 10.19（Scott, Code, 10.19）。

[2] 长官，原文为"iudices"（iudex 的宾格复数形式），本意为"法官"，是各省行政长官的下属，但早在《狄奥多西法典》中，iudex 就用以指代各省行政长官。William Smith ed., *A Dictionary of Greek and Roman Antiquities*, London: John Murray, 1875, s. v. "judex, judicium", pp. 646–651.

[3] 标准本认为此处似有脱漏，应作"而应通过各省行政长官及其所部，以免发现税民因赋税征收而遭受任何财产损失"。

[4] "更高级别长官"（原文为"maioribus iudicibus"，是 maiores iudices 的夺格形式）对应前述"更高级别官员"（maioris dignitatis officia）。"不应对征税权予以否认"是指否认各省长官的征税权。关于行省长官的征税权，详见 Code, 10.19.9（Scott, Code, 10.19.9）。

第 10 条　关于赋税豁免的核准[1]

我们规定，征缴工作须在习惯时间、习惯地点，以适当方式进行，不得将敌军入侵时的创新之举引入赋税征收，但从今以后，人人都应依照习俗，或根据我们的利益旨趣向府库[2]或所在行省缴纳赋税。

颁布于是年是日，执政官签署。

[1] 关于赋税征收流程的具体说明，详见 *Code*, 10. 16. 13 （Scott, *Code*, 10. 16. 13）。

[2] 府库，原文为"*arcam*"（*arca* 的单数宾格形式），系帝国"粮食供给"（*annona*）的接收单位，由大区长负责掌管。关于粮食供给，《诏书》第 22 条亦有论述。

第 11 条　诸皇帝的各项法律应扩展到他们的各个行省[1]

我们规定，我们法典中收纳的那些以前就以敕谕形式发往意大利的各项法或法律[2]将继续有效。但我们还规定，我们以后颁布的各项敕令也将以敕谕形式发布，〈并〉从其以敕谕形式公布之日起生效于意大利，以使恩泽苍生的上帝缔造之国，使我们法律的权威能波及四方。

颁布于是年是日，执政官签署。

[1] 即意大利各省。虽然西罗马帝国早在 476 年就已灭亡，但由于在狄奥多里克、阿玛拉宗塔当政时期，东哥特王国仍在形式上保持对拜占庭帝国的臣属，因此拜占庭皇帝并未中止对意大利的立法。关于帝国对意大利的立法活动，详见 *Code*, 2. 52. 7、7. 31. 1、7. 40 （Scott, *Code*, 2. 53. 7、7. 31. 1、7. 40）。

[2] 法，原文为"*iura*"（*ius* 的复数宾格形式）；法律，原文为"*leges*"（*lex* 的复数宾格形式）。*Ius*、*iura* 与 *lex*、*leges* 二者对立统一。作单数时，*ius* 主要指一般法律或法律的主要部门；*lex* 主要指某项特别的立法。到后古典法时期，人们开始将法律规范分为 *iura* 和 *leges* 两大类，*iura* 除指一般法律外，还可指法学理论或法学家著述；*leges* 则通常指君主的具体敕令。详见［英］戴维·M. 沃克《牛津法律大辞典》，《牛津法律大辞典》翻译委员会，法律出版社 2003 年版，第 596、694 页，"*Ius* 法""*Lex* 法律"词条；黄风编：《罗马法词典》，第 137、138、151、154 页，"*ius* 法，法学，权利""*iura* 法""*lex* 法律，约法""*leges* 法律"词条；［意］朱塞佩·格罗索：《罗马法史》，第 104—108、397 页。

一 文献评注篇

第 12 条 关于税民的选举费用[1]

此外，我们规定，各地主教与头面人物应从其所在的、行省长官即将统辖的行省中选出合适的、足以胜任地方行政的行省长官，无须选举费用，[2]并由称职的长官按例授予其特许状[3]，以便倘若发现其对税民造成任何伤害，或所征之税高于定额，或以其他损害行为，在强制售卖[4]中以过大的度量，或以繁重的负担，或以重量不足的金币损害物主权益，他们就应当以自身财产相抵偿。如果发现任何人——就行政官员或税吏[5]而言——在万恶的诸暴君当政时如此行事，我们责令他以其自身财产补偿受损之人。因为我们希望，我们的臣民在任何地方都能免遭财产损失。

颁布于八月十三日，我主查士丁尼皇帝、永生的奥古斯都第二十八年，显贵者巴西利乌斯担任执政官第十三年。[554 年]

[1] 选举费用，原文作"*suffragio*"（*suffragium* 的单数夺格形式），意为"选举"，但许多学者认为，该词并不单指"选举"，还是官员"选举费用"的代称，因为行省长官在就职前须向其举荐人和皇帝缴纳一大笔费用。详见 Hodgkin (1895), p. 522。对于该费用，*Code*, 1.27 (Scott, *Code*, 1.27) 中有着明文规定，但在 *Novels*, 8 (Scott, *Novels*, 8) 中，查帝下令取消了这笔费用。布氏将该词单作"费用"解，为谨慎起见，笔者将其译为"选举费用"。

[2] 行省长官由当地教俗上层选举产生这一做法是查帝在意大利的首创。568 年，查士丁二世又颁布敕令，将这一制度从意大利向全国推广。详见 *Novels*, 149 (Scott, *Novels*, 149)。

[3] 特许状，原文为"*codicilli*"，本意是"记事本"，系行省长官就职时的委任状，通常由皇帝或大区长（即文中所谓"称职的长官"）颁发，行省长官在接受委任状时亦须缴纳一笔费用，但 *Code*, 1.27 (Scott, *Code*, 1.27) 废除了缴费规定。

[4] 强制售卖是帝国政府为了保证军队补给或公共需要而实行的一种经济政策，系帝国"粮食供给"的补充。法律规定，若形势需要，任何土地所有者都有义务按市场价向政府或军队出售粮食。但由于官员的贪污腐败、低买高卖，强制售卖在当时已成为人民的一项沉重负担。关于强制售卖，《诏书》第 18 条亦有论述。

[5] 税吏，原文作"*actionariis*"（*actionarius* 的复数夺格形式），乃中世纪新创之词，意为"财政官员"或"地产管理员"，详见 J. F. Niermeyer, *Mediae Latinita-*

tis Lexicon Minus, Leiden: E. J. Brill, 1976, s. v. "actionarius", p. 14。鉴于该条所述主要是税收问题，故此处参照英译本，将其译作"税吏"（tax-official）。

第13条 所有权应物归原主

因我们得知，当敌人被仁慈的上帝逐出各省时，有人发现了敌人遗弃之畜群，〈并〉称其归自己所有，尽管这些畜群本属他人，我们规定，来历不可考的畜群应尽量如数归还物主。[1]如果任何东西被他人认领，物主可以索回他们自己的东西，但出于某种原因，失物没有物主认领，那么它就应在同一行省丢失畜群的那些人中分配，即按比例分配。

颁布于是年是日，执政官签署。

[1] 根据法律规定，罗马公民可合法占有敌人物（res hostiles）和他人遗弃物（res derelictae），详见 Institutes, 2.17, 2.47（[拜占庭]查士丁尼：《法学总论》，第51、59页）; Digest, 41.1.51.1, 47.2.43.11（[意]桑德罗·斯奇巴尼选编：《民法大全选译·物与物权》，第32、59页）。但本条针对意大利的敌人物和遗弃物多为哥特人掠夺罗马公民而来这一情况，规定敌人物和遗弃物的合法占有条例在此处并不适用。

第14条 取自他人的任何财物皆应物归原主[1]

此外，如果发现税民的任何东西——就金钱或财产而言，因赋税征收或各种负担或其他不合理的方式而遭受损害时，被夺走之物应偿还受征方，以使各省人民依法收回其所有，共享我们的繁荣盛世。

颁布于是年是日，执政官签署。

[1] 该条主要是为防止税吏和财产调查员侵犯土地所有者利益，布氏认为该条文是 Code, 11.57（Scott, Code, 11.56）的概括，但经笔者查证，Code, 11.57（Scott, Code, 11.56）所述为村民债务分摊问题，与本条主题并不相干，相关者应为 Code, 11.58（Scott, Code, 11.57）。

第15条 关于诸暴君当政时期奴隶娶自由民女子[1]

我们还认为，应当在前述章节上加上该条：若发现奴隶在最为凶残的哥特人作恶时期娶自由民女子，或女奴隶嫁给自由民男子，那么根据

一　文献评注篇

我们现在的公告，自由民将有权离去，女奴隶或男奴隶将依法返还与其主人，不得因过去时光而损害男奴隶或女奴隶主人的权益。但倘若他们想维持这段婚姻，他们的自由权将不受损害，但子女的身份将遵随其母；我们规定，该条款亦适用于任何因此类婚姻而生育的子女。[2]

颁布于八月十三日，我主查士丁尼皇帝、永生的奥古斯都第二十八年，显贵者巴西利乌斯担任执政官第十三年。[554年]

［1］对于奴隶娶自由民女子的规定，详见 Code, 9.13 (Scott, Code, 9.13)。

［2］子女身份认定问题比较复杂，条文散见于《法典》各卷，系统性论述详见 Institutes, 1.4 (［拜占庭］查士丁尼：《法学总论》，第12—13页)；Digest, 1.5.5.2, 1.5.5.3 (［意］桑德罗·斯奇巴尼选编：《民法大全选译·人法》，第39页)。

第16条　关于奴隶和农奴[1]遭他人扣留[2]

我们规定，遭他人扣留的奴隶或农奴，应与其间所生后代一同归还其主人。

颁布于是年是日，执政官签署。

［1］农奴，原文作"colonos"（colonus的复数宾格形式），本意为"隶农"。鉴于查帝时期乃古典时代向中世纪过渡阶段，这时的生产关系与古典晚期已有较大不同，故此处参照英译本，将其译作"农奴"（serfs）。详见《不列颠百科全书》（第4卷），第341页，"colonus 隶农"词条；《不列颠百科全书》（第15卷），第216页，"serfdom 农奴制"词条；《大美百科全书》（第7卷），第120页，"colonus 隶农"词条；《大美百科全书》（第24卷），第367页，"serfs 农奴"词条。

［2］关于返还奴隶、隶农的规定，详见 Code, 11.48.11, 11.64.2 (Scott, Code, 11.47.11, 11.63.2)。

第17条　关于奉献上帝的贞女[1]

此外，毋庸置疑的是，因为凶残的诸暴君曾干过貌似合法的不法勾当，我们规定，若发现任何人娶奉献上帝或孑然虔诚之女子，他们将无权霸占她们，无权索取偶有书面承诺的嫁妆，相反，不从之女将被带离，并送还她们所奉献的修道院或教会，或恢复她们已承诺的圣洁生活方式。

颁布于八月十三日，我主查士丁尼皇帝、永生的奥古斯都第二十八年，显贵者巴西利乌斯担任执政官第十三年。[554年]

[1] 该条所述与《诏书》第15条系一个问题的两个不同侧面，亦详见Code, 9.13 (Scott, Code, 9.13)。

第18条　不应以强制售卖加重税民负担[1]

此外，为了不致发现税民因强制售卖而蒙受损失，我们规定，商品的强制售卖应在商品充足的省份推行；易言之，我们不允许强制售卖推行于商品匮乏的地区；其价格应以市场上待售商品充裕时的购买力为准，商品价格本身应根据每个税民承担的赋税额确定。不得以任何方式阻挠商船，以便我们深得民心的军队能获得给养，以便税民能因繁荣的商品贸易而用黄金缴纳赋税。强制售卖的分配应遵循各地主教和〈各地〉头面人物的决定，以使税民不致遭受贪婪官员任何方式的盘剥。

颁布于是年是日，执政官签署。

[1] 关于强制售卖的实施细则，详见Code, 10.27 (Scott, Code, 10.27)。

第19条　关于度量衡[1]

为使各省不致滋生欺诈或侵权，我们规定，财物或金钱交易应遵循度量衡，如今我们虔诚的陛下已将度量衡量具悉数授予最神圣的教宗或最尊贵的元老院。

颁布于是年是日，执政官签署。

[1] 关于度量衡的管理，Code, 10.73 (Scott, Code, 10.71) 已作过相应规定，Novels, 128.15 (Scott, Novels, 128.15) 又进行了补充。根据规定，金币和商品的度量衡争议主要由公称官 (zygotates, "ζῠγοστᾰτης" 的拉丁文转写，公共场所的核秤员，详见Henry George Liddell and Robert Scott eds., *A Greek-English Lexicon*, Oxford: Clarendon Press, 1940, s. v. "ζῠγοστᾰτέω", p.757)、大赍长官 (*comes sacrarum largitionum*, 帝国高级财政官员，执掌货币管理) 和大区长负责解决，标准的度量衡量具置于各个城市的教堂中。此处，查帝又将意大利的量具保管权转授罗马教宗和罗马元老院。

◇ 一 文献评注篇

第20条 关于索里达金币的币值变化[1]

因为我们还知道,古罗马诸元首[2]的各色索里达常见于那些地区,但商人或其他人要求使我们的税民替换钱币。[3]我们规定,凡印有诸元首肖的金币均可流通于各省,各项契约也将以这种方式订立。[3]因此,如果有人胆敢要求替换索里达,那么他就应向与之缔约的另一方每一枚索里达另行支付不少于一索里达。

颁布于八月十三日,我主查士丁尼皇帝、永生的奥古斯都第二十八年,显贵者巴西利乌斯担任执政官第十三年。[554年]

[1] 从奥古斯都到查士丁尼,以君士坦丁为界,帝国的金币制度大体可分为两个阶段:君士坦丁之前的金币称"奥列乌斯"(aureus),之后的叫"索里达"(solidus)或"诺米斯玛"(νόμισμα,nomisma)。从条文表述来看,文中的索里达其实是各类金币的泛称。布氏将其简作"金币"解,为谨慎起见,笔者将其译为"索里达"。关于金币币值的规定,详见 Code, 11.11 (Scott, Code, 11.10)。

[2] 诸元首,原文为"principum"(princeps 的复数属格形式),布氏将其作"诸帝"(emperors)解。笔者据其本意,将其译为"诸元首"。

[3] 条文中替换钱币的原因,主要是担心不同皇帝发行的钱币价值有所变化,对这一问题学界有着不同的解读。一种观点认为,币值变化主要指不同金币含金量的差异。由于不同时期帝国发行金币的含金量各不相同(详见 Tenney Frank, An Economic History of Rome, Kitchener: Batoche Books, 2004, pp. 250 – 251),而各时期的金币均可自由流通,因此各金币间应该有个比价体系。但比价体系是否真的存在,学界尚有争议。因为《法典》在允许不同币值金币自由流通的同时还规定,所有金币或纯金都应等价。对此英国学者伯里的意见是,在进行普通交易时,各金币是要称重的,但在交税时则是按金币的名义币值(面额)计价。详见 J. B. Bury, History of the Later Roman Empire: From the Death of Theodosius I to the Death of Justinian, Vol. 1, London & New York: Macmillan and Company, 1923, p. 54。另一种观点则认为,所谓的币值变化即金币的自然磨损或人为蓄意切割。英国学者霍奇金就认为,查帝之所以制定该条款,可能与哥特战争期间帝国税吏剪刀手亚历山大以切割金币方式大肆搜刮,激起民怨,影响战局有着直接联系。详见 Hodgkin (1895),p. 520;关于剪刀手亚历山大聚敛财富的记载,详见[拜占庭]普洛科皮乌斯《战争史》(下卷),第640—641页。

第21条　所获财产应按价偿付

若发现有人从他人不动产上盗取装饰品或其他财物，盗窃者应彻底修复它，若财物已用于建筑，他就应折价偿还，以使我们法律的权威能波于四方。我们还规定，属于某人，恰为他人扣留的契约应归还原主，以使四海之民均可受助于我们的法律。如果发现文书佚失，而他人有其复本，亦即契约通常有两份原件，复本可从另一方那找到，我们规定，应当另写一份，并将其给予契约佚失方，使他能获得适当保障。如果另一方或自己的契约被他人拿走或巧拾，或有人蓄意焚毁、隐匿、损毁，或以任何方式停止持有契约，那么欺诈方须依法向契约所有者赔偿相关损失。[1]

颁布于是年是日，执政官签署。

[1] 关于佚失契约（或其复本）返还的规定，详见 *Code*, 4.21.21（Scott, *Code*, 4.21.20）。

第22条　应向医生和其他人提供粮食供给[1]

我们还规定，狄奥多里克和我们习惯向罗马人民提供的粮食供给[2]今后将继续提供，我们还规定，过去习惯向文法学家、演说家、医生和律师提供的粮食供给今后也应向从事他们职业之人提供[3]，以使受教于人文学科的青年能在我们国家茁壮成长。

颁布于是年是日，执政官签署。

[1] 粮食供给（*annona*）系晚期罗马帝国一实物税，有狭义、广义之分。狭义之说又细分为"民事粮食供给"（*annona civica*）和"军事粮食供给"（*annona militaris*）。民事粮食供给系从非洲和埃及向罗马和君士坦丁堡输送以粮食为主的补给品。军事粮食供给系从补给站向前线士兵提供粮、肉、酒等给养。广义概念则泛指各种形式的供给。该赋税起初只是一种非正式的商品征调，到戴克里先时期正式成为帝国一基本税种。随着赋税征收的逐步货币化，其实物供给作用越来越小，到6世纪时，仅用于指代各种实物补给品，尤其是非货币形式的部分薪金。文中向文法学家、医生家等人提供的粮食供给即为其实物薪金。

[2] 关于帝国向罗马人民提供粮食供给的规定，详见 *Code*, 11.25（Scott, *Code*, 11.24）。狄奥多里克当政时期延续了这一做法，任命粮食供给官（*praefectus*

annonae)以管理补给品的调运和分配。详见 Cassiodorus, *Variae*, 6.18。但根据普罗科皮乌斯的记载,这一做法却在哥特战争时为查帝亲自下令废止。详见[拜占庭]普洛科皮乌斯:《战争史》(下卷),第 1055 页。

[3]关于向文法学家、医生家等人提供粮食供给的规定,详见 *Code*, 10.53 (Scott, *Code*, 10.52)。阿塔拉里克当政时期,曾下令延续这一做法。详见 Cassiodorus, *Variae*, 9.21。但这一做法同样为查帝亲自下令取消。详见[拜占庭]普洛科皮乌斯:《战争史》(下卷),第 1051—1052 页。

第 23 条　民事法官应听取公民间的诉讼[1]

我们还规定,两个罗马人之间发生的争讼,或其中有罗马人被打时,这种争讼应由民事法官裁断,因为社会秩序不允许军事法官染指此类事务或案件。[2]

颁布于是年是日,执政官签署。

[1]拉丁原文并没有明确主语,此处参照英译本,以"民事法官"为主语。关于民事法官(*civiles iudices*)的职责,详见 *Code*, 1.45 (Scott, *Code*, 1.45)。

[2]关于禁止军事法官(*militares iudices*)插手民事诉讼的规定,详见 *Code*, 1.46 (Scott, *Code*, 1.46)。

第 24 条　各项交易应确立与其自身身份相称的地位[1]

鉴于无人有权占有他人财产,我们还将保证,臭名昭著的托提拉出现前,国家的各项交易或安排或与国家签订的各项契约继续有效。

颁布于是年是日,执政官签署。

[1]布氏将其意译为:"That exchanges made shall remain valid."(各项交易应继续有效)。

第 25 条　公共工场应予以保留[1]

我们还规定,罗马市民的传统习俗和特权,或用于修缮公共工场或台伯河航道或公共广场或罗马港口或引水渠的费用将予以保留,因此,一如人们所见,这些费用将仅限于这一目的,出自曾用于这一目的的拨款。

颁布于是年是日，执政官签署。

[1] 关于公共工场的运作细则，详见 *Code*, 8.11, 8.12（Scott, *Code*, 8.12, 8.13）。

第26条　通过商人运作的强制售卖应继续实行[1]

我们还发现，卡拉布里亚或阿普利亚行省的物主因不转运强制售卖品而承受了千分之几的附加税[2]；强制售卖每年都由那里的商人承担，但现在，商品的强制售卖遭到商人的强烈抵制，以致强制售卖负担与附加税一样，成了行省物主的一道威胁；因为那里有许多商人，强制售卖可通过他们实行，我们规定，阁下经调查，如果能够通过商人转运准备好的商品，那么行省的税民就不应该承受负担，因为当附加税加诸税民时，他们就不可能再承受强制售卖的负担。

颁布于是年是日，执政官签署。

[1] 布氏漏译该标题，在此笔者根据原文予以补齐。

[2] 附加税，原文作"*superindicticium titulum*"（*superindictitius titulus* 的单数宾格形式），其中，*superindictitius* 为合成词（乃 super 与 indictitius 组合而来），含超过定额之意。笔者参照英译本，将其译作"附加税"（extra tax）。此税似为"粮食供给"的货币化摊派。

第27条　欲渡海晋谒皇帝之人不应受到阻拦[1]

我们还允许意欲进入皇宫的最为尊贵之人、高贵的元老可不受阻挠地进入，任何人都无权阻止他们，以使属于我们元老或税民的觐见权不致被某种方式剥夺。而且我们还允许他们前往意大利并在那里逗留，居期遂其所愿，以便收复财产。因为对失踪的物主而言，要想收复财产，或实现农业丰收是非常困难的。

[1] 臣民进入皇城君士坦丁堡须经皇帝召见，*Code*, 12.1.18（Sott, *Code*, 12.1.18）对允许自由进入君士坦丁堡人士的官职、爵级有着明确规定。此处又针对意大利的特殊情况增加了有关罗马元老的论述。

因此，阁下应令帝国国事诏书制定的这些条款付诸实施，并遵照执

一 文献评注篇

行，违反我们规定之人将处以 10 磅[1]黄金的处罚。

诏书颁布于八月十三日，我主查士丁尼皇帝、永生的奥古斯都第二十八年，显贵者巴西利乌斯担任执政官第十三年。授予显贵者、大内总管纳尔泽斯，授予高贵者、意大利大区长安条克。[2] ［554 年］

[1] 罗马磅（libra），重量单位，每磅约合 0.34 千克。

[2] 大内总管，即"praepositus sacri cubicula"，英文通常译作"grand chamberlain"，主掌皇室内廷和皇室地产。关于其职能，详见 Code, 12.5 (Sott, Code, 12.5)。原文中，意大利大区长作"praefecto per Italiam"（praefectus per Italiam 的单数与格形式），正式名称应为"praepositus praefectus Italiae"。该落款表明查帝试图在意大利重建"大区制"。关于大区长的职能和大区制的机构设置，详见 Code, 1.26, 1.27 (Sott, Code, 1.26, 1.27)。纳尔泽斯（Narses，约 480—567/574 年），出身阉宦，原是宫廷宦官侍卫指挥官，后擢升为大内总管。曾参与镇压 532 年尼卡起义。538 年奉命协助贝利萨留远征意大利，因与贝利萨留有隙而于次年被召回。贝利萨留离任后，他于 551 年重返战场，最终收复意大利。安条克（Antiochus，生卒年不详），哥特战争期间曾以大区长身份协助纳尔泽斯筹措粮饷、署理军务。

第二章 《查士丁尼二世"赠礼"法令》译注

提要：查士丁尼二世"赠礼"法令①是拜占庭皇帝查士丁尼二世（Justinian Ⅱ，685—695 年，705—711 年在位）于 688 年巴尔干战事凯旋后，为谢神佑之恩，对塞萨洛尼基（Thessalonica）圣狄米特里（St. Demetrius）教堂予以馈赠的法令。该法令是研究 7 世纪末 8 世纪初拜占庭帝国外交政策、宗教态度、管理模式等方面极为珍贵的原始文献，自被发现以来，国外学界已不断对其进行修补校勘，已有几种校勘本，然国内学界尚无此文献的译本。兹特综合各家校勘，从拜占庭希腊文移译该法令，并依据最新研究成果予以注释，为国内罗马—拜占庭法律研究提供较为可靠的中文译本和研究参考。

查氏法令主要记载了 688 年查士丁尼二世皇帝御驾亲征击退敌人后，进入塞萨洛尼基城，并将城中一处盐库赠予圣狄米特里教堂这一历史事件。查士丁尼二世统治时期是拜占庭帝国内忧外患，灾祸不断的时期，正值国内外学界所认同的拜占庭史上的"黑暗时代"②。故这一时期留存的文献著述相对较少，在该法令被发现之前，后世学者对查士丁尼二世时期帝国状况的了解"主要依赖于赛奥法涅斯（Theophanes the Confessor）和尼基福鲁斯（Nicephorus）两位教会史家撰写的著作《编

---

① 原法令并无标题，此处为笔者据法令内容所加，后文简称"查氏法令"。
② G. Ostrogorsky, *History of the Byzantine State*, trans. by J. Hussey, New Brunswick：Rutgers University Press, 1957, p.79 ［文中简作 G. Ostrogorsky］。

年史》和《简史》"①，从这一点看，该法令是研究查士丁尼二世统治时期内政外交和宗教政策的重要法律文件。

关于查士丁尼御驾亲征这一事件，赛奥法涅斯在其《编年史》中有简单提及，"688年皇帝查士丁尼二世远征斯拉夫人与保加尔人，其间他击退了保加尔人的拦截，一路进军远及塞萨洛尼基城，并在战争中俘获了大量斯拉夫人"②。但由于有关此次远征的细节及可信性均缺乏相互印证材料，加之很多学者认为赛奥法涅斯"缺乏学术深度，历史洞察力和客观的方法"③，故多数学者在述及查士丁尼二世时，对该事件或只字未提，或一笔带过。直到1885年随着塞萨洛尼基一块石碑铭文的出土，该事件才最终尘埃落定，被认定为史实，学者们亦从铭文中获取了更多有价值的信息，该石碑铭文便是本文译注的查士丁尼二世"赠礼"法令。

该石碑原为一块长约4米、宽约1.2米，厚约3厘米的、精美的、粗纹理大理石，发现于城中的一座清真寺（土耳其人占领之前曾是圣狄米特里教堂所在地，碑文发现之时塞萨洛尼基依旧处于土耳其人的统治之下），其行文自左向右，字体匀称，共16行。石碑在出土过程中，因人为操作不当，遭受破损，使原本已经一分为二的大石碑，终成四分五裂之状。不仅如此，一些小碎片在发掘过程中还被遗失，这给后来学者的修复与释读的工作带来诸多困难。

最早尝试对该铭文进行修复和释读的是希腊学者狄米扎斯（Margaritis Dimitsas）。他尝试将这些残片拼接起来的努力虽未成功，但将其中两块大残片的碑文拓了下来。由于这两块残片既没有开头，亦无结尾，故狄米扎斯只能根据铭文保留的词语对其进行了猜测式修复。他认为第一块铭文上表达的应该是对塞萨洛尼基的某个主教的感激之情；第二块铭文上表达的应该是对一个名为ἁλικῆς的处理情况。但是由于两块铭文

---

① G. Ostrogorsky, pp. 75 – 75.

② Theophanes, *Chronicle*: *Byzantine and Near Eastern History AD* 284 – 813, trans. by Cyril Mango and Roger Scott., Oxford: Clarendon Press, 1997, p. 508 [文中简作 Theophanes].

③ G. Ostrogorsky, p. 76.

第二章 《查士丁尼二世"赠礼"法令》译注

上并无皇帝的名字,故狄米扎斯无法确定该铭文的具体年代。① 至此该铭文的释读工作陷入了僵局。

真正将该铭文的修复与释读工作推向一个新的高度的是另一位希腊学者帕帕伊奥伊欧（Π. Ν. Παπαγεωγίος）。1900 年他用法语出版了一部名为《关于查士丁尼二世对塞萨洛尼基圣狄米特里教堂偏爱的一项法令：以教堂中出土的石碑铭文为证》②的小册子，文中他断定这两块残片铭文的颁布者为查士丁尼二世。3 年后，一位名为德拉古麦斯（Σ. Δραγούμης）的希腊学者告知帕氏，他已经将这两块铭文成功拼接修复，并重新释读。加之几年后，帕氏又在教堂中找到该铭文的一块残片，结合这些新发现与新成果，帕氏对其文本予以修订，于 1908 年发表了该铭文的希腊文校勘本《塞萨洛尼基圣狄米特里崇拜的碑文》③一文。

虽然该铭文仍有诸多残缺，文本释读亦有多处不明，但帕氏 1908 年校勘本却具有奠基性意义。他通过对文本内容进行分析，而后结合史家记述，得出该铭文是 688 年 9 月查士丁尼二世颁布给圣狄米特里教堂的一则感恩法令的结论。之所以有这样的结论，主要是基于法令有"我们已经到达塞萨洛尼基这座城市（Ἐπεὶ οὖν παραγεναμένων ἡμῶν ἐν ταύτῃ τῇ Θεσσαλονικέων πόλει）"及"在塞萨洛尼基这座大城市中（ἐν ταύτῃ τῇ Θεσσαλονικέων μεγαλοπόλει）"这样的描述。帕氏认为从语义和语气上看，这则法令并非来自君士坦丁堡，而是在塞萨洛尼基城中就地颁布的。因此，结合史实，这则法令应该是查士丁尼二世 688 年御驾亲征马其顿的斯拉夫人取得大捷后，在塞萨洛尼基城颁布的一则向圣狄米特里教堂表示感恩的法令；与此同时，他还对碑文中的赠礼ἀλικῆς一词进行了

---

① Μαργαρίτης Δήμιτσας, Ἡ Μακεδονία ἐν λίθοις φθεγγομένοις σωζομένοις ἤτοι πνευματικὴ καὶ ἀρχαιολογικὴ παράστασις τῆς Μακεδονίας, I, Ἀθῆνα: Υπουργείο Πολιτισμού - Ταμείο Αρχαιολογικών Πόρων και Απαλλοτριώσεων, 1896, pp. 520-521.

② Π. Ν. Παπαγεωγίος, *Un édit de l'empereur Justinien II, en faveur de la Basilique de Saint Démétrius à Salonique, d'après une inscription déterrée dans le Basilique même (avec un fac-simile)*, Leipzig: B.G. Teubner, 1900.

③ Π. Ν. Παπαγεωγίος, "Μνημεῖα τῆς ἐν Θεσσαλονίκῃ Λατρείας τοῦ ἁγίου Δημητίρου", *Byzantinische Zeitschrift*, Vol. xvii, 1908, pp. 354-360 [文中简作 Π. Ν. Παπαγεωγίος].

一 文献评注篇

推测，认为该词所指应该是位于基特隆（Kitron）的一个盐池，查士丁尼二世便是将此盐池作为礼物献给了圣狄米特里教堂。①

据当时所拥有的材料，帕氏校勘本已经是该铭文释读的最权威版，若想要有新的突破，就必须有新材料的出现。1936 年，美国威斯康星大学的爱德森（Charles Edson）教授受普鲁士科学院邀请对马其顿的希腊铭文进行编辑整理，其间他发现了德国学者普尔歌德（Purgold）的一些未刊手稿，其中包括对查氏法令的一些注释及其复原手绘图，这一发现是极为振奋人心的，因为如前所述，该石碑在出土时，由于操作不当，破碎为很多残片，且很多已经遗失。而普尔歌德恰于 1885 年（该铭文出土的那一年）旅居塞萨洛尼基，并对 70 多块残片进行了拼接，最终除了两个小残片无法找到合适的位置外，其余全部修复成功。由于爱德森教授认为该文本属拜占庭的文献，理应由一位拜占庭学者，而非一位古典学者编辑完成，故他将该普尔歌德的手稿交给了著名俄裔拜占庭学者瓦西列夫（A. A. Vasiliev），由瓦西列夫完成对该铭文的校对和翻译。

瓦氏结合帕氏校勘本及普尔歌德的未刊稿将此法令铭文进一步补充、释读和翻译，于 1943 年发表了该法令铭文的校注本《688 年查士丁尼二世法令》（附有英文译文）②。瓦氏对第 1、2、3、9、10、11、12、13、14、15 行缺失的一些字母和单词加以修复，虽然还有个别词语依旧无法复原，在补遗的问题上学界也还存有争议，但所幸其已基本不影响学者对该法令的理解，故瓦氏本也成为目前最为完整和可信的文本。本文系根据瓦氏本为底本，参考其他文本译出。译文中采用的校勘符号，"［ ］"中的内容为校勘者的拟补，符号"□"意为碑刻中的阙文，"( )"中的文字则是译者为方便读者的理解进行的增补。注释除狄米扎斯、帕帕伊奥伊欧斯、瓦西列夫的相关研究外，其余为汉译者所加。术语注释方面，主要参照了《希—英词典》③、《牛

---

① Π. Ν. Παπαγεωγίος, p. 359.

② A. A. Vasiliev, "An Edict of the Emperor Justinian Ⅱ, September, 688", *Speculum*, Vol. 18, No. 1, 1943, pp. 1 – 13 ［文中简作 A. A. Vasiliev］.

③ Liddell and Scott, *Greek-English Lexicon*, New York：Martino Publishing Mansfield Centre, CT, 2013 ［文中简作 *GEL*］.

津拜占庭词典》① 及《牛津拉丁语词典》②。若文中校注有不妥之处,敬请方家指正。

第1—2 行

  罗马世界[1]之君主、被上帝加冕者[2]、和平的缔造者、弗拉维·查士丁尼[3]［皇帝］[4],特准许将吾上帝守卫之城的盐库（店）[5]赠予神圣、荣耀的殉道者狄米特里[6]。

  ［1］原文"τῆς ὅλης οἰκουμένης",为属格单数形式,直译应为"整个世界"。如瓦氏本便将其译为"整个宇宙"（A. A. Vasiliev, p. 6）。但笔者认为这种译法欠妥,因为"οἰκουμένη"的基本含义虽为"居住的世界",以与荒蛮之地相别,但其也有特指,在希腊时期可译为"希腊世界",在罗马时期则有"罗马世界"之意（GEL, p. 546）。虽然688 年的罗马帝国已经今非昔比,很多地方落入蛮族之手,但在皇帝看来,其统治的疆域依旧是罗马世界。故此处笔者认为将其译为"罗马世界"较妥。

  ［2］皇帝之前的这些名号是罗马法令惯用的格式,也就是说第1—2 行并非正文内容,更类似于标题,一般为某皇帝将某物或某法令给予或下达给某人,如"君士坦丁皇帝致长官弗罗利阿努斯 Imp. Constantinus A. Floriano Praesidi（Codex Theodosianus. 7. 20. 1）",可以起到统领下文的作用。但是该法令在对皇帝的修饰方面却有其时代特色,"受上帝的加冕者θεοστεφοῦς"这一称呼比较有新意,在查士丁尼一世的《民法大全》及其之前的法令中并未发现有这样的表述。笔者认为这一词语的运用表明,至少在查士丁尼二世时期,基督教已渗透到罗马帝国的诸多方面,此处皇帝主要表明"君权神授",增添其权力的神圣性。

  ［3］通过帕氏对文本本身语义的解读（Π. Ν. Παπαγεωργίος, pp. 358 – 359）及瓦氏对两位皇帝颁布法令的语气差异的对比（A. A. Vasiliev, pp. 9 – 10）,可以断定该法令的颁布者为查士丁尼二世。该皇帝是拜占庭（东罗马）帝国史上唯一两度称帝的皇帝,由于其第一次被推翻后鼻子被割,故亦被赋予"被剜鼻者（rhinotme-

---

① Alexander P. Kazhdan ed. , *The Oxford Dictionary of Byzantium*, 3 Vols. , New York: Oxford University Press, 1991 ［正文简作 *ODB*］。

② P. G. W. Glare ed. , *Oxford Latin Dictionary*, Oxford: The Clarendon Press, 1968 ［后文简作 *OLD*］。

◈ — 文献评注篇

tos)"的绰号；后在保加利亚王特里维尔（Tervel）帮助下重获皇位，立其子提比略为共治皇帝，711年在一次政变中被杀；其在位期间，面对斯拉夫人的不断入侵，曾御驾亲征，并取得大捷（*ODB* 2, pp. 1084 – 1085）。该法令就是在这一历史背景下颁布的。

[4] 瓦氏根据留下的字母"βασιλ –"补遗为"βασιλ[έως]"，与前面的"φλαυίου ίουστινιανοῦ"同为属格形式，意为"皇帝"。此处采用瓦氏的补遗与译法（A. A. Vasiliev, pp. 5 – 6）。"βασιλέως"一词的主格形式为"βασιλεύς"源于古希腊时期对城邦君主的称呼，罗马时期为"*Princeps*""*Imperator*"和"*Augustus*"等称呼取代。7世纪，伴随着希腊化因素对拜占庭帝国（东罗马帝国）的影响的增强，希拉克略（Heraclius, 610—641年在位）皇帝率先对皇帝的称呼进行改革，放弃了复杂的拉丁语称呼，复又采用古希腊时的称呼"βασιλεύς"，自此以后直到帝国灭亡，这一称呼均为拜占庭皇帝袭用，原有的罗马称呼逐渐失去了其皇帝封号的意义（G. Ostrogorsky, pp. 95 – 96）。

[5] 原文"άλικῆς"是"άλική"的属格单数形式，与之对应的拉丁语为"*salina*"。其基本的含义有三：（1）盐税；（2）盐场、盐坑、盐田，也就是产盐地；（3）盐店、盐库。（*OLD*, p. 1681）。由于狄氏对当时铭文的修复与释读并未取得实质性进展，故虽提及该词，却并未进行具体区分和翻译（Μαργαρίτης Δήμιτσας, pp. 520 – 521）；帕氏在对距塞萨洛尼基不远的一些马其顿的咸水湖和盐池进行考察后，推测铭文中所指应为位于基特隆的一处盐坑（Π. Ν. Παπαγεωγίου, p. 359），也就是第二个意思；瓦氏则通过对文本本身的解读认为，该词所指位于塞萨洛尼基城中，不会是指位于离城较远的基特隆的一处盐坑，更为合理的解释应该是位于城中的某个盐库（店）（A. A. Vasiliev, p. 10），笔者在对文本上下语境进行对比分析后，认为瓦氏的解释比较合理，此处采用瓦氏本的观点。

[6] 狄米特里是基督教的一位圣徒，一般被称为"伟大的殉道者"，位列第一批殉道者名单之中，但关于其生卒未有翔实记载。至6世纪狄米特里与塞萨洛尼基的关系逐渐紧密起来，不仅有其崇拜的教堂，还有很多关于其神迹的故事，本章的查氏法令正是因其"显神迹"，助罗马军队大败斯拉夫人而颁布的。由于后来诸多作家对其神迹的记载与传播，狄米特里的崇拜在斯拉夫人中也颇受欢迎（*ODB* 1, pp. 605 – 606）。

第2—3行

以主耶稣·基督及为我们带来和平的恩主、虔诚信仰我主耶稣·基督的［皇帝］[1]弗拉维·查士丁尼的名义[2]：

[1] 原文有遗缺，瓦氏据其留存 "αύ-ρ'" 补遗为 "αύ[τοκράτω]ρ'"，为 "Αύτοκρατής" 的形容词形式。一般而言，在罗马—拜占庭史上，最高统治者的官方职衔主要有两种：一种为拉丁语 "Princeps"，与之对应的希腊文为 "βασιλεύς"；一种为拉丁语 "Imperator"，与其相对应的希腊文为 "Αύτοκρατής"。第一种主要意为 "元首、君主"，第二种主要意为 "皇帝"。这两种表述方式由于特殊的历史背景而形成，相较而言后者比前者所指权力更 "绝对" 和 "至高无上"。但在本法令中 "Αύτοκρατής" 与 "βασιλεύς" 交替使用，所表之意差别不大，亦无贬义色彩，均指 "皇帝"。只是前者更为强调皇帝权力的至高无上，且最终为后者取代，成为帝国皇帝的唯一正式称呼（关于 "Imperator" 含义的解释亦见张楠《〈奥古斯都功德碑〉译注》，《古代文明》2007年第3期，第12—13页）。

[2] 如前所述，该行才应该是法令正文的首句，"以……的名义" 这种表达方式，是符合罗马法律、法令习惯的。如查士丁尼大帝的《法学阶梯》，开篇便是以 "以我主耶稣基督的名义 In Nomine Domini Nostri Iesu（Justinian, Institutiones, Prooemium）"，其主要目的是要表明法律的严肃性、神圣性和公平性。此处的不同之处在于加上了皇帝查士丁尼的名义，旨在强调 "君权神授" 及权力的至高无上，表明6—8世纪，皇权不断加强的趋势。

第3—4行

礼物将被赠予神圣、荣耀、伟大的殉道者狄米特里的神圣教堂[1]，该教堂中盛放着其［圣骨］[2]。对于上帝的圣教堂给予的支持，我们首要的想法是希望通过各种办法将它们[3]赠予他们，以表示对其慰藉之意，并（希望）其能继续持有先见之明[4]。

[1] 该教堂位于塞萨洛尼基城中，因殉道者狄米特里而得名，是城中一个非常重要的礼拜教堂。这座教堂最早建于约5世纪罗马总督利奥提乌斯（Leontius）任职之时，7世纪前半叶因大火被烧毁，但不久又被重建。奥斯曼土耳其时期，该教堂被土耳其人改为清真寺，1912年塞萨洛尼基城解放后，其被恢复为教堂。1917年其又毁于大火，现在我们看到的圣狄米特里教堂重建于1948年，但依旧保留有很多拜占庭时期的遗物（ODB 1, pp. 604 – 605）。查氏法令于1885年被发掘

一　文献评注篇

时，该教堂当时还是土耳其人的一座清真寺。

[2] 原文有缺损，瓦氏据其所留字母"λε‑ανον"将其补遗为"λε[ίψ]ανον"，意为"骨骸"（GEL, p.468）。由于狄米特里圣徒的身份，此处将其译为"圣骨"。

[3] 原文为"ταῦτα"，指代前面所提的"礼物 δωρεά"。

[4] 关于皇帝向教会赠予礼物的描述也是很值得我们关注的问题。自313年所谓的"米兰敕令"颁布以后，基督教获得了合法地位，同时也开启了与皇权斗争与依附的过程，两者此消彼长贯穿整个拜占庭史。查士丁尼二世时期是帝国内忧外患的时期，也是教会发展的黄金时期，为了借上帝之名神化皇权，该皇帝不仅积极支持教会的发展，在钱币上以上帝的半身像取代皇帝胜利的字样，还以各种方式给予教会赠礼，以期获取教会的支持。这段铭文记载也印证了查士丁尼二世的宗教政策，伴随着这种政策的推行，教会势力逐渐膨胀，甚至威胁到皇权，为8世纪伊苏里亚王朝"破坏圣像运动"的发起埋下了祸根。参见 E. H. Freshfield, *A Manual of Roman Law the Ecloga Published by the Emperors Leo Ⅲ and Constantine V of Isauria at Constantinople A. D. 726*, Cambridge: Cambridge University Press, 1926, p.13。

第4—7行

我们相信已经为我们加冕的上帝[1]，总是对我们虔诚的尊敬甚感满意，并给予我们极多的胜利。故而，在为我们加冕的上帝的给予［战斗的］[2]帮助后，我们已经到达这座塞萨洛尼基的城市中[3]。

[1] 这里与前文"被上帝加冕者"一样，均表示受君士坦丁堡大教长加冕登上帝位的皇帝。在罗马—拜占庭史上，利奥一世（Leo Ⅰ, 457—474年在位）是第一位接受君士坦丁堡大教长加冕的皇帝，其之前的皇帝虽青睐基督教，但更愿意遵循罗马传统，或从某位官员（将军）手中接过皇冠，或由将士用盾牌将其抬起并接受军队、民众和元老的欢呼后成为皇帝。自利奥一世之后，拜占庭皇帝都要接受首都大教长加冕，皇帝的登基开始与教会宗教典礼相结合，强调皇权的神圣性，成为中世纪拜占庭皇冠授予的最重要活动。查士丁尼二世的"赠礼"法令在多处地方都强调了这一点（G. Ostrogorsky, p.56），突出其权力受自上帝，表明其神圣性。

[2] 原文为"ὑπέρμαχον"，为形容词阴性宾格形式，意为"战斗的、守卫的"（GEL, p.837），表明此次战争的胜利主要因为上帝给予的帮助，可见基督教

此时在帝国的位置之重要。瓦氏本中并未将该词译出（A. A. Vasiliev, p. 6），此处从原文译出。

［3］原文为"ἐν ταύτῃ τῇ Θεσσαλονικέων πόλει"。在对该铭文是出自查士丁尼一世还是二世的认定中，帕氏本便是以"ταύτῃ"一词断定该法令出自查士丁尼二世。帕氏认为虽然查士丁尼一世也曾派其大将贝利撒留征讨斯拉夫人，但据史可知，他从来没有御驾亲征，并进入塞萨洛尼基城中；而该法令"到达此塞萨洛尼基城中"的表述方式，表明该法令并非出自君士坦丁堡，而是就地颁布，故应断定为查士丁尼二世（Π. Ν. Παπαγεωργίος, pp. 358 - 359）；另外，塞萨洛尼基位于希腊北部，是希腊第二大城市，又译作帖撒罗尼迦、萨罗尼加等，此处从拜占庭时期希腊文音译译出。

第7—8行

在对来自[1]他的及我们的敌人发动的诸多战争中[2]，我们已然获得伟大殉道者圣狄米特里的有益援助。对于其对我们给予的援助，我们认为以这些礼物作为报偿向其表示感谢之情是合情合理的[3]。

［1］普尔歌德的手稿中错将"παρὰ τῶν"抄录为一个词，瓦氏本对其予以校正，实为一个固定短语，意为"自……一方"（A. A. Vasiliev, p. 5, n. 5），此处据瓦氏本译出。

［2］关于战争与敌人所指并不明确。原文中"战争"（πολέμοις）和"敌人"（πολεμίων）均为复数形式，也就是说其面临的敌人可能并非斯拉夫人，还有其他族群。查士丁尼二世统治时期，主要面临三大劲敌：阿拉伯人、保加尔人和斯拉夫人。据史可知，其执政伊始便与阿拉伯人缔结和约（Theophanes, p. 506），故帝国东部的压力应该不会很大，可能其主要威胁主要来自巴尔干半岛。瓦氏认为，固然塞萨洛尼基所面临的主要敌人是周围散落的大量斯拉夫部落，但是新建立的保加尔王国也是帝国北部的一个强劲势力。且由于当时的保加尔人还未斯拉夫化，故此处的诸多族群与战争亦指对保加尔人的战争（A. A. Vasiliev, pp. 8 - 9）。

［3］从这几行关于诸多战争和多次援助的描述来看，帝国边疆局势频发告急，从侧面反映出帝国已经深陷诸多外族的威胁之中，但是皇帝御驾亲征并取得胜利的史实，也说明可能这一时期很多像塞萨洛尼基这样的大城市并未遭受蛮族的蹂躏和

破坏，帝国在艰难中谋求生存，为8世纪伊苏里亚王朝的建立和拜占庭帝国的复兴奠定了基础。

第8—10行

我们对其神圣的教堂进行献赠[1]。在该教堂中，其圣骨被置于此，很明显在他们到达城外时，他给予他们令人满意的友好援助。故位于塞萨洛尼基城中，邻近教堂的整个盐库（店）的所有权自此将重新[2]归其所有[3]。

[1] 原文为拉丁文"*Donamus*"，意为"我们赠予"。至于为何会在一个希腊语法令中出现一个拉丁语词汇，我们无从知晓，但是该词的出现也反映出当时的一种趋势，就是在东罗马或拜占庭帝国，自查士丁尼大帝后，希腊文化在东部地区的地位呈不断上升趋势，包括《新律》在内的后世法律文件都以希腊语的形式颁布，甚至皇帝的称谓也是希腊语的，但是从法令中偶有拉丁语出现的现象来看，拉丁文化在查士丁尼二世时期还并未完全退出帝国历史舞台，在某些地方可能还发挥着其独有作用。

[2] 希腊文"ἐξ ὑπαρχῆς"是固定的介词短语，意为"重新"或"再次"（*GEL*, p. 831）。可能该盐库曾经属于这座教堂，后因为某些原因其所有权被收回，此次帝国军队完胜敌人，皇帝将胜利的原因归于殉道者圣狄米特里的护佑，因此，下令将该盐库（店）复又赠予圣狄米特里教堂，希望能继续获得圣徒的佑助。可见，皇帝虽然十分青睐基督教，但主要是从教会是否对其有利这一角度，其可以随意授予或收回教会现有的特权，表明查士丁尼二世时期，教会借助皇权获得极大发展，但对皇帝依旧具有较强的依附性。

[3] 食盐在西方历史上的官（国）控情况历来颇有争议。自古代时期，特别是亚历山大东征以后，食盐就被各王国当作其经济结构中一种极其重要的因素，生产与销售均由国家垄断，其基本状况是政府控价，获允的私商出售，但也有一些有特权的机构，如教堂、军队和官府，在托勒密时期，这些特权机构可以以低于市场的价格从政府手中购得大量食盐。罗马帝国时期的食盐运营情况，由于文献匮乏，我们知之甚少，但从该法令内容看，查士丁尼二世时期，食盐确实处于帝国或王权的控制之下，但是皇帝也可以以礼物的形式，将其所有权、使用权和收益权赠予第三方，体现出帝国对食盐业管理的灵活性（A. A.

Vasiliev, p. 11），当然在某些程度上也体现出了皇权的独断性。

第10—12行

由于该［教堂］[1]是其崇拜地，故自9月的第二个财税年[2]始至接下来持续的每一年[3]该教堂都有该盐库（店）的所有权，担当该盐库（店）的［主人与东家］[4]。且该盐库（店）产生的所有收益均归教堂，用以照明及主所爱的教士的日常津贴[5]，用以所有神职人员服役的报偿，［另外也用］[6]上述提及教堂的修复。换言之，受人敬仰的教堂不能做出以下□□□□□□[7]。

［1］原文有缺损，瓦氏据残留字母"-ῆς"补遗为"［ναὸν τ］ῆς"，本意为"神殿"（*GEL*, p.524），结合史实，此处译为"教堂"较妥。

［2］希腊文为"ἰνδικτίων"或"ἐπινέμησις"，源自皇帝为满足自己特殊所需而强加的一种附加税的征税方式。戴克里先时将其设为定制，5年为一个财税年，评定财税以供课税征收，君士坦丁大帝将其最终扩展为15年，成为帝国征税的定制。当然这一定制有时也会因为某位皇帝突然增加财税年而被打乱，但是由于这种15年为一小纪的征税方式，与历法有诸多相吻合之处，故而逐渐演变成帝国史上一种重要的纪年方式，为后世皇帝所遵循（*ODB* 2, p.993）。

［3］也就是自该法令颁布始，圣狄米特里教堂将对该盐库拥有长期的所有权。

［4］原文有缺损，瓦氏据其残留字母"δε-"补遗为"δε［σπόζειν］"，意为"成为……的主人"（*GEL*, p.180）。

［5］原文为"διαρίων"，等同于拉丁文"*diarium*"，复数形式意为"日常津贴"（*OLD*, p.536）。

［6］原文有缺损，瓦氏据残留字母及"κ-"第11行的语法结构将其补遗为"κ［αὶ ὀνόματι ἄνανε］"，意为"以……的名义或用以"（A. A. Vasiliev, p.6）。

［7］此处虽有残缺，但根据上下文来推断，笔者认为应该是类似于"行为、做法"的词汇。

第13—16行

主所爱的教士不能以任何方式将盐库的［收益］[1]给予或［打

算］[2]［给予］[3]任何军事个人[4]，因为基于我们的安定，我们已将其给予［教堂］，正如前所述，我们将此整个盐库都赠予它，用以［照明、教士日常开销］[5]以及教堂其他事宜花费，以期一直备受崇敬的伟大殉道者狄米特里与为我们加冕的主能一同为我虔诚［帝国］[6]有助益□□□□□，且在此呈现的仅为我们的虔诚礼物。

［1］原文有残缺，瓦氏据其残留字母"–λειαν"补遗为"[λυσιτέ] λειαν"，意为"收益、好处"（GEL, p. 481）。

［2］原文有残缺，瓦氏据其残留字母"έπινοισθα-"补遗为"έπινοισθα[ι]"，意为"打算、考虑"（GEL, p. 297）。

［3］原文缺失，瓦氏据前后文补遗为"παρέχειν"，意为"提供、给予"（GEL, p. 608）。

［4］这里关于盐库收益不得给予或打算给予任何军事个人的规定也颇具意味。如前所述，在托勒密、马其顿等王国，军队也属于享有低价购买食盐的特权机构，甚至根据有限的文献，罗马时期军队也可能享有同样的特权，但是该法令的规定表明，至少在查士丁尼二世统治时期，军人的这种特权可能已经被废止，其目的可能是限制军事将领过分膨胀的权力，当然这还需要新文献的证实。参见 S. L. Wallace, *Taxation in Egypt from Augustus to Diocletian*, Oxford: Oxford University Press, 1938, pp. 183–184。

［5］原文有残缺，瓦氏据其残留字母"φωταγ-"及前文所述将其补遗为"φωτα [γωγιάς καὶ διαρίων τ] οῦ"，也就是前文提及的"照明及日常津贴"。

［6］原文有残缺，瓦氏据其残留字母"βα-"补遗为"βα [σιλείας]"，意为"帝国"（GEL, p. 148）。

第三章 《罗得海商法》译注

提要：《罗得海商法》①是拜占庭历史上的一部重要法典。内容涉及海事贷款、船舶碰撞、共同海损、海难救助等海事法律制度，是研究拜占庭史和世界海商法史极为珍贵的原始文献。国外学界对该法典的研究已有多年，其中英国学者阿什布尔纳的校勘本为现行的权威文本。对该法典进行移译与注释，是一项很有价值的基础性工作。

《罗得海商法》成文于8世纪前后②，是在地中海贸易往来日益频繁的大背景之下，产生于拜占庭帝国的成文法典，该法典因发现于地中海东南部的罗得岛而得名。罗得岛是东地中海的航海贸易中心，往来穿梭的商人都喜欢把航海贸易纠纷放在罗得岛来解决，久而久之，这里便逐渐形成了独具特色的海商法律文化，这是《罗得海商法》得以产生

---

① 希腊文原文是"*Νόμος Ροδίων Ναυτικός*"，旧译"罗得海洋法"。事实上，它是中世纪早期，即8世纪前后以罗得岛为中心的东地中海各族和地区（主要包括拜占庭人、叙利亚人、阿拉伯人和部分意大利人——当时西欧商业还没有兴起）在航行与经商时所共同遵行的原则。因此，译者认为译作"罗得海商法"更贴切。

② 关于《罗得海商法》的形成时间，学者们有不同的看法，如阿什布尔纳提出，《罗得海商法》应该是在600—800年之间通过私人之手编纂而成的。参见 W. Ashburner, *The Rhodian Sea-Law*（以下简称 Ashburner, *RSL*），Oxford: Clarendon Press, 1909, p. lxxv。美国历史学家汤普逊（Thompson）则认为《罗得海商法》是利奥三世执政时期颁布的，把该法看作是利奥三世商业改革的重要措施。参见［美］汤普逊《中世纪经济社会史》，（上册），耿淡如译，商务印书馆1961年版，第226页。译者认为，根据其法律文本的风格、语言特点、手稿出现时间等因素，其形成时间应该是在8世纪前后。译者还认为，在发现新的历史资料之前，对《罗得海商法》形成时间的讨论不再会有学术上的突破，对该法形成时间的推测是缺乏学术意义的。

的土壤。《罗得海商法》对保存和发展古代海商法律文明做出了重要贡献，在中世纪贸易活动中发挥了重要作用，为后世海商法奠定了基础，是世界海商法发展史上承前启后的重要一环。《罗得海商法》的编纂途径是非官方的，是若干世纪以来航海习惯和贸易经验不断积累的结果，在性质上属于习惯法的汇编。这也是《罗得海商法》的具体编纂年代不可考的一个重要原因，因为它不像官方的法典那样有确切的颁布时间。

据英国学者沃特·阿什布尔纳（Walter Ashburner）考证，百余年来，拜占庭学研究学者在世界各地陆续发现了数十个《罗得海商法》文本，它们分属于10—17世纪，目前分散保存在希腊、意大利、英国、法国、西班牙、俄罗斯、美国等国家的博物馆或图书馆。这些文本长短不同，文字有别，保存形式和保存状态不一，如较早的文本写在羊皮卷上，较晚的文本则写在纸上，有的字迹已经模糊不清，有的页码已经破损或被蛀蚀。①

国外较早对《罗得海商法》进行整理和译注的有 J. 莫卡提（1897年本）及 M. R. 达瑞斯特（1905年本）等人。阿什布尔纳在对收集到的 30 个左右的《罗得海商法》抄本进行认真比较和鉴别的基础上，在 1909 年做出了一个完整而可靠的希腊文校勘本，其后又附上了英文译本，供读者对照研究，受到学术界的广泛欢迎，是迄今为止公认最权威的《罗得海商法》文本。国外众多著名学者的著作中，涉及《罗得海商法》相关研究时，多使用阿什布尔纳的这一文本。②

国内有关《罗得海商法》的译注尚付阙如，本章系依据阿什布尔纳的校勘本，从希腊文和英文两种文本译出，笔者认为英译本不甚确切处，

---

① 参见 Ashburner, *RSL*, pp. xvii – xlvi.
② 参见 G. Ostrogorsky, *History of the Byzantine State*, Oxford: A. R. Mowbray&Co. Limited, 1956, p. 83; A. A. Vasiliev, *History of the Byzantine Empire*, 324 – 1453, Madison: University of Wisconsin Press, 1961, p. 248；[加拿大] 威廉·台特雷：《国际海商法》，张永坚译，法律出版社 2005 年版，第 7 页；[美] G. 吉尔摩、C. L. 布莱克：《海商法》，杨召南等译，中国大百科全书出版社 2000 年版，第 38—39 页；[英] 戴维·M. 沃克：《牛津法律大辞典》，第 773 页，"罗得海法"词条。

做了不同于阿什布尔纳的更改。需要说明的是,《罗得海商法》的原始条款共计 66 条。在阿什布尔纳的权威校勘本中,他遵从法国法学家帕德苏(Jean Marie Pardessus)的做法,把这 66 个法条分成了两部分,即前 19 条为一部分,后 47 条为另一部分。译者认为,这 66 个法条是不可分割的整体,不宜将其分开,本章为保持法条的连贯性,将这两部分合并译出。另外,在《罗得海商法》的不同抄本中还出现过或长或短的序言,内容是有关罗马(拜占庭)皇帝对《罗得海商法》的认可,强调《罗得海商法》的法律效力是来自皇帝的授权。有的抄本在 66 个法条之外还增加了几个法条,作为附录的形式出现,它们或是来自《查士丁尼法典》①,或是来自《学说汇纂》②,与原始的 66 个法条有行文风格等方面的不同。据阿什布尔纳考证,序言与另外增加的几个法条在早期的《罗得海商法》抄本里没有出现过,他认为有可能是在后来传抄的过程中被人为加进去的,其真实性值得怀疑。③ 因此本章只对经过阿什布尔纳整理后确认为原始的 66 个法条进行译注,至于序言和增加的法条的真实性及出现时间等问题,译者将另行撰文进行研究。

第 1 条　船长[1]的薪酬[2]是水手的 2 倍。

[1] 希腊文原典中,船长一词对应的是 "$ναύκληρος$"。按其希腊文原义,该词既可指 "船主" 又可指 "船长"。参见 H. G. Liddell and R. Scott, *A Greek-English Lexicon*(以下简称 Liddell and Scott, *GEL*), New York: Oxford University Press, 1996, p. 1161。但在航海实践中,船主和船长有时并非同一个人,但无论何种情况下,只要航行一开始,船舶就完全处在船长的控制之下了,所以,此处译为船长更贴切。

[2] "$μισθòς$" 一词本义为 "工钱、报酬"。参见 Liddell and Scott, *GEL*, p. 1137。在本法条中引申为薪酬的意思,阿什布尔纳认为该薪酬并非固定不变的,

---

① Fred H. Blume, *Annotated Justinian Code*, 2nd ed., ed. by Timothy Kearley, Laramie: College of Law George William Hopper Law Library, The University of Wyoming, 2010 [文中简作 "*Code*"]。

② Alan Waston, *The Digest of Justinian*, Philadelphia: University of Pennsylvania, 1998 [文中简作 "*Digest*"]。

③ 参见 Ashburner, *RSL*, pp. lxxi – lxxv。

一　文献评注篇

而是来自每次航程的盈利分红。参见 Ashburner, *RSL*, p. 57。

　　阿什布尔纳在校勘时，把《罗得海商法》的前 7 个法条合在了一起。参见 Ashburner, *RSL*, p. 57。这或许出于两点考虑：一是法条本身比较短，字数少；二是这 7 个法条讲的是同一内容，有逻辑上的联系。笔者按照希腊文原样并遵从法典中法律条文的行文习惯，将它们分开。

　　第 2 条　舵手的薪酬是水手的 1.5 倍。
　　第 3 条　大副的薪酬是水手的 1.5 倍。
　　第 4 条　木匠的薪酬是水手的 1.5 倍。
　　第 5 条　水手长的薪酬是水手的 1.5 倍。[1]

　　[1] 据阿什布尔纳对比分析，不同的《罗得海商法》抄本在水手长的薪酬问题上差别较大，如莫卡提（J. Mercat）整理的抄本中规定水手长的薪酬是水手的 1.5 倍，布兰迪来昂（F. Brandileone）、俄塞曼努斯（I. S. Assemanus）、扎奈提（A. M. Zanetti）整理的抄本中则规定是 7/8 倍，海姆巴赫（Heimbach）整理的抄本中则规定是 3/4 倍，再晚些的抄本中规定是 1 倍或两倍，个别抄本此项甚至空缺。参见 Ashburner, *RSL*, p. 57。由此来看，水手长的薪酬是困扰抄本作者的一个数字。据常理推断，水手长的薪酬少于普通水手的可能性不大。

　　第 6 条　水手的薪酬是自己的 1 倍。[1]
　　[1] 此条说明，所有船上工作人员的薪酬都是以水手的薪酬为参照值的。

　　第 7 条　厨师的薪酬是水手的一半。[1]
　　[1] 此处，"厨师"一词，阿氏校勘本用的是 "παρασχαρίτος"，但阿什布尔纳不确定 "cook" 是准确的对应译法。因此，在他的译本中 cook 后用了（?）号。他的理由是，作为船上重要成员的厨师，其薪酬不应该是水手的一半。参见 Ashburner, *RSL*, pp. 58 - 59。另据阿什布尔纳，不同的《罗得海商法》抄本中，1—7 条中的所提到的船上人员的出现顺序是不同的。参见 Ashburner, *RSL*, p. 57。

　　第 8 条　一名商人乘船时可带两名孩子[1]；但他必须支付他们的票价。

　　[1] "παιδάριον" 一词在此处的意思是"孩子"，包括男孩和女孩在内。参见

Liddell and Scott, *GEL*, p. 1286。阿什布尔纳在翻译此处时,不知是对该希腊语词汇理解有误还是什么原因,用的是"boy"一词。

第 9 条　一名乘客可被允许占用的空间是 3 腕尺[1]长 1 腕尺宽。[2]

[1] 腕尺(cubit),古代埃及长度单位,1 腕尺 = 0.523 米。参见 A. H. Gardiner, *Egyptian Grammar*, Oxford: Oxford University Press, 1957, p. 199。

[2] 如此狭小的空间是仅够乘客用来睡觉的地方。

第 10 条　禁止乘客在船上炸鱼[1];除非船长允许他这样做。

[1] 为了安全起见,船上是严禁用火的,唯一允许点火的地方是做饭的厨房。阿什布尔纳认为,海盗、火灾和沉船是船舶所经常面临的三大海事风险。参见 Ashburner, *RSL*, p. cxliv。

第 11 条　禁止乘客在船上劈木材[1];除非船长允许他这样做。

[1] 同样是为了安全考虑。

第 12 条　船上的乘客按量[1]取水。

[1] 地中海海水的含盐量很高,根本无法饮用,且船舶受大小和装载量所限,不可能携带大量的淡水,所以,只能进行计划使用。

第 13 条　船上的女乘客[1]可被允许占用 1 腕尺长和 1 腕尺宽的空间;孩子[2]可被允许占用 0.5 腕尺的空间。

[1] 据《拜占庭帝国百科全书》记载,拜占庭帝国的妇女与其他西方国家相比,虽然社会地位较为优越,但仍然无法与男性比肩。参见 J. Lawler, *Encyclopedia of the Byzantine Empire*, Jefferson, N. C.: McFarland & Co., 2004, p. 305。查士丁尼的《学说汇纂》也承认了这点:"在关于我们法的许多条款中,女性的地位比男性的地位要差些"(*Digest*, 1.5.9),参见[意]桑德罗·斯奇巴尼选编《民法大全选译·人法》,黄风译,中国政法大学出版社 1995 年版,第 21 页。本法条就体现了这一点,在第 9 条之外单独为女乘客规定一个更小的占用空间,妇女在当时的社会地位可见一斑。

[2] 指 1 岁以上的未成年孩子,1 岁以下的婴儿同母亲一起占用分配给母亲的空间。

一　文献评注篇

第 14 条　如乘客携金币[1]登船，让他把金币寄存在船长那里。如他没有寄存却声称"我丢了金币或者银币"，这样是没有用的，因为他没有把它交给船长保管。[2]

[1] 根据波斯坦等学者的观点，1 拜占庭金币（即，诺米斯玛 νόμισμα）含 4.48 克金，代表价值约为 15 个金法郎的金属，72 银币相当于一磅黄金（约 1096 个金法郎）。参见［英］M. M. 波斯坦主编《剑桥欧洲经济史》第一卷《中世纪的农业生活》，郎丽华等译，经济科学出版社 2002 年版，第 194 页。

[2] 本条是有关乘客私人财物安全的管理规定。根据罗马法，如果寄存物丢失，保管人毫无疑问是要承担责任的。因为罗马法规定保管人要"承担完整无损地返还交付看管的物品的责任"（*Digest*, 4.9.1.8），参见［意］桑德罗·斯巴奇尼选编《民法大全选译·契约之债与准契约之债》，丁玫译，中国政法大学出版社 1998 年版，第 105 页。"如果未完整无损地返还交付看管的物品，那么，我们将赋予这些旅客以诉权对抗船员"（*Digest*, 4.9.3.1），参见［意］斯巴奇尼《民法大全选译·契约之债与准契约之债》，第 105 页。罗马法甚至进一步做出更加严格的规定："无论任何物品，一旦交付看管，即使尚未装载上船，是在岸上遗失的，风险仍由船长承担"（*Digest*, 4.9.3pr.），参见［意］斯巴奇尼《民法大全选译·契约之债与准契约之债》，第 105 页。

第 15 条　船长、乘客和全体船员应当一起进行宣誓[1]。

[1] 在《罗得海商法》的稿本中，本条同第 14 条虽然是分开的，但将其合在一起后就会发现，这两条同本法的第 32 条意思非常相近，只是第 32 条将交付保管的标的物扩大到了其他物品。从本条规定来看，船上的人都得为携带金币的事情负责，故以宣誓的方式进行强调。

第 16 条　一艘带有各种装具的船[1]，每 1000 莫迪[2] 运费为 50 个金币，共同海损理算时亦按此数额。若船是旧的，则每 1000 莫迪运费为 30 个金币。运费若减到 1/3，共同海损理算时的数额亦相应减少。

[1] 古典时期和中世纪的船分为圆形和长形两种。圆形船靠风帆推动，专门用于商业；长形船主要靠划桨来推动，最初用于军事目的。参见 Ashburner, *RSL*, p. clii. 据有关资料记载，在早期拜占庭或晚期罗马帝国的航海史上，较大吨位的

海船装载量为 3.5 万—5 万莫迪。参见 A. H. M. Jones, *The Decline of the Ancient World*, London: Longman, 1976, p. 313.

[2] 莫迪是一种容量单位，1 莫迪谷物约 6.5 千克。参见 [英] M. M. 波斯坦、爱德华·米勒主编《剑桥欧洲经济史》第二卷《中世纪的贸易和工业》，钟和等译，经济科学出版社 2004 年版，第 122 页。

第 17 条　法律规定：不允许签订以无风险的陆地上的财产来偿还借款的海运借款契约。如果确实已经签订了这样的契约，根据本法，该契约将归于无效。但是与田地或山地有关的借款，若以无风险的陆地上的财产来偿还，可允许双方根据本法签订这样的契约。[1]

[1] 海运借款的债权人可要求债务人以船舶和货物作为抵押进行借款，而不能要求以无风险的陆地上的财产作为抵押。因为债权人既然追求高利率的回报，就得勇于承担风险，而不能要求无风险。对此，《学说汇纂》指出：只有船在约定时间内平安返回，债权人才能请求偿还借款。如果条件未达成，那么，似乎借款契约也就不存在了（*Digest*, 22.2.6），参见 [意] 斯巴奇尼《民法大全选译·契约之债与准契约之债》，第 93 页。海运借款契约的风险，从船离岸之时起，由债权人承担（*Digest*, 22.2.3），参见 [意] 斯巴奇尼《民法大全选译·契约之债与准契约之债》，第 89 页。

第 18 条　一个人借款并且已支付了 8 年的法定利息[1]。8 年后若他的财产发生了毁损或者火灾或者遭受了野蛮人的侵害。根据罗得法，利息可以停止支付。如果借款人不支付法定利息，书面契约仍根据以前的约定继续履行，因为书面契约关系到他的信誉。[2]

[1] 为防止高利贷行为，罗马法对利率限制较为严格。《查士丁尼法典》规定："那些有社会地位的人，以及那些社会地位更高的人均不得订立利率超过 4%的要式口约"（*Code*, 4.32.26.2），参见 [意] 斯巴奇尼《民法大全选译·契约之债与准契约之债》，第 375 页。

[2] 据阿什布尔纳分析，本法条是关于土地问题的借贷，与海商法没有什么关系。参见 Ashburner, *RSL*, p. cxliv。从语气和内容来看，本法条应该是在继续谈论上一法条中提到的土地借贷问题。

一　文献评注篇

第19条　实际控制船舶的船长，若对船舶价值拥有 3/4 的股份，无论被派往何处，均可在船上签订以季节[1]或者航程[2]为期限的借贷协议，若他们同意，可继续履行；贷款人可以指定别人接收还款。

[1] 航海的季节性很强，海运借款的期限有时会是整个夏季。阿什布尔纳指出："每年的 11 月到次年的 3 月是地中海的闭海期，在此期间航海活动暂时停止，这是从古罗马时期就保留下来的习惯。"参见 Ashburner, *RSL*, p. cxlii。

[2] 海运借款的期限有时会是一个航程，在这个航程结束后的某个时间还清贷款。

第20条　船舶停靠在港口或海滩时，船锚[1]被盗，盗贼被抓获而且供认。法律规定他应受到鞭笞并且双倍赔偿他所导致的损失。[2]

[1] 原文中此处船锚为复数形式。阿什布尔纳指出，在中世纪的海事法规中，船舶配多少船锚往往是由法律来限定的，其数量因船舶的尺寸不同而有差异。参见 Ashburner, *RSL*, pp. 77–78。

[2] 本法条和下一个法条强调的是对船锚等的偷盗行为的惩罚，一方面反映了人们对船舶靠港后安全问题的重视，另一方面反映了拜占庭港口管理制度的健全和完善。

第21条　A 船的船员受其船长的指使，趁 B 船停靠在港口或海滩时偷了 B 船的锚。B 船因丢锚而遭受损失。如果此事得到确切证明，指使盗贼盗窃的船长须赔偿 B 船及船上货物的所有损失。如果任何人偷了船上的用具或船上的任何正在使用中的物品，如草绳、麻绳[1]、船帆、皮具、小艇等，盗贼须承担两倍以上的赔偿。

[1] 此处出现的两种绳索，在希腊文原典里对应的词分别是"σχοινίς"和"καννάβινος"弗莱士菲尔德将其译为 rope（粗绳）和 cable（缆绳），并不是很准确，因为"σχοινίς"一词在希腊文本意中指的是用灯芯草做的绳子。参见 Liddell and Scott, *GEL*, p. 1747。该词在泛指时应该译为细绳，与 rope（粗绳）的意思相反；"καννάβινος"一词在希腊文本意中指的是用大麻做的绳子。参见 Liddell and Scott, *GEL*, p. 874。大麻做的绳子在当时是最结实的一种绳子。因此，该处的两种绳索直接译为"草绳"和"麻绳"最贴切，它们可能分别被用作帆绳和缆绳。

第22条 船员奉船长之命抢劫了商人或乘客,被发觉并且被逮住。船长应双倍赔偿被抢劫的人,船员要被打100下。如果船员主动进行偷盗而被抓住或被证人指认有罪,应将其痛打一顿,尤其如果被盗物品是钱财,让他赔偿被盗者的损失。[1]

[1] 本法条中对于抢劫者和盗贼的罚金数额显示了《罗得海商法》与传统罗马法的不同。在《学说汇纂》中,"抢劫财物的人,既按非现行盗窃之诉承担双倍罚金的责任,又按以暴力抢夺财物之诉承担四倍罚金的责任"(*Digest*, 47.8.1),参见[意]桑德罗·斯奇巴尼选编《民法大全选译·债私犯之债(Ⅱ)和犯罪》,徐国栋译,中国政法大学出版社1998年版,第79页。在《法学阶梯》中,"不论对奴隶还是对自由人,现行盗窃的罚金是四倍;非现行盗窃的罚金是两倍",参见[拜占庭]优士丁尼《法学阶梯》,徐国栋译,中国政法大学出版社2005年版,第423页。与之相比,《罗得海商法》的罚金显然是少了很多。

第23条 船长把船开进了一个窃贼与海盗[1]出没的地方[2],尽管乘客已向船长证明这个地方不可去。在这种情况下,船长应弥补受害者的损失。另一方面,如果乘客不顾船长的反对将船带进了窃贼与海盗出没的地方,发生了意外,乘客应当承担该损失。

[1] 自7世纪初起,拜占庭海上贸易和交通受阿拉伯和斯拉夫海盗的抢劫,经常面临危险,海盗变成惯常现象,船主与商人必须共同面对危难,才能继续进行他们的海上贸易。

[2] 波斯坦等学者指出,爱琴海无数的岛屿都适合海盗生存。824—961年,克里特岛是撒拉逊海盗的总部。即便是港口也有海盗,他们切断船缆,盗走船锚。参见[英]M. M. 波斯坦、德德华·米勒主编《剑桥欧洲经济史》第二卷《中世纪的贸易和工业》,第122页。

第24条 如果船员之间发生争执,让他们止于争吵而不要动手打人[1],如果A击打B的头部并将其打破或者以其他方式伤害B,A应支付B的医药费和开支,以及他因离岗照料自己而误工的整个时段的薪酬。

[1] 按照阿什布尔纳的理解,《罗得海商法》在此处并非真的容忍争吵,而是重点强调不要进行人身攻击。参见Ashburner, *RSL*, p. 84。根据《法学阶梯》,不仅在某人被用拳头、棍棒殴打,或者甚至被鞭打的情况下,发生了不法侵害,而且在

某人被谩骂……的情况下，也实施了不法侵害，参见［拜占庭］优士丁尼《法学阶梯》，第445页。显然，打斗和谩骂在罗马法上都被视作不法侵害。

第25条　船员之间发生争执，A用石块或者木头去击打B，B还击，他这样做是必要的。[1]即便A已身亡，如果能证明是他首先发起攻击，不管是用石块、木头还是斧头，B还击并将其杀死，可以被认定为无害，因为A应当承受这一痛苦。[2]

[1] 按照罗马法的规定，因正当防卫或者正当行使自身权利而实施的行为不构成不法侵害，因此，如果某人因遭受侵害威胁而杀死强盗，或在击剑竞赛中将他人的奴隶刺死，这些行为都不被视为非法，因而对之不适用《阿奎利亚法》。参见黄风《罗马法》，中国人民大学出版社2009年版，第232页。

[2] 关于打人之后的解决方式，最早是以受害人及其血亲对打人者进行同态复仇的方式来解决。从这一法条依稀还能看到"以眼还眼，以牙还牙"式的同态复仇的影子，这是罗马法所允许的。因为根据《十二表法》第八表第二条规定："毁伤他人肢体而不能达成简约的，应对他同态复仇。"参见徐国栋、阿尔多·贝特鲁奇《〈十二表法〉新译本》，纪蔚民译，《河北法学》2005年第11期。

第26条　船长、商人或船员用拳打人使被打者失明，或用脚踢人而导致内脏器官移位，攻击者要支付治疗费，导致眼伤的支付12金币，导致器官移位的支付10金币[1]。如果导致被踢者死亡，攻击者可能要以谋杀罪面临审判。

[1] 早在古罗马《十二表法》中，就出现过以损害赔偿取代同态复仇的变通方法。根据《十二表法》第八表第三条规定："以手或棍棒折断自由人一骨的，处300阿斯的罚金；折断奴隶一骨的，处150阿斯的罚金。"参见徐国栋、阿尔多·贝特鲁奇《〈十二表法〉新译本》，纪蔚民译，《河北法学》2005年第11期。从本条规定来看，显然在《罗得海商法》时期，人们仍然使用着这种方法。

第27条　船舶被托付给船长[1]后启航，该船只按水手的意志携带金币逃入另一个国家，所有他们的财物，只要归他们所有，一律没收。除非卖掉这些物品的金额能等额弥补船舶及其失踪期间的利益损失，才可把水手和大副释放。

[1] 托付一词表明此处所说的船长并非船主。

第28条　如果船长决定抛弃货物，他应该询问在船上放置了货物的乘客，由他们来表决下一步的措施。[1]参与共同海损分摊的货物、铺盖和穿用的衣服及炊具都要进行估价；并且，如果抛货发生，船长和乘客持有的物品估价不超过1里特拉[2]。舵手和大副持有的物品估价不超过半里特拉；水手持有的物品估价不超过3格拉玛[3]，船上的奴隶[4]和其他不是被运送去卖的人估价为3米那[5]；如果任何人正被运送去卖，估价为2米那。如果货物连同船员的东西被敌人或强盗等运走，均按同样的原则进行计算和分摊。如果有谷物分配协议，船上的事情处理完毕，船舶本身已参与共同海损分摊后，每个人均应按其享有的谷物份额比例对已经发生的损失承担责任。

[1] 据《阿玛斐法典》（*Tablets of Amalfi*, 48）记载："如果商人们是贪婪的，有些人总是如此，宁愿死去也不愿意损失财物，因为极度贪财而拒绝抛弃货物，船长在做出明确说明后，仍然可以抛弃货物。"参见［美］约翰·H. 威格摩尔《世界法系概览》，何勤华等译，上海人民出版社2004年版，第772页。

[2] 里特拉，一种西西里银币，在重量上约等于12盎司或者1磅。参见Liddell and Scott, *GEL*, p. 1054。

[3] 格拉玛，据阿什布尔纳论证，它应该是在南意大利流通的一种金币。按照阿什布尔纳的估计，1里特拉大约等于16格拉玛。参见Ashburner, *RSL*, p. 89。本法条关于所持物品估价上限的规定，说明在补偿的时候，有时并非根据实际价值全额补偿，而是有数额上限。估价上限的不同，也体现出了海上航行中船上人员的不同地位。

[4] 当时的拜占庭帝国从北欧、罗斯平原等地购入大量的奴隶在庄园、矿山、作坊从事劳动。如8世纪时，圣徒圣西奥菲勒斯的父母雇用了成千上万的奴隶在爱琴海诸岛的庄园上劳动；一个世纪后，寡妇丹内斯在她的地毯及其他作坊中使用3000个奴隶进行劳作。参见［英］M. M. 波斯坦、德德华·米勒主编《剑桥欧洲经济史》第二卷《中世纪的贸易和工业》，第130页。

[5] 米那，古希腊的货币单位和重量单位，1米那在价值和重量上都等于100德拉克玛。参见Liddell and Scott, *GEL*, p. 1138。据阿什布尔纳研究，晚期的拜占庭

作家经常将里特拉和米那互换使用，两者代表的货币价值应该是大致相等的。参见 Ashburner, *RSL*, p. 90。

第 29 条　如果船长和全体船员疏忽大意[1]，导致货损或沉船，让船长和全体船员对货物承担弥补损失的责任。如果是因商人的疏忽大意而导致船和货丢失，商人应对船难引起的损失负责。如果船长、全体船员或商人均无过错，损失或船难发生，获救的船舶和货物列入共同海损分摊。

[1] 罗马法比较强调相关责任人的勤谨注意义务，疏忽大意是违法行为。据《罗马法词典》，勤谨注意是行为人实施某一适法行为时的认真态度，它反映着该行为人的心理状态。参见黄风《罗马法词典》，法律出版社 2002 年版，第 91 页。

第 30 条　商人和乘客不准在旧船上装载沉重的和名贵的货物[1]。如果违反上述规定装载，船在航行中发生了损坏或灭失，往旧船上装载货物的人对所发生的损失负责。当商人租用船舶时，他们在装载自己的货物前，应该从此前使用该船航行过的商人那里明确地询问一下，该船舶是否适航，是否配备牢固的帆桁、风帆、遮布、船锚、质量上乘的粗麻绳、摆放整齐的小艇、合适的舵柄、各司其职的船员、敏捷而精明的优秀水手[2]、坚固的船舷。总之，商人必须询问清楚每件事情[3]以便进行装载。

[1] 商人和乘客不得用旧船装载沉重的货物，主要是出于对航海安全的考虑。

[2] 水手本来是包括在船员里边的，这里又单独将其拿出来，提出明确要求，足见水手在船上的重要性。

[3] 从询问的细致程度可以看出人们对于航海安全问题的重视程度。

第 31 条　如果一个人交付船舶或房屋的定金，他须在三个证人[1]面前与他熟悉和信任的人做这件事情。如果数额巨大，定金须用书面形式订立。如果同意掌管定金的人声称定金丢失，他必须证明在哪里被破墙而入或盗窃如何发生，并且发誓他没有进行欺骗。如果他无法证明，他须完好无损地归还货物。[2]

[1] 罗马法非常注重证人的数量，因为法律格言说："一名证人不足为证"。

该格言体现着这样一项原则：为证明某一事实，必须有两名以上的证人。参见黄风《罗马法词典》，第250—251页。

［2］本法条的后两句再次出现在利奥六世统治初年颁布的《帝国法典》（ⅩⅫ.5.52）中，参见Ashburner, *RSL*, p.94。

第32条　如果乘客携带金币或其他物品登船，让他交予船长保管。[1]如果他没有交予保管而声称"我丢了金币或银币"，其主张无效。但船长和船员连同船上的所有人[2]要一起宣誓。

［1］《学说汇纂》中记载了乌尔比安在《论告示》第14编里的观点：船长应当对所有船上装载的物品承担保管责任（*Digest*, 4.9.9.8），参见［意］斯巴奇尼《民法大全选译·契约之债与准契约之债》，第105页。

［2］船上的乘客显然是包括在内的。

第33条　一个人接受了定金[1]之后，继而否认。这种情况下需要提取证据。他发誓或书面否认他的责任后，定金证据被及时发现，他应支付两倍以上的赔偿金，并因伪誓而遭受罚款。

［1］根据《学说汇纂》，在买卖契约中经常要交付定金。这一定金的交付并不是因为不交付买卖契约就无效，而是为了更明确地表示缔约双方已就价格达成了共识（*Digest*, 18.1.35pr.），参见［意］斯巴奇尼《民法大全选译·契约之债与准契约之债》，第21页。

第34条　船长收了定金后，运送乘客、商人或奴隶，当该船到达一个城市或港口或海岸后，其中一些人离船。遇到强盗追赶或海盗发起攻击时，船长发出信号逃离，船舶连同乘客和商人的财产因此获救。那些离船的人可以取回各自的货物和财产。如果任何人以被扔在了海盗出没的岸上为由找船长的麻烦，其主张无效[1]，因为只有在被追逐的情况下，船长和船员才逃离的。如果商人或乘客将别人交予他保管的奴隶遗弃在任何地方，他须对奴隶的主人赔偿损失。[2]

［1］阿什布尔纳认为："对于年龄大的旅客来说，在旅途中被扔下不管是令他们焦虑不安的事情。"参见Ashburner, *RSL*, p.96。但笔者认为，旅客的焦虑不仅在

于此，应该还在于，船长和船货突然离去，自己的生命和财产似乎都得不到保障。从本法条的规定来看，如果商人和乘客离船后，船长因遇到海盗而逃离，就不能认为是船长故意将这些已经上岸的商人和乘客丢下不管，船长也不必因其遭受任何损害而承担责任。

[2] 从该规定来看，如果商人和乘客将别人交予自己保管的奴隶扔下不管，他是必须向奴隶的主人承担责任的。

第35条 船长、商人及任何用船舶、运费和货物进行抵押贷款[1]的人不能像土地贷款那样进行[2]……如果船舶和钱财获救……避免他们图谋从海事风险中挽回或从海盗那里追回的钱财……让他们用土地上的财产偿还贷款和利息。[3]

[1] 根据《学说汇纂》，用于海洋运输的借款称为海运借款（Digest, 22.2.1)，参见［意］桑德罗·斯巴奇尼选编《民法大全选译·契约之债与准契约之债》，第89页。海运借款在古希腊文中多以τό ναυτικόν或τοκος ναυτικός的形式出现。

[2] 意即海运借款是有风险的，不像土地贷款那样应无条件偿还，有时可能面临无法收回的风险。根据《学说汇纂》，海运借款契约的风险，从船离岸之时起，由债权人承担（Digest, 22. 2. 3)，参见［意］桑德罗·斯巴奇尼选编《民法大全选译·契约之债与准契约之债》，第89页。并且该风险在船舶到达目的港之前不能转移给债务人。如果没有这一约定，则债务人将不能免除海难责任。

[3] 本法条部分内容缺失，无法确切了解其原意。

第36条 A为合伙业务支付金币或银币。合伙关系是为一个航次而成立[1]，并且他按约定写成了书面契约。B收到金币或银币，在合伙期限届满时未归还给A。继而船舶遭受火灾或强盗或失事，A的权益不受影响并且可收回自己的所有。但契约确定的期限到来前，因海上风险导致的损失发生，他们应根据在合伙中的股份比例，以及他们在契约中约定的预期收益来分摊损失。

[1] 有的合伙关系存续的时间比较长，不止一个航次，但根据《学说汇纂》："永远存续的合伙无效"（Digest, 17.2.70)，参见［意］桑德罗·斯巴奇尼选编《民法大全选译·契约之债与准契约之债》，第221页。

第三章 《罗得海商法》译注

第37条 某人借钱后去了国外,当约定的贷款期限[1]届满后,根据法律,债权人可用债务人在土地上的财产来追回损失。如果不能追回损失,只要债务人还在国外,借贷资金就成为无条件应偿还的债务,利息亦将要按海运借款利息对待。[2]

[1] 按照自古希腊以来的航海贸易惯例,海运借款的期限是从借贷之日开始,直到本次航程结束后的某一时间(一般为20天)为止。

[2] 海运借款的利率普遍高于其他贷款的利率。《查士丁尼法典》规定:"无论要式口约标的的价值如何,那些有社会地位的人,以及那些社会地位较高的人均不得订立利率超过4%的要式口约。我们还规定,主持及经营合法事务之人,在订立有关利息的要式口约时,利率不得超过8%;在海运及海运借款契约中,尽管早期法律允许,利率亦不得超过12%"(*Code*, 4.32.26.2),参见〔意〕桑德罗·斯巴奇尼选编《民法大全选译·契约之债与准契约之债》,第377页。据波斯坦等学者的观点,到了拜占庭中期,海运借款的利率达到16.66%。参见〔英〕M. M. 波斯坦、德德华·米勒主编《剑桥欧洲经济史》第二卷《中世纪的贸易和工业》,第122页。利率高是由海事贷款风险巨大、资金紧张等因素决定的。

第38条 若某人租用船舶并交付了定金,此后他声称"我不再需要用船",则定金不予返还。但如果船长违约,他须将定金双倍返还于该人。[1]

[1] 查士丁尼之前的法律原本只规定未履行契约的情况下,交付定金的债务人丧失定金。到了查士丁尼时,定金开始具有惩罚性,"我们规定:今后无论契约是否书面缔结,在附有定金条款的情况下,尽管没有特别说明应该履行什么义务或在未履行的情况下应当承担什么责任,但是,允诺出售物品的一方,如果没有履行契约,那么,就将被迫双倍返还所收取的定金;而允诺购买物品的一方,在没有完成购买的情况下,将不得请求返还已交付的定金"(*Code*, 4.21.17.2),参见〔意〕桑德罗·斯巴奇尼选编《民法大全选译·契约之债与准契约之债》,第133页。双倍返还的定金被称作惩罚性的定金,该制度一直沿用至今。

第39条 租借船舶时,契约必须以书面形式订立并且各方都要签字,否则无效。经协商同意,契约可以写上罚则[1]。如果不写罚则,一方违约，承租人提供了货物的情况下，应支付一半的运费给船长。如果船长违约，应赔付一半的运费给商人。如果商人愿意将货物取走，他应支付全部运费给船长。这些罚则将在 A 起诉 B 的情况下被适用。

[1] 此处的罚则，可以是一定数额的金钱，可以是鞭笞刑、肢体刑，甚至是死刑。参见 Ashburner, *RSL*, p. 99。

第40条 两个人在没有书面契约的情况下达成合伙。双方均承认"我们之前确立了没有书面契约的合伙关系，并且双方保持互信，在所有的纳税场合[1]均为同一笔资金纳税"。其中一船出事，无论空载还是满载，获救财产的1/4要分摊给受损者，因为他们没有签订书面契约而仅是形成了口头合伙关系。但书面订立的契约是牢固而有效的，获救的财产要为受损的财产进行分摊。[2]

[1] 关于拜占庭帝国的贸易税收问题，据波斯坦等学者考察，从黑海到君士坦丁堡的商品被海关人员拦在博斯普鲁斯海峡的入口处，从那里缴纳10%的从价税。从地中海和爱琴海来的商品在达达尼尔海峡的阿拜多斯（Abydos）或加里波利斯（Gallipolis）也缴付类似的税收。参见［英］M. M. 波斯坦、德德华·米勒主编《剑桥欧洲经济史》第二卷《中世纪的贸易和工业》，第 118 页。

[2] 从本条规定来看，签订了书面契约的情况下，获救财产分摊受损的财产时，不受1/4所限，这从侧面反映出《罗得海商法》是提倡签订书面契约的。

第41条 根据书面契约[1]，商人可将货物装满整艘船，而船长除了水、食物和绳索等船舶必需品外，禁止携带其他东西。如果船上有剩余空间，船长有意装载其他货物，可以准许。如果船上没有剩余空间，商人可以在三个证人面前拒绝船长和船员继续装载。并且，如果发生弃货，由船长负责，但如果商人没有进行阻止，则由其共同承担责任。

[1] 本法典尤为重视书面契约，而较少采用要式口约。当时的要式口约后来也发展到采用有关的文书加以证明，出现了要式口约约据。

第42条 如果船长和商人之间有书面契约，应共同遵守；但如果商人不能提供充足的货物，让他按书面的约定补齐。

第43条 在有书面契约的情况下，船长收取一半运费后起航，商人若因己方原因要求返回，他将不能要回已缴的运费。若是船长违约，则应双倍返还已收的运费。[1]

[1] 本条关于运费的返还规则同第19条定金的使用规则是一样的。即缴纳的一方违约时无法要回已交款项，接受的一方违约时则双倍返还所收款项。

第44条 如果契约约定的期限[1]已过，商人须为船员提供10天的口粮。如果第二次期限也已过，最重要的是让商人补齐全部运费后离开。但如果商人愿意增加足够的运费，在他交纳后可继续按他的意愿航行。

[1] 此处的期限一词，希腊文原典中使用的是"προθεσμία"，意思是预先定下的日期。该日期可由法律规定，也可由协议约定。根据阿什布尔纳分析，商人在该期限内必须完成某事，如在指定日期前完成装船任务等。若超期没有完成的话，本法典为商人规定了一个宽限期，即为期10天的第二个期限（δευτέρα προθεσμία），该期限内商人有义务为船员提供口粮。若第二个期限内还没有完成任务，商人有义务缴纳全部运费，船长此时则不用承担进一步的义务。参见 Ashburner, *RSL*, pp. 103–104。

第45条 不管白天还是晚上，船员或船长离船睡觉，船舶迷路，所有的损失皆归因于离船的船员或船长，留在船上的人免责[1]。疏忽大意者必须向船主[2]赔偿因其疏忽大意而导致的损失。

[1] 中世纪的法律一般都规定船上要有一定比例的负责安全职责的船员。
[2] 此处是向船主赔偿，而非船长。

第46条 船舶在去为商人或其合伙人装货途中，由于船员或船长的疏忽大意而受损或失踪，货栈里的货物免受索赔。如果有证据证明船舶是在风暴中丢失，船上获救物品和货物分摊共同海损，船长只保留一半运费[1]。如果合伙人之一否认合伙关系存在，被三个证人指证，他应支付他的分摊份额，并承受由于其否认所导致的罚金。

[1] "ἡμίναυλον"，即一半运费的意思，这一半运费是船长在签署运输契约时去货物所在港装货之前就已经拿到手的。

一　文献评注篇

第47条　如果船舶在装货时受到商人或其合伙人的阻碍，契约约定的日期已过，恰巧此时船舶因为海盗行为或火灾或沉船而失踪，阻碍装船的人应当弥补损失。[1]

[1] 本条同第29条解决的是在契约约定的地点装货的问题。

第48条　如果商人没有在契约规定的地点提供货物，契约约定的装货时间已过，恰巧此时船舶因为海盗行为或火灾或沉船而失踪，船舶的所有损失都认定为由商人引起。但如果约定的装货时间还没有过去，发生了类似事情，可以列入共同海损。

第49条　如果商人装船时随身携带金币，并且船舶碰巧遭遇了某类海事风险，货物丢失，船舶损坏，获救的船上物品和货物分摊共同海损，但商人支付金币价值的1/10后，可把金币取走。如果他不是因抓住船舶侧板获救，他应根据契约支付一半的运费；如果他为了求生而抓住船舶侧板获救，他应支付金币价值的1/5。

第50条　如果商人装船时，船舶发生事故，所有获救财产分摊共同海损。但若获救的是银币，须拿出银币价值的1/5参与分摊，船长和船员应该提供救助。

第51条　如果船舶在去装货的路上，无论是被商人还是合伙人租用，灾难发生后，商人不得要回已缴纳的一半运费，但船舶和货物的剩余部分应分摊共同海损。如果商人或其合伙人已经支付预付款[1]，他们之间的协议以书面为准。

[1] 此处预付款（προχρεία）的理解有广义和狭义之分，据阿什布尔纳理解，狭义的预付款通常是在履行契约时由商人向船长支付的一笔费用，该费用与运费有关但在数额上要超过运费的一半；广义的预付款与中世纪的康孟达（Commeda）类似。参见 Ashburner, *RSL*, p.57。

第52条　如果船长将货物放在契约规定的地点后，船舶出事故，船长仍可从商人处得到全部运费。卸载后放入仓库的货物免于同船舶和仍在船上未卸载的货物一起分摊共同海损。

第53条　如果船舶运送的是麻布[1]和丝绸，船长须提供好的遮布，以免在暴风雨中货物被海浪打湿。如果水从货仓上涨，船长须立即通知那些船上有货的人，以便货物能被妥善保管。如果乘客明确向船长主张货物受损，船长和船员须承担责任。如果船长和船员事先告知船上的水正在上涨，货物必须转移，但把货物装上船的人却忽视保管货物，船长和船员免责。

[1] 据汤普逊研究，在整个中世纪，麻布始终是地中海世界畅销的商品，其中埃及的麻布制造业占据着重要地位。参见［美］汤普逊《中世纪经济社会史》（上册），耿淡如译，商务印书馆1961年版，第204页。

第54条　如果船舶损失了自己的桅杆，无论是主动折断还是被砍断，所有获救的船员、商人、货物及船舶本身分摊共同海损。

第55条　如果航行中的船舶撞上了另一艘抛锚停泊或行驶缓慢的船舶，所有的碰撞和损失要归因于船长和船上的人。而且货物要列入共同海损。如果是夜间航行，缓慢行驶的人应点亮桅顶灯[1]，如果没有桅顶灯，就让他呼喊。如果他忽视这样做而灾难发生，在有证据的情况下，他要为此担责。如果船员疏忽大意并且值班员[2]打盹，船舶就像在浅滩上一样行进困难，被他撞的船只免责。

[1] 桅顶灯的位置一般是在船舶的桅杆上方，也叫作"锚灯"，起到航行灯的作用，用来显示船舶航行或停泊的状态。

[2] 船上的值班员并非一个特殊的岗位，而是由船员、雇员、商人、乘客轮流担任。

第56条　如果船舶发生事故，商人或乘客的财产获救而船舶失踪，获救者须拿出财产[1]的1/15参与分摊，但无须让商人和乘客赔付船舶给船长。

[1] 根据后面的法条，获救的财产如果是金币，金币的主人须拿出金币价值的1/10参与分摊；获救的财产如果是银币，银币的主人须拿出银币价值的1/5参与分摊。本法条中获救的是除金银外的其他财产，获救者须拿出被救财产价值的1/15参与分摊。

一　文献评注篇

第57条　如果装载谷物[1]的船遇到风暴，船长需提供覆盖物且船员要使用水泵抽水。如果他们疏忽大意导致货物被舱底的水打湿，船员须支付罚金。但货物如果是因风暴受损，船长、船员和商人共同承担损失，获救财产价值的6%分给船长和船员。如果货物需要被抛入海中，让商人成为第一抛货者，船员也介入其中。此外任何船员都不得偷盗，如果有人偷盗，盗贼须双倍赔偿且失去他的所有收益。

[1] 当时地中海上的谷物有相当一部分是从埃及运往拜占庭帝国的。埃及素有拜占庭帝国的粮仓之称，其全部地区都盛产谷物，土地肥沃的尼罗河流域更是如此。据汤普逊估计，埃及每年向拜占庭首都君士坦丁堡输出26万夸脱（quarter）谷物。参见［美］汤普逊《中世纪经济社会史》，第203页。

第58条　装载谷物或葡萄酒[1]或油料[2]的船舶全力以赴地航行，按照船长和船员的指示，船舶放慢速度，在违背商人意愿的情况下停靠某处或海岸。碰巧船舶失踪而货物获救。商人对船舶的失踪免责，因为他当初不同意停靠在上述地方。船舶正全力以赴地航行，商人对船长说"我要停靠此处"，而此处在租船契约里没有约定，碰巧船舶失踪而货物获救，船长可要求商人赔偿船舶。抛弃船舶如果是双方的意思，一切获救财产均分摊共同海损。

[1] 在当时，整个希腊半岛都盛产葡萄和葡萄酒。

[2] 如橄榄油，典型的地中海气候非常适合油橄榄的生长，所以地中海沿岸国家和地区是橄榄油的主要产地，也是品质最好的橄榄油的主要供应区。

第59条　船舶遇难，部分货物和船获救。乘客携带金银或完好的丝绸或珍珠，若其金币获救，须拿出1/10参与分摊，若其银币获救，须拿出1/5参与分摊。若获救的丝绸是干燥的、完好的，须拿出1/10参与分摊，同金币的比例一样[1]。若获救的丝绸是潮湿的，应先就损耗和潮湿进行折扣后，再参与分摊。珍珠根据自身价值，与金币同比例[2]参与分摊。

[1] 丝绸在当时的拜占庭乃至整个地中海世界都是奢侈品。在罗马皇帝奥勒

良时代，一磅丝绸值一磅黄金，到了拜占庭时代，普通丝绸与黄金等价，而优质丝绸的价格居然相当于黄金的四倍。参见 Ashburner, *RSL*, p. 114。

[2] 此处的意思并非指珍珠与黄金等价，而是指与黄金按同样的比例分担损失，即须贡献出 1/10。

第 60 条　载有乘客的船舶遇到事故受损或灭失，而乘客的货物获救，乘客应分摊船舶的损失。如果三两位乘客丢失金币或货物，他们可根据损失程度，从同船舶乘客那里得到共同海损赔偿。

第 61 条　船舶正在运送货物时破裂漏水，货物被取出，船舶修理后，不管船长是否愿意继续将船里的货物运送到契约约定的贸易地点，他都要这样做。如果船舶没有修理但船长更换了另一艘船去约定的贸易地点，货主须支付全部运费。[1]

[1] 船舶在运送货物时破裂漏水，船长面临两种选择：一是修好船后继续把货物运送到约定地点，二是把货物放入另一艘船舶来完成运送任务。

第 62 条　如果船舶遇到风暴并且抛弃货物，折断帆桁、桅杆和舵柄，损坏船锚和船舵，获救的船舶和货物共同分摊海损。

第 63 条　载货的船在风暴中船桅被抛掉、舵柄破损或一个船舵丢失，且货物因为风暴而变潮湿，这些均有必要列入共同海损。但如果货物受损更多是因为舱底积水而非因风暴，船长把货物晾干，使大部分货物如同接手时的状况一样，则仍可以得到运费。

第 64 条　船舶在远海倾覆或毁坏，从船上把任何物品安全救到陆地上的人可得到获救财产价值 1/5 的报酬。[1]

[1] 本条与下面两条皆是关于海难救助报酬的规定。

第 65 条　小船绳索断裂脱离大船失踪。小船上的人失踪或死亡，船长须向其继承人[1]支付全年工资。用方向舵救了小船并按原样送还的人应得到他所救价值 1/5 的报酬。

[1] 根据《学说汇纂》："对已故者的权利进行概括继承的人被称为继承人"（*Digest*, 50. 17. 128. 1），参见［意］桑德罗·斯奇巴尼选编《民法大全选译·遗产

继承》，费安玲译，中国政法大学出版社 1995 年版，第 1 页。

第 66 条 如果金币、银币或任何其他东西被从 8 英寻[1]深的海里捞起，救助者获得被救物价值 1/3 的报酬。如果是从 15 英寻深的海里捞起，因为深海的危险性，救助者获得被救物价值 1/2 的报酬[2]。物品被从海里扔到陆地上，能够找到或者在岸上不超过 1 腕尺的距离处，救助者获得被救物价值 1/10 的报酬。

[1] 英寻是水深量度单位，合 6 英尺或 1.8 米。参见［英］霍恩比《牛津高阶英汉双解词典》（第 4 版），李北达译，商务印书馆 2002 年版，第 529 页。
[2] 海难救助的难度和危险性加大，救助报酬亦相应增加。

第四章 《农业法》译注

提要：《农业法》是拜占庭历史上一部重要的法典。它规范了拜占庭农庄中居民的生产生活行为，内容涉及村庄组织、土地占有与使用、农民权益、对违法行为的惩罚措施等方面，反映出拜占庭帝国中期农村经济生活的一般状况，是研究拜占庭农村经济制度的极为宝贵的原始资料。自该法典被发现以来，国外学术界对其研究已有多年，其中阿什布尔纳的希腊文校勘本与英文译本是现行学者们认可的权威文本[1]。本文根据阿本对《农业法》进行译注，意在提供更符合原文的中文文本。

拜占庭《农业法》[2]是拜占庭帝国法律史上一部实用性的法律汇编手册。它出现于8世纪前后，由伊苏里亚王朝时期的法学家综合以查士丁尼《民法大全》为主的帝国前期官方立法中的部分法律与地方习惯

---

[1] Walter Ashburner trans and ed., "The Farmer's Law", *The Journal of Hellenic Studies*, Vol. 30, 1910 [以下简称《阿氏本》1) 与 Vol. 32, 1912（以下简称《阿氏本》2)。

[2] 《农业法》，希腊文原文为"Νόμος Γεωργικός"，拉丁文为"*Leges Rusticae*"，英文译文通常为"Rural Code"或者"Farmer's Law"。但事实上，该《农业法》并非适用于拜占庭帝国从事农业生产的所有阶层，也并不用来调整帝国内所有农事关系。它的适用范围，仅限于由耕种自有土地的农民组成的村庄。因此，将本法译为《农业法》，易产生扩大其适用范围的误导。译者以为，译作《村庄农事法》似更适合该法的实际适用范围。但由于标题"Νόμος Γεωργικός"原文意为"农业之法"，而学术界多年来也沿以为习，故本文仍使用农业法这一译法。

一 文献评注篇

法的部分内容汇编成册①。

《农业法》的成书年代与编纂者，是学术界争论颇多的问题。最早发现的《农业法》版本，是14世纪拜占庭帝国立法汇编《法学六卷》（εξάβιβλος）的附录文件，据此学者们推测该法出自该书编撰者——塞萨洛尼基城大法官君士坦丁·哈门诺布罗斯（Κωνσταντίνος Αρμενόπουλος，1320—1383）之手。德国学者扎哈利亚·冯·林根绍尔（Zachariä von Lingenthal）在《希腊罗马法律手稿史》（*Historiae Juris Graeco-Romani Delineatio*）中提出，《农业法》成书于8世纪或9世纪，由私人编纂而成，得到多数学者的支持②。后在《希腊罗马法律史》（第三版）中，他又将该法的成书时间锁定为8世纪40年代，并归于伊苏里亚王朝皇帝利奥三世与君士坦丁五世的立法成果③。英国学者阿什布尔纳部分同意林根绍尔视《农业法》为官方立法的观点，但他认为该法出现于8—9世纪④。前南斯拉夫拜占庭学者乔治·奥斯特洛格尔斯基（Georgije Ostrogorski）认为，《农业法》是由拜占庭皇帝查士丁尼二世颁布的官方法典⑤。苏联学者李普什茨（E. Lipshitz）在综合考察前人的观点后，提出《农业法》成书于8世纪后半期。尽管此问题至今仍无定论，但是正如陈志强先生所言："在没有发现新的历史资料之前，对《农业法》成书问题的讨论不再会产生学术上的突破，对

---

① 拜占庭法律研究方面的权威学者扎哈利亚·冯·林根绍尔认为，"这部法典是将查士丁尼立法中的部分内容与地方习惯法的部分法规组合在一起的产物"，阿什布尔纳也称它"涵盖两个部分，民事的和刑事的。民事部分规范着一个特定社会单元范围内的农民之间的关系……这部分农业法在本人看来整体上似乎为新的立法，这是由帝国境内的新移民引起的变化，至少是在某种程度上受到了新移民从他们的故地带来的习惯法的影响出现的新变化……《农业法》其他条款构成了刑法部分，处理的是农业犯罪事宜……主要依据早期的法律资料……这部分的农业法主要是罗马法"（《阿氏本》1，第85页；2第83—84页）。

② 《阿氏本》1，第85页。

③ Zachariä von Lingenthal, *Geschichte des Griechisch-römischen Rechts*, 3rd ed., Berlin: Weidmann, 1892, pp. 249 – 250.

④ 《阿氏本》2，第83页。

⑤ 见 Georgije Ostrogorski, "Über die vermeintliche Reformtätigkeit der Isaurier", *Byzantinische Zeitschrift*, Vol. 30, 1929/30, pp. 394 – 399；并见 Georgije Ostrogorski, *History of Byzantine State*, New Brunswick, New Jersey: Rutgers University Press, 1969, p. 90。

第四章 《农业法》译注

该法编者的考证充其量也仅是一种推测，缺乏学术意义，特别是一些学者为该法成文时间发生的争论仅涉及几年或十几年的短时段，并不影响我们考察《农业法》之上百年或数百年影响问题。"① 综上，笔者认为，根据文本的文风、用词特征，以及与埃及纸草文献和其他历史手稿的比较，《农业法》应为帝国官方法律系统内的法学家或法律职业者们，为便于司法实践中的操作，选取前代罗马法、《查士丁尼法典》以及地方习惯法法规编纂而成的具有中世纪"粗俗法"性质的，通行于帝国全境、高频使用于帝国部分行省，具有官方立法性质的法律汇编。它的成书时间为8世纪。

这部法律汇编以拜占庭村庄内的农事关系②为调整对象，主要处理农村中土地所有关系或土地占有关系，规定了土地生产者的身份、地位及权利。它以法律的形式，真实地反映了拜占庭帝国村庄内部生活的一般状态③，对拜占庭帝国的农村生产生活具有很强的针对性，并在此后相当长时间内通行于拜占庭帝国，是研究拜占庭帝国农业经济史最为重要的历史文献之一。④

---

① 陈志强：《拜占廷〈农业法〉研究》，《世界历史》1999年第6期，第118—122页。
② 农事关系，是指在农事活动过程中以农业生产为基础逐层交融而形成的具有内在联系的人与人之间和人与自然之间关系的总和。现代意义的农业法所调整的农事关系主要包括农事组织关系、农民权益保护关系、农业资源环境关系、农业科技教育关系和农村社会保障关系等。本章所论之《农业法》虽非现代意义的法律，但其法规仍涵盖了基于农业生产而形成的村庄组织、土地利用、农民权益等方面的内容。通过对保存地界、交换份地、土地所有权和用益权以及公共资源使用权等方面的规定对这一时期农村普遍存在的租佃关系、雇佣关系、分配关系等农事关系进行调节。
③ 由于本章旨在译注《农业法》文本，故不过多论述农业法所反映的拜占庭村庄的社会图景。相关阐述，见《阿氏本》1与2，另见陈志强《拜占廷〈农业法〉研究》，《世界历史》1999年第6期，第123—128页。
④ 拜占庭《农业法》不仅对于研究拜占庭法律史和经济史十分重要，同时对于东斯拉夫和南斯拉夫人的法律发展也产生了很大的影响，特别是对塞尔维亚、保加利亚、俄罗斯和罗马尼亚等地区的影响尤为明显。如1349年塞尔维亚颁布的法典《杜桑法典》(Zakonik)，其第二部分（题名为"查士丁尼的法律"）实质上是本章所述《农业法》的节选版。而在《罗斯法典》(The Russkaia Pravda)、《普斯科夫法律章程》(Pskovskaia udnaia gramota) 中也可见《农业法》的踪迹。参见 D. Obolensky, *The Byzantine Commonwealth: Eastern Europe, 500 - 1453*, New York: Praeger, 1971, pp. 402 - 409; Ferdinand Feldbrugge, *Law in Medieval Russia*, Leiden: Brill, 2009, pp. 71, 81, 109 - 111。

一 文献评注篇

目前发现的《农业法》最早的希腊文抄本是 11 世纪的手抄本（Paris. gr. 1367 号抄本以及 Marcianus gr. fondo antico. 579 号抄本），此外另有百余部不同语言（包括希腊语、斯拉夫各民族语言及土耳其语）的抄本传世，分属于 11—17 世纪。① 如今这些抄本分散保存于欧洲各国博物馆和图书馆。② 在上述图书馆所保存的早期各抄本之间，尽管词序或语法上存在着各种差异，但是它们的条款数目和顺序，以及抄写编录基本上是一致的，语言文风和内容也大体相同，没有对汇编素材的主观篡改编辑的痕迹。反观各晚期抄本，其法条文字及抄本内容方面则存在较大的不同，而且与早期抄本相比，在法规编排顺序上也有较大差异，收录条款也多有出入。例如 paris. gr. 1383 号抄本（12 世纪末）、Roe 18 号抄本（14 世纪）、Laurentianus. lxxx6 号抄本（15 世纪）、Vaticanus. gr. 845 号抄本（12 世纪末）以及《法律手册改编》③ 的第 24、25、26 章都提供了《农业法》的不同抄本。而作为晚期法律手稿代表的《法学六卷》中收录的《农业法》，更收集了 96 条法条，分列于 10 个主题（Τίτλοι）之下，与早期抄本多由 85 条左右法条构成这一情况相差甚远。④

目前译者掌握的由各国学者整理发表的比较完整的《农业法》，大致可分为三种版本。它们分别是以君士坦丁·哈门诺布罗斯《法学六卷》中的《农业法》为依据整理的文本，康塔尔多·弗里尼（Contardo Ferri-

---

① 《农业法》早在基辅罗斯时期便已经出现了罗斯语译本。目前发现的斯拉夫—俄文版《农业法》，收录在罗斯手稿文本集《法律集录》（Knigi Zakonnye）中，是该手稿的主要组成内容。而其他文字的版本因译者本人掌握资料以及掌握语言能力所限，尚未收集到相关信息，有待日后继续整理补充。

② 如英国的国家图书馆、安布罗斯图书馆、维也纳皇家图书馆、圣马可国家图书馆及牛津大学图书馆（Bodleian）、巴黎图书馆等处，都存有各种不同时代的抄本。说明该法之使用和研习的范围之广。

③ 《法学手册改编》（Ecloga ad Prochiron mutate, Μεταλλαγμένη εκλογή σε πρόχειρονόμο），是根据拜占庭伊苏里亚时期的《私法选编》（Ecloga privata）、与《法律摘要》（Epitome legum）及马其顿早期的《法学手册》（Prochiron）为基础而编纂的拜占庭法律概要，通行于意大利南部地区，共划分为 40 个主题。该法还收录了《摩西律法选编》（Ecloga Legis Mosaicae）。

④ 8 世纪《法律选编》中的《农业法》共有 76 条；11 世纪早期的 Marcianus gr. fondo antico. 579 号抄本共计法条 83 条；11 世纪早期的 Vaticanus gr. 2075 号抄本以及 11 世纪晚期的Ambrosianus Q 25 号抄本为 84 条；12 世纪 Marcianus gr. fondo antico. 167 号抄本则包括 85 条。

第四章 《农业法》译注

ni）以安布罗斯图书馆13世纪末的希腊抄本（Ambros. M68sup.）为基础整理的评注本，以及阿什布尔纳编注的希腊文校勘本与英文译本。[①] 其中以阿什布尔纳的校勘本及译本最佳。该译本以早期的六份古本为基础整理而成，[②] 此外，阿什布尔纳校对整理了11世纪早期的梵蒂冈希腊手稿2075号抄本（Vaticanus gr. 2075）开篇11个条款以及结尾的4个条款。通过对这些文本在语言学上的详细分析与对比，厘清各文本农业法诸条款间的异同，并将之与前代罗马法、同时期拜占庭法律以及蛮族法律进行系统对照，结合同时期的其他文本的文风与用词规律，阿什布尔纳整理校勘出了最终文本，即发于《希腊研究杂志》1910年第30卷和1912年第32卷上的希—英校勘本。该译本计85条，7000余字，内容连贯，文本完整，并配以语言学、文献学的详细注释，是迄今为止，国际学术界公认的最为权威、使用最广、引用最多的《农业法》文本。[③]

---

① 陈志强认为，目前由现代学者整理发表的《农业法》文本共有四个，见陈志强《拜占廷学研究》，人民出版社2001年版，第82页。由于译者本人语言能力所限，并未收集全四个版本，目前所收集到的版本大体分为三种。以君士坦丁·哈门诺布罗斯《法学六卷》为基础整理的文本，见 Gustav E. Heimbach, *Manuale legum sive hexabiblos: cum appendicibus et legibus agrariis*, Leipzig, 1851; Contardo Ferrini, "Edizione critica del νόμος γεωργικός", *Byzantinische Zeitschrift*, Vol. 7, 1898, Issue 3, pp. 558 – 571;《阿氏本》1和2。关于《农业法》之版本学方面更多的内容，详见 A. Albertoni, *Per una esposizione del diritto Byzantio con riguardo all' italia*, Imola: P. Galeati, 1927, p. 50; F. Dölger, "Ist der Nomos Georgikos ein Gesetz Kaiser Justinian's II ?" *Festschrift für Leopold Wenger II*, *Münchener Beiträge zur Papyrusforschung und antiken Rechtsgeschichte*, 35, München: C. H. Beck, 1945, pp. 18 – 48; E. Bach, "les lois agraires byzantine du Xe siècle", *classica et mediaevelia*, Vol. 5, 1942, pp. 70 – 91。

② 这些早期抄本的抄写年代从11世纪早期到13世纪早期不等，分别是：Marcianus gr, fondo antico 579f. 191v – 194v（11世纪早期抄本）；Ambrosianus Q 25 sup. f. 5r – 10v（11世纪晚期抄本）；Paris gr. 1367 f. 97r – 100v（12世纪抄本）；Paris gr. 1384 f. 128r – 134r（12世纪抄本）；Marcianus gr. fondo antico 167 f. 37r – 47r（12世纪抄本）；Vallicellianus E55 f. 241v（13世纪抄本）等。

③ 即前文所说《阿氏本》1和2。该校勘本与译本成为学者研究拜占庭历史不可或缺的基础资料。众多的拜占庭学者在涉及《农业法》相关研究时，几乎全部以阿什布尔纳的文本为基础。如 Alan Harvey, *Economic Expansion in the Byzantine Empire*, 900 – 1200, Cambridge: Cambridge University Press, 1989; Warren T. Treadgold, *History of the Byzantine State and Society*, Stanford: Stanford University Press, 1997; Adolf Berger, *Encyclopedic dictionary of Roman Law*, vol. 43, Philadelphia: The American Philosophy Society, 1991; Herbert Felix Jolowicz and Barry Nicholas, *Historical Introduction to the Study of Roman Law*, Cambridge: Cambridge University Press, 1972。

一 文献评注篇

国内学界对《农业法》的关注，发端于对斯拉夫人之于拜占庭社会发展作用的研究①。对《农业法》的翻译，多为从现代俄语译本转译而来。完整的《农业法》中文译文，是耿淡如先生于1958年发表的，该译本全文共85条，以《拜占庭社会经济史文献汇编》收录的《农业法》俄文译本（李普什茨译）为主，辅以格拉青斯基《中世纪史文献》（卷一）中的俄文译文译注而成。②

本章即依据阿什布尔纳《农业法》希腊文校勘本与英文译本翻译而成。阿什布尔纳的校勘本，以尊重早期抄本的原结构为基础，微调了几个条款的位置。早期的抄本中，只在条文顺序的安排上隐含了些许划分的痕迹。从第1条到第66条的辑录顺序，基本上依据三个内容而定，即基于可耕地与土地上的农民间产生的相互关系；与大小牲畜以及犬类相关事宜；土地产品、农具与农事建筑等。③ 而66条以后的条款，则以随机的顺序编排。这部分条款可能是法典在流传使用过程中对初始法典的增补，也可能是法典编纂者面对相似而又略有分歧的条款时做出的宁多勿缺、全部收录的抉择。因此，《农业法》全部条款或可分为四部分，前66条按照上述标准划分，所余条款统归为第四增补部分。但是出于对原文整体性连贯性的保持与尊重，本文选择将凡此85条法律，以整体的形式呈现在读者面前。各条款正文中圆括号内的语句是译者为保证条款内容及逻辑的完整所加。

---

① 近年来，国内学者对拜占庭《农业法》的研究成果主要有：陈志强：《拜占廷"农业法"研究》，《世界历史》1999年第6期，第118—132页；郑玮：《拜占廷〈农业法〉所反映的村社自由民的法权》，《历史教学》2008年第16期，第78—81页；王小波：《中期拜占庭重要法典及其历史影响》，《前沿》2008年第8期，第116—118页。其中，虽未有对该法的全文翻译，但学者们对《农业法》性质、内容、版本乃至术语等相关方面的介绍与说明，令译者受益匪浅。

② 耿淡如：《世界中世纪史原始资料选辑（八）——关于拜占庭的农村公社 拜占庭帝国的农业法》，《历史教学》1958年第4期，第39—42页。该文后收入耿淡如、黄瑞章译注《世界中世纪史原始资料选辑》，天津人民出版社1959年版，第83—95页。

③ 法条原本的排序大体上以法律关系为依据，但是也不完全如此，如第31、32条和第33条的内容就与上述三个主题无关。

第四章 《农业法》译注

摘引自查士丁尼法典的《农业法》条款[①]

第1条 耕种自己土地的农民[1]必须守法[2]，不得越过邻人的犁沟[3]。如果他执意逾越（犁沟）并使邻人土地有所消减，那么，如该行为发生于翻耕土地期间，他将失去他的新地[4]；如该行为发生在播种期间，逾越犁沟的农民将失去（所占地的）种子、耕地以及收成。

[1]"农民"一词原文为"γεωργός"，在晚期罗马立法中，这一词汇指代"隶农"（colonus）。在《农业法》中，该词义为"耕种者""农民"，被用来指代村庄中所有从事农事生产的农民，其成分复杂。从《农业法》法条本身所反映的情况而言，"农民"应主要指村庄中耕种土地的劳动者，包括耕种自己土地的土地所有者、分益制租约中的承租人与出租人、领取耕种劳务工资的农民、收取薪酬的牧民等。他们在贫富程度与生产劳动形式上有别。但是在法律上地位平等，享有同等权利。本条中"农民"，指那些拥有土地所有权的、具有自由身份的自耕农。

[2]"δίκαιος"原意为"循规蹈矩的；公正的、正义的；合法的"，在耿淡如先生的译本中翻译为"公平正直"。统观此法条前后语境，此句乃是说明农民需要遵守的行为准则。故本文认为译为"合法的"较为贴切。

[3]"αὔλακος"原意"沟槽，犁沟"，指使用犁耕地时，在耕地上留下的沟痕。本条法律中所提及的"邻人的犁沟"，是指分属不同农民的、比邻的两块土地相接处那道犁沟，显然被认为是两块土地的分界线，因此有译文将其意译为"田界""地界"或"界沟"。本章将其译为"犁沟"，不仅出于尊重原文的考量，更是出于对恢复历史原貌的考量——即属于不同农民所有的土地之间，并没有修筑篱笆或其他类似的隔断物加以分隔。

[4]"在翻耕土地期"对照原文为"ἐν νεάτῳ"。"νεάτῳ"为单词"νεατός"的与格，意为"翻耕的，休耕地的"。在中世纪希腊语中，该词根据重音位置不同而意义不同，当重音在单词的倒数第三音节时，意为农业生产经营的季节。当重音在单词最末音节时，意为农业生产经营的结果。因此，该词在此处应指代的是翻耕

[①] 在已发现的《农业法》文本中，大部分的标题都标有"摘引自查士丁尼法典的农业法条款"的语句。根据对《农业法》的内容、立法风格、语言等方面的分析，可以看到它与查士丁尼《民法大全》之间的联系，结合其他史料所反映出的查士丁尼的立法活动，可以认定该处所提查士丁尼应为拜占庭皇帝查士丁尼一世。

时期。原文使用这一单词，也表明拜占庭帝国在土地耕作制度上实施休耕制度。"νεός"意为"新地；休耕地"在本条法规中应指被重新翻耕的土地。此处使用"翻耕土地"以及"新地"这两个词，可谓一语双关，既表明了耕种土地的季节与行为，也暗含了耕种的土地中包括结束休耕期的休耕地。

第2条 如果某个农民在土地主人未知的情形下进入他们[1]的土地，实施翻耕或播种的行为，那么该农民无权（向土地主人）收取翻耕土地的劳务报酬，也无权收取（他）已播种的庄稼的收成，还无权收取（他）已播撒的种子。

[1] 即土地主人。在该法规的希腊原文中，土地主人一词使用的是复数形式。这一用法也用于后文的第13、15、21、22条法规。阿什布尔纳认为，使用复数形式是因为土地不是属于个人所有，而是属于家庭所有（《阿氏本》2，第71页）。

第3条 如果两个农民在两个或者三个见证人面前同意相互交换土地，并且议定永久交换，则他们的决定及土地的交换就是坚定稳固、受法律保护和不容置疑的。

第4条 如果两个农民，已一致同意在播种季节交换土地，而后其中一方（A方）收回交换意向，如果已经播种完毕，则双方不得撤销土地交换约定；如果尚未播种，则双方可撤销交换约定；如果对方（B方）已经完成土地的犁耕，而收回交换意向的一方（A方）尚未完成，则收回意向的一方（A方）须要完成土地的犁耕（才可撤销交换约定）。

第5条 如果两个农民交换了土地，无论暂时性交换还是永久性交换，而后发现其中一块土地少于另一块土地，如若交换协议中关于这一情况未有协定，则获得较多土地的一方，应补偿获得较少土地的一方以与缺少部分相等价值的土地；但是如果这种情况已包含在协议内容中，则无须给予补偿。

第6条 如果一个对某块田地（所有权）正处于诉讼程序中的农民[1]，违背该土地播种者的意愿，进入土地并收割庄稼，如若他的要求是合法的[2]，则他不能获得该土地的任何收益[3]；如果他的要求没有合法依据[3]，则他必须交出所收割庄稼的两倍价值（作为赔偿）。

[1] 此处的诉讼根据前后文语境，应为该农民与田地播种者之间关于田地所有权的诉讼。阿什布尔纳的英译本中，将此处译为"对田地有权利要求的农民"。

[2] 指他对土地所有权的要求是具有法律依据的。

[3] 耿氏译文的正文为"不应获得其中的任何东西"，与本章译法一致，而在注释中则提到另有一种译文为"不应让他蒙受任何损失"。笔者以为根据阿氏对诸抄本的考证以及其校勘文，应译为"不能获得该土地的任何收益"更为贴切。

第7条 如果两个村庄[1]之间存在地界或土地归属[2]的争端，则交由法官[3]来审理，法官应将争端地区判属给占有时间较长的一方；但是如果在争端地区存在旧时的地界标志，则旧时地标保持不变[4]。

[1] "χωρίον"意为村庄，是拜占庭帝国农村的基层组织形式之一，它不仅是生产单位，同时也是纳税单位。村庄作为一个整体需要向国家缴纳各种税款，村庄中的农业居民都有责任分担这些税款。

[2] 此条法规对两个村庄之间关于地界（περὶ ὅρου）和土地（περὶ ἀγροῦ）所有权矛盾的分类，取自《狄奥多西法典》。在名为"边界法规案例"的章节（Theod. II. 26①）中，关于边界的纠纷被分为两类：边界线争端（de fine）和边界片地争端（de loco / de locis）。在边界线争端中，争议的对象为带状的界线，此类边界线为两个农庄间的分界。而边界片地争端中，争议的对象是两个农庄邻接处的块状片地，此类片地为农庄土地的一部分，并附带有充当边界的功能。两种边界纠纷的本质区别在于，争议的对象是否涉及所有权问题。边界线争端无关界线的所属问题，而边界片地争端则涉及片地的归属问题（Theod. II. 26, 3）。

[3] 此处法官一词原文为"ἀκροατής"，其意为"听讲者；聆听者；学生"。纵观《农业法》各条款，无法确定该词在此处的准确含义。翻译该词，只能结合拜占庭帝国在8—10世纪的司法实践。一般而言，在拜占庭帝国，通常各级法庭的法官都是由与之级别相平行的行政部门的长官充任。这些官员包括地方长官、各部门行政或军事官员等。由于缺乏法律专业知识教育的背景，他们通常会挑选法律专业人士（多为律师）作为法律顾问或咨议员协助处理司法事务，有时还会委派这些顾问为自己的代理人②，派往辖区协调案件，对于无法处理的案件，这些法官顾

---

① Theod. 即 *Codex Theodosianus*，《狄奥多西法典》的缩写，下同。

② 关于拜占庭帝国司法体制以及法律实践权威的综合研究，见 A. H. M. Jones, *The Later Roman Empire*, Oxford: Oxford University Press, 1964, p. 479ff。

问会将其反馈给辖区法官,再由法官审理定夺。笔者以为此处的"聆听者"应为听取法律顾问反馈案件的辖区法官,故将此词引申译为法官之意。

[4] 本条法规采用同一原则,即古地界效力优先于取得时效。这一规定与罗马帝国384年敕令相似,从侧面表明了《农业法》的渊源。

第8条 如果土地划分[1]使某些农民在份地的分配与地理位置上显失公平[2],则允许他们撤销此划分。

[1] 据阿什布尔纳分析,此条款中"划分"一词另有一种解释——即在村庄的纳税人之间分派共同承担的常规税(《阿氏本》2,第88页)。笔者以为使用"土地划分"一意更为贴切。

[2] 此规定并不表明村庄中每块份地都必须是等值的。

第9条 如果一个(什一)分益租约[1]的承租农民在未得到出租人准许的情形下擅自收割庄稼,并夺占出租人的那部分收成[2],那么他将被视为窃贼,并被剥夺全部收成。

[1] 分益租约,由原文μορτίτης转译而来,该词是μορτή的变体。μορτή本意为"份额,部分",尤指分益耕农在大地产土地总收成中获得的那部分份额。① 在《农业法》中,该词被用来专指一类分成耕种的租约。在这种租约中,承租农(μορτίτης)租种出租人(χωροδότης)的土地,将土地总收益的1/10作为租地费用缴纳给出租人,承租农则享有土地总收益的9/10。故而,本章将该租约译为什一分益租约。

这一租约在《农业法》中仅出现在第9与第10条规定中。它在出租人与承租农之间关于土地收成分配份额上的规定,易使人联想到与大地产相联系的什一税。因此,关于这一租约的性质、承租农与出租人的身份及关系、收益分配方式的含义等方面内容的研究,一直以来都是学者们倍加关注的问题。② 笔者以为,这一租约之所以引出如此之多需要考证的问题,不仅缘于它在承租农与出租人之间的分成上采用了与什一税相似的配额,也缘于它与拜占庭帝国后期出现的封建地租之间复杂

---

① Henry George Liddell and Robert Scott, *A Greek-English Lexicon*, Oxford: Clarendon Press, 1996, p. 1147.

② 见《阿氏本》2,第82—83页及 Paul Lemerle, *The Agrarian History of Byzantium, from the Origins to the Twelfth Century: The Sources and Problems*, Galway: Galway University Press, 1979, p. 38。

的流变关系。因此,尽管这一租约的性质,至今仍是学界尚未解决的问题,但它却反映出这一时期的拜占庭社会正处于转型调整的历史阶段。

[2] 耿氏译文中,此处译为"没有通知出租土地者而擅去收割并收集禾捆",笔者以为含意不够明确,收集禾捆并不必然为占有禾捆。故笔者依据阿氏校勘文作此译。

第 10 条 什一分益租约的承租人享有收益的份额为九成,而出租者的份额为一成:任何在此份额限度[1]外分配的人,都将受到神的制裁[2]。

[1] 在实际的什一分益租约中,收益的分配存在着其他的配额,比如承租农享有七成收益,出租人享有三成收益。11 世纪甚至还出现过承租农享有 3/4 的收益,而出租人享有 1/4 收益的租约。这种在收益分成上的差别可能与承租农是否负责缴纳国家税收有关。尽管实际的收益分成有别,但是这些租约仍被称为什一分益租约,这一方面表明该租约名称的使用是一种因循沿袭的习惯,另一方面也表明了术语在使用中内涵的变化过程,这也是做文本考证和历史研究时需要关注的问题。

[2] 这条法规结尾句的措辞,带有浓重的宗教色彩。"Θεοκατάρατος"意为受到神的刑罚,应在上帝面前受到诅咒。

第 11 条 如果一个农民承租了贫农[1]的土地,(双方)协议约定仅翻耕土地和划分收成(的方法),则该协议有效;如果他们也约定播种协议,那么依据他们之间的协商该协议同样有效。[2]

[1] "ἄπορς",该词通常用来描述两种情况:一是因缺乏财力、工具等原因而无力耕种自己土地的贫苦农民,从本法条的规定中也可管窥此意,"约定仅翻耕土地"和"约定播种"透射出出租农可能缺乏进行这两项农务必需的工具;二是指无法产出可回报耕作劳动的收成的贫瘠土地。本法条取其第一解释,译为贫农。此条中贫农是土地的所有者,他与承租土地的农民身份相同,地位平等,同属村庄成员。

[2] 第 11 条到第 15 条法规,是关于对分分益租约的规定。对分分益租约(ἡμίσεια)中,承租农(ἡμισιάτης)租种出租农的土地,双方按照五五分成的配额分配土地的收成。在这类租约中,承租农与出租农都是村庄中拥有土地的成员,身份相同、地位平等。出租农中,既有无力耕种自有土地的贫困农民,也有因土地较多、无法有效耕种土地的富裕农民。在此类租约中,出租农或承租农的义务在法律上并没有强制

标准，在对分分益租约中，承租农所承担义务的范围，依据订立租约双方协商的实际情况而定。通常承租农要负责耕种土地以及土地维护的成本（包括农具、种子以及其他生产所需物品），并根据双方协议承担部分纳税义务等。因此在实践中，经常会看到土地主人即出租农只获取田地收益1/3的情况，这可能是由于承租农需要保留部分收成作为种子成本。相比较前述什一分益租约，此类租约的租期多为短期租赁。

第12条　如果一个农民以对分分益租赁的方式，租种另一个贫困农民的葡萄园，而他没有适时地进行整枝、松土、筑篱和再翻土，那么他无权获得该葡萄园收成的分益。[1]

[1] 阿氏校勘本及英译本的第12、13两条法规，与耿氏中译本第12、13两条法规在次序上互相颠倒。

第13条　如果一个农民以对分分益租赁方式承租了土地的播种工作，在适宜播种的季节，没有翻耕土地，而是将种子撒于土地表面，那么他无权获得该土地上的收成，因为他不诚实，欺骗土地主人。

第14条　如果一个农民以对分分益租赁方式，租种离开村庄的贫困农民[1]的田地，继而悔约不耕种该田地，他必须缴付相当于田地收成双倍价值的赔偿。

[1] 《农业法》中有数个条款涉及"逃离"或"离开"村庄的农民（第14条，第18条，第19条，第21条），但是它并没有规定明确地允许农民离开村庄，村庄农民是否在法律上享有自由的迁移权并不确定。反观这些条款的语气措辞，可以看出这些迁移行为并不符合法律编纂者的意愿。结合后文条款中有关承担赋税的规定，表明这种迁移行为是存在于实践中、并未正式得到法律许可的行为。

第15条　以对分分益租赁方式租种土地的承租农，如果在耕种季节之前改变决定，并通知土地主人自己没有耕种的实力[1]，而土地所有者对此置若罔闻，则该承租农不应受到责罚[2]。

[1] "实力"包括财力、物力以及人力。

[2] 罗马法中损害赔偿作为一种补救措施，必须符合一定的条件：即损害、过错

以及债务不履行与损害之间的因果关系。当债务人因其过错而未能履行合同规定的义务，从而造成债权人损失的情况下，债务人应依其过错程度承担相应范围的赔偿责任。本条规定中，承租农改变约定的行为与出租农损失之间并无因果关系，因而无须承担责任。

第16条 如果一个农民与土地的主人达成协议，收取（土地主人支付的）定金，接管耕种他[1]的葡萄园或地块，并开始耕作，之后该农民不遵守协议并停止耕作，则他[2]应按该土地损失的合理价值支付赔偿，土地则交还土地主人。

［1］指土地的主人。
［2］指收取定金，耕种他人土地或葡萄园的农民。

第17条 如果一个农民进入其他农民的林地进行耕作，他有权将三年中的全部土地收益收归自己所有，然后将土地归还给土地的主人。

第18条 如果一个无力经营自己葡萄园的贫困农民[1]，逃匿移居到异地，则那些承担了缴纳国税义务的农民有权来采收葡萄，如果该农民返回村庄，他无权要求他们返还葡萄酒作为惩罚。[2]

［1］"ἄπορος"，原意贫乏的、贫穷的。使用该词再次明确该法规中之逃匿农民无力经营农事。
［2］同一个农庄的所有农民，有义务分担向国家缴税。如有农民逃离村庄，他所负担的纳税义务则由庄内其他成员共同分担，同时村庄中农民对土地的权利与其所承担的纳税义务相关联。

第19条 如果一个逃离自己土地的农民[1]，每年都缴纳国库的特别税[2]，那些采摘其葡萄和占有其土地的农民，则须支付两倍于收成的价值作为补偿。[3]

［1］"ἀποδράσις"本意为逃掉，逃跑。从原文前后语境看，此处只是强调该农民逃离自己的土地。而未提及其是否贫困以致放弃耕种土地。
［2］在康塔尔多·弗里尼的评注本中，此处译文为"一直缴纳属于他的那份税款"。
［3］耿氏译文关于此条款，列出两种译文。正文中所列译文与本文同，注释

中另列一种译文,如下"如果农夫从其土地上逃亡出去,让那些收获者,就是使用其土地的人,每年付税于国库;如果不付,应向他们双倍征收"。

第20条 如果一个农民未经林地主人同意就砍伐其树木,并在林地上耕作播种,则他无权获得该土地上的收成。

第21条 如果一个农民在他人田地或一块土地上建造农舍或栽种葡萄园,一段时间后,土地主人[1]归来,则土地主人无权推倒农舍,也无权拔除葡萄藤,但是他们可以获得一块等值的土地。如果在该土地上建房或栽种葡萄的农民拒绝给予等值的土地,那么土地所有者有权拔除葡萄藤,推倒房屋。

[1] 土地主人应为离开村庄之农民。此处"土地主人"原文使用了复数形式,而在本条起始处,土地主人为单数(指一个农民)。这种不一致处可能是由于立法者对法律适用范围的顾虑以及此后法律适用范围不断放宽所致,并不存在法条实质内容的更改。关于此处土地主人使用复数形式,另可见第2条款注解[1]中相关解释。

第22条 如果一个农民在翻土时期偷盗了铁锹或锄头,后被人发现,则他必须按照每日12弗里斯[1]的价格支付罚金;在修枝期间偷窃修枝刀具或在收割时节偷盗镰刀或在伐木时节偷盗斧具的等情况,适用同样的惩罚措施[2]。

[1] 弗里斯(φόλλεις,其单数为φόλλις)是晚期罗马帝国及拜占庭帝国发行的低面值铜币,重约10克,含有4%的银。从6世纪到11世纪,1弗里斯的价值基本保持为金币索里达的1/288。①

[2] 农庄中一个壮劳力一天的工资为12弗里斯②。通常情况下每个农民个体在生产时只使用一件铁制农具,如若农具被盗,该农民在法律逻辑上则等同于荒废一日的劳作,据此《农业法》将罚金定为每天12弗里斯。

---

① Philip Grierson, *Byzantine Coinage*, Washington D. C.: Dumbarton Oaks Research Library and Collection, 1999, pp. 15-16.
② Georgije Ostrogorski, "Lohne und Preise in Byzanz", *Byzantinische Zeitschrift*, Vol. 32, 1932, p. 297.

关于牧人[1]

[1] 原文抄本中，第23条法规之前有"关于牧人"（περὶ αγελαρίων）的标题。在巴黎希腊手稿1367号抄本（Paris gr. 1367 f. 97r – 100v）中，此标题书写在正文边白处，在其他的早期抄本中则直接写在正文中。阿什布尔纳的希腊文校勘本与英译本，尊重原文抄本的格式，将此标题置于正文第23条之前。出于对原始文本的尊重，本文此处保持该标题的原有位置。

第23条 如果一个牧牛人[1]清晨从一个农民处收到一头牛，将牛放入牧群。但是却发生了狼咬死牛的情况，牧牛人将牛的尸体交还主人[2]，他自身无须受责罚。

[1] 此处的牧牛人为领取工资的农民。村庄中的农民通常会雇用一个牧人，每天将农民的牲畜集合起来统一放牧。被雇佣的牧人可能是村庄中拥有土地的农民，也可能是奴隶。下文的牧群，应为牧牛人从村庄各家农民收来共同放牧的牛群。

[2] 此处阿氏的希腊文校勘本为 "δειξάτω τὸ πτῶμα τῷ κυρίῳ αὐτοῦ καὶ ἀζήμιος αὐτὸς ἔσται"，其中πτῶμα一词含义有二：一为尸体，一为灾难、不幸、遭殃。阿氏将此句译为"牧牛人应向主人解释这一情况，他自己不受责罚"。而依据前述单词含义或也可翻译为"牧牛人应将尸体交给主人"。

第24条 如果一个牧人丢失了所受委托的牛，在遗失的当天，没有告知牛的主人如下内容：我看到牛到某某地方了，但是我没有看到发生了什么事情，如此，他应受惩罚；但是如果他告知了牛的主人，那么他无须受到惩罚。

第25条 如果一个牧人清晨从某农人处收到一头牛后离开，这头牛离开牛群，进入耕地或葡萄园破坏了庄稼作物，则牧人仍应获得放牧的酬劳，但要对牛所造成的损失承担赔偿责任。

第26条 如果一个牧人清晨从一个农民处收到一头牛，之后该牛踪迹全无，他必须以上帝之名发誓[1]他没有恶待此牛[2]，没有参与致牛受损的行为[3]，则他可以不受惩罚。

[1] 誓言在罗马法中实质上属证据的一种，发誓者通过宣誓的形式，将神灵作为证人来证明自己所言属实。与此同时，在发誓者违背信仰、欺骗他人做伪誓的

情况下，神灵将会对其进行公正的惩罚。

[2] 在康塔尔多·弗里尼的评注本中，没有以上帝之名发誓未虐待牛的要求，而仅提出牧人只需声称未参与实施伤害牛畜的行为即可不受惩罚。

[3] 原文使用"损失、毁坏"（ἀπωλεία）一词，暗指牛或丢或亡所造成的损失。

第27条　如果一个牧人清晨从一个农民处收到一头牛，之后[1]这头牛发生受伤或失明（的情况），那么该牧人应发誓，说明他没有恶待此牛，则他可以不受惩罚。

[1] 指代在之后的放牧过程中。

第28条　如果一个牧人，已经对于牛的死亡、受伤或失明事件发誓（没有过错）[1]，而之后有确凿的证据证明其作伪誓，则该牧人将被割掉舌头，并赔偿牛主人的损失。

[1] 此条内容是对第26条、27条规定的补充条款。补充说明在牧人有过错的情况下，应承担的法律责任。

第29条　如果一个牧人用随身携带的木棍致牛伤亡或使牛失明，那么他有罪[1]，应缴纳罚金；但是如果他是使用石头造成的伤害，那么他便无罪[2]。

[1] 在阿氏的希腊文校勘本中，此处使用了双重否定，原文为"οὐκ ἔστιν ἀθῷος"，译为"那么他不是无罪的"，转译为有罪。而在康塔尔多·弗里尼评注本中此处为"οὐκ ἔστιν εὔθυνος"，意为"那么他不受惩罚"。根据二者依据文本的可信度与真实度，阿氏文本之意更符合原文。

[2] 此处阿氏的校勘本与康塔尔多·弗里尼评注本用词亦有区别，阿氏本为"他便无罪"，而康氏本则选用"他不受处罚"一语。其中区别可见一斑。

第30条　如果一个人割下了牛或羊的颈铃，且有证据证明其行为，则以小偷论，他将被处以鞭刑[1]；如果这牲畜因此失踪，则该盗铃者应赔偿这牲畜。[2]

[1] 本法中实施鞭刑的刑具为皮鞭（μάστιξ），专指由一束皮带组成的皮鞭，

每条皮带上带有金属结状物,以加大施行时的严厉程度。在拜占庭帝国的刑罚中,还存在另外一种鞭刑,即《法律选编》中经常提到鞭刑。其刑具与本法不同,是用木条或木枝捆绑一端形成的束棒鞭($άλλακτόν$)。这两种刑具所鞭打部位也有所不同。皮鞭行刑部位为肩背部,而束棒鞭则为臀部。

[2] 根据阿氏校勘本原文,此处应译为"该盗铃者应交出这牲畜"。而在阿氏英译文中此处译为"盗铃者应赔偿这头牲畜"。耿氏中译文此条款译文与阿氏英译文同,为"那盗铃者应付赔偿"。笔者以为校勘本原文字面含义虽未"交出牲畜",但纵览《农业法》全文所体现的损害赔偿原则,此处译为"赔偿牲畜"更为贴切。

第31条 如果一株树木种于一块份地上,而如果邻近的份地为菜园[1],被该树遮住了光线,则菜园的主人有权修剪掉树木的枝丫[2];但是如果邻近的份地不是菜园,则该树木的枝丫不得被修剪。

[1] 菜园,阿氏校勘本中原文为"$κήπος$"。意为"花园、菜园"。耿氏译文中将该词译为花园,笔者以为结合原文以及《农业法》法规所涉及主题,应译为菜园更为妥帖。

[2] 此处阿氏校勘本用词为"$κλωνοκοπήσω$",意为"修剪树枝"。而在康塔尔多·弗里尼评注本中,此处用词为"$κόπτω$",意为"砍到树木"。其意不如阿氏本用词明确细致。

第32条 如果有人在未划分的土地[1]上种植树木,之后土地被划分[2],如树木被划分在他人的份地内,则除种植该树的人之外,其他人无权拥有该树木;但是如果该土地主人申诉此树对其造成了损害,那么他们[3]应该给予种植者另一棵树,以替换此树,而他们则可取得此树的所有权。

[1] 指村庄中尚未划分的共有地。包括从来未被划分的共有地(包括可耕地和贫地)、离开村庄的农民的土地、无继承人的土地以及村庄新扩进的土地等。①

---

① Alan Harvey, *Economic Expansion in the Byzantine Empire*, 900–1200, Cambridge University Press, 1989, p. 18; Jacques Lefort, "The Rural Economy, Seventh-Twelfth Centuries", in Angeliki E. Laiou ed., *The Economic History of Byzantium*, Vol. I, Washington, D. C.: Dumbarton Oaks Research Library and Collection, 2002, p. 79.

[2] 此处的土地划分,并非重新划分村庄的土地,而是划分未曾分配的土地。

[3] 指土地主人,这里使用复数形式。见第2条注释[1]。

第33条 如果果园守卫[1]被发现监守自盗,他获得的酬金将被剥夺[2],并应接受鞭刑[3]。[4]

[1] "果园守卫"可以是农民委托的负责看管果园防止收成被盗的看管员;也可以是受分成租赁果园的主人委托、负责确保收成按约定分配给果园主与承租人的监管员。

[2] 此守卫为领取工资的雇佣农。

[3] 耿氏中文译本将此处译为"应受痛打"。在《农业法》中,有数条法规中提到实施侵害行为的农民"应被打",而没有明确规定实施"打刑"的方式。阿氏希腊文校勘本中该处使用"τύπτω"一词,此词暗含"鞭打"之意。据可知该刑罚为"鞭打",应译为鞭刑更为适宜。

[4] 康塔尔多·弗里尼的评注本中,没有此条规定。

第34条 如果一个受雇佣的牧羊人,被发现在羊群主人不知情的情况下,私下挤奶并出售羊[1],应剥夺他的酬金,并对其施以鞭刑[2]。

[1] 另一种翻译为"出售(挤出)的羊奶"。耿氏中译文此处翻译为"出售(牛奶)"。笔者以为仅从文字词语理解而言,两种释义皆可。

[2] 见第33条注释[3]。

第35条 如果一个人偷盗他人的麦秸被当场抓住,他应当赔偿两倍的麦秸。

第36条 如果一个人在牲畜主人不知情的情况下,牵走一头牛或一头驴或其他牲畜,离开去做工,他必须支付两倍的租金;如果牲畜在路上死亡[1],则无论是何种牲畜,他都要赔付两个同类的牲畜。

[1] 在提到牲畜死亡之时,阿氏校勘本多使用"ἀποθνήσκω"(死亡)一词。而康塔尔多·弗里尼评注本中则多使用"τελευτάω"(终结)一词。后文第37条,第52条都可见这种区别。

第37条 如果一个人租用一头牛做工，牛死亡，则交由法官调查，如果牛确是死于此人要求牛所做的工作中，则他无罪；如果牛是在从事其他工作中死亡，他必须支付相当于此牛价值的赔偿[1]。

[1] 此句在康塔尔多·弗里尼评注本中为"他必须赔偿此牛"。耿氏中译本中译为"应以一头完全壮健的牛作为赔偿"。根据阿氏校勘本原文，笔者以为原法规只强调应赔偿该牛，且赔偿物价值应与该牛相等，而并未严格规定必须以何物作为赔偿，因此"支付相当于此牛价值的赔偿"更符合原意。

第38条 如果某人看到一头牛正在葡萄园或田地或其他地方践踏损害（农作物），他没有将牛还给其主人，以便从牛主人处收取牛对庄稼造成的损失的赔偿，而是杀死或打伤牛，那么他应该以一赔一，即一牛赔一牛，一驴赔一驴，一羊赔一羊。[1]

[1] 此法条前半部分只提到牛，而在结尾处则提到了牛、驴和羊，这种不一致性并不影响整个法律条文的内容。见第21条注释[1]。

第39条 如果一个人在密林中砍伐树木，在没有注意的情况下，枝干掉落，砸死了牛或驴或其他牲畜，则此人应按原物赔付，以一赔一。[1]

[1] 阿氏校勘本原文为"以一赔一"。在康塔尔多·弗里尼评注本中则为"赔付替代的另一只"。

第40条 如果一个人砍伐树木时不经意地掉了斧子，而杀死了别人的牲畜，那么他必须赔偿（牲畜主人）。

第41条 如果有人偷窃了一头牛或驴，被人指认，他应受鞭刑[1]，支付被偷牲畜两倍价值的赔偿，并交出被偷牲畜所带来的收益。[2]

[1] 有关鞭刑的具体实施手段及刑具的描述，见前文第30条法规注释[1]。

[2] 耿氏中译本对于此条法规有两种翻译。其正文为"应赔偿所盗的牲畜以及那些牲畜所应做的全部工作"；注释中则提及另一译法"应双倍赔偿牲畜及其全部工作，并应挨打"。笔者认为，耿氏注释中译法更符合原意。

一　文献评注篇

第 42 条　如果一个人试图从牛群中偷窃一头牛时，惊散牛群，并致使牛群为野兽所捕食，则他应受剜目之刑。

第 43 条　如果一个人外出去赶回自己的牛或驴，在赶牛和驴时，使自己的牲畜与他人的牲畜赶至一处，但是并没有将它[1]一并赶回，导致他人的牲畜失踪或被野兽吃掉，那么他应该赔偿牲畜主人等价的牛或驴。但是如果他已经明确通知（牲畜主人）并指明（失踪或野兽袭击的事发）地点，表明在他的防范能力下，他无力保护该牲畜，那么他无须承担责任。

[1] 他人的牲畜。

第 44 条　如果一个人在树林中发现一头牛，将其杀死，并占有之[1]，则他应受砍手之刑。

[1] "κρέας" 意为"肉、生肉"，另有意指"肉体，身体"。文本中，并无明确限定指出具体选择哪个含义。笔者认为选用后者含义为佳，即占有该头被杀之牛。

第 45 条　如果一个奴隶[1]在树林中杀死一头牛，或者一头驴或者一只公羊，他的主人必须赔偿（该奴隶造成的）损失[2]。

[1] "δούλος"，奴隶，尤指生而为奴者。《农业法》中提及奴隶的条款基本与家畜的牧养有关。一般认为《农业法》中的奴隶与古典时期奴隶不同，他们在村庄中不从事农田的耕作，在许多地区只是农业生产中的边缘因素。①

[2] 在拜占庭帝国时期，奴隶的身份具有双层含义，一方面奴隶是属于奴隶主的财产，另一方面奴隶作为劳动力而存在。在法律上，他无完全行为能力，不承担法律责任，因此奴隶的行为造成的损害，一律由奴隶主人承担，这在本条法规与后文的第 47 条法规中都有所体现。

第 46 条　如果一个奴隶，意图在夜间行窃，以诱骗羊离开羊圈的手段，将一些羊驱离羊群，这些羊（因此）走失或被野兽吃掉，那么

---

① Alan Harvey, *Economic Expansion in the Byzantine Empire, 900–1200*, p. 16.

他将被作为凶手[1]而受绞刑[2]。

[1] 此条规定反映出奴隶在拜占庭帝国的法律地位，基本沿袭了罗马法的界定。法律将奴隶视为可以买卖交换的动产。

[2] 耿氏中译本第46条与第47条中，将此刑罚译为磔刑。根据阿氏校勘本原文以及罗马—拜占庭刑罚种类及传统，笔者认为绞刑更贴切。

第47条　如果一个人的奴隶常于夜间偷盗牲畜，或经常驱散畜群，那么他[1]的主人应因知晓他[2]的奴隶的罪行之故，赔偿（奴隶造成的）损失，该奴隶本人则应被施以绞刑。

[1] 指奴隶。
[2] 指奴隶主人。

第48条　如果一个人发现一头牛正在践踏（作物），他没有将牛交还牛主人以获取所受损失的赔偿，而是割掉它的耳朵或挖去它的眼睛，或割掉它的尾巴，那么牛的主人有权不接收这头牛，并有权得到另一头牛作为它的替代。

第49条　如果有人发现一头猪或一只羊或一条狗在践踏（作物），第一次他应将它归还给它的主人；第二次归还牲畜时，他应劝诫它的主人（注意看管自己牲畜）；第三次（发现时），他有权直接割掉牲畜的尾巴或耳朵，或者射杀它，而无须承担责任。[1]

[1] 此条法规与后文第53条法规，关于农民对杀死第三次进入自己土地并给自己造成损失的牲畜，是否承担责任的规定，在内容上相互矛盾。造成这种矛盾的原因，可能是由于《农业法》的编纂者在编纂该法时，参考了诸多不同来源的法律，为避免遗漏相关的规定而全部收录在册。

第50条　如果一头牛或驴在试图闯入葡萄园或菜园时，跌入葡萄园或菜园周围的沟渠[1]中死亡，则葡萄园或菜园的主人无须承担任何责任。

[1] 在村庄中，不同农民的葡萄园或菜园之间以尖桩栅栏和沟渠为界，而田地之间则没有人为设置的界线。

一　文献评注篇

第51条　如果一头牛或驴在试图闯入葡萄园或菜园时，被篱笆桩戳伤（亡），则菜园主人[1]无须承担责任。

[1] 此处只提到菜园主人，而没有提及葡萄园主人。这种前后文不一致的现象，可能是在编纂或流传过程中在抄写时出现的遗漏，或者是最初制定该条法律时，立法者对法律的适用范围存有顾虑，造成前后叙述上的不一致。这种不一致性不代表法律发生了实质内容的变化。

第52条　如果一个人在收获季节设捕猎陷阱，而有狗或者猪掉进陷阱死亡，则它的主人[1]无须承担责任。

[1] 指陷阱的主人。

第53条　如果一个人，在（接受）第一次和第二次（牲畜进入土地）的损失赔偿后，（在第三次时）出于弥补牲畜造成的损失的目的，杀死了牲畜而不是将它交还给它的主人，则他应当交出被杀死的牲畜。[1]

[1] 见第49条法规注释[1]。

第54条　如果一个人将他人的猪或狗囚禁并杀死[1]，则他应双倍赔偿它的主人。

[1] 此处，希腊文原文（φονεύω）有两种意思，一是杀死，二是使其致残，但古语中用前者的时候居多。此处。阿氏的解释是杀死。

第55条　如果一个人杀死了一只牧羊犬，并且没有招认，（后来）羊群遭到了野兽的袭击，之后杀死牧羊犬的人被人指认，那么他应赔偿所有被杀的羊[1]与牧羊犬的总价值。

[1] 阿什布尔纳的英译本，此处译为"赔偿所有的羊"，本章结合希腊原文，认为应当译作杀犬的那个人应该完整地归还所有被杀的羊。

第56条　如果一个人在自己的树林或田地里点火，如果火势恰巧蔓延烧及房屋或已种植的田地[1]，那么除非他在大风的情况下点火，否则他不被宣告有罪。

[1] 此处的"房屋"与"田地"，原文使用的是复数形式，表明被烧毁的房屋和田地包括村庄中数个农民的房屋和田地。

第57条 烧毁他人山坡地或砍伐他人树木的人，应被判双倍赔偿（他造成的）损失。[1]

[1] 耿氏中译本中此条规定的翻译指出，"山坡地"一词另有一种翻译为"树林"，笔者以为此二译并非矛盾。在拜占庭村庄中，山坡地多用于种植树木。

第58条 烧毁他人葡萄园篱笆的人，应受鞭刑，并烙印于手[1]，同时双倍赔偿造成的损失。

[1] 在康塔尔多·弗里尼的评注本中，此处并未有烙印于手的规定，而仅有受鞭刑一说。

第59条 砍伐或拔除他人已经结果的葡萄藤的人，应受砍手之刑，并赔偿（造成的）损失。

第60条 在收获季节进入他人犁沟[1]、收割谷物禾穗或豆类的豆荚[2]的人，他们将被处以脱光上衣接受鞭刑的惩罚。

[1] "进入犁沟"，即进入他人的田地。见本文第1条注释3。

[2] "$ὄσπρια$"一词在中世纪希腊语文献中常常有多种含义，包括豆类，芥菜。有时它还用来指代大麦。本条中，其意为豆类。

第61条 在有人进入他人的葡萄园或无花果园的情况中，如果他们只为食其果实（而来），则可许他们不受惩罚；如果他们为偷窃果实（而来），则他们应被剥光上衣接受鞭刑。

第62条 如果有人偷盗犁、犁铧头、轭[1]或其他耕犁用具，他们应从偷盗之日起，按偷盗的总天数，以每天12弗里斯的罚金[2]，赔偿损失。

[1] 轭，耕牛的挽具。即绑在辕杆末端，两头各有一个套牲口的套圈，可同时驱赶两头牛耕作。

一 文献评注篇

[2] 关于罚金的制定标准,见第22条法规注解[2]。

第63条 烧毁或偷盗他人（牲口拉的）大车的人,应支付车价两倍的赔偿[1]。

[1] 康塔尔多·弗里尼评注本中此处为支付赔偿,而并未提及赔偿的数额。

第64条 那些意图报复仇敌而在打谷场上或谷物堆处放火的人,将受火刑处死。[1]

[1] 此条法规是对《学说汇纂》中的相关条款的借鉴。"如果有人放火焚烧房屋或者房屋附近的谷堆,如果他是经过深思熟虑蓄意犯下此罪行,那么他应披戴枷锁、受鞭笞,并被判以火刑处死。"（Digest, xlvii. 9.9①）

第65条 那些在储放干草或谷壳秸秆的地方放火的人,将被砍去一只手。

第66条 如果有人在没有得到许可的情况下拆毁他人的房屋,毁坏他人的篱笆,以便在原地修筑篱笆且建造自己的房屋[1],那么他们应受砍手之刑。

[1] 此条阿氏的英译与耿氏最后的中译不同。按照阿氏的希腊文校勘本正文,其中文释义与耿氏译文同。而根据阿氏的英译文以及希腊文校勘本的注释,此条法规另可译为"如果有人因为他人在他们的土地上建房或修筑篱笆,而非法地拆毁他人的房屋、毁掉他人的篱笆,那么他们应受砍手之刑"。故笔者以为,由于不同文本之间表达的差异,造成此条法规理解上的歧义。出于对本文翻译依据——阿氏的希腊文校勘本的尊重,故以校勘本正文为准。②

在康塔尔多·弗里尼评注本中,此处没有"以便在原地修筑篱笆且建造自己的房屋"这一事由。其此条规定的完整译文为"如有人在未得许可的情形下拆毁他人房屋,毁坏他人篱笆,则他们应受砍手之刑"。

---

① Digest 即 Digesta 或 Pandectae 查士丁尼《学说汇纂》的缩写,参见 Alan Waston, The Digest of Justinian, Philadelphia: University Press of Pennsylvania, 1998。

② 关于此条的含义,阿什布尔纳在希腊文校勘本中采用了 Paris gr. 1367 f. 97r－100v（12世纪抄本）中的原文。后在 Paris gr. 1384 f. 128r－134r（12世纪抄本）中,该条被修订为"ὥστε τὰ ἴδια φυλάξαι ἢ κτίσαι φράξαντες ἢ κτίσαντες"。

第四章 《农业法》译注

第 67 条 如果有债权人以（债务人需付借贷本金的）利息为事由占有（债务人的）土地，（债权人）被证明已享有该土地收益达七年以上，则法官应核算这七年及以上期间（土地的）所有收益，并应判定把其中的一半的利益交还土地主人。[1]

［1］关于本条法规最后一款的文本，阿什布尔纳认为各版本表达的含义都含糊不清。他对此款的英译为"将此前的全部收益以及此后收益的一半充抵本金"，耿淡如先生根据俄译本所做译文，对于此句的翻译则为"核算这七年及以上的所有收益，并把其中的一半的利益交还土地主人"。此处取耿氏的译法①。

关于此条法规所涉及合同的性质，阿什布尔纳通过与同时期埃及纸草文献的对比，提出假设，认为该合同应为质押合同中的典押合同，而并非抵押合同。（《阿氏本》2，第 93 页。）在罗马法中，质押合同与抵押合同的根本区别在于是否移转担保物的占有。乌尔比安曾在《论告示》第二十八卷中说明："我们确实将物之占有转移于债权人的称为质（*pignus*），而将物之占有不移转于债权人的称为抵押（*hypotheca*）。"② 另外，罗马法中的质押又分为典与质。债务人不支付利息，而以担保物的孳息充抵利息的为典（*antichresis*）；债务人支付利息的为质。本条法规所涉及的合同中，债务人将土地即担保物交付于债权人占有，债务人不支付债权人本金的利息，而是以该土地的收益即担保物的孳息充抵本金的利息。因此，从罗马法的角度来分析，阿什布尔纳的假设是具有法理依据的，是成立的。

第 68 条 如果一个人在粮仓中偷窃谷物时被捉，那么，第一次应受一百鞭，并赔偿（被盗谷物）主人损失；如果他第二次被指认偷窃，则他应支付被窃谷物两倍价值的赔偿；如果第三次（被指认偷窃），他将被挖去双目。

第 69 条 如果一个人在夜间偷窃大酒瓮、榨汁桶或者酒桶[1]中的葡萄酒，则他将受到与上条规定相同的惩罚。

---

① 此处希腊文原文为 "Ψηφισάτω ὁ ἀκροατὴς ἀπὸ τῆς ἑπταετίας καὶ τὴν ἄνω πᾶσαν καὶ τὴν κάτω κατα τὴν ἡμίσειαν εἰσφορὰν στοιχησάτω εἰς κεφάλαιον"。

② ［意］桑德罗·斯奇巴尼选编：《民法大全选译·物与物权》，范怀俊译，中国政法大学出版社 1993 年版，第 199 页。

[1] "*πίθος*" 为盛装葡萄酒的大酒瓮；"*λίνος*" 为压榨葡萄的大木桶；"*βοῦττις*" 为储存葡萄酒的大木桶。

第 70 条 如果有人持有残缺的称量谷物与酒的量具，不遵循祖先流传下来的测量惯例[1]，出于贪婪使用与规定相悖的、不义的量具，那么他们应因缺乏诚信而受鞭刑。

[1] 拜占庭帝国使用的度量衡制度采用的是 12 进制。其核心的重量单位是拜占庭磅。1 拜占庭磅合 12 拜占庭盎司，1 拜占庭盎司又合 24 拜占庭微分，微分为拜占庭磅重量体系中的最小单位，约等于 1.136 克，因此 1 拜占庭磅为 320 克左右。在拜占庭，法律规定砝码的制造与管理由帝国政府部门负责。《新律》中规定，地方行政长官与城市的市政官负责管理称量货物和金银铜币的砝码的定制。砝码通常为铅、铜和玻璃等材质，呈削顶的球形、方状或饼状。

第 71 条 如果一个人在奴隶主人未知的情况下，将牛交给奴隶放牧，而奴隶将牛出售或者以其他方式对牛造成损害[1]，则奴隶主和奴隶不受惩罚[2]。

[1] "*ἀχρειόω*"，使成为无用、使损坏之意。耿氏中译文将此处译为"把牲畜弄死"，笔者以为此乃引申之含义，出于对原文语境的保留，故而译为"造成损害"。

[2] 耿氏译文对此条法规的注释列举了另一译法，"奴隶和他的主人都应负责任"。根据笔者对所掌握文本的核对，未见此一译法，故仍尊重阿氏校勘本原文的含义。

第 72 条 如果在奴隶主知晓的情况下，这个奴隶接收了任一种类的牲畜，吃掉它们或者以其他方式使牲畜消失[1]，则奴隶的主人应该赔偿牲畜主人的损失。

[1] 引申为失踪或死亡。

第 73 条 如果有人在路上发现了受伤或被杀的牲畜，出于怜悯告知了牲畜的主人，但是牲畜的主人怀疑此事是他所为，则此人应对牲畜受伤一事发誓非自己所为，而对于被杀的牲畜，无人应被审查。

第 74 条　如果有人杀死他人牲畜，无论什么原因，一旦他被指认，他就必须赔偿牲畜主人。

第 75 条　任何毒死牧羊人的牧羊犬的人，应受一百鞭刑，并给予牧羊犬主人双倍价值的赔偿；如果羊群也遭受损失，则此人应赔偿主人全部损失，因为他导致了牧羊犬的死亡。同时要听取（他人）有关被毒死之牧羊犬的证词，如该犬曾与野兽搏斗，则毒杀该犬的人应负上文提到的责任；如此犬只是一只平常的狗，则此人只需受鞭刑，仅赔偿牧羊犬的价值。[1]

[1] 康塔尔多·弗里尼的评注本中此条法规只有前两款内容，即毒杀牧羊犬所造成的损害赔偿。而关于对被毒牧羊犬是否具备保护牧羊的能力，以及对不同能力牧羊犬的赔付问题，则未给予规范。

第 76 条　如果两犬相争，其中一犬的主人用刀剑或木棍或石头殴打另一犬，而另一犬因此失明或死亡，或遭受其他伤害，则施害人应赔偿该犬[1]主人损失，并受 12 鞭。

[1] 即上文所述被打伤或打死的犬。

第 77 条　如果一个人豢养一只强壮倨傲凶犬，而此人故意激怒唆使该犬与其他弱小的犬进行争斗，导致弱犬受伤或死亡，则此人必须赔偿伤犬或亡犬的主人，并受 12 鞭。

第 78 条　如果一个人在其邻居份地收割庄稼前，先行收割了自己份地的庄稼，并（在已收割的份地上）放牧自己的牲畜，因而给邻居的收成造成损失，则此人应受 30 鞭，并赔偿遭受损失的一方。

第 79 条　如果一个人在很多份地果园尚未采摘果实的时候，先行采摘了自己葡萄园的葡萄，并将自己的牲畜放入葡萄园，则此人应受 30 鞭，并赔偿遭受损失的一方。[1]

[1] 康塔尔多·弗里尼评注本中无此条规定。

第 80 条　如果一个人，在与他人争讼期间，非法砍伐了他的葡萄藤或其他树木[1],则他应受砍手之刑。

　　[1] 本条法规关于犯罪情节的规定,可参照第6条法规,对照理解。砍伐之葡萄藤或树木,应为争讼之土地上的作物。

　　第81条　如果一个村庄的居住者[1]确定共有地的一块土地适合建立磨坊,并占用了此块土地,而后在他建成磨坊后,如果村庄中的成员[2]不满磨坊主占用了共有土地,则他们应支付磨坊主修建磨坊的费用,(然后)所有成员与磨坊原修建者共有此磨坊。

　　[1] 即为村庄中拥有土地并从事农事生产的农民。

　　[2] 在此条法规中,所有拥有土地的村庄农民都被表述为村庄的共有者(οἱ κοινωνοί)或共享者(ἡ κοινότης),他们享有对公共用地的使用权。

　　第82条　如果在村庄划分份地后,一个农民发现自己份地的某处适合建造磨坊,并修建了磨坊,则其他份地的农民无权对磨坊提出任何异议。

　　第83条　如果注入磨坊的水,留下了干旱的耕地或葡萄园,则磨坊主应该赔偿因此而造成的损失;如果他拒绝赔偿,则磨坊应停止运转[1]。

　　[1] 此条法规表明村庄中水资源的共有性。村庄中全部农户都拥有灌溉权和对河流的使用权。因此当村庄中某个成员磨坊的运转,给他人造成了损失,则该成员即得为这种侵权行为,赔偿他人损失。

　　第84条　如果耕地的所有者不愿意磨坊的水流经他们的土地,则他们有权阻止水流入(自己的)田地。

　　第85条　如果有农民发现某人的牛在他人的葡萄园内践踏,并没有通知牛的主人,而是在试图驱赶它的时候使其受伤、死亡或戳到篱笆桩上,则他须支付牛主人整头牛的价值,作为损害的赔偿。

第五章　拜占庭《士兵法》译注

提要：《士兵法》是拜占庭法律史上一部非常重要的法律汇编。其内容涉及规范中世纪拜占庭帝国军队的纪律以及对士兵和长官违纪的处罚措施。了解《士兵法》的内容及其与其他拜占庭法律和军事文献的关系，有助于我们研究拜占庭帝国的军队组织和管理、法律沿革，及其对拜占庭文明演进的影响。自《士兵法》被发现以来，已有多位学者对其内容进行整理和分析。鉴于文本的条理清晰性与完整性，本译文依照阿什布尔纳所整理的希腊文文本进行移译与注释，希冀可以为国内学者提供一份可参考的中文文本。

《士兵法》(*Military Code*; *Soldier Law*; 希腊文：*Νόμος Στρατιωτικός*; 拉丁文：*Leges Militares*)，又被译作《兵变法令》(*Mutiny Act*)①，是中世纪拜占庭帝国管理军队的一部重要的法律汇编。其主要内容包含整顿军队纪律，对触犯规定的士兵与长官进行处罚的相关措施。作为一部重要的军事法令，了解和研究该文本的内容和源流，有助于加强对拜占庭军队组织、管理及其对拜占庭文明演进的影响等相关问题的研究。

学者们所发现的《士兵法》文本通常是以附录的形式和其他两部中世纪拜占庭时期的法律文献——《罗得海商法》(*Maritime Code* 或者 *Rhodian*

---

① W. Ashburner, "The Byzantine Mutiny Act", *The Journal of Hellenic Studies*, Vol. 46, Part 1, 1926, [下文简作 W. Ashburner (1926)] pp. 80–109.

一 文献评注篇

Sea Law)① 和《农业法》(Rural Code 或者 Farmer's Law)② ——一起出现在拜占庭伊苏里亚王朝③(Isaurian Dynasty)时期的法典《法律选编》(Ecloga)④ 之后。根据学者们的研究,现存的《士兵法》有两个版本。第一个版本出现于7—8世纪,其内容主要是来自皇帝查士丁尼时期的《学说汇纂》(Digest)⑤ 和《法典》(Justinian Code)⑥ 释文的节选,其中有 18 条规定与莫里斯皇帝的《战略》(Maurice's Strategikon)⑦ 中对违反规定的士兵和长官进行惩罚的条例一致。第二个版本出现于 10 世纪,其主要内容来自皇帝利奥六世的《战术》(Taktika)和《帝国法典》(Basilika)⑧。

对于《士兵法》的研究,最初始于德国学者扎哈里亚·林根绍尔。他所编辑的《士兵法》有两个版本。早期的版本出现于《希腊罗马法》的第 34 章中⑨。在序言中,林根绍尔提到,该版本基于 15 世纪末的巴

---

① 希腊原文为 "νόμος ροδίων ναυτικός",该法典已有中文译本,参见王小波《〈罗得海商法〉译注》,《古代文明》2010 年第 3 期,第 81—93 页;王小波:《〈罗得海商法〉研究》,中国政法大学出版社 2011 年版,附录二。

② 希腊原文为 "νόμος γεωργικός",该法典已有中文译本,参见耿淡如、黄瑞章译注《世界中世纪史原始资料选辑》,天津人民出版社 1959 年版,第 83—95 页。最新译本为王翘、李强《拜占庭〈农业法〉译注》,《古代文明》2011 年第 4 期,第 21—36 页。

③ 8 世纪初到 9 世纪初(717—802)统治拜占庭帝国的一个王朝。

④ 又译作《埃克洛加》,它是拜占庭伊苏里亚王朝皇帝利奥三世下令在《查士丁尼法典》基础上组织整理、汇编,以希腊文形式在 8 世纪颁布的一部法典,是继《查士丁尼法典》之后最重要的拜占庭法典。

⑤ Alan Waston, *The Digest of Justinian*, Philadelphia: University Press of Pennsylvania, 1998 [文中简作 "Digest"]。

⑥ Fred H. Blume, *Annotated Justinian Code*, 2nd ed., ed. by Timothy Kearley, Laramie: College of Law George William Hopper Law Library, The University of Wyoming, 2010 [文中简作 "Code"]。

⑦ 拜占庭 6 世纪末 7 世纪初最为重要的有关战术、军队训练的军事手册,据说是出自皇帝莫里斯之手,但也有学者认为是假托皇帝之名,该手册有希腊语—德文对照版和英文译本,详情参见 George T. Dennis, *Das Strategikon des Maurikios*, Corpus Fontium Historiae Byzantinae, Wien: Verlag der Osterreichischen Akademie der Wissenschaften, 1981 [文中简作 "Maurice"]; George T. Dennis, *Maurice's Strategikon: Handbook of Byzantine Military Strategy*, Philadelphia: University of Pennsylvania Press, 1984 [文中简作 George T. Dennis (1984)]。

⑧ 以上关于版本的两个时期说主要来自哈尔顿教授的总结,参见 Leslie Brubaker, John F. Haldon and Robert Ousterhout, *Byzantium in the Iconoclast Era (ca.680 – 850): The Sources: An Annotated Survey*, Aldershot: Ashgate, 2001, [下文简作 Leslie Brubaker (2001)] p.291.

⑨ Karl Eduard Zachariä von Lingenthal, "Ecloga ad Prochiron mutata", *Jus Graco-Romanum*, Pars Ⅳ, Lipsiae, 1865, pp. 138 – 141.

黎 1720 抄本（Paris gr. 1720）。第二个版本出自他在《拜占庭杂志》（*Byzantinische Zeitschrift*）中所发表的一篇文章——《6—10 世纪的军队法律和科学》①。在林根绍尔两个版本之间的 1889 年，意大利学者孟菲拉多斯（A. Monferratos）根据雅典的一份《法律选编》文本的附录整理了一份新的《士兵法》文本。②

在此之后，英国学者阿什布尔纳于 1926 年发表了他整理的希腊文文本③。他认为之前所整理的版本都是基于一些不够准确的抄本之上，并且导致了很多的误解，因此他决定发表一个新的版本。他所整理的希腊文文本主要是基于以下 6 份抄本：L. Laudianus gr. 39；F. Florentinus（Laurentianus IX, 8）；V. Vallicellianus gr. F, 47；B. Basilianus 114（Vaticanus gr. 2075）；M. Marcianus gr. 579；m. Marcianus gr. 172。④

除了阿什布尔纳所整理的希腊文本外，还有其他四份整理或译注的《士兵法》也值得关注。1931 年罗马尼亚学者考泽斯基（E. Korzenszky）整理出版了《士兵法》的希腊文文本⑤，它是依照是阿什布尔纳提到的 F. Florentinus（Laurentianus IX, 8）抄本，也就是本章开头提到的 10 世纪的文本所整理的⑥。该文本的文首就提到了这部法律来自《战术》和《帝国法典》。该文本与阿什布尔纳的文本区别在于，它按照条文类别进行整理，分为士兵类和长官类，并且在注释中将出现在其他拜占庭法律文本以及阿什布尔纳整理的文本中的条文相应标出，加以对照。1968 年美国学者布兰德（C. E. Brand）在其著作《罗马军事法》当中对《士兵法》进行了分析，并且根据一个中世纪时期的拉丁文文

---

① Karl Eduard Zachariä von Lingenthal, "Wissenschaft und Recht für das Heer vom 6. bis zum Anfang des 10. Jahrhunderts", *Byzantinische Zeitschrift*, Dritter Band, Leipzig, 1894,［下文简作 Karl E. Zachariä von Lingenthal（1894）］pp. 450 – 453.

② A. Monferratos, *Ecloga Leonis et Constantini cum Appendice*, Athenis：Typis Fratrum Perri, 1889, 450 ss.

③ W. Ashburner（1926）, pp. 80 – 109.

④ W. Ashburner（1926）, p. 80.

⑤ E. Korzenszky, *Leges poenales militares e codice Laurentiano LXXV*, 6, Budapest：Királyi magyar egyetemi nyomda, 1931.

⑥ Leslie Brubaker（2001）, footnote 26, p. 291.

本翻译了该《士兵法》的内容，总共 65 条①。但是作者在文中并没有做出足够的分析。1978 年意大利学者皮耶特罗·维里（Pietro Verri）整理出版了在此之前各种关于《士兵法》整理的版本，并且在此基础上翻译了一份意大利语的文本②。1980 年意大利学者法米里耶蒂（G. Famiglietti）整理并用意大利文翻译了马尔西安努斯 579 抄本③。该文在分析各个文本的基础之上，提出了自己的希腊文文本。并且作者在附录中制作了一个表格，对其所整理的马尔西安努斯 579 抄本与其他各位学者整理的希腊文条文加以对照。

对于《士兵法》的内容，林根绍尔认为条例可以分为三组。第一组，是关于《战术》（ἐκ του ῥούφου καὶ τῶν τακτικῶν）的摘抄；第二组是来自查士丁尼《学说汇纂》和《法典》的片段；第三组则是选自《法律选编》和《帝国法典》。④ 俄裔学者瓦西列夫（A. A. Vasiliev）提出，《士兵法》是来自查士丁尼《学说汇纂》和《法典》释文的节选、《法律选编》以及其他一些资料集合而成。因为在已发现的拜占庭法律手稿中，该法经常同《罗得海商法》一起被附在《法律选编》或者其他法律之后，而且上边也没有标注著者或颁布时间。笔者初步判定，出现这种不同意见的原因在于，学者们所依据的《士兵法》文本不同，因为前文已经提及，存在两个不同时期的《士兵法》版本。

在《士兵法》出现的时间上，学者们各执一词。林根绍尔、法国学者夏尔·迪尔（Charles Diehl）和保罗·柯林奈（Paul Collinet）认

---

① C. E. Brand, *Roman Military Law*, Austin-London: University of Texas Press, 1968, pp. 128–44.

② Pietro Verri, *Le Leggi penali militari dell'impero bizantino nell' Alto Medioevo*, Rome: Scuola ufficiali carabinieri, 1978. 笔者目前没有掌握该文本，希望以后有机会可以撰文加以介绍。

③ G. Famiglietti, "Ex Ruffo leges militares", *Testi per Esercitazioni Pubblicati Facolta di Giurisprudenza dell' Universita degli Studi di Camerino*, Sezione II, n. 4, Milano: A. Giuffrè, 1980, pp. 1–38.

④ Karl Eduard Zachariä von Lingenthal, *Geschichte des Griechisch-römischen Rechts*, Berlin: Weidmann, 1892, p. 17.

为，该法同《农业法》以及《罗得海商法》都是伊苏里亚王朝颁布的①，但是布里（J. B. Bury）则认为，阿什布尔纳的研究证明，没有确凿的证据可以确认这三部法律是出自伊苏里亚王朝，而且至少《农业法》和《罗得海洋法》不是在该时期颁布。② 瓦西列夫赞同这三部法律都不是出自该时期。③

希腊学者泽波斯（Pan. J. Zepos）在第十一届国际拜占庭大会上关于《从查士丁尼到帝国法典的拜占庭立法》的报告比瓦西列夫的观点更进一步。他提到"《士兵法》同《农业法》一起经常被发现附于《法律选编》之后，因此有很多学者认为该法律出现的时间要早于《法律选编》，因为伊苏里亚王朝时期军队的素质和组织都得到了大大加强。但是这一观点受到了库拉克斯基（J. Kulakowskij）、米塔尔德（M. Mitard）和瓦里（R. Vari）的质疑。我们认为，伊苏里亚王朝军队的重建是有利于马其顿王朝利奥六世的《战术》一书，因此《士兵法》不能是伊苏里亚王朝的法律文献"。④ 约翰·哈尔顿（John Haldon）在综合考虑学者们关于时间问题的讨论后，将《士兵法》出现的时间定在 7 世纪晚期到 10 世纪。⑤ 在他的文章中，他还提到史明克（A. Schminck）的观点"《士兵法》是由利奥六世汇编而成或者至少是由他

---

① Karl E. Zachariä von Lingenthal (1894), pp. 448 – 449; J. B. Bury, *The Cambridge Medieval History*, Vol. IV, Cambridge: Cambridge University Press, 1923, [下文简作 J. B. Bury (1923)] pp. 4 – 5, 708 – 710.

② J. B. Bury (1923), Introduction, p. xiii.

③ 瓦西列夫详细介绍了对该法以及其他两部法律的研究情况，具体内容参考 A. A. Vasiliev, *History of the Byzantine Empire*, *324 – 1453*, Vol. I, Madison: University of Wisconsin Press, 1958, pp. 247 – 249。德国学者布尔曼（Ludwig Burgmann）和美国学者麦克吉尔（Eric McGeer）在《牛津拜占庭词典》（*The Oxford Dictionary of Byzantium*）中也对《士兵法》与其他法律的关系以及内容做了介绍，并列出一部分研究文献，参见 Alexander P. Kazhdan ed., *The Oxford Dictionary of Byzantium*, Vol. 3, New York, Oxford: Oxford University Press, 1991, [下文简作 *ODB*] p. 1492。

④ Pan. J. Zepos, "Die byzantinische Jurisprudenz zwischen Justinian und den Basiliken", *Berichte zum XI. Internationalen byzantinisten-Kongress*, München: In Kommission Bei C. H. Beck, 1958, [下文简作 Pan. J. Zepos (1958)] p. 18.

⑤ Leslie Brubaker (2001), pp. 291 – 292.

一 文献评注篇

授意汇编而成"①。布尔曼在 2009 年发表的一篇文章中提到,他认为"《士兵法》的成书年代不晚于 7 世纪中期"②。笔者目前见到最新论及《士兵法》的著作中仍提到,《士兵法》"颁布于 7—8 世纪"③ 或者"是整理于 6—8 世纪的拜占庭军事法汇编"④。综上可见,虽然学者们在《士兵法》的出现时间上并没有达成一致,但是时间段主要集中在 7—10 世纪,笔者认为,出现这种时间上的争论,如同上文《士兵法》内容的争论一样,都是因为所参考的《士兵法》文本的不同。因此,对于《士兵法》出现的时间问题,"只有通过全面地研究《士兵法》才可以解决这个问题,并且厘清从希拉克略到马其顿王朝之间的军事改革历史脉络"⑤。

鉴于条文的清晰性、完整性,本章依从阿什布尔纳所整理发表的希腊文文本进行翻译,注释中的文献对照也主要来自该文。笔者根据对照文献进行了一一检查,并且在此基础上做出了修正和增加。在译文方面,笔者除根据阿什布尔纳希腊文文本进行翻译外,亦参考了对照文献的译文⑥,在术语的注释方面,主要参照了国际拜占庭学界通行的《牛津拜占庭词典》⑦,如若文中有不妥之处,请方家指正。

---

① A. Schminck, "Probleme des sog. 'Nopos' Pobicav Navninos'", in E. Chrysos, D. Letsios, H. A. Richter and R. Stuppericheds., *Griechenland und das Meer*, Mannheim/Mohnesee: Bibliopolis, 1999, pp. 171 – 178.

② L. Burgmann, "Die Nomoi Stratiotikos, Georgikos Und Nautikos", *Zbornik radova Vizantoloskog instituta*, Vol. 46, 2009, pp. 53 – 64.

③ Zachary Ray Chitwood, *Byzantine Legal Culture under the Macedonian Dynasty, 867 – 1056*, New Jersey: Princeton University Press, 1992, p. 179.

④ Albrecht Berger, "Nomos stratiotikos", *Brill's New Pauly*. Brill Online, 2013, http://www.paulyonline.brill.nl/entries/brill-s-new-pauly/nomos-stratiotikos-e824520, 14 January 2013.

⑤ Pan. J. Zepos (1958), p. 18.

⑥ 笔者主要参照了《战略》《查士丁尼法典》《学说汇纂》中相应条文的英文译文,其参考文献来自 S. P. Scott, *The Civil Law*, Cincinnati: The Central Trust Company, 1932, http://webu2.upmf-grenoble.fr/DroitRomain/; Fred H. Blume, Edited by Timothy Kearley, *Annotated Justinian Code*, 2nd edition; George T. Dennis (1984); E. H. Freshfield trans., *A Manual of Roman Law: The Ecloga*, Cambridgeshire: Cambridge University Press, 1926, pp. 147 – 149, 弗雷什菲尔德的《法律选编》译本中有附在其后的《士兵法》标题译文。

⑦ Alexander P. Kazhdan ed., *The Oxford Dictionary of Byzantium*, 3 Vols., New York: Oxford University Press, 1991.

第五章 拜占庭《士兵法》译注

第1条 如果有人在战场上做了将军禁止的事情，或者不执行将军[1]的命令，即使他将事务处理得井井有条，他也应该被处以砍头之刑。[2]

［1］Doux，拉丁文是 *Dux*，希腊文是 Δούξ。该词第一次被提到是在戴克里先时代，当时是驻扎在行省内部驻军的长官的头衔。后来在492年阿纳斯塔修斯皇帝也将该头衔授予机动部队的长官。随着罗马行政体制的衰落，该词渐渐被授予次一级的军官，如军团长官，在本文中即此意。而同时，军区的总督则被称为大将军。从10世纪的后半叶，该词用来授予大地区的军事长官，如安条克、塞萨洛尼基等。12世纪以后该词失去了其权贵的意义，也被授予给一些小军区的长官。参见 *ODB* 1, p. 659。

［2］*Maurice* 12 与该规定后半部分相似，但是提到不执行长官命令的处罚是"按照法律对其进行处罚"；*Digest*, 49.16.3.15。

第2条 如果有精通作战的士兵打算从战壕撤退或者作为队列中的排头兵从其他士兵的眼前消失，抑或破坏、出卖自己的武器，他应该被处以砍头之刑。如果他有幸受到人道的关怀，改由处以鞭刑并参与出征。[1]

［1］*Digest*, 49.16.3.4; *Digest*, 49.16.3.13.

第3条 任何人因畏惧战争而佯称生病，他应该被处以砍头之刑。[1]

［1］*Digest*, 49.16.6.5.

第4条 如果有人离开指定的营寨，他应该被处以砍头之刑。如果越过壕沟，他应该被驱逐出军队。[1]

［1］*Digest*, 49.16.3.17; *Digest*, 49.16.3.18.

第5条 一个犯有冒犯皇帝行为的罪犯应该被处死，财产充公。对他的纪念应该在其死后才可以进行。[1]

［1］*Code*, 9.8.6.2.

第6条 如果有人打算叛逃到外族人那里，但是被抓住了，他应该被处以砍头之刑。[1]

[1] *Digest*, 49.16.3.11.

第7条 如果一个士兵擅离职守，他应该被处以鞭刑或者被驱逐出军队。[1]

[1] *Digest*, 49.16.3.5.

第8条 如果有士兵在队列刚刚形成或者战斗中，丢掉自己的岗位或者军旗[1]逃跑，抑或者他提前离开自己的位置，抢夺死者的物品或者鲁莽地去追逐敌人，我们裁定这种行为应该处以砍头之刑，并且他的所有战利品被没收，作为营（*tagma*）[2]的公有财产，这是因为他破坏了队列并且背叛了战友。[3]

[1] bandon，希腊文为βανδον，是指小部队的军旗。最早有关该词的记录是来自拜占庭史家马拉拉斯（John Malalas）提到的波斯军旗。每个 bandon 有 50—100 名骑兵，200 名步兵，其长官为 *Komes*。后来君士坦丁七世将该编制提升为统治区的名称。这里使用的是原意，即军旗，参见 *ODB* 1，p. 250。

[2] 作为一种军队的建制，在《战略》一书中，相当于 bandon，300 人左右的编制，参见 George T. Dennis (1984)，Glossary，p. 173。在这里，笔者将其译为营。

[3] *Maurice* 16.

第9条 如果部队在统一行动或者战斗中没有理由或明显的原因而发生溃退，我们裁定，营中最先逃跑的士兵和在战场上处于战阵前列而溃退的士兵，应该执行十一抽杀律[1]并由其他营予以射死，因为他们破坏了战斗序列，并由此导致了整个军团的溃退。但是如果他们中有人在战斗中受了伤，那么这些受伤的人将被免除上述处罚。[2]

[1] 十一抽杀律，拉丁文为 *decimatio*，希腊文为αποδερκάτωσις，该词通常是指罗马军队中有人违反了规定，通过抽签对十人一组进行处罚的方式，被抽中的人将被用石头或者棍棒打死。该种处罚在罗马共和国早期并不常见。但是在罗马帝国内战时期频繁使用，参见 William Smith, D. C. L., LL. D., *A Dictionary of Greek and Roman Antiquities*, London: John Murray, 1875, p. 387。

[2] *Maurice* 17.

第 10 条　如果军旗在没有合理的理由和明显的原因的情况下被敌人夺走，我们裁定，将对被委派看守军旗的士兵进行处罚，并且将他们降至其所在军队或者近卫军团中的最低级别。如果他们在战斗中受了伤，他们将被免除上述处罚。[1]

[1] *Maurice* 18.

第 11 条　如果有士兵在战场上丢了武器，那么我们裁定他应该受到处罚，因为他使自己没有了武器并且武装了敌人。[1]

[1] *Maurice* 20.

第 12 条　如果一个军团或者整个阵型被击溃，而在附近有一个营地，如果士兵没有退守到那里，并寻求救助，而是莽撞地四散逃跑，我们裁定胆敢这样行动的人将受到处罚，因为他们抛弃了自己的战友。[1]

[1] *Maurice* 19.

第 13 条　如果有人被委派来保卫城市或者堡垒，在还有能力保卫该地的情况下，他违背长官的意志，放弃了守卫地，除了危及其生命的情况下，该人应该被处以砍头之刑。[1]

[1] *Maurice* 15.

第 14 条　煽动混乱的人和鼓动民众的人，根据他们责任的程度，应该被处以砍头之刑或者被驱逐。[1]

[1] *Digest*, 48.19.38.2.

第 15 条　有人逃向敌军又折返，应该对他进行拷打，或者投给野兽，或者判处他绞刑。[1]

[1] *Digest*, 49.16.3.10; *Digest*, 48.19.38.1.

第 16 条　那些因为耻辱而被驱逐出军队的人不可能拥有或者获得荣誉。[1]

[1] *Code*, 12.36.3.

第 17 条　如果士兵把他们的长官丢在后面,或者没有保护他,因此致使他被敌人监禁。他们有能力保护他,但是最后却致使他丢掉性命,由此这些士兵应该被处以砍头之刑。[1]

[1] *Digest*, 49.16.6.8; *Digest*, 49.16.3.22.

第 18 条　如果一个士兵偷窃另一个士兵的武器,他应该被革去军职。[1]

[1] *Digest*, 49.16.3.14.

第 19 条　如果士兵中有人粗暴地激怒士兵或者怂恿暴动,该人应该被处以砍头之刑。如果有人喧哗、抱怨而引起混乱,那么应革去该人的军职。如果一群士兵密谋造反或者整个军团准备叛乱,将他们解散。[1]

[1] *Digest*, 49.16.3.19; *Digest*, 49.16.3.20; *Digest*, 49.16.3.21.

第 20 条　如果一个被驱逐者,他逃离处罚又积极参与出征,并假装没有什么事情,或者非常支持出征,那么对其处以砍头之刑。一个正处于被驱逐中的人,如果他主动出征,将其放逐到岛上。如果他假装没有什么事情,并参与出征,那么将其彻底驱逐。如果一个被驱逐者,已经结束处罚,并且完成了遭驱逐的年限,参与出征,我们会询问他是因何原因被判刑并遭到驱逐,并且如果他遭到歧视,我们会维护他。[1]

[1] *Digest*, 49.16.4.2; *Digest*, 49.16.4.3; *Digest*, 49.16.4.4.

第 21 条　那些犯有通奸罪或者其他公共犯罪的人不能参军。[1]

[1] *Digest*, 49.16.4.7.

第 22 条　任何受到征召服军役但却逃跑的人,应该受到军事法的处理。因为受到征召却逃避服军役是非常耻辱的事情。逃避军役的人，同叛徒一样将失去其自由。[1]

[1] *Digest*, 49.16.4.10.

第23条 如果有人在战争期间把自己的儿子从军队中偷偷带走，该人应该被驱逐，并且他的部分财产将被没收。如果有人让他的儿子在战争期间表现得一无是处，以此使其被注意到不利于战斗，该人应该被驱逐。[1]

[1] *Digest*, 49.16.4.11; *Digest*, 49.16.4.12.

第24条 如果有士兵用手打伤长官（πρεπόσιτος）[1]，对其处以砍头之刑。[2]

[1] πρεπόσιτος的正确形式是πλαιπόσιτος。该词来自拉丁词 praepositus，即 *praepositus sacri cubiculi*，原是指出现于君士坦丁大帝时期的晚期罗马帝国宫廷总管，由宦官担任，而且这是宫廷中宦官的最高职位。其职能是管理皇帝寝宫、衣物以及接待，作为皇帝的近身人员，他也参与到外交事务中。4世纪末该职位开始管理位于卡帕多西亚的皇产。5世纪时，其职位相当于帝国财政官。6世纪时该职位势力衰落，逐渐被其他官职所代替，仅限于宫廷礼仪事务。1087年以后该头衔消失。参见 *ODB* 3, p.1709。

[2] *Digest*, 49.16.6.1.

第25条 有士兵打伤自己的战友，如果用石头打伤，将其驱逐出军队；如果用剑击伤，他应该被处以砍头之刑。[1]

[1] *Digest*, 49.16.6.6.

第26-1条 有士兵自己打伤自己或者以其他方式自杀，如果是因为无法承受身体的疼痛，厌倦军旅生活，精神问题或者担心耻辱等原因，他不用接受砍头之刑，而是被不光彩地开除军籍；但是如果绝没有以上的借口，他应该被处以砍头之刑。[1]

[1] *Digest*, 49.16.6.7; *Digest*, 48.19.38.12.

第 26 -2 条　士兵用石头打伤战友，或者故意打伤自己，即使没有摆脱身体的疼痛、伤害或者死亡，他也应该受到鞭刑，并被驱逐出军队。如果他是用剑击伤自己或者他人，对其处以砍头之刑，因为这是自我摧残和鲁莽的行为。

第 27 条　队列中第一个从其他士兵眼前逃跑的士兵应该被处以砍头之刑。如果罗马军队的侦察……罗马人的秘密计划，他们应该被处以砍头之刑。一个执剑士兵用剑击伤他的战友，他应该被处以砍头之刑。

第 28 条　有士兵破坏和平，他应该被处以砍头之刑。[1]

[1] *Digest*, 49.16.16.1.

第 29 条　有士兵打算阻止长官对其施以鞭刑，如果他只拦住了棍棒，他应该被驱逐出军队；如果他故意打断棍棒或者用手抵抗，他应该被处于砍头之刑。[1]

[1] *Digest*, 49.16.13.4.

第 30 条　有士兵越狱而逃，他应该被处以砍头之刑。[1]

[1] *Digest*, 48.19.38.11; *Digest*, 49.16.13.5.

第 31 条　对于那些犯有酗酒和纵饮烈酒或者有其他放荡行为的士兵，应该被处以砍头之刑或将其调换军队。[1]

[1] *Digest*, 49.16.6.7.

第 32 条　有人在战争期间从自己的队列中溜走，他应该被处以棍棒之刑，或者调换军队。[1]

[1] *Digest*, 49.16.3.16.

第 33 条　如果有看守因为懒散而丢失了犯人，根据他们错误的程度对其处以鞭刑或者降职。如果出于怜悯他们放跑了犯人，他们应该被驱逐出军队。如果他们犯有恶行，对其处以砍头之刑，或者将他们降至军队的最低级别。[1]

[1] *Digest*, 48.3.14.2.

第 34 条　如果一个士兵与其妻子的奸夫妥协,他将被驱逐出军队。[1]

[1] *Digest*, 48.5.11 pr.

第 35 条　如果军队的长官和士兵在行军中,向乡村征款,对他们处以双倍的处罚。[1]

[1] Justinian, *Novel* 130.①

第 36 条　如果有人喧哗、抱怨引起混乱,这样的人应该被处以严厉的鞭刑,并被驱逐出军队。如果有人粗暴地激怒士兵或者怂恿制造混乱,他应该被处以砍头之刑。[1]

[1] 该条规定与 19 条规定一样,但是语句顺序上不同。

第 37 条　一个被指派为皇宫守卫的人,疏于职守,他应该被处以极刑,或者出于人道的角度,对其处以鞭刑,并予以驱逐。[1]

[1] *Digest*, 49.16.10.

第 38 条　如果有人煽动战争或者将罗马人出卖给敌人,他应该受到同样处罚[1]。[2]

[1] 同 37 条一样的处罚措施。

[2] *Digest*, 48.4.3.

第 39 条　从罗马人的军队跑到敌人那里的脱逃者,可以像敌人一样处死他们。[1]

[1] *Digest*, 48.8.3.6.

---

① 参见查士丁尼《新律》130,http：//uwacadweb.uwyo.edu/blume&justinian/AJCNovels2/Novel%20130%20copy.pdf, 17-12-2023。

第40条　如果罗马军队的侦察兵向敌人出卖罗马人关于战争的秘密计划，他们应该被处以砍头之刑。[1]

[1] *Digest*, 49.16.6.4.

第41条　如果有人胆敢密谋、实施暴动与叛乱反对他们的长官，不管出于何种原因，对于密谋和叛乱中最先行动和负主要责任的人处以砍头之刑。[1]

[1] *Maurice* 5.

第42条　如果有士兵拒绝服从五夫长的命令，他应该受到处罚，同样，如果五夫长拒绝服从十夫长，十夫长拒绝服从百夫长，他们应该受到同样的处罚。[1]

[1] *Maurice* 1 文中出现四夫长一词，本条中没有。

第43条　如果军团中有人胆敢违抗更高级长官的命令，即 *Comes*[1] 或者 *Tribune*[2]，他应该被处以极刑。[3]

[1] 原文为 κόμης，该词原意指同伴，指皇帝或者蛮族国王的个人顾问和大臣。后来君士坦丁大帝正式使用该头衔。在拜占庭帝国时期，该头衔指不同级别的官员。在本文可能指 bandon 的长官。参见 *ODB* 1, pp. 484–485；George T. Dennis (1984), Glossary, p. 171。

[2] 该词的使用始自罗马共和国时期，而且具有多重含义。在本章中可能是 bandon 的长官，与 *Comes* 相同。参见 George T. Dennis (1984), Glossary, p. 172。

[3] 该规定与 *Maurice* 2 相似，*Maurice* 2 文中与本规定第一句对应的是"对长官做这样的事情"。

第44条　如果有人接受了十夫长的命令，但是没有执行，应该对其进行处罚。但是他如果是因为十夫长忘记下达命令而没有执行，十夫长应该因其没有提前给士兵下达命令而受到处罚。[1]

[1] *Maurice* 8.

第45条 如果一个士兵受到某人不公平的对待，他可以向军团长官控告那人。如果他受到该长官不公平的对待，他可以向更高级的长官控告这位长官。[1]

[1] Maurice 3.

第46条 如果有人胆敢逾期未归，应开除其军籍，并将其以平民的身份交给市政当局。[1]

[1] Maurice 4.

第47条 如果在战争期间有人准许士兵休假，那么该人（允许士兵休假者）应该缴纳三十诺米斯玛[1]的罚款。在过冬期间，士兵可以有两到三个月的假期。在和平时期，应根据行省的距离而给予士兵假期。[2]

[1] 希腊文原文为νόμισμα，该词义为钱币，一般特指构成晚期罗马帝国和拜占庭帝国货币体系中的基础货币的金币，等同于金币索里达（solidus），参见 ODB 3, p. 1490。

[2] Maurice 14.

第48条 如果有人被控告意欲投敌，应将他及其同谋和保密者一同处以极刑。[1]

[1] Maurice 7.

第49条 如果有人使士兵或者纳税人[1]受到伤害，他应该付出双倍的代价（伤害），如果任何一个长官或士兵在冬季营地，行军中或营帐中伤害士兵或者收税官，并且没有做出赔偿，判处伤害人应付出双倍的代价（伤害）。[2]

[1] συντελεστής，该词是指缴纳税款的人，或者是缴纳税款的那些土地拥有者，参见 E. A. Sophocles, *Greek Lexicon of the Roman and Byzantine Periods*, Cambridge: Harvard University Press, 1914, p. 1054; Liddell, Robert Scott, *A Greek-English Lexicon*, Oxford: Clarendon Press, 1996, [下文简作 Liddell (1996)] p. 1726。

[2] *Maurice* 13, *Maurice* 10 中提到该规定的第一部分。

第 50 条　如果有人发现走失的动物或者其他种类或小或大的东西，没有及时报告，并交给其长官，将其以及同谋和保密者以小偷的罪行进行处罚。[1]

[1] *Maurice* 9.

第 51 条　如果一个人跑去了外邦人那里，或者找借口去见外邦人的使者，并将制造的和未经制造的武器或者生铁卖与他们，他应该被处以极刑。[1]

[1] *Code*, 4.41.2.

第 52 条　一个人用石头打伤战友或者有意伤害自己，如果他是担心身体的疼痛、伤害或者死亡，他应该被处以鞭刑，并被驱逐出军队。

第 53 条　如果一个被判处砍头之刑、驱逐或者受到其他公共控告遭到处罚有可能要逃走的人，他绝对不可能参加军队。

第 54 条　一个士兵在任何地方偷酒器，将被罚双倍奉还，并且应该被驱逐出军队。

第 55 条　士兵不得做管理人[1]、承包人[2]或者涉及外邦人事务的担保人[3]。

[1] διοικητής，该词是用来指代税收管理者，参见 *ODB* 1, pp. 627–628。
[2] μισθωτός，该词是指雇工、承租人或者承包人，参见 *ODB* 2, p. 1381。
[3] εγγυητής，该词是指对交易安全做担保的人，参见 Liddell (1996), p. 468。

第 56 条　士兵不得从事农事、商业和公共事务，如果他们从事了此类事务，将会被开除军籍，并且被剥夺士兵特权。[1]

[1] *Code*, 12.35.15.1; *Code*, 4.65.35.1; Justinian, *Novel* 116.1.①

---

① 参见《新律》116, 1, http：//uwacadweb.uwyo.edu/blume&justinian/AJCNovels2/Novel%20116%20copy.pdf, 17 – 12 – 2023。

第六章 《法律选编》译注

提要：《法律选编》是拜占庭帝国伊苏里亚王朝编选的一部重要法典，其内容一方面是对《查士丁尼法典》的继承，另一方面是适应时代变迁所做出的调整。对该法典予以分析，有助于探究中期拜占庭帝国历史发展的原因与影响。本章是对该法典的译注，希冀可以为学界提供一份忠实、可靠的中文译本。

序言[①]

《法律选编》是由虔诚睿智的皇帝利奥与君士坦丁编修的一部简明法律节选集，其选自查士丁尼大帝的《法学阶梯》《学说汇纂》《法典》和《新律》，提升了"仁爱"情怀；该法典编修于6234年的3月9日[②]。

以圣父、圣子、圣灵及罗马人虔诚的皇帝利奥与君士坦丁之名。

[①] 该译文以孟菲拉图斯校本为底本，参考了林根绍尔校本和伯格曼校本及弗雷什菲尔德的英文译本（A. G. Monferratus, *Ecloga Leonis et Constantini Cum Appendice*, Athenis: Typis Fratrum Perri, 1889; Cura J. Zepi et P. Zepi, *Jus Graecoromanum*, Vol. 2, ed. by C. E. Zachariae A. Lingenthal, Scientia Aalen, 1962; Herausgegeben Von Ludwig Burgmann, *Ecloga das Gesetzbuch Leons III und Konstantinos V*, Lowenklau-Gesellschaft e. V. Frankfurt am Main, 1983; E. H. Freshfield, *A Manual of Roman Law the Ecloga Published by the Emperors Leo III and Constantine V of Isauria at Constantinople A. D. 726*, Cambridge: Cambridge University Press, 1926）。

[②] 孟菲拉图斯本中对时间的记载为"世界纪年6234年，3月，第9个小纪（ἐν μηνὶ μαρτίῳ ἰδν. θ' ἔτους ἀπο κτίσεως κόσμου ςσλδ）"，学界将其定为726年；林根绍尔本则为"世界纪年6248年，3月，第9个小纪（ἐν μηνὶ μαρτίῳ ἰδν. θ' ἔτους ἀπο κτίσεως κόσμου ςσμή）"，学界则将其定为740年或741年。此外，伦克拉维乌斯的时间为"世界纪年6347年，学界将其定为839年"，但此论并不可靠。

一　文献评注篇

我们的上帝——主和造物主——创造了人，并赋予其自由意志的特权，以启示的形式赐予其律法帮助他，使他知道诸事之中，何可为，何不可为，使他可以选择前者成为救赎的发起者，摒弃后者而避免成为受惩者；谨遵上帝戒律者，将获庇佑；藐视圣戒者，则会因其行受报。关于此事，上帝早已言明。正如《福音书》所言，据行为断人，故上帝圣谕的权威将不会过时。

因此，依上帝良意，将帝国交付于朕。为此，上帝另添随附，要我们向其显示敬畏之爱。于此，正如上帝吩咐十二使徒之首的彼得一样，上帝命令我们照管他最忠实的信徒：我们想不出能比公平、公正照管主交付于我们的信徒的更合意的方式，来感恩于主。因此，从今往后，邪恶的束缚将被打破，不公的违约将被停止，罪人的企图将被粉碎。因此，主以万能之手，用胜利击败我们的敌人，我们的头上才可以被加冕以圆形皇冠，我们的皇位才可以稳固、才更显弥足珍贵和无上荣耀，我们才能尽享和平，我们的国家才能根基稳固。

据此，朕等忙于此类关怀，以不眠之心关注并发现使主满意，益于国家利益之事。我们更喜欢选择正义之神于世间万物，犹如其已赋予天国诸事。因为要反对敌人，正义之神比任何刀剑都更为锋利，借上帝之力，其受到尊敬。此外，众所周知，先帝们所颁法令已载于诸册，但朕等意识到对有些人，其意艰涩；对其他人，则不知所云；对非居于我神佑帝都者尤为如此。故朕等召集最卓越的贵族，刑事推理，最著名的，最显赫的领事官和监察官，还有一些敬畏上帝者，且已下令将所有册本均送入皇宫，并仔细审阅，上至先帝们法令所载诸项内容，下至朕等所颁法令条文。我们认为这是正确的，将一些案件的判决、契约法以及几种犯罪的惩处，进行更为清楚精确的重申，以确定这些圣律效力的基本常识，以便于对有争论的案件做出明确判决，以确保对犯罪者的合理起诉，从而达到抑制并纠正喜欢干坏事人的行为。

朕等劝诫所有已被任命的执法者，命令他们要排除所有人性情感，以一种合理的解释来宣布真正公正的判决，既不鄙视贫者，亦不允许让罪人逃脱惩罚。他们也不能以行公平、公正之辞为虚晃，暗地里却行不公、贪婪之勾当。当两人涉入诉讼,其中一人以迫使另外一人沦为贫者为代价使自己贪婪地获得财富,公平起见,要从前者那里没收等同于后者不公正地丧失的财富返还后者。因为有些人内心深处并不珍爱真理与公正,他们因财富而堕落,因友谊而偏袒,因个人不和而深藏仇恨,因官职升迁而缠扰不休。他们无法做到公平,引用赞美诗中对其生活的描述:"以神之名起誓,你们施行裁决,真合公义吗?所作判决,岂按正直吗?不!在你们心中,怀揣不公,你们在人间推行强暴"①。

正如智者所罗门以寓言的方式谈及关于不公正的衡量与权重的争论时说:"权重或大或小均令主厌恶。"②

对诸类此事,朕等已公开颁布法令:一方面是要警告那些明知对错却歪曲真相者,另一方面亦是为那些渴望有好的判断者准备;与此同时,对那些本身很难或几乎不可能切中要害,在人与人之间给出公平判断者也有裨益。正如西拉之子耶稣所提及的:"不要向主求做大官,也不要向君王求荣位;不要谋求做判官,怕你无力拔除不义。"③

让那些且只让那些富有判断力及理性,清楚地知道何为真正公平,不会感情用事者,在其审判中运用直观感受。因为我们的主基督耶稣,力量与智慧之神,赐予他们更多审判知识及揭露难以发现之事的能力。当所罗门在一场关于儿子争论的审判中,寻求公正,我主使他成为真智者,赐予其成功切中案件要害的特权。

由于妇女所说已无法证实。"他下令此案应交由上天来决定,因此将这起疑案做出了判决。然当生疏的妇女接受命令,毫无感情地将手放于孩子身上时,亲生母亲出于本性,无法接受此案的判决。"④

让那些由我们虔诚的皇帝任命的法官来审理案件,判决争论;让那些由我们虔诚的皇帝委任的人来找出我们庄严法律的真正标尺,所有这些人都要认真思考此事,并将其铭记于心。

---

① *Psalm* LVIII,1–2(《旧约·诗篇》:58:1–2).
② *Proverbs* XI,1,XX,10(《旧约·箴言》:11:1;20:10).
③ *Ecclesiastius* VII 4,6(《德训篇》:7:4,6).
④ *Kings* 1 III,16–28(《旧约·列王纪上》:3:16–28).

因此，朕等将努力维护上帝置于朕等手中的帝国权杖。以此武器兼借上帝的万能之力，我们希望能坚定地抵御我们的仇敌，并用我们的善行，以基督的圣十字起誓，争取让人们的幸福感达到最高。通过这些方式，我们希望帝国的古老司法权将因我们的建立而万古长存。我们的主耶稣基督告诫我们："切莫据表象来断案，要据公正判断是非。"① 审判也不要受回报偏爱的干扰，以阿摩斯书中如是载"为图回报，而不秉公裁决，阻碍谦卑之人的道路"②，且"将义人的义夺去，他们的根必像朽物，他们的花必像灰尘飞腾；因为他们丢弃了耶和华律书"③。

由于，礼物与捐赠蒙蔽了智者的双眼。因此为了及早终止此类不义所得，我们决定将由我们的国库向最负盛名的刑事推事、督监④及受雇于司法机构的其他官员偿付薪金，希望他们不会接受任何人的任何东西，不论谁都可以交由他们审判。希望先知所说之事不会遍布我们中间："他因金钱出卖了公平"⑤，亦希望我们不会因为罪人违犯主的戒律而招致主的愤怒。

一 关于订婚协议的签订与解除

第1条 基督徒的订婚协议因支付定金，并为此签订合同或契约而生效。年满7周岁及以上的子女，经订婚双方当事人同意，并获得双方父母和监护人赞同，那么订婚协议将可被缔结。根据法律规定，只要双方当事人据协议约束自己，便不会被纳入被禁止结婚者的行列。

第2条 如果男方当事人支付了定金，但打算毁约，且未履行订婚协议，那么他的定金将不予退还；如果女方当事人毁约，她要返还双倍多的定金。

---

① *Gospel（John）*Ⅶ, 24（《新约·约翰福音》：7：24）.
② *Amos* Ⅱ, 7（《旧约·阿摩司书》：2：7）.
③ *Isaiah* Ⅴ, 23, 24（《旧约·以赛亚书》：5：23, 24）.
④ "Ἀντιγραφεύς"是一种负责对案件进行审核、监督的官员，参见 Liddell and Scott, *Greek-English Lexicon*, New York: Martino Publishing Mansfield Centre, CT, 2013, p. 77。
⑤ *Amos* Ⅱ, 6（《旧约·阿摩司书》：2：6）.

第3条 如果男方当事人与一个女孩缔结了书面订婚协议，且要毁约，那么男方当事人要据书面协议的条款对女方给予补偿；如果女方当事人达到法定年龄，在未有正当理由的前提下提出毁约，那么订婚的男方当事人也有同样权利获得在书面协议中同意提供给女方补偿的同等补偿，此外，还可获得女方双倍返还的定金。

第4条 如果一个男人与一个女孩订立婚约，不管是因不喜欢，还是临时改变态度，而致使结婚推迟，女孩有义务等他两年；而后女方要向男方要求举办婚娶。如果男方应允，自然好；如果男方拒绝，那么女方有权利与其所倾慕的任何人结婚，且她可以索得订婚协议中规定的任何属于她的东西。

第5条 对于孤儿，不论男女，如果他人为其订了婚约，但后来他们改变了想法，只要年满15周岁，便可解除婚约，因为当其是孤儿时，并不知道什么对自己有利；而在其已达到法定成人的前提下签订的订婚协议，则不可打破，因为他们已达到责任年龄，知道自己在做什么。

二 关于基督徒的结婚协议

第1条 基督徒结婚，男女双方已达到有辨别力的年龄，即男子达到15周岁，女子达到13周岁，双方愿意，并获得双方父母的同意，那么婚约将以书面或口头的形式达成。

第2条 以下这些人的婚约是要被禁止的：他们之间有神圣的救赎洗礼关系，也就是受洗者与他的教女或教女的母亲，受洗者的儿子与教女或教女的母亲；他们之间被认为有血缘关系，也就是父母与子女，兄弟与姐妹，兄弟姐妹的子女，也就是堂兄妹（姐弟），以及他们的子女；他们之间有婚约关系相连者，也就是继父与继女，公公与儿媳，女婿与岳母，兄弟与新娘，也就是兄弟的妻子；同样还有父子与母女，两兄弟与两姐妹。

第3条 在如前所述的人之间也不能订婚。任何人在给一个女人洗礼之后，他不能和她结婚，因为她已经成为他的女儿，他也不能和她的母亲或女儿结婚，他的儿子也不能这样做；因为夫妻关系不能与父亲合并在一起。因为在主的调解下，没有东西能引诱这样一种乱伦关系，并成为将精神联合在一起的婚约的一个障碍。

第 4 条 一份婚约要以书面形式达成协议，提供妻子的嫁妆。根据我们新法令的规定，婚约的制定要有三个可信的证人在场。男方当事人要同意会一直保护并确保妻子的嫁妆不会缩减。在此前提条件下，当然男方当事人可以增加添加额，且要被记录在婚约当中，如果将来没有子女，那么添加额的 1/4 部分要保留在嫁妆之中。在此有两个同等效力的协议规定妻子的嫁妆，另外还有一个协议规定男方给予女方赠与物的规定。婚前赠予女方等同于嫁妆数目的赠礼将不能被男方索回或借取。

第 5 条 如果妻子先于丈夫而亡，且无婚生子女，那么丈夫将获得妻子 1/4 的嫁妆，剩余部分则要给妻子遗嘱中所列受益人，或者若无遗嘱，则由近亲属继承。如果丈夫先于妻子而亡，且无婚生子女，那么妻子所有的嫁妆将归自己，丈夫遗产的 1/4 也归妻子所有，剩余部分遗产则给予丈夫遗嘱中的受益人，若无遗嘱，则归其近亲属所有。

第 6 条 如果丈夫先于妻子而亡，且有婚生子女，那么妻子作为子女们的母亲，可以以一家之主的身份掌管其嫁妆以及其丈夫所有的遗产。她要将丈夫所有物品及遗产仔细清点，以清单的形式制定一个公共记录，包括并未包含在其嫁妆中的财产，如果有任何剩余，她有责任提供令人满意的证据，说明这些剩余是如何让来到丈夫家中，在丈夫去世时又以何种形式组成。子女不得取代其位置，也不得向其索要遗产，而要遵从上帝的旨意，对其完全顺从和尊敬，可以说是上帝选定了她，因为作为母亲，她适合于承担起教育子女，为子女订立婚约，陪送嫁妆的责任，因为她可以做出决断。但是如果他改嫁，那么其子女将可以获得所有遗产及母亲带给父亲的所有嫁妆。她可以获得的份额，是丈夫在其嫁妆中的添加额。

第 7 条 如果妻子先于丈夫而亡，且有婚生子女，作为子女的父亲，丈夫将可以管理妻子所有财产，包括协议之外的财产。他将是家庭和房子的监护人，子女们不得反对他，也不得向其索要母亲的遗产，而要对其完全地尊敬和服从。根据圣经所言："以言以行尊敬你的父母，以使他们的祝福可以降临于你。因为父亲的祝福，巩固子女的家庭，反之母亲的诅咒，拔除其家庭的根基。"① 圣徒保罗也说道："作为子女，要遵主之意听从父母"，且"作为父母，不要惹儿女生气，要遵照主的教训和警诫，养育他们"②。如果父亲再婚，子女还未成年，那么他将保护他们母亲的财产不会减少，当他们成年之后，且要求继承权，那么他要将遗产交予他们。

第 8 条　婚姻中的幸存者，无论丈夫还是妻子，并未缔结第二段婚姻，如果他们解除对其未成年子女的抚养义务，他们将不被允许，而是要保护并为他们安置一个家。正如圣徒所言，一个有子女和孙子女的寡妇首先要做的是照料家庭，在主看来，这才是正道。但是，如果子女们已成年，有自己生活的能力和照顾家庭的能力，父母中的任何一个幸存者希望解除对他们的抚养，他将被授予这样的权利，此外，还可以带走自己的财产，一个孩子获得的份额要根据子女多少来定。

第 9 条　如果任何人因贫穷或灾祸而无法订立一份书面婚约，但双方当事人很诚恳地订立了口头协议，双方同意，并获得双方父母的同意，那么该婚姻将在教会的祈福中或朋友的见证下被认可。如果任何人将一位自由的女人带回家，让其管理家庭事务，并与其同居，那么这将被视为口头婚约。如果以其不能生育子女为借口，而无其他合法理由而将其家中赶走，那么，很自然她将可以保有其财产及丈夫财产的 1/4。

第 10 条　如果一个男人与一个女人缔结了合法婚姻，后来在无子女或继承者的情况下去世，那么，因无子女，她除了可以获得应归于她的四分之一份额，还可从丈夫处获得高达 10 磅的黄金；如果丈夫的黄金多于 10 磅，那么妻子也不能获得更多。多出的部分将给予丈夫的近亲。如果丈夫并无遗嘱，也无近亲，那么多出的部分将交与国家。

第 11 条　未被禁婚者，可以以书面或非书面的形式缔结第二次婚

---

① *Ecclesiasticus* Ⅲ, 1–11（《德训篇》：3：1–11）.
② *Epistle (Ephesians)* Ⅵ, 1, 4（《新约·以弗所书》：6：1, 4）.

姻。如果他们并无子女，那么双方要同意上述所列条款；如果男方缔结第二次婚姻，他不能以任何理由显示其慷慨，将多于相当于一个子女份额的财产给予第一次婚姻中妻子的嫁妆之中。且他要保护它，也在第二任妻子的丈夫死后 12 个月中保护她。在第二任妻子的丈夫去世还未满 12 个月就结婚的，被认为是无耻的。若丈夫去世未满 12 个月就再婚的，该妻子不能从死去丈夫那里获得任何遗产。如果她超过了上述所定时间，那么她将可以获得自己的嫁妆，以及前任丈夫给予她的增添物。同样的道理，如果丈夫在妻子死后不足 12 个月结婚，那么他也不能获得妻子的任何遗产。如果他们有子女，且未成年，那么丈夫要保护他们的财产直到其成年，当他们达到成年，将获得其母亲留下的遗产；如果丈夫与第二任妻子生有孩子，且丈夫去世了，那么两个妻子所生的孩子将有同等继承其父亲财产的权利。反过来，母亲也是如此。

第 12 条　如果女人要缔结第二次婚约，且在第一次婚姻中有子女，那么在缔结第二次婚约之前，她要对子女提出获得托管权，然后再订立婚约。如果她没有这样做，那么她的财产及第二任丈夫的财产将有责任满足子女们对其父母合法财产的要求。

第 13 条　智慧的造物主及所有人类的创造者教导我们，婚约将那些生活在一起、敬畏主者连接在一起，不能被拆散。造物主以自存之物创造未存之物，正如他所做的那样，他并未以创造男人的方式那样创造女人，而是取自男人，因此，他以妙不可言的智慧下令通过无法分割的婚姻将两个人统一为一个肉身。当妻子受到大毒蛇的引诱，说服丈夫尝食禁果，与丈夫违反神的旨意时，神并没有将其分离。神对其罪过进行了惩处，但并未打破他们的婚姻关系。此法令被主重申，当法赛利人问主"一个男人以任何理由抛弃妻子，这合法吗？"主回答道："这些人通过主结合在一起，不能分离，除非因通奸。"我们将追随主的足迹并遵从主的旨意，不再规定其他或更多。但是我们将其计入人间现有法律中，因为虽然据现有法律这些人以婚姻的形式结合，但还是能被分离，因为很多人习惯于堕落的生活方式，他们不能快乐地一起生活，以许多借口离婚。

第 14 条　如果妻子有如下行为,丈夫可以休妻:如果妻子与人通奸;如果妻子以任何方式谋害亲夫,或者作为帮凶,且未告知他;如果妻子是一个麻风病患者。

第 15 条　如果丈夫有如下行为,一个妻子也能离开丈夫。婚约缔结已满三年,但男方不能与妻子完成婚嫁;如果丈夫以任何方式谋害妻子性命,或作为帮凶且未告知她,如果他是一个麻风病患者。但如果在婚前或婚后,配偶精神失常,在此情况下,他们不能分开。希望通过这些众所周知的理由,婚姻不会被打破,因为正如《德训篇》中所言:"由神结合在一起的人将不会分离。"

三　关于未偿付的协议嫁妆和关于嫁妆的法律规定

第 1 条　如果一个男人以书面或口头的形式同意接纳嫁妆,且并未获得,如果结婚时他达 25 岁及以上,女方的父母有能力履行他们的契约,那么他将有 5 年多的时间收回嫁妆;如果他没这样做,且并未获得偿金,那么他有责任给予女孩其在契约中同意接收的嫁妆。如果结婚时,他未满 25 岁,那么在达到 25 岁后,他将有 5 年时间收回所应有的嫁妆;逾期而未能采取行动收回者,如前所述,他将有责任给予女孩相应嫁妆。

第 2 条　如果妻子为其丈夫带来嫁妆,且丈夫或遭受了损失,或欠了国家或私人的债务,而后去世了,那么在偿清妻子的嫁妆之前,国家和个人都不能进入其房屋获取任何东西,在偿清妻子的嫁妆后,剩下的部分才可以在债权人之间按比例分割。

四　关于简单赠予

第 1 条　如果捐赠者达到法定年龄,在有 5 个或 3 个目击证人在场的情况下,将自己的财产以口头的形式赠送给受赠人,那么该赠予有效。在居民区要找到 5 个证人,在无人居住区要找到 3 个目击证人。

— 文献评注篇

第2条　如果一个捐赠者达到法定年龄，在如前所述的3个或5个证人在场的情况下，宣布并签署了制定的赠予协议，那么该赠予有效。

第3条　如果一个捐赠者打算赠予受赠者一个礼物，但是希望该赠送在赠与者去世后才生效，那么该赠与要在5个或3个目击证人在场的情况下，制定书面协议。

第4条　如果捐赠者知道大限将至，做出了死后赠予的决定，那么该赠予也应该在如前所述的3—5个证人在场的情况下，制定书面协议。

第5条　如果遗赠者并未在遗嘱中说明会撤回或取回遗赠物，那么遗赠者将无权取回，除非协议中有所表述，且遗赠者亲笔签字。

第6条　若因以下理由，赠与将被废除：若受赠者是一个忘恩负义的人，或对赠与者粗暴无礼，或对其进行殴打，或对其极为仇视，或力图置其于死地等诸如此类。在这些情况下，无论是书面，还是口头赠与，都将无效，如被证明犯有其中任何一条，如前所述，该赠与将被废除。

五　关于无遗嘱能力人

第1条　下列人员为无遗嘱能力人：精神错乱者、未成年人：15岁以下男性和13岁以下女性、疯子、战俘，除了财产，处于服从地位者、在父母的监管之下者不能以嫁妆的方式处理其财产、先天聋哑者；尽管由于疾病而虚弱，但是能读能写，只要能亲笔书写，就可以订立遗嘱。

第2条　一份书面遗嘱，要由立遗嘱者以立遗嘱的目的，召集7位证人，并在证人面前制定完成，同时还要签字盖章；立遗嘱者务必要检查遗嘱继承者的名字是否书写清楚，不论是其亲笔，还是有能力文书代笔；他没有责任将遗嘱的内容透露给证人，即使他们要求他这样做。

第3条　一个口头遗嘱也是有效的，如果立遗嘱者召集了7位证人，并制定了口头遗嘱。

第4条　如果立遗嘱者一个地方制定了书面或口头遗嘱，但无法找到 7 个证人，那么即使只有 3—5 个证人，该遗嘱也生效。但是若不足 3 个证人，该遗嘱将无效。

第 5 条 当父母按照前述合法方式制定了一份遗嘱，但遗嘱中并未提及其子女，或其中的某一个，那么法官的陪审推事①将会进行调查，如果他们发现子女们经常奚落或不公地对待父母，那么父母的遗嘱将有效；如果遗嘱制定后，有子女降生，那么履行职责的子女将获得其遗产，且新生儿也将与其兄弟一起分享遗产。

第 6 条 如果父母有一个儿子，但儿子不公地对待他们，且在其年老时忽视他们，而某个陌生者到来，并照顾他们，如果他们希望以立遗嘱的方式让该陌生人成为其遗嘱继承者，以显示对其善心的报答，那么他们的遗嘱将有效。

第 7 条 处于书面或口头遗嘱中的每一个继承者，若妨碍或延迟偿付遗嘱中规定的款项超过一年，且他是立遗嘱者的儿子或孙子，那么他将会只获得其合法份额，而无其他；若至多 4 个子女，合法份额将占遗产的 1/3，若有 5 个及以上，则占 1/2。如果他属于其他亲戚，那么他将丧失立遗嘱者财产的所有权益，其同辈将获得该权益；如果遗嘱继承者是一个陌生人，且并未偿付遗嘱所规定款项，那么遗产的管理权将给予另外一个人。

第 8 条 任何人在战争或旅途中受伤濒死，且希望立一份遗嘱，但是既无法找到一名律师，也找不到其他有文化的人，那么他可以在 7 个、5 个或 3 个见证人面前立口头遗嘱，如果只能找到两个证人，其证词也将被法庭接受。

六 关于无遗嘱继承者和遗产受赠者及因不体面行为而丧失继承权者

第 1 条 如果一个人去世时未留遗嘱，那么子女和其死时指定的人

---

① "Ἀκροατής" 本意为倾听者，此处主要是协助法官处理法律事务的人员，此处译为陪审推事，参见 Liddell and Scott, *Greek-English Lexicon*, p. 30。

将继承其遗产；如果已故者的子女或指定者尚存，即使他的父母乃至祖父母均健在，他们也不能继承其遗产。

第2条 如果已故者父母及祖父母健在，而无子女或指定者，那么其最近的亲属将继承遗产。

第3条 如果一个儿子或女儿去世时无子女，且在其父母有生之年也未立遗嘱，而且他还有同父母的兄弟姐妹，那么继承权将给予其父母，其兄弟姐妹将无权继承；但是如果无父母，只有祖父母，那么其遗产将由其祖父母和其同父母的兄弟姐妹分割。

第4条 如果已故者既无祖父，也无祖母，也无同父母的兄弟姐妹，那么父母中一方的兄弟将有权继承。

第5条 如果父母无兄弟，只有亲属，那么其最近的亲属将获得继承权。

第6条 如果并无亲属，而死者有妻子，那么妻子将可以继承其一半的遗产，另一半则交与国家；如果死者并无妻子，那么在无遗嘱的前提下，其遗产将归国家所有。

第7条 如果遗嘱人明确要将遗产赠送，那么受赠者将获得遗产，遗嘱继承人将不能以任何理由处理遗产，而要将遗产交给受赠人。

第8条 当继承者已经明确遗产的数量，知道益于其发展的数目及债务数目，那么他要在可信的证人面前制作一份遗产清单，并宣布遗产总额。债权人首先有权收回所欠债务，剩余部分则归继承者所有。

第9条 但是如果他鲁莽且轻率地接管遗产，且只偿还了部分债务，那么由于其没有探知正规遗产中债务的数目，他将有责任偿还剩余部分。

第10条 如果巨额债务不断累积，且继承者并不知道，那么他将在证人面前发誓证明自己所得遗产数额，而后将遗产与债权人分割，债权人不能再向其要求更多。

第11条 如果一个继承者或一个遗产受赠者隐瞒了遗产，且之后被发现于其财产中，那么继承者将失去继承权，受赠者将失去受赠遗产。

第 12 条 如果一个人去世时，既未留下书面遗嘱，也未有证人在场，由其一位继承者处理，但有其他人宣称该遗产已为死者赠予自己，但无法通过证人或其他方式证明自己，那么法庭的决定将支持继承者。

第 13 条 有下列情形的子女将因忘恩负义而丧失合法继承权：殴打父母者、残酷折磨父母者、诽谤父母者、频繁与巫士来往者、巫士、以任何方式谋害父母性命者、与继母或父亲的情妇通奸者、父母被捕入狱，儿子并未对其呼救迅速做出回应者、忤逆父母意愿过一种邪恶生活的女儿、父母疯癫，并未对其担负照顾义务者。

七 关于受托人和监护人

第 1 条 如果父母去世时将遗产留给未成年子女，且以书面或口头的形式为其指定了监护人，那么该遗嘱将有效；如果他们没有这样做，教会将有监护权，在我们这座神佑之城，孤儿院，其他的施恩院及教堂将担此责任。在行省的主教辖区，修道院及教堂将担起照顾未成年继承者的责任，直到其成年并结婚。如果他们拒不结婚，施恩院、修道院及教堂将继续负责照管这些遗产，直至继承者年满 20 周岁，他们务必要将遗产交与继承者。最重要的是，如果监护人要么极力将其责任推卸给其他人，要么耗尽继承者的遗产，要么给出理由进行抱怨，这些都会使上帝不悦。当然，施恩院、上帝的教堂以及对客人热情欢迎的他人财产的受托人，据上帝圣言，他们应该对保护孤儿的遗产做了更为充分准备，且会在恰当时间将遗产送还他们。

八 关于自由与沦为奴隶

第 1 条 一个奴隶，当他被主人在教堂或当着 5 个朋友的面公开被释放，那么他将获得自由，如果找不到 5 个，可以找 3 个，他们要在其所知事实的公共备案材料上签署自己的名字。或者主人通过一封信在 5 个或 3 个证人在场的情况下签署名字。自由还可以以书面遗嘱的形式被授予。

第2条　当一个奴隶，经死者遗嘱或继承者的同意，头戴丧帽并参与死者的葬礼，那么他也将可以被授予自由。

第3条　如果主人让他的奴隶与一个自由人结婚，那么该奴隶将获得自由。

第4条　如果奴隶的主人或女主人，抑或经父母同意的子女，成为其神圣且救赎洗礼的教父（母），那么，该奴隶将获得自由；如果一个奴隶在其主人知晓或同意的情况下成为一名牧师或修士，那么如前所述，他将即刻获得主人给予的自由。

第5条　一个已经获得自由的奴隶，如果再次沦为奴隶，他可以向神圣的教会求助，在向相关官员证明其被释放这一事实之后，那么他将重获自由。

第6条　如果一个自由人沦为战俘，且被他人从敌人那里赎回，救赎者可将被赎者带至家中，如果被赎者可以偿付赎金，那么他将可以获得自由；否则，救赎者可以将被赎者雇佣为仆人留至家中，直到其还清赎金为止。且偿还给救赎者的数额都会在证人在场的情况下进行年度核算，并获得双方同意。

第7条　被释者，即使他们已经成为国家公职人员，如果犯有以下任意一个过错，都将会被法官宣判恢复奴隶身份：反对给予其自由的人，或反对其子女。如果因愤恨而殴打、侮辱他们，或因固执，抑或其他原因，或因琐碎小事，而冒犯伤害或密谋反对他们。

第8条　如果一个奴隶沦为了敌人的战俘，且在为了保卫国家反击敌人而表现出英勇行为，他即可被释放；如果没有表现出这样的英勇，那么他将以同样奴隶的身份再服役5年，在那之前，不能释放。

第9条　如果一个奴隶自愿投敌，后又后悔并返回，那么由于他的自愿投敌而将终身为奴。

九　关于书面或口头协议

第1条　一份协议，无论是用于出售，还是购买，抑或是定价，在双方当事人诚心协商的前提下，可以达成。因此，一旦买卖的价格确定，那么双方当事人的任何一方均不能因改变想法而取消销售。在协议签订之前，双方当事人要将买卖物品进行调查是理所当然的，关于此，双方当事人可被允许。但是，很自然，如果买卖完成后，卖家发现其所购买之物为一个自由人或疯子，那么，买者将要退货。

第2条 如果协议中有关于缴纳定金的条款，且由于缴纳定金的买家疏忽未能履行协议，那么定金将归于卖家；但如果是因卖家的倔强，那么定金及其后补加份额要还给买家。

十 关于书面或口头借贷协议及抵押

第1条 如果任何人或以书面形式，或以口头形式向他人借取金钱、银子或其他类此之物，那么根据双方当事人达成的协议条款，出借方将会收回其所应有部分；借用方不得为了变更或减少债务而编造任何非法辩护，如海上失事，或其他类似借口。如果借用方为了借贷而给予出借方抵押，只要借款偿还，则他便可收回自己的抵押品；抵押品的持有者不能以任何轻浮的辩护拒绝返还给借用方，如他已经丢失了抵押品，或以任何其他类似的理由；当然，除非他能证明，由于灾祸，抵押品与其自己的财物都损失了，最终法庭将做出裁决。

第2条 如果任何人将金钱借给他人，且借用方并未在指定的日子偿还债务，期限已过后，出借方将可以提出归还要求，且如果在要求并抗议2至3次之后，借用方既未做出赔偿，亦未偿还债务，那么持有抵押品的出借方将有权力公开对抵押品进行评估，并以书面形式记录在公共登记簿上，然后将其出售，收益将用于偿还自己，当然若有任何剩余，将交与借用方。如果此销售，并未偿还其所有借给借用方的债务，那么他可以要求借用方结算剩余部分。

第3条 如果出借方获得抵押品，而后又逮捕了借用方的孩子，并出租他们外出做苦力，那么债务将作废，孩子将被释放，出借方要以债务的总量及其增值部分对抓捕的孩子及其父母进行补偿。

第 4 条　如果借用方已婚，且无法偿还借款，那么他的妻子将没有义务用其嫁妆偿还贷款，除非她与丈夫缔结了有偿还债务责任的协议。

第 5 条　一份合伙契约将可以以下方式制定：两个人或以上组成，他们分别向一个资本基金捐献或一样，或较小份额的资金；抑或，两个或以上组成，他们共同出工出力。如果获利，除去用于每个参与者的个人花费，剩余部分则要按照他们捐献比例进行分割；如果有亏损，那么每个参与者都要承担填补亏损之责，承担的多少，要根据入股的份额多少决定。

十一　关于寄存①

第 1 条　任何人因某个原因或因担心而将财物交与另外一个人保管。如果发生这样的情况：受托者否认自己接受过其财物，并被证明撒了谎，那么他要返还给寄托者双倍。但是如果由于灾祸，或被烧毁，或被偷窃，寄托者的财物和受托者的财物都受损，那么，对财物的损失，法官将免除受托者的责任，因为该损失并非故意为之。

十二　关于不动产的占有与书面协议

第 1 条　不动产持续性永租权的生效要基于双方达成协议一年，恪守协议规定，并执行契约相关内容。任何代办、公仆或其他军事人员，如果发现其以任何方式做了任何对其主人的财产不利的行为，那么其服役将被终止，协议也将无效。

第 2 条　如果有永佃权的承租者每年能按时缴纳租金，且尽力完成其义务，对不动产进行悉心照料和维修，那么其租佃权不仅不会被剥夺，而且可以将其传给继承人。他可以以嫁妆，或者转让，抑或出售的方式安排它。在出售过程中，不动产的主人有优先购买权。如果主人不

---

① 这一部分主要选自查士丁尼的《法学阶梯》，第 3 卷，第 14 章，第 3 条。

愿意购买，那么在告示贴出两个月后，承租人可以将租赁权出售给任何健全之人，且他们也依附于土地。如果继任的承租者是合适人选，那么主人要将永租权以书面形式授予他。如果承租者未能遵从这些条款，他将丧失租赁权。

第3条 如果永租地是一个修道院，三年未获得租金，且不动产被恶劣地对待，那么主人有权收回不动产的永佃权，当然还有所欠租金。另外，在其他的一些租地，承租者三年未交租金，且疏忽管理，其永租权也将被收回。

第4条 皇城最神圣的教堂及其宗教房舍、孤儿院、贫民居及济贫院的不动产禁止转卖，除非其被毁，且只能转让给皇宫。行省的神圣教堂和修道院的房舍及皇城修道院的房舍被允许签订永佃协议。

第5条 由教会或皇室抑或任何其他人订立的协议将建立于每年规定的条款之上，根据如前所述的条款，在连续世代中至多有三个人可以以遗嘱或无遗嘱继承。协议的开头要规定：利益的1/6将要上缴；三个继承人中的最后一位，不能强求对永佃权的书面契约进行续约，因为租赁权不能以此方式而被永久延伸。

第6条 以下人员不得获得长期占有或登记权：皇帝的代办，神圣皇室的代办，律师，同类的官员及其亲属，甚至不能为他人干涉；行政长官和士兵不能成为永租协议或租赁协议的当事人；士兵也不能成为有此目的协议的当事人，也不能因承担其民事义务而陷入难堪境地；士兵不能成为当事人，不能协助或参与家中或他人事务，因为他们唯一要做的事是保护国家免受敌人侵害。

十三 关于租赁契约

第1条 不论是书面的，还是口头的，租赁契约是建立在指定年限上的一种契约，不能超过29年。就国家或皇室或修道院而言，他们可以以接受或承担责任的方式获得财产、庄园、土地及小地产的租赁。且根据协议条款，就出租者而言，及就承租者而言的接受，每年承租者要向出租者缴纳租金。一年当中，出租者和承租者不能撤销租赁协议，除非有关于此目的的指定合同。

十四　哪些人可以成为目击证人

第 1 条　尊贵者或军事统帅或职业军人将有能力担任目击者。如果目击者是无知的或有争议的，那么法官将会对其进行核实，并通过盘问方式探知其证据的真实性。

第 2 条　从元老院被罢黜，且没有被复原者，由于这一可耻行为，将不能担任法官和证人。

第 3 条　一个奴隶断然不能将其主人召唤至在公堂之上，这一规则将被广泛遵从。不过理由要明确，且已被法律规定下来。在公堂之上，如有以下情况，奴隶有权被听诉对其主人的指控。例如，如果主人藏匿了一份已授予奴隶自由的遗嘱；或他们试图损害罗马帝国；或他们删除或篡改人口数量；或当时奴隶已经用钱赎回了自由，但主人并没有将其释放；或要求其释放奴隶，而主人并未执行。

第 4 条　父母和孩子不能互相作为目击者控诉对方。

第 5 条　奴隶或被释奴不能成为目击者，亦不能控告主人。

第 6 条　没有人可以被强迫呈现目击者控告自己。

第 7 条　被传唤至庭前提交证据的证人，其递交的所知证据会在未宣誓的情形下被审查 2 至 3 次。且如果发现它们与被审查事件有任何关系，则要被要求进行宣誓。

第 8 条　如果证人生活的地方距法庭较远，那么他们不是要必须出现在公堂之上，但是在调查委员会被派往之前，要将其证据递交。

第 9 条　如果一个原告要求一位证人支持他的诉讼，且另外一个人在另一个诉讼中又要求该证人指控该原告，那么该证人将会被取消资格。如果这种情形出现，或者一个冤案将出现，或者由于证人获得礼物或承诺，才会颠倒无常。

第 10 条　由于争端而诉诸公共法庭的原告，在陈述完其案件后，并未服从判决，而是希望向另外一个法庭提起诉讼，那么他可以请求出庭第一次审判的证人到庭，且他们将出庭。如果以此方式被召集，但去世了，那么第一次递交的证据将被允许作为宣誓声明。赢得该案件的上诉者将成为终审判决。但是如果法庭的判决反对他，且很明显其对手（被告）被错误地判罪，那么很自然，同意一次审判的二次审判员的判决将是无可厚非的。如果在双方当事人之间并未做出判决，那么法官可以决定，或将原告判罪，或无罪释放。

第 11 条　提供传闻证据的证人的证据：某人因另外一个人欠债或摆脱债务。这样的证据不能被接受，即使该证据经公证人证实。

第 12 条　在宣誓的证词中，公证人的证据将不能被采用，即如果债务方有文化，且有能力签订合同，而并未亲手签订。

第 13 条　刑事案件，要有 5 位证人出席听证。

第 14 条　无论证人的数量有多少，出庭作证者不能超过四个，每次传唤持续一天。如果第四个证人被召集且离去，那么被召集的证人要递交证据，法官不能传唤另外一名证人，但是其他证人的证据要被保留。

第 15 条　任何人在一份债务合同中否认自己的签字，或任何人亲手起草了合同内容，当关于债务的数量有争论，导致不断有债务人不得不诉诸法律时，一旦查出事情属实，则依据法律判处其赔偿相当于债务两倍的罚金。

第 16 条　证人在提供的证据前，必须宣誓，且特别地位较高者更是首选。如果一位证人恰好是一位元老（Councillor），那么只有他可以不进行举证。①

十五　关于契约的解除

第 1 条　一份契约以书面形式有三个证人证实有效的情况下可以被解除。

---

① *Code*, 20. 9.

第 2 条　如果一个未成年人解除了一份契约，且由于其年幼而被欺骗，或在某种程度上受到伤害，但他达到 25 周岁，且发现受到损害，他可以将此事诉诸法庭，并陈述所受损害。如果其被证明确实受到伤害，那么法庭将保护他；但如果不能，则该解除契约依然有效。

第 3 条　任何人已达到 25 周岁以上，受他人以言语或行为胁迫，由于害怕而同意解除契约，如果这一事实能在法官面前证实，那么该解除契约无效，整个事件将会被从头调查。

十六　关于士兵的私产、武器和薪水；关于神职人员和修士

第 1 条　一位仍旧处于父母或祖父母权力之下的士兵，其来自服役期间所得财产，可以据其意愿进行处置，即使其处于驻守期间，同照此律①。但要明确的是，其订立遗嘱要与之前所述一致。若其遗产被以遗嘱的形式处理，那么，其继承者们就不能再要求以获得法定继承权，该士兵可以以遗嘱的形式放弃或全权处理其遗产。该士兵父母去世后，士兵的财产不能被归为祖辈遗产处理，而是要将其分离，承认其为士兵的私产。

第 2 条　如果父母去世，兄弟之中，有一个在军队中服兵役，其他弟兄在家，且他们达成一致，即他们将共同分享财产。但是父母死后，他们生活在一起有 10 年时间，如果没有达成协议，且后来一个已入伍服兵役，那么他们要对其共有所得进行分割，不管是来自服兵役的酬劳，还是家中共同赢利，抑或待在家中的某个兄弟或几个兄弟劳力所得。如果他们生活在一起十有三年，那么财产分配要如下进行：士兵可以获得其战马、马鞍、马勒、盔甲及胸甲（如果他有这些）。剩下的财产将会在兄弟间分割。如果他们生活在一起超过 13 年，似乎该士兵从他的薪酬中已经积攒了一些积蓄，他将继续保存并为其所有；且据上天

---

① 这一特权在哈德良时期被进一步扩大（*Institutes*, 2.2.3）。

旨意，士兵从参军始所得积蓄将也属于其独有，并受保护，以防贪婪者和贪心者占有。

第3条　对于修士或哈图拉里（Chartularii）及其他此类为国家服务且处于家长权力之下者，如果其父母去世时，希望将私产给予他们，他们可以以遗嘱的形式进行。但是如果他们并未对此问题留有遗言就去世，且国家服役者的共同继承者声明不同意服役者继承私产的数目，那么，要对财产的数额（已经被包括进父亲的遗产中）进行评估，在服役者获得相应偿金后，剩下的在继承者之间分割；但是，当然如果国家服役者给予其父母遗产的数目已经被扣除，且偿付给他，如前所述，继承者们不得对扣除和偿付的私产有异议。

第4条　对于其他国家服役人员，例如领取帝国薪水和酬金者，也就是说，他们拥有高贵的地位，从帝国国库领取薪水或从国家领取抚恤金，所有这些人（除了士兵可以自由处置其军功私产），如果他有四个孩子，他要遗赠给他们合法的继承份额，也就是私产的1/3；有五个孩子或更多孩子的，要遗赠其一半；如果无子女，但父母还健在，要遗赠给父母1/3，剩下的部分，他可以自由处理。

第5条　民事私产属于这些人：他在父母权力之下，财产构成来自父母赠予或积累，因为其孝顺和恭敬。这些财产被认为是父母的财产。父母死后，这些财产要被计入父母剩余遗产中，然后作为遗产的一部分进行分割。另外，那些人的财产和物品，如果这些财产和物品属于其父，父亲将它们委托给他，那么这些财产也被认为是父亲的财产，要被计入父亲的剩余财产中。关于母方的遗产，如果这些遗产是通过子女劳动力所得或以遗产形式取得，就不能以遗嘱形式进行处理。但是父母只有使用权，并要为其子女保存，由他们进行处理。

十七　违法与惩处

第1条　任何人不得将在教堂中寻求庇护的人强行抓捕。对逃亡者的指控证据要呈交于牧师，且牧师要获得担保；对逃亡者的指控将会被

◆ 一 文献评注篇

审判，且会被依法审理。如若任何人想要强迫将一个逃亡者从教堂带走，不论其身处何阶层，均处 12 鞭刑；而后，逃亡者的罪责将以正确的方式进行审理。

第 2 条 任何原告如若在法律询查过程中受对手强迫而提供证词，并在上帝《圣经》面前起誓，之后被发现是伪证，其要被处以割舌之刑。

第 3 条 任何人如果密谋或公开反对皇帝，抑或与他人串谋反对皇帝，或基督徒国家，将其即刻处死是恰当之举，因为其目的是要毁灭整个共同体。但是为了预防审判者因对某人有怨恨，而将被控告者处以死刑，而后又以被控告者诋毁皇帝之名为自己辩解，权宜之计是将被控告者羁押于安全之地。对其控诉，则要将其带到皇帝面前由皇帝亲自审问，由皇帝对其量刑。

第 4 条 任何人如若在教堂，抑或在礼拜仪式中擅自拍打牧师，要被处以鞭刑和放逐之刑。

第 5 条 任何人如若与他人有纠纷，且并未向法官申诉，而是肆意妄为、不拘礼法，施暴于与其争吵者，并将争夺物归为己有，即使他宣称自己符合法理，但要将其所占之物收回，而给予另一方；如若他所占之物属于其他人，他要被大法官处以鞭刑，因为他已经成为一个罪犯和歹徒；之后其所侵占之物将物归原主。

第 6 条 那些落入敌手并宣布放弃无可指责的基督教信仰的人，如若其返回故里，要将其从共同体和教会中流放。

第 7 条 任何人如若租用马匹前往一个指定目的地，但其牵马或送马均超越了指定地，很自然他要向马主赔偿损伤费或死亡偿金。

第 8 条 任何人保管（扣押）他人之牛，且使其饥饿致死，或因其他方式致死，那么他要被处以双倍赔偿金①。

第 9 条 如果公羊与公牛相斗，公羊首先袭击且被杀死，那么杀死公羊的公牛的主人将不会被传上公堂；但是如果公羊并未袭击而被杀

---

① *Institutes*, 4. 3. 16.

死,那么公牛的主人要被传上公堂,或者向公羊的主人赔偿一个活的公羊;或者向公羊的主人赔偿其所遭受损失同等的偿金。

第10条 任何人,或在军帐,或在行军途中偷盗武器,将被处以鞭刑;如若所盗之物是一匹马,则要处以砍手之刑。

第11条 任何人在帝国任何其他地方行窃,如若他是一个自由人且富有,亦是初犯,他要向被偷者提供赔偿,偿金要等同于所偷之物的价值;如若他是一个贫穷者,他要被处以鞭刑,并被流放。对于第二次犯罪,则要处以砍手之刑。

第12条 对于一个盗窃奴隶的主人而言,如若他想保留奴隶,那么他要对奴隶所盗之人进行赔偿。如若他不愿意保留该奴隶,那么该奴隶将被交予被偷者而遭受永久奴役。

第13条 任何人偷窃他人的一群牛,初犯者,处于鞭刑;第二次者,处以流放;第三次者,处于砍手之刑;要理解的是,此处的被偷的这些牛群是同一个牛群且属一个所有者所有。

第14条 盗墓者要处于砍手之刑。

第15条 任何人无论白天还是晚上进入教堂的圣堂,盗窃本属牧师的任何物品,将处以刺瞎双眼之刑。任何人从教堂中偷盗物品,而非圣堂,作为一个亵渎者,他将被处以鞭刑,再将其削发后流放。

第16条 任何人抓捕一个自由人并将其卖为奴隶,他要被处以砍手之刑。

第17条 任何人诱拐、偷盗或隐藏他人的奴隶,他要对此做出赔偿,送还奴隶,而且要向主人赠送一个奴隶或与奴隶等价的赔偿金。

第18条 伪造货币者将处以砍手之刑。

第19条 一个已婚男士犯有通奸罪,他将被处以12鞭刑以纠其过;且不论富贫均要交罚金。

第20条 一个未婚男子犯有私通罪,他将被处以6鞭刑。

第21条 如果一个已婚男子与妻子的侍女交往,并发生关系,那么该侍女要被带至地方法官面前,为了帝国,她要被卖为奴役,所得售金为帝国所用。

一 文献评注篇

第 22 条 任何人与他人的仆人发生关系，如若他是富有者，要向仆人的主人偿付 30 诺米斯马的罚金；如果他是贫穷者，他要被处以鞭刑，且要尽其所能偿付与 30 诺米斯马成比例的罚金。

第 23 条 一个人与一个修女发生关系，他正在使上帝的教会堕落，因为他与本属教会的她犯了邪恶的通奸罪，故他要被处以割鼻之刑；至于修女就必须谨慎了，以免同样的惩罚附加于她。

第 24 条 任何人在任何地方如若强行将一个修女或任何一个处女带走，若如将其玷污，要处以割鼻之刑。强奸的帮凶要处以放逐之刑①。

第 25 条 任何人如若想要与其救赎洗礼的教女结婚，还未结婚，便已与其发生关系，且其罪过被发现，那么在将其流放后，还要以同其他通奸罪同罪论处，也就是说，男女双方都要处以割鼻之刑。

第 26 条 如果任何人被发现对其继女做同样的事情，他要被处以割鼻之刑，及严厉的鞭刑。

第 27 条 一个男人在掩护下与一名女子犯了通奸之罪，他要被处以割鼻之刑，女子亦同罪论处；自此以后，她就成为一个娼妓，与丈夫分离，失去子女，因为她漠视上帝教导我们的圣言：上帝造人时男人与妻子是一体的。在实行割鼻之刑之后，淫妇只能带走其带入丈夫家中时的东西。尽管奸夫被处以割鼻之刑，但他将不会与妻子分离。通奸罪的起始将会被仔细询问，且法庭会对通奸的指控者进行审问；如果指控者是父亲、丈夫、母亲、兄弟或诸如此类，就这一层面看，指控是更为可信。如果指控者是陌生人，那么指控者必须满足关于其为合法公民身份的要求，且其证据要被检测；如果他们证明了通奸罪成立，那么奸夫淫妇将会被处以割鼻之刑；如果他们无法证明，但已进行了恶意指控，那么他们将被以诽谤罪论处。

第 28 条 如果丈夫明知妻子通奸，且宽恕了妻子的通奸行为，那么他要被处以鞭刑和流放之刑，奸夫淫妇要被处以割鼻之刑。

---

① *Institutes*, 4. 18. 8.

第29条　任何人，引诱处女，获得她的同意，但未获得其父母的同意，且之后被他们所知，如果引诱者愿意与该女孩成婚，并获得父母同意，那么该婚姻将生效。但是如果引诱者不愿意与该女孩成婚，且他是一个富有者，那么他要给予被引诱女孩一磅重的黄金。如果他是一个穷者，他要将财产的一半给予女孩。但如果他没有财产，且无法支付罚金，那么他要被处以鞭刑、削发及流放之刑。

第30条　任何人如若强行房获一个女孩并将其玷污，那么他要被处以割鼻之刑。

第31条　任何人如若玷污一个青春期前的女孩，也就是未满13周岁，那么他要被处以割鼻之刑，且其一般的财产要归被引诱女孩所用。

第32条　任何人如若玷污一个有婚约的女孩，即使获得她的同意，他也要被处以割鼻之刑。

第33条　对犯有乱伦之罪者：如若是父母与子女，子女与父母，兄弟与姐妹，均要处以剑刑；如若是其他关系者之间，如父亲与儿媳，儿子与继母，岳父与儿媳，兄弟与兄弟之妻，叔叔与侄女，侄子与姑母，均要处割鼻之刑；同样一个人如若与两姐妹且甚至堂姐妹发生关系，以同罪论处。

第34条　一个男子明知却与一对母女发生关系者，处以割鼻之刑；反过来，如果一个女人明知，却与一对父子发生关系者，同罪论处。

第35条　一个男人有两个妻子，他将被处以鞭刑，第二个入门的妻子连同其所生子女将被驱逐。

第36条　一个女人与他人发生关系，并怀孕，如若她试图使自己流产，她将被处以鞭刑和流放之刑。

第37条　从现在起，如果堂兄弟姐妹与他们子女订立婚约，父子与母女订立婚约，两兄弟与两姐妹订立婚约，在将其分开后，处以鞭刑。

第38条　这些人不论是主动还是被动犯有违背自然的罪行，将处以剑刑；如果他属于被动犯罪，且发现时未满12周岁，基于其年幼无知而犯的罪过将予以赦免。

一 文献评注篇

第39条 如果某些人犯有"兽奸罪",其将被处以宫刑。

第40条 任何人在他人林地纵火或砍伐树木,要赔偿双倍罚金。

第41条 这些人恶意或为了劫掠而在城中纵火,将被处以火刑;如果他们并未在城中,而是或者在乡间,或者在田地,抑或在乡间住户故意纵火,将被处以剑刑;如果任何人想要燃烧自己地里的麦茬或蓟草,并将其点燃,但火势超过了自己的地界,并将他人的田地或藤本作物烧毁,那么此时要禀告法官;如果是因无知或粗心而导致火势蔓延,那么纵火者要赔偿受损者相应损失;如果日间一场大风吹向点燃的火苗,且并未做防备来阻止火势的蔓延,那么纵火者将因无为和疏忽而被据法定罪;但是如果各种预防已经被做,一场暴风突然刮起,结果火势蔓延殃及他人,那么纵火者将不会被据法定罪;如果这样的事发生,即一个人的房子和财物被烧毁,且燃烧的大火殃及邻居的房屋,他也不会被定罪,因为该火灾的发生并不是蓄意而为。

第42条 如果任何人,不论自由人还是奴隶,被证明不论以任何借口给予他人一剂药,妻子给丈夫或丈夫给妻子,或仆人给主人,结果这样的行为导致服用者患痢疾,并死亡,那么犯罪者将被处以剑刑。

第43条 江湖巫士和投毒者以祈求恶魔之术蒙骗他人者,将处以剑刑。

第44条 咒符的销售者如果使他人相信,他们可以通过卑鄙贪婪的手段获得财富,那么他们的财产要被没收,并被处以放逐之刑。

第45条 任何人如果犯有故意杀人罪,不论年龄,均处以剑刑。

第46条 任何人如果其以剑袭击他人并造成死亡,袭击者要被处以剑刑;如果受袭者未死,袭击者要被处以砍手之刑,因为他竟敢用剑伤人。

第47条 如果在一场争斗中有人死亡,法官要进行调查,并确定死者死于何种凶器;如果他们判定死者是死于一个棍子,或一块大石头,或被踹而死,那么犯罪者要被处以砍手之刑;但是如果他们死者死于一个较轻的投掷物,那么犯罪者要被处以鞭刑和流放之刑。

第48条 在争斗中,如果一个人用拳头袭击他人并致其死亡,该罪与过失杀人同罪论处，即处以鞭刑和流放之刑。

第49条　如果一个主人用皮鞭或棍棒打他的奴隶并致死，他不会被判谋杀罪；但是如果他任意拷打，或毒害或焚烧而致其死亡，那么要以杀人罪论处。

第50条　一个强盗或任何人埋伏某地并犯有谋杀罪，那么其要被处以即刻绞刑。

第51条　不论何种场合，他人的诽谤者都要遭受同样的惩罚。

第52条　摩尼教徒和孟他努派教徒要处以剑刑。

第53条　叛徒，也就是说那些投奔敌人者要被处以剑刑。

十八　关于战利品的分配

第1条　对于这些人而言，他们参加战斗反对敌人，远离恶言与恶行，一直铭记上帝，向我主祈祷，并以智策安排战事①。以智慧理解上帝之助佑。胜利并非靠数量，而是借上帝之力。因此，战利品的1/6当属吾国，生还者将获得剩余部分，不论多少，进行平分。军官的薪资对其来说是充裕的。但是如果他们当中有人特别卓越，那么其优秀的将军可以从属于国家的1/6的战利品中拿出一部分作为酬劳奖励给他们。他有权根据具体情形酌情给予奖励。根据规定，在军队中的后勤兵，也可以像成功的将军一样分得战利品。

《法律选编》附录：

一　关于担保与责任②

第1条　如果有人为另外一个人的契约责任做担保，那么他将受到

---

① *Proverbs* Ⅵ, 24（《旧约·箴言》：6：24）.

② *Code*, 5. 2.

担保责任限制，被担保人无权将其豁免。

第2条 所有的亲属和家属都可以胜任并被接受为担保人，即使他们是贫穷的；如果一个人接受了一个贫穷的担保人，那么他将不能要求其他人做担保人，除非该担保人去世或不幸丧失财产。

第3条 如果担保人说："我将做满意［之事］"，那么他将负有法律责任；如果他说"我"或"某人"，那么他也将负有完全法律责任；如果他说"满意将被实现"，那么将是无效的。

第4条 一个担保人要在规定的时间内履行其义务，明确期间其所应支付的数目，超过规定的期限，则不能被要求偿付；如果期限为6个月或以上，那么担保人可以往后延伸6个月，当第二个期限已经结束，约定的持有者不能再往后延伸，但是担保人必须履行其责任。

第5条 无论如何，债权人首先要向其主债务人索取债务，如果主债务人无力偿还或在旅途中或消失不见，那么他可以向担保人索要；如果债务依旧无法偿还，那么债权人可以首先向管理主债务人财产的人索要；而后可以向担保人财产的管理者或其债务人索要。

二 土地边界划定①

第1条 任何人移动旧有的土地界标或将他人的土地圈为己有，将处以死刑。

第2条 任何人用自己的木材在他人的土地上修建房屋，那么土地的所有者将也是该房子的所有者，根据格言"置于土壤上之物隶属土壤"。故自始至终土地的所有者都对木材拥有所有权，侵入者不得要求其所有权。

第3条 任何人如果进入他人的土地进行修建、耕种、出租或使用，都将失去所有权，其投入费用也不得收回②。

---

① *Digests*, 25.
② *Code*, 3. 36.

第4条　任何人强行进入他人土地，其党派或敌对党派的人被杀，那么擅自入闯者要被作为杀人犯处以斩首①。

第5条　任何人如果认为来自邻居的土地或其他东西影响了自己的利益，那么他应该诉诸大法官。如果他激烈地抱怨后，却无法给出证据，那么他要被处以罚金；如果他蔑视法庭，私自采用暴力手段，他要被赶出牧场，因为暴力而被驱逐，甚至失去他所拥有的财产。

第6条　所有的地方法官、宫廷法官及军事长官都可以对其治域内的暴力犯罪、盗窃及其他违法乱纪行为进行审判，而且可以据法对犯罪者给予惩处。

三　士兵处罚条例

（一）

第1条　那些胆敢策划阴谋、密谋或反叛其将领者，无论是何缘由均处以死刑，特别是阴谋或叛乱的头目。

第2条　如果有士兵拒绝服从五夫长的命令，他应该受到训斥，同样，如果五夫长拒绝服从十夫长，十夫长拒绝服从百夫长，他们应该受到同样的处罚。

第3条　如果有人在军团中不遵从将官的命令，也就是说军团将军或军团指挥官，他要被处以死刑。

第4条　如果有士兵接受了十夫长的命令，但是没有执行，应该对其进行处罚。但是如果他是因为十夫长忘记下达命令而没有执行，十夫长应该因其没有提前给士兵下达命令而受到处罚。

第5条　如果有士兵受到某人不公平的对待，他可以向军团长官控告那人。如果他受到该长官不公平的对待，他可以向最高统帅控告这位长官。

第6条　如果有人胆敢逾期未归，应开除其军籍，并将其以平民的身份交给民事法官处理。

---

① *Code*, 9.12.

一 文献评注篇

第 7 条　如果在战争期间有人以休假为由准许士兵离开，那么该人（允许士兵休假者）应该缴纳三十诺米斯玛的罚款。在过冬期间，士兵可以有两到三个月的假期。在和平时期，应根据最高统帅部的决策而给予士兵假期。

第 8 条　如果士兵因懦弱而投敌，他及默默的支持者都要被处以死刑。

第 9 条　如果有人使一个士兵或平民遭受损失，那么他要向遭受损失者赔偿双倍。

第 10 条　如果任何一个长官或士兵在冬季营地，行军中或营帐中伤害士兵或者平民，并且没有做出赔偿，判处伤害人应付出双倍的代价（伤害）。

第 11 条　如果一个士兵被委派守卫一座要塞或城镇，但是背叛了它；或者本可以守卫，但违反长官的意愿逃跑了，且本可以阻止生命的损失，但并未承担起职责，这样的士兵要被处以死刑。

第 12 条　如果有人发现一匹马或其他有价值的东西，无论价值大小，没有及时报告给其长官，将其以及默许者以小偷的罪行进行处罚。

第 13 条　如果有士兵在其军团行军或战斗中开小差或者逃跑，或者弄乱队形，抢夺被杀者的衣物，抑或鲁莽地追赶敌人。我们命令这样的士兵将处以死刑，很自然他的财产将充公，用于军团的日常开销，因为他违反了军团的纪律，将其同伴置于极其危险的境地。

第 14 条　如果部队在统一行动或者战斗中没有理由或明显的原因而发生溃退，我们裁定，营中最先逃跑的士兵和在战场上处于战阵前列而溃退的士兵，应该执行十一抽杀律并由其他营予以射死，因为他们破坏了战斗序列，并由此导致了整个军团的溃退。但是如果他们中有人在战斗中受了伤，那么这些受伤的人将被免除上述处罚。

第 15 条　如果军旗在没有合理的理由和明显的原因的情况下被敌人夺走，我们裁定，将对被委派看守军旗的士兵进行训斥，长官们要被降职，尽管他们是参谋人员。如果他们在战斗中受了伤，他们将被免除上述处罚。

第16条 如果行军中一个营地发生败退，而卫队并未很快承担起守卫职责，而是逃至其他地方，我们裁定，对没有负起该职责的人处以死刑，因为他们使自己的同伴陷入危险境地，并引起巨大恐慌。

第17条 如果有士兵在战场上丢了武器，那么我们裁定他应该受到死刑处罚，因为他使自己没有了武器并且武装了敌人。

（二）

第1条 如果一个士兵做了其长官不允许做的事情，或者没有执行长官要求做的事情，那么即使他做得很好，也要被处以死刑①。

第2条 如果服役期间的士兵没有服役或逃离其营帐，或其部队眼前消失，抑或丢弃或出卖自己的武器，他应该被处以砍头之刑。如果他有幸受到人道的关怀，改由处以鞭刑并参与出征。

第3条 任何人因畏惧战争而佯称生病，他应该被处以砍头之刑。

第4条 如果士兵离开了指定守卫的壁垒，并经墙进入要塞，要处以死刑；如果他越过了战壕，则解除其兵役。

第5条 无论谁如果意图谋反皇帝，要被处以死刑，财产充公，其死后也必使其遗臭万年②。

第6条 如果士兵打算逃向外族，即使未遂，也要被处以死刑。

第7条 如果士兵玩忽职守，要处以鞭刑或解除兵役之刑。

第8条 叛乱的头目和扰民者将被剥夺财产，并从部队驱逐。

第9条 如果士兵投敌，又返回，那么要处以肉刑，要将其判给野兽，抑或吊在绞刑架上。

第10条 那些因为耻辱的原因而被驱逐出军队的人不能拥有或者获得荣誉职位。

第11条 如果一个士兵偷窃另外一个士兵的武器，他将被贬降至最低阶。

---

① *Digests*, 12. 16.
② *Institutes*, 4. 18. 3.

一　文献评注篇

第 12 条　如果有人煽动并激起士兵的叛乱，其将被处以死刑。

第 13 条　如果一场叛乱有一个人谋划，而且结果在其他人中间引发了不小的骚乱，那么他将被贬降至最低阶。

第 14 条　如果一些士兵聚集在一起，提出一些荒谬的要求，影响了军团的风纪，那么他们要被解除兵役。

第 15 条　如果一个人已经被从军中驱逐，但是逃脱了惩处，掩盖自己被定罪的事实，坚持尝试再次入伍或使自己再次服役，那么其要被处以死刑。

第 16 条　如果一个人已经被放逐一定期限，而后被招募，那么他要被放逐到一座岛上；如果他隐瞒事实并强迫征募者，那他将被永远放逐。

第 17 条　如果一个人已经被放逐一定期限，且在承受了其惩罚之后，当期限已过，他要求再次入伍，那么其被放逐的原因要被调查，如果是因为违反职业道德的，他将被逮捕入狱。

第 18 条　那些已经被判有通奸罪或其他公罪，如果他们想入伍服役，将是没有资格的。

第 19 条　任何人如果擅离公职，将以军法处置，因为逃避公职职责是很严重的罪。对这些被召集服役但擅离公职者将要处以沦为奴隶之刑，因为他们背弃了自己的自由。

第 20 条　如果有人在战争期间把自己的儿子从军队中偷偷带走，该人应该被驱逐，并且根据他的财力，要被处以罚金。如果在战争期间有人让他的儿子丧失战斗力，以此使其无法胜任服役，该人应该被驱逐。

第 21 条　如果一个士兵攻击他的长官，他将被处以死刑。

第 22 条　如果一个长官用石头打伤了一个人，他要被驱逐；如果是剑，则处以死刑。

第 23 条　如果一个人弄伤自己，或因为身体的痛苦或因遭受精神紊乱的折磨想要结束自己的生命，抑或因为羞愧希望死去，那么他不会被判处死刑，而会因这一不耻行为被驱逐。

第 24 条　但是如果不是因为这些原因而自杀者，将被处以死刑。

第 25 条　战斗中，第一个逃兵要被处以死刑。

第 26 条　如果罗马军队的先锋队将罗马人的决策秘密泄露，将被处于死刑。

第 27 条　如果一名参谋官用剑伤了一名士兵，要处于砍头之刑。

第 28 条　如果一名士兵破坏和平，将处以死刑。

第 29 条　如果有士兵向守卫哨兵挑衅，而且逃跑，他要被处以死刑。

第 30 条　任何人如果以酗酒、饮酒或其他放荡方式使一名士兵堕落并犯罪，那么他将不会被处以死刑，但要受到降职的处分。

第 31 条　如果有人在战斗中打乱阵形，将处以杖刑或降职处分。

第 32 条　被任命看守犯人者，因玩忽职守让犯人逃跑了，那么其要被处以鞭刑或降职处分。

第 33 条　如果有人因可怜犯人而放走了犯人，要将其驱逐出军队。

第 34 条　如果看守者蓄意这么做，那么其要被处以死刑或降职至最低阶。

第 35 条　如果一个士兵与其妻子的奸夫妥协，他将被驱逐出军队。

第 36 条　如果军队的长官和士兵在行军中，向土地征款，对他们处以双倍的处罚。

第 37 条　如果一场士兵的叛乱由一人引起，其他人加入，那么他们应该被处以严厉的鞭刑，并被驱逐出军队。

第 38 条　如果有人粗暴地激怒士兵或者怂恿制造混乱，他应该处以砍头之刑。

第 39 条　如果一名士兵不遵从他的长官，并打算举起棍棒击打他的长官，其将被驱逐出军队；但是如果他是蓄谋袭击长官，其将被处以死刑。

第 40 条　如果士兵把他们的长官丢在后面，或者没有保护他，因此致使他被敌人监禁。他们有能力保护他，但是最后却致使他丢掉性命，由此这些士兵应该被处以砍头之刑。

第 41 条　一个被指派为皇宫守卫的人，疏于职守，他应该被处以极刑，或者出于人道的角度，对其处以鞭刑，并解除其看守之职。

第 42 条　如果有士兵跑去了外族那里，或者找借口去见外族人的使者，并将制造的和未经制造的武器或者生铁卖给他们，他应该被处以死刑。

第 43 条　如果有人帮助敌人或背弃罗马投敌，无论如何都要处以死刑。

第 44 条　如果有人意图投奔外族，即使未遂，也要处以死刑。

第 45 条　对于居住在罗马疆域内的投敌者，可以被诛。

第 46 条　将罗马决策秘密暴露给敌人的先锋队，要被处以死刑，这些惩罚同样适用于破坏和平者。

第 47 条　如果在战时一名士兵做了其长官禁止其做的，并未保护长官委派他的事，即使他做得很好，也要接受严厉惩罚。

第 48 条　任何人如果用石头砸伤了一名士兵，或打算用来伤害自己，除非是因为想避免痛苦、疾病或死亡，否则被处以鞭刑，而后被赶出军队的惩罚。

第 49 条　一名士兵无论何时何地盗窃何物，都要被处以双倍罚金，而后驱逐出军队。

第 50 条　一个被判处砍头之刑、驱逐或者受到其他公共控告的处罚的人，如果他逃脱了惩罚，那么绝对不可能担任任何公职。

第 51 条　士兵不得做管理人、承包人或者他人货物的担保人；士兵不得从事农事、商业和公共事务，如果他们从事此类事务，将会被开除军籍，并且被剥夺士兵特权。

四　对异教徒的惩处

第 1 条　异端者不能教授和公开宣称其不信仰，也不能被授予圣职。

第 2 条　异端者是这样一种人，他背离正信仰，受制于反对异端的法律。

第 3 条　正教会会对异端的会议进行惩处，即使是私下举行。不论白天还是黑夜，他们都不能举办活动。如果这样的事情发生，无论是公开地还是秘密地，默许的官员要被处以 100 磅的罚金，而且该地的居民要被处以 50 磅的罚金。

第 4 条　众所周知，摩尼教派或多纳图派犯下了很大罪，他们引发了上帝的愤怒。这样的人在共同体或法律中并不受到承认，他们的财产将被充公，他们的阶位要被剥夺，没有继承权，不能以买卖进行贸易，对其隐匿者要受到处罚。

第 5 条　异端将不享有通过宗教的方式授予的特权，但是要受国家义务的支配。

第 6 条　犹太教徒不能担任荣誉的职位，不能执行大法官之责，也不能担任公职，他们将受考豪尔达里努斯（*Cohortalini*，行省长官）的支配，且无法律资格。如果有人以政治影响获得这样的阶位，那么他要被驱逐，并支付 30 磅黄金的罚金。

第 7 条　如果犹太教父母希望其子女成为基督徒，那么父母任何一方的意愿都有效；但是子女必须接受教育，而且要向其女儿提供必要的嫁妆。

第 8 条　异端者不能集会、举行会议或大公会，不能进行洗礼或按手礼，不能通过他人获得土地或做出法律禁止之事，无论谁犯有此罪将处以死刑。

第 9 条　如果一个已经改宗正教的摩尼教徒被发现依旧沉迷于异教活动，与他们生活在一起，或还与摩尼教徒有联系，而未根据法律立即与他们断绝关系，那么他要被处以死刑。

第 10 条　在官者和在军者要仔细对这类人进行盘问，并移交司法审判。

第 11 条　如果一个摩尼教徒被逮捕，并言道其他一些人熟知他，尽管这些人不是摩尼教徒，也要因为其错误受到相应惩罚。因为他们明知道罪人，但没有举报，他们也是有罪之人。

第 12 条　任何人如果持有摩尼教的书籍，且并未将其烧毁，那么他将受到处罚。

第 13 条 撒玛利亚人的会堂将被摧毁，如果他们再建其他的，将受到处罚。

第 14 条 异教徒如果聚集在一起，或举行会议，或进行洗礼都以法律破坏者之罪受到处罚。

第 15 条 阿利乌派和马其顿派、反对圣灵派、阿波里拿留派、诺洼天派，确切地说，萨巴天派、尤诺米派、夸托德库曼尼派、提尼安派、瓦伦提尼安派、帕皮阿尼斯泰派、孟他努派、柏柏里安派、梅塞林派、尤提克派，也就是不圣洁的派别，多纳图派、安迪派、西德罗帕拉斯塔泰派、阿斯柯德罗基派、巴斯拉基泰派、赫尔墨基尼派、拂提尼派、保罗派、马库里安派、欧菲特派、恩科拉提怠派、撒库佛立派以及每一个摩尼教徒都应该被从城中驱逐、处死。

第 16 条 一个基督徒若改宗犹太教，其财产将被充公。

第 17 条 如果正教主教或修士以尤提科或阿波利纳里斯的方式举行基督教仪式，要对其以适用于异端的法律惩罚进行处罚，与对摩尼教徒的处罚方式一致，他将被从罗马的土地上驱逐。

第 18 条 任何人若为正教人士进行重新洗礼，要被处以死刑，受洗者如果足够大，也要接受惩罚。

第 19 条 一个为他人进行二次洗礼者，将被罢免。

第 20 条 进行祭祀或修建教堂的背教者将会受到任何人的举报，如果他已经成为基督徒，接受了洗礼，现在成为异教徒，他将遭受死刑处罚。

第 21 条 受洗之后仍执迷不悟坚持异教者将被处以死刑；还未接受洗礼者，其子女、妻子及所有属于他的人都要被带到教堂，他们的年轻子女要立即接受洗礼，达到法定年龄者要教其识文断字、学习教义。

第 22 条 如果因军阶、服役或财富的原因，佯装受洗，但让其子女、妻子、依附者及其他家眷依旧坚守错误的异教，那么他们的财产要被充公，接受应有的处罚，剥夺公民权。

第 23 条 那些向偶像祭祀或崇拜偶像者，要如摩尼教徒一样处以死刑。

第24条 撒玛利亚人或犹太人劝诱任何人放弃基督教信仰,其财产要充公,处以死刑。

第25条 根据反对异端的法律,星象家要被宣判有罪,教会将没收其集会场所,因为他们与基督徒的信仰是敌对的。

第26条 摩尼教要接受洗礼、保罗派要接受洗礼、佛提乌派要接受洗礼、诺瓦提派要接受涂圣油、阿波利纳里斯派也要根据《尼西亚信经》的规定承认其权威。

五 关于显赫人物不能与低层妇女通婚的规定①

第1条 元老不能与如下这些低层妇女通婚:奴隶或奴隶的女儿,被释奴或其女儿,艺妓或店主或其女儿,老鸨或马戏团演员的女儿。

第2条 没有人可以与其兄弟的妻子结婚,即使她还是处女;婚姻状态是建立在双方同意基础之上,而非结果的基础之上;他们生的子女不能缔结这样的婚姻,除了埃及人(正如他们已经做的)。

第3条 没有人可以以皇家特权缔结如下非法婚姻,与妹妹(姐姐)的女儿或兄弟的妻子,以这种方式结合的婚姻将是无效的。

第4条 如果一个妇女因欲望与她的奴隶发生关系,她要和奴隶分开,奴隶要被处以火刑。该奴隶将被作为被释奴而被记载,但是他们所生的孩子则不能享有任何阶位或荣誉,因为让他们获得自由已经足够了。

第5条 而且他们不能从母亲那里继承任何东西。但是如果是合法所生子女,那么他们可以成为继承人,从她或她的情夫那里继承遗产。

六 关于凶手与巫士

第1条 所谓的谋杀者或术士包括在这些人中:制造毒药害人,买

---

① Code, 6.

◆ 一 文献评注篇

卖毒药或公开销售或占有毒药来害人。

第2条 有无害药物。这一术语可以被理解，包括用于治疗和毁灭的药物。有一些药物被称为春药，根据法律规定，这些药物列属害人的药物。根据元老院的法令，无害药物与蓄意制作用于害人的药物要区分开来。

第3条 这些丑行的奸夫、皮条客和教唆者要被处以死刑。

第4条 如果一个妇女谋害丈夫性命，或者明知有人谋害丈夫却未告知，或者在丈夫不知情的情况下，与陌生男人发生关系，或者违反丈夫的意愿在除了父母住所以外的其他地方睡觉，那么她要离开丈夫。

第5条 如果有人祈求恶魔来伤人，他将被扔与野兽。

第6条 如果有人与一个妇女通奸，而该妇女因为钱财已经与很多人有通奸行为，那么他不会以通奸罪而受到惩罚，因为奸夫并未引诱她进入该邪恶行业。

第7条 如果一个孕妇据遗嘱继承获得财产，并以服用药剂的方式堕胎，那么她将被处以死刑。

第8条 提供堕胎药者，无论是春药与否，都判处有罪。在最糟糕的情况下，如果他是穷人，犯罪者将被送往矿井；如果是富人，则要被放逐到岛屿上，其财产的部分将会充公；如果犯罪的结果是妇女猝死，那么犯罪者无论男女，要处以死刑。

第9条 如果任何人给了他的奴隶毒药，而非药剂，他要承担结果，奴隶死亡的情况下，其要受到惩罚；鲁莽给他药物的人要被处罚，就像一个人给一个疯子一把剑是一样的道理。

第10条 如果一个女医生给了她的奴隶一剂药，其服用后死亡，那么她要承担后果。如果一个女医生亲手制备的药剂，阿奎利安法将其视同为其亲自以强制或同一手段为奴隶擦拭药物或注入药物处理。

第11条 关于巫士、药剂及诸如此类的书籍，如果被包含于继承物中，这些书籍将不能在继承中分配，而是要据法庭的命令将其销毁。

第12条 有毒的药物将禁止销售，但是被承认医学用于解毒的药物可以被销售。

第13条　任何人如果制造、出售并拥有用于杀人的药物，将会被没收，该人也要处斩首之刑。

第14条　有一些药物可以促进健康恢复，有些药物则是用于催情。

第15条　任何人在无恶意的情况下，将一剂药方交给一个孕妇，致使其流产，而后死亡，那么这个人要处以流放之刑；而如果他鲁莽地将毒芹、蜥蜴、乌头、松球、圣甲虫、曼德拉草或斑蝥交与一位孕妇，并致其流产死亡，那么其要被接受处罚。

第16条　任何人制作或持有禁献祭之物，要被处以斩首之刑。

第17条　无论谁强制用硫黄对一个头脑简单的人进行洗涤，其将会被放逐。

第18条　任何人在无恶意情况下给予他人一剂春药或致他人流产，如果其有房产，要被派往矿井，如果其有物资，则要被流放并处罚相应罚金。如果服药者死亡，其则要被处以死刑。

第19条　如果有人给予他人药物致其变疯，将犯了罪大恶极罪，并按残暴罪进行处罚。

第20条　如果一个占星家被请教，进行一些受到禁止的占卜术，且宣称一个无辜的人是窃贼，他不应该被认定为罪大恶极，而是要据法律进行惩处。

第21条　任何异教祭司进入他人家中，以献祭占卜，将被处以火刑；邀请的人要被流放，财产充公。

第22条　一个巫术师，即使没有使用一些诡诈手段，也是要被处以死刑。

第23条　巫术师要被送到野兽那里。

第24条　在君士坦丁堡实施占卜者，无论何阶层，都要处以绞刑或火刑。

第25条　一位御夫或此类人若向一个术士请教，其要被处以死刑。

第26条　一个犹太教徒不能以任何借口拥有一个基督教奴隶或任何其他异端民族的奴隶；如果他这样做了，并为其进行了割礼，那么国家将把该奴隶释放，所有者将被处以死刑；一个异教者，犹太教或撒玛利亚人以及其他任何非正教者，不能拥有一位基督教奴隶；这样的奴隶将被释放，主人要向皇帝缴纳30磅黄金的罚款。

第27条 没有犹太教徒、异端或异教徒可以拥有一个基督教的奴隶，一经发现，该奴隶要被立即释放。

第28条 一个奴隶服务于一个异教徒、犹太教徒或异端教徒，如果他还不是一个基督徒，但是希望成为基督徒，此外，还希望接受洗礼，那么他将被释放，他的主人不能再将他作为奴隶，即使之后，主人也成为基督徒。

第29条 如果有人强迫或劝说一个奴隶放弃基督教，改信异端邪说，那么他的财富要被没收，并处以斩首之刑。

第30条 如果我们发现有犹太教徒对一位基督徒进行了割礼或者命令其他人也这么做，那么他们的财产要被没收，并将其永久流放。

七 关于血亲等[①]

第1条 血亲是一个属名。分为三类：向上为父母等尊亲属，向下为子女等卑亲属，向旁为兄弟姐妹及其所出，因而包括父系或母系的叔伯姨舅父母。

第2条 属于一亲等的，尊亲属为父母，卑亲属为子女。

第3条 属于二亲等的，尊亲属为祖父母，卑亲属为孙子女，旁系为兄弟姐妹。

第4条 属于三亲等的，尊亲属为曾祖父母，卑亲属为曾孙子女，旁系为兄弟姐妹的子女，因而无论父系或母系，还有叔伯姨舅等。

第5条 属于四亲等的。尊亲属为高祖，卑亲属为玄孙，旁系为兄弟姐妹的孙子女，还有父方的叔伯祖父或姑祖母，也就是祖父的兄弟或姐妹，母方的舅祖父或姨祖母，也就是祖母的兄弟姐妹堂表兄弟姐妹，也就是兄弟或姐妹的子女。

---

① *Institutes*, 3. 6.

第6条 属于五亲等的，尊亲属为五世高祖，卑亲属为五世玄孙，旁系为兄弟姐妹的曾孙，因而还有曾祖父母的兄弟姐妹，此外还有堂表兄弟姐妹的子女。

第7条 属于六亲等的，尊亲属为六世高祖，卑亲属为六世玄孙，旁系为兄弟姐妹的玄孙，因而还有高祖父母的兄弟姐妹，此外还有远房堂表兄弟姐妹（即堂表兄弟姐妹的子女，不问堂表兄弟姐妹是两个兄弟、两个姐妹或一个兄弟一个姐妹所出）。

第8条 但是为了使真理能深深印入脑海，诉诸视觉比借助听觉更为可靠，所以朕以为有必要在叙述计算亲等方法后，更提供图表一幅，以便青年学生可以通过听觉与视觉，获得关于亲等的完整知识。

第9条 根据现在法令规定的图表，父母为尊亲属，子女为卑亲属，兄弟姐妹、叔伯姨舅及其所出为旁系血亲。[①]

八　关于法理[②]

第1条 我们颁布的每一部法律都会涉及人、物和行为。鉴于法律的制定是为了引导人，所以，我们首先从人说起。

第2条 人分为自由人和奴隶。自由人是除了受到强力或法律阻碍外，可以任意作为的自然能力人；奴隶制是诸多民族之法，因此，奴隶要屈从于奴役。奴役并无差别。一些人生来自由，一些人则是被释放获得自由。生来自由的人是自由人父母所生的，无论是被怀、出生抑或期间其父母为自由人，那么他出生后为自由人。也无论是其被怀时父母是合法婚姻，还是偷情所致。被释自由人是指那些从奴役中被释放出来的人。

第3条 正义是给予每个人他应得的部分的这种坚定而恒久的愿望。法学是关于神和人的事物的知识；是关于正义和非正义的科学。法律的基本原则是：为人诚实，不损害别人。

---

① 译文参考了张启泰《法学总论——法学阶梯》，商务印书馆1989年版，第143页，略有改动。

② *Digests*, 5.

第 4 条　关于神与人的法律①：一些物由神法所定，一些物由人法所定。神法范围之内之物不属于任何个人；人法范围之内之物属于部分人；有形物是能被触觉到的物体。不能被触觉到的东西是无形体物，这些物是由权利组成的，例如遗产继承权、使用权、义务、奴役等。根据自然法，一些物属于众所共有、一些物不属任何人、一些物属于个人；很自然，空气属于众所共有，还有流动的水，海洋及海滩；河流与港口属于公共财产；属于共有的还有剧院、竞赛场及类似的物；被圣化的墙，也就是说神圣的墙，任何人不得摧毁它。无论在城中还是乡村，任何公共建筑都是神圣的。

第 5 条　河流与港口并非属于所有人的共有财产，但据法律属于国家。很自然河流及河岸属于每个人，因此任何人可以驾船航行于河流之上，系缆索于河岸的树上，可以晾晒渔网，可以卸载货物；但是河岸也属于近岸土地的所有者，在岸边生长的树木也属于这些人。在海滩晒渔网的人可以在海滩上搭建小房屋。

第 6 条　关于自然法、万民法和市民法：法律分为公法和私法。公法涉及帝国的运转、宗教崇拜人士对圣事的管理及官员对国事的处理。私法则被划分为自然法、万民法和市民法。自然法是所有动物的共同法则，如婚姻、生死等诸如此类。万民法则是适用于所有人类的共同法，如自然理性、敬畏上帝、遵从父母、尊爱祖国、奴役、契约、强行抛弃、不公等；该法律规定任何人为保留自己的个性而做的事情是合法的，且万民法也是关乎自由之法。上帝通过引入奴役将人分为三类：自由人、奴隶和被释奴。此法主要是因为战争，进而导致民族冲突、主权争夺，土地所有权争论、边界划分、买卖销售、权利义务等问题的处理，这些并不能诉诸市民法。市民法是针对每一个共同体的特别法律。可分为成文法和不成文法。例如既有平民颁布的法律和法令，也有皇帝颁布的法令，它们或者由投票产生或由皇帝意愿产生。法律可以以废止或新律的方式修订。所有的人都要遵法，无论是万民法还是市民法，法

---

① *Digests*, 1. 8.

律是人、物及行为的直接规范。

九 摩西法条（选自上帝借摩西向以色列人制定的法律条文）

第1条 关于审判与公正：

不可散布虚晃的传闻，也不可跟恶人联手去作强暴事的见证；不可随众行坏事；不可在争讼的事上随众偏行，作证屈枉正直；也不可在争讼的事上偏护贫寒人；不可在你的穷人的争讼上屈枉正直。要远离虚假的事；不可杀无辜和正义的人，因为我必不以恶人为无罪（原文：义）；不可受贿赂，因为贿赂能使明眼人变瞎，又能颠倒义人的案件（《出埃及记》：23：1 - 8）审判案件时、你（或译：你们）不可行不公道的事；不可徇穷困人的情面，也不可着重大人物的情面；只要按公义审判你的同伴；不可在你族民中往来、搬弄是非，也不可取一种立场、去害死你邻舍的性命（原文作血）；我是永恒主（《利未记》：19：15 - 16）。不可屈枉正直，不可看人的外貌，也不可受贿赂，因为贿赂能叫智慧人的眼变瞎了，又能颠倒义人的话（《申命记》：16：19）。

第2条 关于刻在石碑上的十诫

我永恒主乃是你的上帝，曾把你从埃及地从为奴之家领出来的；我以外（原文：在我面前），你不可有别的神；不可为你自己做雕像，也不可造上天、下地及地底下水中任何物件的形象；不可敬拜它们，也不可侍奉它们，因为我永恒主你的上帝是忌邪的上帝，恨我的、我必察罚他们的罪愆、从父亲到儿子、到三四代；爱我守我诫命的、我必坚心爱他们、直到千代；不可妄称永恒主你的上帝的名，因为妄称永恒主名的、永恒主必不以他为无罪；要记得安息日，分别为圣；六日要劳碌，作你一切的工；但第七日是属永恒主你的上帝的安息日；这一日，你跟你儿子和女儿、你奴仆和使女、你的牲口，以及你城内的寄居者，一切的工都不可作；因为六日之内、永恒主造天、地、海和其中的万物，第七日便歇息；所以永恒主赐福与安息之日，分别为圣；要孝敬你的父亲和母亲,使你在永恒主你的上帝所赐给你的土地得享长寿;不可杀人;不可行奸淫;不可偷窃;不可作假见证陷害你的邻舍;不可贪爱你邻舍的家(或译:房屋),不可贪爱你邻舍的妻子、奴仆、使女、牛、驴和你邻舍的任何东西(《出埃及记》:20:2-17)。我永恒主乃是你的上帝、曾把你从埃及地从为奴之家领出来的;我以外(原文:在我面前),你不可有别的神;不可为你自己做雕偶,也不可做上天、下地及地底下水中任何物件的形象;不可跪拜它们,也不可侍奉它们,因为我永恒主你的上帝是忌邪的上帝,恨我的、我必察罚他们的罪愆、从父亲到儿子,到三四代;爱我守我诫命的、我必坚心爱他们、直到千代;不可妄称永恒主你的上帝的名,因为妄称永恒主之名的、永恒主必不以他为无罪;要守安息日,分别为圣,照永恒主你的上帝所吩咐你的;六日要劳碌,作你一切的工;但第七日是属永恒主你的上帝的安息日;这一日、你跟你儿子和女儿、你奴仆和使女、你的牛、驴和一切牲口,以及你城内的寄居者,一切的工都不可作,好叫你的奴仆和使女可以和你一样歇息;你要记得你在埃及地也作过奴仆;永恒主你的上帝用大力的手和伸出的膀臂、将你从那里领出来、故此永恒主你的上帝吩咐你要遵守安息日的制度;要孝敬你的父亲和母亲,照永恒主你的上帝所吩咐你的,使你得享长寿,并使你在永恒主你的上帝所赐给你的土地、平安顺遂;不可杀人;不可行奸淫;不可偷窃;不可作虚谎的见证陷害你的邻舍;不可贪爱你邻舍的妻子,不可贪慕你邻舍的房屋、田地、奴仆、使女、牛、驴和你邻舍的任何一切东西(《申命记》:5:6-21)。

第3条 关于渎神

永恒主告诉摩西说;你要告诉以色列人说:凡咒骂他的上帝的、总要担当他的罪罚;那诅咒永恒主的名的、必须被处死,全会众总要扔石头把他砍死,不管是寄居的、还是本地人,诅咒了圣名,就必须被处死(《利未记》:24:13,15-16)。

第4条 关于对老人和长老的尊敬

在白头发的人面前你要站起来;要尊敬老人,要敬畏你的上帝:我是永恒主(《利未记》:19:32)。

第 5 条　父亲不可因子女被处死，子女亦不可因父亲而被处死

父亲不可因子女的缘故而被处死，儿女也不可因父亲的缘故而被处死；各人只要各因自己的罪而被处死（《申命记》：24：16）。

第 6 条　关于咒骂和殴打父母

凡咒骂父母的，总要治死他；他咒骂了父母，他的罪要归到他身上（《利未记》：20：9）。殴打父亲或母亲的必须被处死（《出埃及记》：21：15）。人若有倔强悖逆的儿子，不听从他父亲的话或母亲的话，他们虽惩罚他，他还是不听从；那么，他父亲和母亲就要抓住他，将他带出去到那地方的城门、他本城的长老那里；对他本城的长老说：我们这儿子倔强悖逆，不听从我们的话，是个贪吃好酒的人；他本城的众人就要扔石头砍他，砍到死去，这样，你就把那坏事从你中间肃清了；这样，全以色列听见，就惧怕了（《申命记》：21：18－21）。

第 7 条　关于不可欺压雇工或贫穷之人

不可欺压你的邻舍，也不可抢夺他的东西，雇工的工钱不可在你那里过夜到早晨（《利未记》：19：13）。困苦贫穷的雇工，无论是你的族弟兄，或是寄居在你的地你的城内的、你都不可欺压他；你要当天发给他工价，不可等到日落才给他——因为他贫困，他心直挂念着那工钱——恐怕他呼求永恒主而控告你，你就有了罪（《申命记》：24：14－15）。

第 8 条　关于不可苦待寡妇孤儿

不可苦待寡妇孤儿；若是苦待他们一点，他们向我一哀求，我总要听他们的哀声；并要发烈怒，用刀杀你们，使你们的妻子为寡妇，儿女为孤儿（《出埃及记》：22：22－24）。

第 9 条　关于度量

在审判案件上、在尺称量器上、你们不可行不公道的事；要用公道的天平、公道的砝码、公道的升斗、公道的加仑，我永恒主是你们的上帝，曾把你们从埃及地领出来的（《利未记》：19：35－36）。

第 10 条　关于继承

要告诉以色列人说：人若死了没有儿子，你们就要把他的产业传给他的女儿；他若没有女儿，你们就要把他的产业给他的弟兄；他若没有弟兄，你们就要把他的产业给他父亲的弟兄；他父亲若没有弟兄，你们就要把他的产业给他家族中最近的骨肉亲，那人便可以得它以为业。这要做以色列人典章的条例，照永恒主所吩咐摩西的（《民数记》：27：8－11）。

第11条 关于借贷、高利贷及抵押

我民中有贫穷人与你同住，你若借钱给他，不可如放债的向他取利；你即或拿邻舍的衣服作抵押，必在日落以先归还他；因他只有这一件当盖头，是他盖身的衣服，若是没有，他拿什么睡觉呢？他哀求我，我就应允，因为我是有恩惠的（《出埃及记》：22：25－27）。

你的族弟兄若变成了贫乏，在你那里手头拮据，你就要支持他，让他在你那里生活、像寄居寄住的侨民一样；你不可向他取利息，也不可向他要物品利息；只要敬畏你的上帝，让你的族弟兄在你那里生活；你把银钱借给他、不可有利息，把粮食给他、也不可向他要物品利息（《利未记》：25：35－37）。但是在永恒主你的上帝所赐给你的地上、无论在哪一座城内、你哪一个族弟兄中若有一个穷人在你中间，你对穷的族弟兄总不可忍着心、而才着手；你对他总要展开手，照他所缺乏的、借足给他、去补他的缺乏；你要谨慎，不可心里生起卑鄙的念头、说：第七年豁免年近了，你便恶眉恶眼斜视着你穷的族弟兄，什么都不给他，以致他因你而呼求永恒主，你就有罪了；你总要给他，给他的时候你不要心疼，因为因了这事的缘故永恒主你的上帝总要在你一切工作上、在你下手办的一切事上、赐福与你（《申命记》：15：7－10）。你借给你的族弟兄、都不可取利息、是粮食利息、或是任何东西的利息借出而生利的；借给外族人、你倒可以取利息，但借给你的族弟兄呢、你就不可取利息；好使永恒主你的上帝、在你所要进去取得为业的地、在你手下办的一切事上、赐福与你（《申命记》：23：19－20）。你借给你的邻舍、不拘所借出的是什么，你总不可进他家去拿取他的抵押品；你要站在外面，让那向你借的人把抵押品拿出来给你；他若是个贫困人，你不可留他的抵押品而去睡觉（《申命记》：24：10－13）。

第六章　《法律选编》译注

第12条　关于寄存

人若将银钱或物件给邻舍看守，这东西从那人家里被偷去；贼若被找到，贼要加倍赔偿；贼若不被找到，那家主就必须被带到官长面前、去查明他有没有下手拿邻舍的物件；为了任何侵害的案件，无论是为了牛或驴或羊、为了衣裳，或是什么失掉的东西，若有一人说：『这就是』，那么两造的案件就必须进到官长面前，官长定谁有罪，谁就必须加倍地赔偿给他的邻舍（《出埃及记》：22：7-9）。

第13条　关于寄存

人若将驴或牛或羊或任何牲口、给邻舍看守，畜或是死，或是折伤，或是被赶走，没有人看见；二人之间就必须凭着永恒主来起誓自己有没有下手拿邻舍的物件，物主就必须接受那起誓，看守的人不必赔偿；倘若的的确确从看守的那里被偷去，看守的就要赔偿物主；倘若的的确确被野兽所撕碎，看守的要把所被撕碎的带来做证据，那么他就不必赔偿（《出埃及记》：22：10-13）。

第14条　关于借用

人若向邻舍借什么，所借的或是折伤，或是死，物主没有同在一处，借的人总要赔偿；倘若物主同在一处，他就不必赔偿。若是雇的，也不必赔偿，因为他是为着工价而来的（《出埃及记》：22：14-15）。

第15条　关于偷盗

人若偷了牛或羊，无论是屠宰了、是卖了，他都要赔偿，将五只牛还一只牛，将四只羊还一只羊；贼挖窟窿、若给人发现、而被击打，以致于死，那人是没有流人血之罪的；若赶上了日出，他就有流人血之罪了。他总要赔偿的；他若一无所有，自己就要被卖，来顶他所偷的；他所偷的，无论是牛、是驴、是羊，若发现在他手下仍然活着，他就要加倍赔偿（《出埃及记》：22：1-4）。

第16条　关于将自由人抓捕贩卖

拐带人口，或是把人卖了，或是留在他手下，必要把他治死（《出埃及记》：21：16）。若有人被发现把以色列人中的一个族弟兄拐带着走了，去当奴才看待，或是把他卖了，那拐带人的就必须死；这样，你

147

就把那坏事从你中间肃清了（《申命记》：24∶7）。

第17条　关于购买自由人

你的族弟兄在你那里若变成贫乏，将自己卖给你，你不可叫他作奴隶的工；他在你那里要像雇工人和寄住者一样；他要在你那里服侍你直到禧年；那时他可以从你那里出来，他和他儿女跟他出来，回他本家，回他祖宗之地业那里；因为他们是我的仆人，是我从埃及地领出来的，他们不能被卖去做奴隶；你不可严酷的手段管辖他；只要敬畏你的上帝（《利未记》：25∶39－43）。

第18条　关于侵犯

人若使田地或葡萄园里的东西被吃，人若放牲口在别人的田地里吃东西（有古卷加：他总要从自己的田地里按出产来赔偿；他若使整个田地都被吃），他就要拿自己田地里最好的和葡萄园里最好的来赔偿（《出埃及记》：22∶5）。

第19条　关于有人挖了一个坑，并未填平

人若把井敞开着，或是开挖了井而不遮盖着，以致牛或驴掉在里头；井主要赔偿，要拿银子还给牛或驴的主人，死牲口可归自己（《出埃及记》：21∶33－34）。

第20条　关于纵火

若点火烧（原文：火若发出，烧着了）荆棘，以致将别人堆积的禾捆，或站着的庄稼，或是田地、都烧尽了，那点火的总要赔偿（《出埃及记》：22∶6）。

第21条　关于牛袭击人

牛若抵触了男人或女人，以至于死，那人总要让人拿石头打死，它的肉不能给人吃，牛的主人不必受罚；倘若那牛素来能抵触人，它主人又曾得过警告，竟不把它拴着，以致它触死了男人或女人，那么、那牛就要让人拿石头打死，牛主人也必须被处死；倘若给他定了赎价，他就必须照所给他定的、给钱来赎他的命；牛无论是抵触了人的儿子或是抵触了人的女儿，都必须照这例办他；牛若抵触了人的奴仆或使女，必须将银子三十舍客勒给他们的主人，牛也必须用石头打死；人的牛若击伤了他邻舍的牛,以致于死,他们要把活牛卖了,将银子平分,死牛也要平分;若知道这牛素来能抵触人,主人竟不把牛拴着,他总要赔偿,以牛还牛,死的可归自己(《出埃及记》:21:28-32,35-36)。

第22条 关于俘虏妻

你出去与仇敌交战的时候,永恒主你的上帝把他交在你手中,你把他拿为俘虏;你看见俘虏中有丰姿俊秀的女子,就恋慕她、要娶她为妻;那么、你就可以领她进你家中;她要剃头修甲;脱去被俘掳时的衣裳,住在你家里,哀哭她父亲和母亲一个月的工夫;然后你可以进去找她:你做她的丈夫,她做你的妻子;将来你若不喜爱她,就要送她随意出去,绝不可为了银钱而卖她,也不可当婢女待她,因为你已经玷辱了她(《申命记》:21:10-14)。

第23条 关于对诽谤妻子者的惩处

人若娶妻,进去找她之后、就不爱她;胡乱加以罪状,发表坏名声的事毁谤她,说:『我娶了这女子,亲近了她,就发现她没有童贞的凭据』;那么那少女的父亲和母亲就要把那少女的童贞凭据拿出来、到城门处那城的长老那里;那少女的父亲要对长老们说:『我将我的女儿给这人为妻,他竟不爱她;胡乱加以罪状说:「我发现你的女儿没有童贞的凭据。」其实这就是我女儿的童贞凭据呢。』随即把那块衣裳铺在那城的长老面前;那城的长老要把那人拿住,鞭打惩罚他;并罚他一百锭银子、交给那少女,因为他发表坏名声的事毁谤以色列的一个处女,那女子仍要归他为妻,尽他一生的日子、他都不能把她打发走;但这事如果是真的:少女的童贞凭据并找不着;那么人就要把那少女拉出到他父家门口,她本城的人要拿石头打她,打到她死去,因为她在以色列中做了丑事,在她父家行了淫乱,这样,你就把那坏事从你中间肃清了(《申命记》:22:13-21)。

第24条 关于不庄重的妇女

人在一起彼此争斗,若其中一人的妻子走近前来、要援救她丈夫脱离那击打他者的手,便伸手抓住那人的下体;那么你就要砍断那妇人的手掌;你的眼不可顾惜(《申命记》:25:11-12)。

第25条 关于强奸

人若引诱没有受聘的处女,和她同寝,他总要交出聘礼来,娶她为妻;倘若女子的父亲决不肯将女子给他,他就要按处女的聘礼交出聘银来(《出埃及记》:22:16-17)。若有人遇见了一个年少处女、是还没聘定给人的,就抓住她,和她同寝,又被人遇见;那么,和她同寝的那人就要把五十锭银子给那少女的父亲;那少女便要归那人为妻,因为他已经玷辱了她;尽他一生的日子、他都不能把她打发走(《申命记》:22:28-29)。若有年少处女已经聘定给人,有人在城里遇见了她,和她同寝;你们就要把他们二人拉出到城门口,拿石头打,打到他们死去。打那少女呢、是因为她虽在城里也不喊叫;打那男人呢、是因为他玷辱了他邻舍的妻子,这样,你就把那坏事从你中间肃清了(《申命记》:22:23-24)。但是那人若在野外遇见了那已聘定给人的少女,就拉住她,和她同寝,那就只有和她同寝的那人须要死;对那少女呢、你却不必拿什么案办她;那少女没有该死的罪;[这案就像一个人起来打邻舍,杀死了他、以致毙命一样(《申命记》:22:25-26)]。

第26条 关于通奸

一个人和另一个人的妻子犯了奸淫——和他邻舍的妻子犯了奸淫——奸夫和淫妇都必须被处死(《利未记》:20:10)。

人若被发和一个有了丈夫的妇人同寝,和那妇人同寝的那人以及那妇人、他们二人都必须死;这样,你就把那坏事从以色列中肃清了(《申命记》:22:22)。

第27条 关于伤害一位孕妇

人若争斗,击伤害怀孕的妇人,以至堕胎,却没有别的害处,那伤害她的总要受罚款,照妇人的丈夫所定的,在裁判官面前给钱;若是有别的害处,就要以命偿命(《出埃及记》:21:22-23)。

第28条 关于牧师之女

做祭司的人的女儿若污辱自己、去做妓女,那就是污辱了她的父亲;她必须被火烧(《利未记》:21:9)。

第29条 关于不洁

女人和任何兽亲近、去和兽性交、你要把那女人和那兽杀死;他们必须被处死;流他们血的罪必归到他们自己身上(《利未记》:20:16)。

第30条 关于乱伦

你们都不可露骨肉之亲的下体,亲近他们。我是耶和华;不可露你母亲的下体,羞辱了你父亲。她是你的母亲,不可露她的下体(《利未记》:18:6-7)。

第31条 继母

人和他的继母同寝、就是露现了他父亲的下体,他们二人都必须被处死;流他们血的罪必归到他们自己身上(《利未记》:20:11)。

第32条 接下来一些关于乱伦

人拉了他的姐妹、无论是异母同父的或是异父同母的,男的看了女人的下体,女的也看了男的下体,这是可耻的事;二人都必须在他们本国的子民眼前被剪除:他露现了他姐妹的下体,他必须担当他自己的罪罚(《利未记》:20:17)。

第33条 关于裸露

你儿子的女儿或是你女儿的女儿、你都不可露现她们的下体,因为她们的下体、就是你自己的下体(《利未记》:18:10)。

第34条 关于裸露

你姨母你姑母的下体、你不可露现,因为那是显露了骨肉之亲的下体:二人都必须担当他们自己的罪罚(《利未记》:20:19)。

第35条 关于公媳同床

人和他的儿媳妇同寝、他们二人都必须被处死;他们行了逆伦的事,流他们血的罪必归到他们自己身上(《利未记》:20:12)。

第36条 关于乱伦

人娶了弟兄的妻子、那是污秽的事,是露现了他弟兄的下体;二人都会没有子女(《利未记》:20:21)。

第37条 关于乱伦

人娶了妻、并娶妻子的母亲,便是罪大恶极的事,他们必须被火

一 文献评注篇

烧，他和她们俩都烧，好使你们中间没有罪大恶极的事（《利未记》：20：14）。

第38条　关于乱伦

你父亲续娶的妻子的女儿、是你父亲生的、她本是你的妹妹，你不可露现她的下体（《利未记》：18：11）。

第39条　关于乱伦

妻子还活着的时候，你不可另娶她的姐妹、作她的对头、去露现她的下体（《利未记》：18：18）。

第40条　关于乱伦

不可露现你伯叔父的下体、去亲近他的妻子，她是你的伯叔母（《利未记》：18：14）。

第41条　关于乱伦

人和伯母婶母同寝、就是露现了伯叔的下体，二人都必须担当他们自己的罪罚；他们总会没有子女而死（《利未记》：20：20）。

第42条　关于人兽同床

凡和牲口同寝的必须被处死。（《出埃及记》：22：19）。人跟兽同寝、必须被处死；你们也要把那兽杀死（《利未记》：20：15）。

第43条　关于乱伦

人和他的儿媳妇同寝、他们二人都必须被处死；他们行了逆伦的事，流他们血的罪必归到他们自己身上。（《利未记》：20：12）。

第44条　关于伤害奴仆

凡用棍子击打奴隶，无论男奴或女奴，以致奴隶立刻死亡的，必须受罚；如果奴隶过一两天才死，主人就不必受罚；他在财产上的损失就是他的惩罚；如果有人击打男奴或女奴的眼睛，以致打坏了一只眼睛，他必须释放那奴隶，作为损失眼睛的赔偿；如果他打掉了奴隶的牙齿，也必须释放那奴隶，作为损失牙齿的赔偿（《出埃及记》：21：20-21，26-27）。

第45条　关于杀人

击打人以至于死的、必须被处死；若不是怀着恶意杀人，而是上帝交在他手中，我就给你设下一个地方，他可以往那里逃跑；人若任意待他的邻舍,用诡计去杀他,你也要从我的坛那里把他捉去处死;人若彼此争闹,这个用石头或拳头击打那个,还不至于死,不过病倒在床上;若能起来,倚着扶杖、出去走走,那击打他的就不必受罚,不过要将他休息的损失赔偿给他,并且要将他全完医好。(《出埃及记》:21∶12-14,18-19)。人若打死人,必须被处死;打死牲口的、必须赔上牲口,以命偿命;人若使他同伴有残疾;他怎样待人,人也必怎样待他(《利未记》:24∶17-19)。倘若人用铁器击打人,以致那人死去,那就是故意杀人的;故意杀人的、必须被处死;人若手中拿着会打死人的石头去击打人,以致那人死去,那就是故意杀人的;故意杀人的、必须被处死;或是人手里拿着会打死人的木器去击打人,以致那人死去,那就是故意杀人的;故意杀人的、必须被处死;人若因怨恨人而把人推倒,或是怀着恶意往人身上扔东西,以致那人死去;或是因仇恨用手击打人,以致那人死去,那击打人的必须被处死,他是故意杀人的;报血仇的遇见那故意杀人的,就可以把他打死;人若没有仇恨、突然将人推倒,或是没有怀着恶意、而往人身上扔什么器物;或是没有看见的时候、用会打死人的石头丢落在人身上,以致那人死去,实质与他无仇,也不是想法子要害他的;那么、会众就要按照这些典章在击打人者与报血仇者之间审判是非。会众要援救这杀人的脱离那报血仇者的手,也要使他返回他所逃进的逃罪城;他要住在城中,直到受圣膏的大祭司死了;人击杀人、必须凭着几个见证人的口、那故意杀人的才可以被处决;若只有一个见证人作证控诉一个人,那人就不必被处死;故意杀人的就是犯死罪的、你们不可收赎价去代替他的命;他必须被处死;那逃到逃罪城的人、你们不可为他收赎价、使他在大祭司未死以前再来住本地(《民数记》:35∶16-18,20-25,30-32)。错误杀人的、其规例乃是这样: 凡不知不觉、素来没有仇恨、击杀邻舍的人、得以逃到那里,就可以活着;凡人同邻舍进森林里砍伐树木,他手里挥着斧子砍树木;斧头竟脱了把,飞落在邻舍身上,以致那人死去,他若逃到一座这样的城,就可以活着;免得报血仇的趁着心中火热去追赶他,又因路远、竟把他赶上而击打了他,以致毙命;其实他并没有该死的罪案,因为那人和他素来并没有仇恨；因此我吩咐你说：你要分别三座城来（《申命记》：19：3－7）。

第46条　关于证人与假证人

凭着两个见证人或三个见证人的口、那该死的人就要被处死；只凭着一个见证人的口、是不可以被处死的；见证人要先下手，然后众民也下手，将他处死。这样，你就把那坏事从你们中间肃清了（《申命记》：17：6－7）。

单独一个见证人不能起来指证一个人有什么愆尤或什么罪，就是说不能指证他所犯的任何罪，总要凭着两个见证人的口或三个见证人的口、罪案才能成立；若有一个强暴的见证人起来指责一个人，作证控诉他横逆不道；那么、彼此争讼的这两个人就要站在永恒主面前、在当日做祭司做审判官者面前；审判官要仔细查究；如果那见证人是个假的见证人作假见证控诉他的族弟兄；那么你们就要照他所图谋要待族弟兄那样去待他；这样、你就把那坏事从你中间肃清了（《申命记》：19：15－19，29）。

第47条　关于男女巫士

你不可容行邪术的女人活着（《出埃及记》：22：18）。

你们不可偏向那些交鬼的和行巫术的；不可求问他们，以致因他们而蒙不洁；我永恒主是你们的上帝（《利未记》：19：31）。

人偏向交鬼的和行巫术的、变节（原文作：行邪淫）去随从他们，我要向那人板着脸，把他从他的族人中剪除掉；无论男人女人、不拘是交鬼的或行巫术的、如果你们中间有这样人的话，总必须被处死；人要扔石头把他们砍死；流他们血的罪必归到他们自己身上（《利未记》：20：6，27）。

第七章　拜占庭《市政官法》译注

提要：《市政官法》在拜占庭帝国的法律史上占有重要地位，这部法律主要用于规范君士坦丁堡的金银珠宝、丝绸、香料等行业。瑞士学者朱尔斯·尼克尔最早在瑞士图书馆发现该法律手册，经过整理、编辑后，于1893年出版希腊文、拉丁文校勘本和法译本，这是目前国外拜占庭研究学术界认可的权威版本。1938年英国学者弗雷什菲尔德将尼克尔的希腊文校勘本翻译成英文并出版。本文即根据朱尔斯·尼克尔的拜占庭希腊文校勘本，并结合弗雷什菲尔德的《市政官法》英译本进行译注，意在提供更符合原文的、完整的中文译本。

《市政官法》是拜占庭帝国法律史上一部重要的城市管理方面的法律汇编。[①] 它出现于9—10世纪前后，由马其顿王朝皇帝利奥六世（Leo Ⅵ，886—912年在位）所颁布，其核心内容是关于君士坦丁堡中

[①]《市政官法》，也被译为《市政官手册》，希腊文原文为 Tò ἐπαρχικὸν βιβλίον，拉丁字母转写为 To Eparchikon Biblion，其中 ἐπαρχικὸν（eparchikon）是皇帝对各大政区长官（ἐπαρκὸν，拉丁字母转为"Eparkon"，包括君士坦丁堡市政长官）所下达的敕令。弗雷什菲尔德（E. H. Freshfield）最早将这部法典译为英文 *The Book of Eparch*；徐家玲在《拜占庭文明》一书中将这部法律手册译为《市政官法》；在列夫臣柯的《拜占廷》（葆煦译）和奥斯特洛格尔斯基的《拜占廷帝国》（陈志强译）中都译为《市长手册》；在布瓦松纳的《中世纪欧洲生活和劳动》（潘源来译）中译为《总监便览》；在耿淡如、黄瑞章译注《世界中世纪史原始资料选辑》中将其译为《市政录》。笔者以为，此文献以行政法的形式规范城市商贸活动，市政官依据此法规执法，因此仍然采取《市政官法》的译法。该法并非适用于拜占庭帝国所有城市，仅限于首都君士坦丁堡的管理。

工商业管理的法律条文。①

学术界对这部法律手册的了解主要来自 14 世纪的希腊文和拉丁文手抄本。这部手抄本最早由瑞士学者朱尔斯·尼克尔（Jules Nicole）于 1892 年在日内瓦图书馆内发现，随后他将这部手抄本整理编辑并翻译成法语，于 1893 年以古希腊文、拉丁文、法文三种文字的形式出版。英国学者弗雷什菲尔德（E. H. Freshfield）对尼克尔的希腊文版本进行了英文翻译并做出注释，编写出《市政官手册》（The Book of the Eparch）一书，并于 1938 年出版，本章即依据弗雷什菲尔德的英文版本和朱尔斯·尼克尔的希腊文校勘本翻译而成。

这部法律手册以拜占庭首都君士坦丁堡为规范对象，以城市的工商业活动为管理内容，按照行会类别对君士坦丁堡中重要的工商业进行规范。《市政官法》理论上认为君士坦丁堡中所有工商业活动都要受城市政府的控制，但在这部法律手册中利奥六世并没有详细制定所有商业活动的规则，只是对君士坦丁堡中重要的商业领域进行规范。《市政官法》根据行会类别分为二十二章，前十九章详细规定了十九种行会的管理规则、市场管理规范等，后三章对城市政府的各种代理人以及各种承包商进行规定，以此凸显政府对城市经济的有序管理。《市政官法》对我们了解君士坦丁堡史具有重要价值，也是我们了解拜占庭经济史的重要历史文献。

一　关于公证人

第 1 条　公证人[1]必须由会长[2]和其他成员选举产生。公证人候

---

①　关于《市政官法》的成书时间和颁布者，学界一直存在争议。由于发现的最早版本是藏于日内瓦图书馆一份 14 世纪的手抄本，这份手抄本用古希腊和拉丁文两种文字书写，并带有明显的校订痕迹，且第一章的前三段有一些附加的摘录文字，而最后署名的立法者为利奥六世，时间为 911—912 年，因此学者们据此推论这部法典由马其顿王朝皇帝利奥六世所颁布，但也有学者对此不持肯定说法，只是认为此有可能是利奥六世颁布的。见 A. A. Vasiliev, *History of the Byzantine Empire*, *324 – 1453*, Vol. I, Madison：The University of Wisconsin Press, 1952, p. 344。

选人必须精通法律，擅长书法，无妄言、傲慢、荒淫等不良习惯[3]，而且须有受人尊重的品格，裁决公正合理，学识渊博。同时，须善于演讲，准确地起草讲稿，以免因书写错误而使公文被曲解。

凡公证人候选人未符合上述规则，其举荐者应接受审查。

[1] "公证人"，原文为"ταβουλλάριος"，现代英文为"notaries"。原意是"书记员"的意思，但在不同时期这一词汇的具体含义是有变化的。晚期罗马帝国时期，"taboullarios"在帝国首都和行省的诸多行政部门中经常出现，包括财政部门。从6世纪开始，该词的含义为"公证人"，其主要职能是准备各种文书，他们组成的"行会（guild）"是国家权力控制下的具有法人含义的主体。①

[2] 该词希腊文为"πριμμικήριος"，英译为"dean"，是指某个组织内的高级人员、领导者，在这里是指公证人行会的会长。

[3] 耿淡如先生将该句译为"不多嘴、不傲慢、不荒淫"②，结合原文将其译为"无妄言、傲慢、荒淫等不良习惯"更为贴切。

第2条 候选人必须谙熟《法学手册》[1]的四十篇内容，以及六十卷本的《帝国法典》[2]，经历通识教育[3]，熟悉文法知识，否则将无法顺利地起草文件，并准确表达自己的意见。

行会应允许候选人有充足的时间证明其体力和智力。在行会会议上公证人亲自书写文件，要做到完全符合规格。如选举的公证人无法胜任此项工作，市政官将剥夺其公证人资格。

[1] 耿氏译文为"普洛赫龙四十题"，根据学术界的统一翻译，应翻译为《法学手册》（*Procheiros Nomos*，870—889），这是拜占庭皇帝瓦西里一世（Basil Ⅰ，867—886年在位）颁布的法典。该手册共有40篇，内容主要包括刑法和民法两部分。

[2] 耿氏译文为"瓦西利六世卷"，目前学术界较为普遍的翻译是《帝国法典》（*Basilica*），又音译为《瓦西里加》，这是皇帝利奥六世（Leon Ⅵ，886—912年在位）颁布的法典，该法典分为60卷，是在《民法大全》的基础上，根据时代

---

① Alexander P. Kazhdan ed., *The Oxford Dictionary of Byzantium*, Vol. 3, New York: Oxford University Press, 1991, p. 27.
② 耿淡如、黄瑞章译注：《世界中世纪史原始资料选辑》，天津人民出版社1959年版，第127页。

的需要对其进行删节和修改的结果。

[3] 通识教育，又称为"博雅教育"，它不同于专业教育、专才教育，追求的是学生全面技能的培养。①

第3条　选举方法如下：

在经过陈述和审查之后，候选人身着斗篷[1]与行会其他会员以及会长一起站在富有名望的市政官面前，以上帝的名义起誓并感谢皇恩。之后，他们宣誓：候选人的成功，是以他的美德、博学和智慧，以及其他值得人们尊敬的品质赢得了选票，而不是通过阴谋、个人关系等不正当手段获得。

宣誓典礼完毕后，会长向人们宣布选举结果，候选人即成为公证人行会的一员。

离开法庭后，候选人将前往离住宅最近的教堂。在所有身着斗篷的公证人面前，他脱下斗篷，换上牧师穿的白袍，接受神父和牧师们的祷告和祝福。在所有公证人的陪同下，新选举的公证人将《圣经》捧在胸前，会长手持香炉向其献香，袅袅升起的烟象征他将在上帝的面前接受考验。

新选举的公证人在这种庄严的选举盛况中成为公证人行会的一员。选举程序结束之后，他将在人们的祝贺中满怀欣喜地回家继续和朋友们欢庆。

[1] 该词希腊文为"$\dot{\varepsilon}\varphi\varepsilon\sigma\tau\rho\dot{\iota}\delta\iota o\nu$"，是"斗篷"的意思，根据上下文可知，这应该是公证人的制服，是他们身份的标志。

第4条　无论什么原因，如公证人没有参加皇帝的出行活动[1]或缺席竞技场的集会，或缺席会议或缺席有名望的市政官的召集，抑或是任何集会，那么他必须向市政官员和行会成员各赔偿4凯拉蒂永[2]作为补偿。

但是，如公证人能够为自己的缺席进行有力而合理的辩护，那么在

---

① E. A. Sophocles, *Greek Lexicon of the Roman and Byzantine Periods: From B. C. 146 - A. D. 1100*, London: Oxford University Press, 1914, p.418.

会长的提议下，此公证人的赔偿可以被免除，对他的起诉也将被免除。

[1] 希腊文为 "*πρόκενσος*"，同义词为 "*πρόκεσσος*"，该词是指拜占庭皇帝从位于君士坦丁堡的宫殿到其他地方的出行，或者临时暂留其他地方。①

[2] "凯拉蒂永"，希腊文为 "*κεράτιον*"，是拜占庭的一种重量单位。其原意是古希腊长角豆树上的果实，由于这种长角豆重量近乎一致，所以被用作珠宝和贵金属的重量单位，1 凯拉蒂永约 0.19 克。② 后来 "凯拉蒂永" 成为一种银币，是拜占庭金币诺米斯玛的 1/24。③

第 5 条 当会长因紧急事务召集公证人时，如连续三次召集某位公证人都未到场，那么此公证人应接受相应的处罚，即分别为第一次召集支付 2 凯拉蒂永，为第二次支付 4 凯拉蒂永，为第三次支付 6 凯拉蒂永，处罚者如表现出自以为是或者轻视的态度，由市政官处罚之。

第 6 条 当一名公证人收到起草一份文书的命令后，另一名公证人也收到此命令，那么这两名公证人应该一起合作完成这份文书，并平分薪酬。如后者并没有收到命令而加入此项工作，那么他必须退出这项工作，且没有任何薪酬，并接受鞭笞的处罚。在起草文书的过程中，如公证人自愿退出这项工作，其薪酬将被取消。

第 7 条 公证人在起草文书的过程中，如有充分的理由退出这项工作，那么他可以选择一名公证人代替他的工作，后者将获得 2/3 的薪酬，前者可以获得 1/3 的薪酬。

第 8 条 如两名公证人先后接到命令起草文书，那么后者在不知情的情况下完成这项工作后，可以获得全额的薪酬。相反，如后者知道这种情况，那么完成工作后他将获得薪酬的 1/3，而前者将获得 2/3 的薪酬。如两者在同一时间接到命令，那么应按照接到命令的顺序决定由谁来完成这项工作，但薪酬由这两名公证人平分。

---

① E. A. Sophocles, *Greek Lexicon of the Roman and Byzantine Periods: From B. C.* 146 – *A. D.* 1100, p. 931.

② Alexander P. Kazhdan ed., *The Oxford Dictionary of Byzantium*, Vol. 2, pp. 1123 – 1124.

③ Robert S. Lopez and Iriving W. Raymond trans., *Medieval Trade in the Mediterranean World*, New York: Columbia University Press, 2001, p. 20.

一 文献评注篇

第9条 当一名公证人走到另一名公证人身边,而后者却没有以礼相待,后者将被处以6凯拉蒂永的罚款。同样,当公证人没有遵守优先顺序或者用粗暴的语言对待其同行时,对这名公证人处以同样的刑罚。凡殴打同行者,由市政官审理,并处罚有过失的当事人。

第10条 当因一份文书或一份裁决,如薪酬等,使得公证人之间发生轻微争吵时,由会长处理这种纠纷。如这种纠纷比较严重,那么会长将把此事上报于市政官,由市政官对此事进行裁决。被判理屈的一方,如不服会长的处罚,应支付3诺米斯玛[1]。

[1] "诺米斯玛",希腊文为"νόμισμα",它是拜占庭时期的一种金币,即拉丁文的金币"索里达"(solidus)等值,1诺米斯玛等于1/72磅黄金,等于4.5克。

第11条 当公证人起诉其他公证人时,首先应向行会会长提出申请,然后再向市政官的法庭提出申请,如未遵守此程序,起诉将被驳回。

第12条 公证人须协同证人与委托人,准备文书,文书后面应附有符合法律的公证人的标识[1],并在文书上盖以印章,以保证公证的有效性。违者,处以鞭笞和剃发[2]的刑罚。

[1] 弗雷什菲尔德认为,此处的"κόμπλαι"是指拜占庭公证人个人的签名。耿氏认为是结尾公式。结合这两种看法,笔者认为翻译为"标识"更为合适,其目的就是说明这是某一位公证人所承担的工作。①

[2] 罗马人有留须和蓄发的习惯,而为了区分奴隶和公民的身份,奴隶必须剃发。因此,剃发对于罗马人来说是一种惩罚,拜占庭帝国延续了罗马的这一传统。②

第13条 由市政官负责任免少年法学教师和古代继承法教师[1],但每一次任免要通过行会中所有公证人、会长以及其他教师的投票选举才能生效。如任命的是少年法学教师,按照惯例他应向会长缴纳2诺米斯玛,向行会缴纳4诺米斯玛作为报名费,如是一位古代继承法教师,

---

① Ivan Dujcev, J. Nicole and E. H. Freshfield, *The Book of Eparch*, London:Variorum Reprints, 1970, pp. 220, 230;耿淡如、黄瑞章译注《世界中世纪史原始资料选辑》,第130页。

② Alexander Adam, *Roman Antiquities:Or an Account of the Manners and Customs of the Romans*, New York:Printed by Willian A. Mercein, NO. 93 Gold-Street, 1819, pp. 413 – 414.

那么他将向会长缴纳1诺米斯玛,向行会缴纳2诺米斯玛作为报名费。

[1] 此处关于两种教师的译法存在分歧,弗雷什菲尔德认为是法学教师和古法教授,耿淡如译文中认为高级教师和低级教师,而笔者认为应该是教授未成年学生的法学教师和教授古代继承法的教师。①

第14条 每一位新当选的公证人照例必须向会长缴纳3诺米斯玛,向行会中的每一位公证人缴纳1诺米斯玛,并向行会缴纳6诺米斯玛作为席位费[1]。

[1] 此处弗雷什菲尔德译为"餐桌",耿淡如译为"座位",笔者将其译为"席位",这里指公证人加入行会后,有一定固定位置,是身份和地位的象征,也是出席会议的座位。②

第15条 在没有市政官明确授权以及公证人投票选举的情况下,如一名法律教师起草公证人文书,将遭受鞭笞的刑罚,并被剥夺法律权利。

第16条 在公证人行会所办的法律学校中,法学教师和法学教授禁止外校学生在没有交付课程费用的情况下转入本校。对于本校的学生,如父母认为孩子在这里没有受到良好的教育,那么在会长知晓的情况下,可以申请退学。

第17条 公证人雇用的记录员要完全服从于雇用者,违者将被解雇,并处以一定的罚金,且禁止本行会中其他人雇用此记录员。

第18条 记录员不可以起草法律文书,只有公证人拥有这个权力。

第19条 记录员的薪酬从雇佣者(公证人)的薪酬中抽取,具体为每1诺米斯玛中抽取2凯拉蒂永。

第20条 凡公证人无缘无故去抢夺另一名公证人的委托人,如教会、权威机构或者是修道院抑或是孤儿院、老人庇护所等,那么前者应向后者支付10诺米斯玛。

---

① Ivan Dujcev, J. Nicole and E. H. Freshfield, *The Book of Eparch*, p. 227;耿淡如、黄瑞章译注《世界中世纪史原始资料选辑》,第130页。
② 耿淡如、黄瑞章译注《世界中世纪史原始资料选辑》,第130页。

— 文献评注篇

第 21 条 当会长因疾病、衰弱、年龄等原因不能继续担任职务时,他应当退出此职位,但他仍领取与在位期间一样的薪酬,继任者将继续执行他的措施。

第 22 条 在选举会长的过程中,市政官应按照优先顺序提名行会中等级高的公证人,前提是全体成员一致同意此公证人有担任会长工作的资格。如被选举的公证人有不良品行,那么其选举资格将被取消。同时,第二名和第三名将会优先考虑,当选者应对行会成员表示感谢。

第 23 条 行会中记录员的人数不能超过 24 人。公证人不得以需要替补人员为借口,增加其人数。违规者将被取消职务和荣誉。记录员的人数应与公证人的人数一致。

第 24 条 公证人不得自行雇用记录员,需先呈报于行会和会长,并向他们保证此记录员有能力胜任本项工作,方可雇用。一名公证人只能雇用一名记录员。

第 25 条 关于公证人的薪酬标准,公证人应该遵守以下规定:

如起草的文书标的少于 100 诺米斯玛,那么公证人可以获得 12 凯拉蒂永的薪酬。如文书的价值超过 100 诺米斯玛,那么公证人的薪酬应限制在 1—2 诺米斯玛。

公证人的薪酬不能超过以上的数字,且不能因委托人财富的多寡而变化,也不能因交易事务的性质而变化,如买卖、遗嘱、婚约等事务。如公证人要求的薪酬高于以上规定的标准,那么市政官将取消其职务,并处罚之。

然而,如公证人并没有要求增加薪酬,而委托人却主动赠与公证人额外的报酬,那么此公证人可以毫无异议地接受这份报酬。

当公证人的薪酬对于委托人而言太多时,委托人把文书留在公证人那里,随着时间的推移,双方了达成一致的文书被逐渐遗忘,结果容易导致彼此之间产生纠纷。

第 26 条 当有公证人去世时,行会中所有的公证人应参与其葬礼,并身着斗篷陪送逝者至最后安葬的地方,以使其葬礼和荣誉相称。

如无充分理由,任何成员都必须遵守这种丧葬规定,违者,处以 6

凯拉蒂永的罚金。

二 关于金银珠宝商[①]

第1条 金银珠宝商有权购买经营范围内的金银珠宝。对于其他制品，如铜或亚麻布衣服等，除私用外，不得购买。

第2条 当有人让金银珠宝商对其将出售的货物进行估价时，他们[1]必须给出一个公平的价格，不得抬高或贬低价值以侵害卖家利益。违规者须向卖家支付与估价相等金额的赔偿。

[1] 指珠宝商人。

第3条 集市开放期间，按照惯例，金银珠宝商应留在自己商铺中指导伙计干活，如将"诺米斯玛"兑换成"米利亚里森"[1]。他们可以购买经营范围内的制品。

[1] "米利亚里森"，原文为"μιλιαρίσιον"，是拜占庭帝国7世纪前后出现的一种银币，1米利亚里森约等于7.5克。

第4条 当发现有人出售金银珠宝制品时，金银珠宝商须向市政官报告，以免这些贵重物品流入外邦人之手。

第5条 凡私自出售银子用于加工或贩卖者，皆处以砍掉双手的刑罚。

第6条 如有外来人出售已加工或者未加工的金银制品，金银珠宝商人必须查明物品来源，并向市政官报告，以防止盗窃行为。

第7条 如金银珠宝商人在未向市政官报告的情况下将购买的圣物卖掉，那么不管圣物是否完整，都将被充公。

第8条 无论金银珠宝商人是自由人还是奴隶，都不得购买超过1

---

① 原文为"αργυροπράτης"，主要是指经营金银兑换和借贷的商人。

磅[1]的黄金制品或未加工的黄金。

[1] 此处原文为"λίτρα",是拜占庭时期的货币重量单位,由君士坦丁大帝在309年或310年制定,1磅黄金等于72个索里达①。

第9条 违反上述规定,且没有及时告知会长者,如此人是奴隶,那么此后他将成为行会或者圣库[1]的财产;如是自由人,将处以鞭笞的刑罚,并处以1磅黄金的罚金。

[1] "圣库"的希腊文原文为"τό δημόσιον",是拜占庭国家财政部门。②

第10条 如果奴隶欲开设金器作坊,则需主人为其担保,且主人须证明其担保合法。如果开设作坊者为自由人,则需五名担保人作担保,这五名担保人要对其担保负责。

第11条 金银珠宝商人不得在家中加工制作金银制品,必须在位于中央大道[1]上的作坊中工作。未经市政官的许可,金银珠宝商人不得提名任何人成为行会中的一员。

[1] "中央大道",又被称为"迈西大道",其原文为"μέση",是君士坦丁堡城市的主要干道,也是帝国礼仪路线,贯穿整个君士坦丁堡。

第12条 未经市政官许可,任何金银珠宝商人不得进行估价。在估价中,金银珠宝商人之间不得争吵。违规者,处以鞭笞和剃发的刑罚,并取消其行会成员的资格。

三 关于钱庄经营商③

第1条 试图加入钱庄经营商行会者,须由正派且有地位的人士

---

① Alexander P. Kazhdan ed., *The Oxford Dictionary of Byzantium*, Vol. 2, p. 1238.
② Alexander P. Kazhdan ed., *The Oxford Dictionary of Byzantium*, Vol. 1, p. 610.
③ 原文为"τραπεζίτης",主要是从事钱庄经营和货币兑换的人。在罗马帝国晚期,"τραπεζίτης"的含义与上一章的金银珠宝商相同,后来逐渐具有"钱庄管理者"的含义,他们常与帝国内一些较富有的家族有联系,这些家族为经营者提供资金。经营者的诚实非常重要。参见 Alexander P. Kazhdan ed., *The Oxford Dictionary of Byzantium*, Vol. 1, p. 250.

为其担保，担保此人不做违法事情，即绝不锉磨或者伪造诺米斯玛和米利亚里森。当钱庄经营商忙于其他业务时，不得将货币兑换工作委托其奴隶处理，以防止出现欺诈行为。违规者将处以砍掉双手的刑罚。

第2条　当发现有流动小贩在市场或街道上向人们兑换钱币时，他们须及时向市政官汇报，以阻止小贩侵犯钱庄经营商的利益。如他们有意不向市政官汇报，那么他们将被处以上述处罚。

第3条　如要兑换的米利亚里森成色较好，且上面有皇帝清晰的头像，那么钱庄经营商不能降低其价值，其兑换率为1米利亚里森兑换24奥沃勒斯[1]。如米利亚里森成色不好，钱庄经营商应进行估价，然后根据估价兑换。违规者将处以鞭笞的刑罚，并充公其财产。

[1] 奥沃勒斯，原文为"ὀβολός"，该钱币原为古代希腊使用的货币，古希腊劳动者一般一天的收入就是4个奥沃勒斯①。该钱币相当于后来罗马使用的弗里斯（*follis*），1奥沃勒斯等于1/24米利亚里森。②

第4条　每位钱庄经营商必须雇用两人帮其记录账目，对于这两名记账人员，他必须提高警惕。当记账人违规时，此钱庄经营商和违规者都将被处以上述惩罚。

第5条　如钱庄经营商收到伪造的诺米斯玛或米利亚里森，却没有向市政官汇报，那么此钱庄经营商将被处于鞭笞、剃发的刑罚，并被逐出行会。

第6条　钱庄经营商不得将账簿和钱款委托给奴隶，令其在广场或街道上招揽生意以获得收益。严禁钱庄经营商人在为皇室服务时歇业。违规者，处以鞭笞的刑罚，并将其家产充公。

---

① 罗念生、水建馥编：《古希腊语汉语词典》，商务印书馆2004年版，第584页。
② Alexander P. Kazhdan ed., *The Oxford Dictionary of Byzantium*, Vol. 2, p. 794.

四 关于丝织品商人[①]

第 1 条 丝织品商人主要从事购买丝绸衣物的生意,对于其他物品,除私用外,他们不得购买,且所购私用品不得再次转售。此外,他们不得将列于违禁名单中的物品出售与陌生人,如由特殊染料染制而成的紫袍[1],以免使得这些物品流出国外。违规者,处以鞭笞的刑罚,并将其财产充公。

[1] 紫色是皇权的象征,只有皇室贵族有权穿紫色服装。

第 2 条 无论丝织品商人的身份是奴隶还是自由人,无论他们是从贵族、生丝商人还是其他人那里购买丝绸服装,只要他们购买的丝绸服装价格超过 10 诺米斯玛,就必须向市政官报告,市政官指示他们出售此类丝绸服装的去向。违规者,处以上述刑罚。

第 3 条 丝织品商人经营的丝绸服装,如果颜色为桃红色、红色,或者是衣服颜色的 2/3 是红色,那么他须向市政官汇报,否则,将遭受处罚。

第 4 条 向外邦人出售丝绸服装的丝织品商人,应提前向市政官报告,以便市政官对此类产品进行检验。违规者将受到处罚。

第 5 条 试图加入丝织品商人行会者,必须有五位行会成员向市政官证明此人有能力胜任该项工作。加入行会后,该成员可以开设店铺,从事经营。他需向行会缴纳 6 诺米斯玛的入会费。

第 6 条 在市政官的推荐下,并缴纳 10 诺米斯玛税收后,丝织品商人才能开设丝绸服装工场[1]。

[1] "工场",原文为"ἐργοδόσια",拜占庭时期的手工作坊。

[①] 原文为"βεστιοπράτης",是经营丝绸成品的商人,他们也可以制作丝绸成品,但不进行生丝制作,其制作和经营的丝绸成品主要是丝绸服装。因此,这种商人也可以称为"丝织品商人"。

第7条　凡欲从事丝绸服装买卖和成丝织染事务者，须从二者中选择一种。同时从事两种事务者，将受到上述处罚。

第8条　严密检查在旅馆留宿的陌生人[1]，确保他们没有购买违禁的丝绸服装和丝绸布料，但个人所需的丝绸布料不在禁购之列，但这些丝绸布料需在君士坦丁堡制作成他们所需的服装。陌生人离开君士坦丁堡之前，必须告知市政官，以便市政官对其所购物品进行检查。帮助陌生人逃避该检查的人，将处以鞭笞，并没收其财产。

[1] 指君士坦丁堡以外的人。

第9条　丝织品商人不论是私下或公开地提高其他丝织品商人的租金，都将被处以笞刑、剃发，并被没收财产。

五　关于从叙利亚和巴格达进口手工货物的商人①

第1条　市政官任命的一位总管[1]负责管理这些商人。除经营来自叙利亚的服装、塞琉西亚[2]和其他地区的哈利赫[3]丝绸外，不得从事其他属于丝绸商人经营范围内的生意。违规者，处以鞭笞和剃发的刑罚，并逐出其行会。

[1] "总管"，希腊文原文为"ἐξάρχος"，是专门管理这些商人的市政官员。

[2] 指位于小亚南部地区伊苏里亚海岸的"塞琉西亚"城，在拜占庭时期该城是活跃的港口城市，而且曾建有制造军队和官员服装的工场。②

[3] 希腊文原文为"χαρερεία"，是一种丝绸。③

第2条　进口的叙利亚纺织品将整批储存在货站中，商人们到此集会并批发采购这些货物。来自叙利亚的其他货物也按照这种程序运作，

---

① 原文为"πρανδιοπράτης"，指在君士坦丁堡出售叙利亚和巴格达进口货物的商人。
② Alexander P. Kazhdan ed., *The Oxford Dictionary of Byzantium*, Vol. 3, p. 1866.
③ Alexander P. Kazhdan ed., *The Oxford Dictionary of Byzantium*, Vol. 3, p. 1712; Ivan Dujcev, J. Nicole and E. H. Freshfield, *The Book of Eparch*, p. 281; E. A. Sophocles, *Greek Lexicon of the Roman and Byzantine Periods: From B. C. 146 – A. D. 1100*, p. 1161.

一 文献评注篇

如内衣、棱纹毛料大衣，光面或波纹丝织服装、单一或双重纹理袖子的服装等。来自巴格达的手工货物亦如此。这些商人拥有购买上述所有产品的特权，居住在君士坦丁堡十年以上的叙利亚商人也有此特权。

销售这些货物的地点固定在拱形长廊的街道上[1]。拒绝遵守上述规定的商人，对其处以上述刑罚。

[1] 原文为"ἔμβολος"，是罗马和拜占庭时期城市中常见的街道建筑，也是各种商店聚集的地方，即城市的商业中心。①

第3条 进口货物运抵货栈后，行会所有成员一起筹集资金。每位成员凭财力决定投入的资金，总管根据他们投入的财富多少来分配货物。

第4条 无论叙利亚货物的优劣，进口商人必须购买所有货物，包括运输造成损伤的货物等。但染料和香水分别由染料商和香料商购买。

城市中的普通居民或贵族在其个人和家庭需要范围可以从委托商[1]那里购买货物。

[1] 这里指叙利亚进口商人。

第5条 来君士坦丁堡做生意的叙利亚商人在驿站逗留的时间不得超过三个月。在这三个月里，他们必须卖完所有货物，并完成采购。所有以赊账方式委托给他们的外来货物都要向总管汇报，总管尽量处理好这些货物交易。

违规者，处以鞭笞、剃发的刑罚，并没收其财产。

六 关于生丝商人②

第1条 生丝商人不得从事其他职业，须在规定场所内进行公开经

---

① Alexander P. Kazhdan ed., *The Oxford Dictionary of Byzantium*, Vol. 1, pp. 688 – 689.
② 原文为"μεταξοπράτης"，这是一个合成词，其中"μέταξα"是"生丝"或"蚕茧"的意思。生丝商人即专门从事生丝加工和贸易的商人。

营。违规者将处以鞭笞、剃发以及逐出行会的处罚。

第 2 条 生丝商人雇用工匠须按月支付报酬，凡预先支付薪金者不得超过一个月，即工匠能够赚到的薪金在 30 天内，超出规定额度的部分将被处以罚金。

第 3 条 当雇工没有完成工作的情况下，其他生丝商人不得雇佣之。否则，该雇工从第二个雇佣者处获得的薪金将被罚没。

第 4 条 生丝商人每出售 1 亘蒂纳里永[1]的生丝，须向总管[2]缴纳 1 凯拉蒂永的费用。生丝商人的台秤或杆秤上须盖有市政官的印章，否则对其处以鞭笞和剃发的刑罚。

[1] 原文为"κεντηνάριον"，是拜占庭时期的重量单位，约 45 千克。

第 5 条 暂住于商队旅馆[1]的外地生丝商人[2]，除租金和居住的费用外，无须支付其他费用。同样，来此地生丝购买者也无须支付任何费用。

[1] 原文为"μιτάτοι"，指专门为外来丝绸商居住并存储货物的旅馆。
[2] 这里"外地"既指君士坦丁堡以外帝国其他区域的生丝商人，也指外邦生丝商人。

第 6 条 试图加入行会者，须由德高望重者证明其具有良好的声誉，然后向行会缴纳 10 诺米斯玛，即可成为成员。

第 7 条 如果生丝商人将生意委托给奴隶，那么该奴隶将与主人一起承担风险，并像其主人一样为任何欺诈行为承担责任。

第 8 条 在集市开放期间，行会所有成员一起采购生丝，每位成员按照自己的财富总量决定投入。由此，最终按照成员的投入确定生丝分配的比例。

第 9 条 如富有的生丝商人将进口的生丝出售给较为贫穷的生丝商人，那么每诺米斯玛的生丝只能获得 1/12[1]黄金的利润。

[1] 原文为"ουγγιά"，来自拉丁文的"uncia"。

第 10 条 为获得报酬，以个人的名义为贵族、富人或者丝绸工匠购买生丝的生丝商人，将被处以鞭笞和剃发的刑罚，并被逐出行会。

第11条 在购买者缴纳定金后，如生丝商人提高生丝的价格，那么此商人将被处以与定金等额的罚金。

第12条 凡生丝商人被发现出城购买生丝，将被逐出行会。

第13条 生丝商人不得在家中出售未成品的生丝，应在佛劳丝[1]市场出售，以防止那些无生丝购买权的人私下购买生丝。违反这种规定的生丝商人须向行会缴纳15诺米斯玛的罚金。[2]

[1] 原文为"φόρος"指长期的市场或者交易场所。①

[2] 按照希腊文原文，并参照洛佩兹的译文，此处处罚的措施是15诺米斯玛，而非鞭笞和剃发，弗雷什菲尔德的译文有误。②

第14条 生丝商人无权从事丝绸纺织工作，他们的经营范围仅限于买卖生丝。违者，处以鞭笞和剃发的刑罚。

第15条 生丝加工者无论在公开还是私下的场合，都不得购买纯生丝[1]，违者，处以上述刑罚。

[1] 原文为"καθαράν μέταξαν"，洛佩兹在《拜占庭帝国的丝绸业》一文中认为，此处有两种译法，一种是相对于有污渍和受损的丝绸，可以翻译为"干净的生丝"；另一种相对于掺杂了棉花和亚麻的生丝而言，该处也可以翻译为"纯生丝"。笔者根据上下文，认为翻译为"纯生丝"更为符合文义。③

第16条 生丝商人不得将生丝出售给犹太人，也不得向那些在城外转售生丝的商人出售。违规者将被处以鞭笞和剃发的刑罚。

---

① Robert S. Lopez and Iriving W. Raymond trans., *Medieval Trade in the Mediterranean World*, p. 22.

② Ivan Dujcev, J. Nicole and E. H. Freshfield, *The Book of Eparch*, p. 33; Robert S. Lopez and Iriving W. Raymond trans., *Medieval Trade in the Mediterranean World*, p. 22.

③ Robert S. Lopez, "Silk Industry in the Byzantine Empire", *Speculum*, Vol. 20, No. 1, 1945, p. 16.

七 关于纺丝工[①]

第1条 纺丝工只能为了加工而购买大量生丝,不能转售未加工的生丝,也不能在富人的建议下储存生丝。违规者,处以鞭笞和剃发的刑罚,并取消他们经营制作生丝的资格。

第2条 贫穷的纺丝工或者没有登记在册的生丝商人[1],无论性别,不得直接从外边[2]购买生丝,可以从生丝商人那里购买,每1诺米斯玛的生丝支付1/12的酬劳。

[1] 原文为"μεταξάριος",乔治·曼阿尼蒂斯认为是身份低下的生丝商人,如奴隶身份的生丝商人,他们不可以注册、加入生丝商人行会。[②]

[2] 指君士坦丁堡城外。

第3条 凡自由身份的纺丝工欲加入生丝商人行会,则须先向市政官言明此事,并拿出证据证明他已经放弃纺丝工的职业。最后,按照惯例,他将支付2诺米斯玛作为进入行会的费用。

第4条 除非获得许可,纺丝工禁止购买生丝,只有在获得生丝商人邀请的情况下,才可以和生丝商人一起购买生丝,且生丝的价格由生丝商人行会和纺丝工行会共同制定。禁止双方随意提高或降低价格。

第5条 当纺丝工需要购买生丝时,应先向市政官申请,并向市政官提交要购买的生丝数量的书面登记,并证明其非奴隶身份以及其生丝来源和诚实的信誉。如无这些保证,生丝可能因销售不好而减价,或者落入不法之徒手中。

第6条 如有纺丝工违反规定,以零售的形式转售生丝,或传播谣言,或傲慢无礼,或经常与人发生争执,或使用身体暴力而降低了自己

[①] 原文为"καταρτάριος",该职业是把从蚕茧中抽出的生丝加工成具有一定光泽的成丝。因此可以称为"生丝加工商"。参见 Alexander P. Kazhdan ed., *The Oxford Dictionary of Byzantium*, Vol. 2, p. 1115。

[②] George C. Maniatis, "Orgnization, Market Structure, and Modus Operandi of the Private Silk Industry in Tenth-century Byzantium", *Dumbarton Oaks Papers*, Vol. 53, 1999, p. 277.

◈ 一 文献评注篇

身份；凡有上述言行的纺丝工，将被逐出行会，并被禁止继续出售成丝。

八 关于成丝染匠[①]

第1条 禁止成丝染匠给高等级的"紫袍"染色，这里的"紫袍"是指由紫色或紫色与深绿色的混合色染成的高级衣物。染匠可以把红色与其他颜色的染料混合在一起，染成桃红色，或者是斯拉夫风格的女性头巾那种猩红色。如果"紫袍"或上等衣物上染的桃红颜色有或超过两个手掌的长度，持有者应向市政官汇报，那么此衣物无论有无其他杂色，其价格必须提高至10诺米斯玛以上。

第2条 至高无上的皇室所穿衣服的颜色是用浓度6到8的碱液浸泡出[1]的稀有而纯正的紫色，贵族和普通市民严禁穿这种紫色的衣服，他们只允许可以穿浓度10到12的碱液浸泡出的紫色服装。包括为皇帝准备的各种零碎物品，除了束身衣物用其他颜色以外，皇帝的衣服都是用这种纯正的紫色染成。

凡违反上述禁令的染匠，将被没收财产，并被禁止继续工作。

[1] 当时制作紫色染料的一种方法。

第3条 如染匠拒绝向服装检察官透露经营场所的地点并接受检查，或向城外的陌生人出售价格超过10诺米斯玛的丝绸衣服，处以鞭笞和剃发的刑罚。

第4条 凡使用血液（如骨螺身体中的液体等）染制丝绸，或把血液转化成斑驳的紫色、大红、深红或浅红，再对衣物进行染色，处以砍掉双手的刑罚。

第5条 在没有市政官许可的情况下，如染匠私自将货物[1]卖与外邦人，其货物将被没收。

[1] 指染色的成丝。

---

① 原文为"σηρικάριος"，其工作即将生丝漂染上色。

第6条 既试图经营成丝染色生意,又欲经营丝绸服装者,二者仅可择其一。

第7条 凡染匠将奴隶或雇工卖与外邦人或城外居民者,将被处以砍掉双手的刑罚。

第8条 染匠只能从生丝商那里购买生丝,不能从外邦人那里购买。违规者,处以鞭笞和剃发的刑罚,并停止其经营。

第9条 凡储存大量未经市政官封印的染色服装者,货物将被没收。

第10条 如雇工在未完成已有工作的前提下,被另一名染匠雇用,后雇佣者将被处以罚金,其金额与雇工原来未完成的工作所得报酬相等。

第11条 凡在商店中出售外邦制作衣服者,处以鞭笞和剃发的刑罚。

第12条 染匠雇用工人,只能预付一个月的薪金,预支不能超过一个月,即雇工的报酬是30天数额。凡支付总额超过30天的染匠,将被没收其支付的超出部分。

第13条 试图开设手工作坊的染匠,如其身份是自由人,须有五位担保人,担保其有充足的资产开设作坊,如是一名奴隶,主人必须为其担保。这两种担保情况,其担保人要遵守同样的法律,且申请者应支付3诺米斯玛的费用。

九 关于亚麻布商人[①]

第1条 亚麻布商人可以从斯特律蒙河[1]、本都[2]、古雷斯[3]或其他区域自由购买亚麻布,然后他们将这些货物卖与丝绸服装商做衣服的内衬,也可以卖与其他个人需要的购买者,但购买者不能转售这些亚麻布。此法律不禁止因私购买的情况以及商人从国外进口亚麻布制品。

[1] 斯特律蒙河(Strymon),即现在的斯提玛河(Struma),流经保加利亚和希腊,拜占庭时期古斯特律蒙河区域指的是色雷斯地区。

---

① 原文为"ὀθωνιοπράτης",是指制作和经营亚麻布料的商人。

［2］本都（Pontus）地区，在黑海南岸，现今的土耳其北部。

［3］古雷斯（Kerasounde），现在土耳其地区。

第2条 集市开放时期，当亚麻布商和购买者已达成协议，且购买者已支付购买货物的定金后，又提高商品的价格，此亚麻布商人将被处以鞭笞、剃发的刑罚，并没收其货物。

第3条 集市开放期间，行会成员应根据各自的财产数量参与联合经营，并依据各自投入的多少，合理分配货物。

第4条 为了获得他人作坊而密谋提高租金的人，将被处以鞭笞和剃发的刑罚，并取消其行会成员的身份。

第5条 禁止亚麻布商人在饥荒时期私自囤积钱财，他们必须将金钱交与钱庄经营商人保管。他们不得拒绝使用戴达尔迪隆[1]或者带有皇帝肖像的1/2重的诺米斯玛，违者，处以上述刑罚。

［1］该词原文是"τεταρτηρόν"，来自"τέταρτος"，意思是"1/4"，它是10至13世纪拜占庭帝国出现的钱币，有金和铜两种，是皇帝为了增加国家财政税收而强制发行的一种低价值的钱币，其重量只有先前的1/4。

第6条 当保加尔人，或广而言之任何外邦人带着蜂蜜或亚麻布到君士坦丁堡交换其他货物时，在市政官的许可下，亚麻布商人召集提供货物的代表聚集一起与外邦商人进行交易，他们提供的货物中，包括紫色丝绸，但最多不得超过6厄尔[1]，来自叙利亚材料制成的货物以及普通丝绸衣物。这些商人的代表估算一下自身所需的亚麻布和蜂蜜总量，剩余的由杂货商购买。杂货商以代售的方式向异邦商人支付佣金，即每1诺米斯玛的货物支付1凯拉蒂永。违反上述规定者，对其处以鞭笞、剃发的刑罚，并将其逐出本行会。

［1］旧时度量布匹的长度，1厄尔大概是一个男人手臂的长度。

第7条 亚麻布纺织工不得将亚麻产品放在其作坊中或者工作台上出售。他们必须在集市开放的时候将纺织品运到市场去出售。该规定适于用亚麻布制造商、在商队旅馆购买亚麻布的商人以及从外边转运的商人。违者，处以上述刑罚。

十 关于香料商人[①]

第1条 每一位香料制造商人都须拥有自己的制造场所，不能与其他同行产生竞争。

行会成员应相互监督，以防零售廉价的（次品）香料，并保证自己商店中没有这些廉价的货物。芳香与恶臭是截然相反的两种气味。

他们出售的稀有物品有：胡椒粉、甘松油、沉香、琥珀、麝香、熏香、没药、香膏、靛青、有香味的草药、薄荷香或矢车菊属、萨萨普霞（一种用于制作黄色颜料的木材）、刺山柑花蕾。这些稀有的物品常用作香料或染料。

香料商的摊位或商店彼此间隔1罗马里[1]，这使得在整个帝国的门廊中和带有耶稣圣像的廊柱间都弥漫着芬芳的香气。

违反上述规定者将被处以鞭笞、剃发的刑罚，并被逐出行会。

[1] 罗马里（miliarion），是罗马的长度单位，1罗马里约等于1473.6米。[②]

第2条 香料商从迦勒底、特拉比松或其他地区购买上述物品时，他们应在规定的时间内从进口商处购买。

禁止任何人储存这些货物，以免在这些货物缺乏时期过度提高其价格以牟取暴利。进口商人在首都停留的时间不得超过三个月，他们必须抓紧时间出售货物，然后返回家乡。

违规者，处以上述刑罚。

第3条 凡私下或公开提高同行租金的香料商人，对其处以鞭笞和剃发的刑罚，并将其逐出行会。

第4条 香料商人有下列情形者：加工或锉磨诺米斯玛；拒绝使用戴达尔迪隆或者印有皇帝头像的1/2重的诺米斯玛；囤积钱财以取代钱

---

① 原文为"μυρεψός"，指香料制造商和香料进口商人。
② 罗念生、水建馥编：《古希腊语汉语词典》，第549、806页。

庄经营商的权利。他们将被处以上述刑罚。

第5条 在货物出售过程中，若香料商诱使购买者支付定金后又提高货物的价格，香料商则须向购买者赔偿与定金相同的罚金。

禁止香料商购买属于杂货商人经营范围的货物，禁止他们用杆秤称量货物。

他们只能购买用台秤称重的货物，违规者，处以上述刑罚。

第6条 香料商人若经营杂货店，则必须放弃香料经营，香料商不准同时经营两种行业。

十一 关于蜡烛商人①

第1条 蜡烛商人只能在经营场所工作，不能在公共街道或一些并不对他们开放的地方工作。禁止蜡烛商人雇用奴隶或学徒去任何地方兜售他们的产品，也禁止他们从其他国家进口原蜡或蜡制品。除圣索菲亚大教堂外，蜡烛商人之间的经营场所应保持0.3希腊里[1]的距离。无店铺者若在街道或市场上出售蜡烛产品，将受到市政官的传唤和处罚。

[1] 原文为"ὄργυια"，这是源自古希腊的距离单位，其意是两手臂左右平伸时两手之间的长度，100 ὄργυια等于1 στάδιον，罗念生先生将"στάδιον"译为希腊里，1希腊里距离大概为184.2米。②

第2条 禁止蜡烛商人从事经营范围之外的其他贸易，违此例者，将予以惩戒并没收其货物。

第3条 蜡烛商人可以自由购买国外进口的蜡制品和教堂出售的油。他们可以根据需要购买油，但不能囤积并在饥荒时转售。违规者将处以剃发和没收货物的惩罚。

第4条 如果发现蜡烛商人往蜡烛中掺杂油渣或牲畜脂肪，将处以上述刑罚。

---

① 原文为"κηρουλάριος"，指蜡烛经销商和蜡烛制造商。
② 罗念生、水建馥编：《古希腊语汉语词典》，第608、806页。

第 5 条　当蜡烛商人收到定金后，又提高货物的价格，那么此商人将被处以 12 诺米斯玛的罚金。

第 6 条　如果蜡烛商人使用废蜡制作新蜡烛，市政官知晓后将对其进行惩戒，停止其经营活动，并对其审查。

第 7 条　如果发现蜡烛商人公开或秘密地提高同行经营场所租金，那么此商人将被处以鞭笞的刑罚，并处以 10 诺米斯玛[1]的罚金。

[1]　弗雷什菲尔德的英文译文中为"6 诺米斯玛"，参照希腊文原文可知，此处弗雷什菲尔德的译文有误，罚金应该是 10 诺米斯玛。①

第 8 条　如果蜡烛商人从教堂购买未使用过的蜡烛，并转手卖掉，市政官得知后将没收其货物。

第 9 条　如果蜡烛商人的杆秤上没有市政官的印章，或者蜡烛商拒绝使用戴达尔迪隆抑或者带有皇帝肖像的 1/2 重的诺米斯玛，此蜡烛商将被处以上述惩罚。

十二　关于肥皂商人②

第 1 条　未经市政官和会长许可，任何人不得向非行会成员传授经验。违者，处以 24 诺米斯玛的罚金。

第 2 条　当行会吸收新成员时，一定要通知市政官，在证人为入会者担保后，行会允许其加入本行会。新成员分别向圣库和皇产司[1]支付 6 诺米斯玛。凡未履行这些手续者，将被逐出行会。

[1]　"皇产司"的希腊文原文为"βεστιάριον"，是拜占庭帝国皇室财产部门。③

第 3 条　如肥皂商人想新建一间手工作坊，新建的作坊必须与原来

---

① Ivan Dujcev, J. Nicole and E. H. Freshfield, *The Book of Eparch*, p. 53.
② 原文为"σαπωνοπράτης"，指制造并出售肥皂的商人。
③ Alexander P. Kazhdan ed., *The Oxford Dictionary of Byzantium*, Vol. 3, p. 2163.

的作坊保持 7 肘尺[1]12 步[2]的距离。违者，处以 24 诺米斯玛的罚金，并逐出行会。

[1] 原文为"πήχυς"，是一种长度单位，罗念生先生编写的《古希腊语汉语词典》解释为肘尺，为 45 厘米左右。弗雷什菲尔德将其翻译为"码"（yard），而 1 码等于 3 英尺，90 厘米左右，显然后者翻译有误。①

[2] 原文为"πούς"，长度单位，1 步约等于 1 "英尺"，即 30 厘米左右。

第 4 条　禁止肥皂商人向高卢人和本行业以外的零售商出售肥皂，违者，处以上述刑罚。

第 5 条　油脂交易中欺骗他人者，处以 12 诺米斯玛的罚金。

第 6 条　凡非行会成员从外邦人那里购买肥皂并进行零售者，零售的所有货物将被没收。

第 7 条　凡使肥皂沫流入别人住所者，无论是否故意以此来败坏别人的声望，都将以杀人犯的刑罚处置之。

第 8 条　在四旬节[1]或其他禁食的节日，肥皂商人要求工匠用牲畜脂肪做肥皂，并因此亵渎了工匠，此商人将被处以鞭笞、剃发的刑罚，并停止其经营活动。

[1] 四旬节，是基督教的斋戒日。

第 9 条　在出售肥皂过程中，如肥皂商使用杆秤上未盖有市政官的印章，此肥皂商将受到处罚，具体处罚因其身份不同而不同，如是奴隶，将成为一名公共奴隶；如是自由人，其货物将被没收。

十三　关于杂货商人②

第 1 条　杂货店须遍及整个城市，包括广场和街道，以便人们能够

---

① 罗念生、水建馥编：《古希腊语汉语词典》，第 685 页；E. A. Sophocles, *Greek Lexicon of the Roman and Byzantine Periods: From B. C. 146 – A. D. 1100*, p. 889.

② 原文为"σαλδαμάριος"，是指经营各类日常用品的商人。

方便地购买生活必需品。

杂货店出售的货物包括：肉类、腌鱼、烟熏鳗鱼、奶酪（干酪）、蜂蜜、橄榄油、各种蔬菜、黄油、固体的和液体的树脂和松香、香柏油、亚麻籽油、石膏、陶器、钉子、瓶子等，这些货物都要用杆秤称量，不能用台秤称量。禁止他们出售任何属于香料商、肥皂商、亚麻布商、酒贩和屠夫经营范围内的货物。违者，处以鞭笞、剃发的刑罚，并逐出行会。

第2条 如杂货商的杆秤上未盖有市政官的印章，或杂货商自己加工钱币，抑或拒绝使用戴达尔迪隆和带有皇帝肖像的1/2重的诺米斯玛，都将遭受鞭笞、剃发的刑罚，并被逐出行会。

第3条 凡以欺诈方式进行竞争，或对已经定价的货物进行提价的杂货商，都将被处以10诺米斯玛的罚金。凡在休息日或节日陈列货物的杂货商人也处以同样的罚金。

第4条 无论是否为行会成员，凡在饥荒情况下囤积货物者，杂货商人有权对其监督，并向市政官汇报此事，市政官须对囤积货物者进行处罚。

第5条 杂货商出售货物获得的利润是固定的，即每1诺米斯玛的货物，杂货商只能获得2米利亚里森的利润。如检察官检查到他们在牟取暴利，将对其处以鞭笞和剃发的刑罚，并禁止其继续经营此贸易活动。

第6条 凡公开或秘密地试图提高其他杂货商租金者，处以上述刑罚。

十四 关于皮革商[①]

第1条 马具商应服从市政官的管辖，无须参与公共服务。他们可

---

① 原文为"$\sigma\alpha\lambda\delta\alpha\mu\acute{\alpha}\rho\iota\sigma\varsigma$"，指出售皮制马具的商人，他不参与制作皮革。在本章，马具商应与兽皮商（$\beta\upsilon\rho\sigma\sigma\delta\acute{\epsilon}\psi\eta\varsigma$）、兽皮加工商（$\mu\alpha\lambda\alpha\kappa\alpha\tau\acute{\alpha}\rho\iota\sigma\varsigma$）区分开来，兽皮商只准备生兽皮；兽皮加工商是指把生兽皮加工成熟皮革的人。

以指定却不必服从本行会的会长。当皇帝需要他们服务时,他们应听命于马夫长[1]的命令。

他们应接受皇帝给予他们的酬劳。他们不得预订大量超过他们加工能力的兽皮。

[1] "马夫长",原文为"πρωτοστράτωρ",这是拜占庭的宫廷官职,起源于管理帝国马匹的官员,后来演变为帝国军队中具有较高职位的军官。

第2条　禁止马具商与兽皮商联合成立行会,他们选举会长须向市政官汇报。兽皮加工商也有自己的会长,可以与马具商合作,但他们加工的原料只能由兽皮商提供。兽皮加工商只提供制鞋皮革,不提供运输工具所需的皮革。兽皮加工商与兽皮商可以拥有同一个会长和监督官,但他们有自己独立的行会,因为兽皮加工商和兽皮商的工作之间存在着一定的差别。违反这些规定者,对其处以肉体上的处罚,并将其逐出行会。

十五　关于屠宰商①

第1条　禁止屠宰商随意购买生猪,他们应去市政官指定的肉类市场[1]购买指定的牲畜,在支付1诺米斯玛的税费之后,屠宰商可以购买市政官许可的所有牲畜。

[1] 肉类市场,原文为"στρατηγίον",地点位于金门附近,原来是军队营地,后来成为专门买卖牲畜、屠宰并出售肉类的场所。

第2条　屠宰商购买和出售牲畜的价格依牲畜的质量而定。市政官监督牲畜屠宰,他们可以保留被屠宰牲畜的头足和内脏作为酬劳,剩下的应以市场价出售。

第3条　禁止屠宰商在尼科米底亚[1]或其他城镇等候外来的绵羊出

① 原文为"μακελάριος",这种屠宰商不能购买和屠宰生猪。

售商。他们可以到珊伽里乌斯河[2]对面去购买牲畜，以便可以获得较为便宜的肉类。屠宰商而非出售者可以从价格差价中获利。

[1] 尼科米底亚（Nicomedia），是拜占庭时期东方一行省的城市中心，位于今土耳其境内。兴建于公元前712至前711年，亡于1337年。①

[2] 珊伽里乌斯河（Sangarius），即位于今土耳其境内的第三大河流"萨卡利亚河（the Sakarya）"。

第4条 羊的所有者只能通过中间商把羊卖与购买者，二者不得妨碍城外乡下人到帝都售羊。

第5条 羊的所有者在肉类市场的买卖活动可以持续到封斋节之前，羊羔的买卖可以在复活节和圣灵降临节期间在公牛广场[1]的市场进行。出售的牲畜要缴纳1诺米斯玛的赋税，出售羊羔所缴赋税为其价格的1/100。交易之前，按照市政官的命令，监督官应计算羊和羊羔的数量，并记录下来。

[1] 公牛广场，希腊文为"τό Ταύρος"，英文为"Square Taurus"，又名狄奥多西广场，由君士坦丁一世所建，393年以皇帝狄奥多西一世之名命名。

第6条 禁止屠宰商购买生猪或储藏猪肉。违规者，处以鞭笞、剃发的刑罚，并逐出行会。

十六 关于猪肉商②

第1条 只有拥有良好声誉的人才能从事猪肉生意。

第2条 生猪购买、屠宰以及猪肉出售等活动都必须在公牛广场的市场进行。凡从城外购买生猪，并秘密运入城中者，或私自提高猪肉价格者，皆处以鞭笞、剃发的刑罚，并逐出行会。

---

① Alexander P. Kazhdan ed., *The Oxford Dictionary of Byzantium*, Vol. 3, pp. 1483 – 1484.

② 原文为"χοιρέμπορος"，指专门处理生猪和猪肉的商人，《市政官法》将其与其他屠宰者区分开来，足以看出拜占庭对猪肉商的要求非常严格。

— 文献评注篇

第3条 为避免养猪者把生猪卖给中间商，会长应及时向市政官报告向城中输送生猪者的姓名。生猪的买卖应在公牛广场的市场进行。违者，处以鞭笞、剃发的刑罚。

第4条 凡私自向贵族家庭出售生猪者，将处以上述刑罚。

第5条 禁止买卖和屠宰生猪的人在饥荒时期囤积猪肉，违者，处以上述刑罚。

第6条 使用未盖有市政官印章的杆秤者，或使用不符合标准的杆秤者，处以上述刑罚。

十七 关于鱼商

第1条 城中鱼市有一名专门负责管理价格的官员，由其确定海边购买的鱼和岸上购买的鱼的价格，交易中该官员有权获取一定金额作为酬劳，即从每1诺米斯玛中抽取1米利亚里森。

第2条 除剩余的或者即将变坏的鱼之外，鱼商不得腌制咸鱼并向外邦人出售。

第3条 鱼商可以在岸边购买进港渔船中的鱼，不得在海中购买渔民捕捞之鱼，只有等渔船靠岸后方可购买渔民捕到的鱼。鱼商的零售不能过于频繁，其利润为每1诺米斯玛中获取2弗里斯，而行会会长则获得2弗里斯的额外酬劳。

第4条 行会会长每天应在破晓时分向市政官汇报前一天晚上捕获的"白色鱼"[1]数量，由此市政官就可以做出定价，然后按照定下的价格在城里出售。违者，处以鞭笞、剃发的刑罚，并逐出行会。

[1] 这里的"白色鱼"指代价格昂贵的鱼，如鲟鱼、金枪鱼等。

十八 关于面包师①

第1条 面包师按照玉米的价格出售面包，而玉米的价格由市政官

---

① 原文为"ἀρτοποιός"，是指从事面包烘烤和买卖的商人。

规定。面包师在税收官[1]负责的货仓中购买所需谷物，其每次的购买量以收取1诺米斯玛税费为标准。面包师把谷物磨成面粉并做成发酵面包，每出售1诺米斯玛的面包将获得1凯拉蒂永加2米利亚里森的报酬，其中1凯拉蒂永为净利润，2米利亚里森是支付磨面粉的劳工、牲畜以及使用烤箱和烘烤过程的费用。

[1] 原文为"σύμπονος"，是市政官的下属官员，这里指负责管理税收的官员。

第2条 为了不妨碍面包师烘焙面包，不得随便征召面包师（包括面包师和他们的牲畜）为公共事业服务。

第3条 面包师不得将面包房置于居民区，这是因为他们使用易燃木柴。而且，其他私人也必须将草料和干柴存放于露天的地方或者石头建造的房屋中，以防止这些易燃物品引起城市火灾。

第4条 当小麦的价格出现起伏时，面包师应告知市政官，市政官命令下属官员根据小麦的价格重新规定面包的重量。

第5条 将这一重要法令在城内普遍推广。即日起，凡违以下规定者，对其处以鞭笞、剃发的刑罚，在城中游街示众，并将其永久逐出行会。

首先，凡试图提高面包房租金的人，凡觊觎其他商人薄利多销货物的人，对其处以上述惩罚刑罚。

其次，想从事两种贸易的人必须选择其中一种，且必须致力于其选择的那种贸易，违规者，处以上述刑罚。

十九 关于客栈商人①

第1条 当酒水运至城中时，会长应及时向市政官汇报，以便市政官为运进的酒水制定价格。市政官的助手[1]应自接到命令起，强制客

---

① 原文为"κάπηλος"，也被称为酒馆商。

栈商人准备出售酒水的容器，而酒水出售的价格与购买时的价格一致。法律规定装酒的容器为30升和3升两种标准。

[1] 原文为"συμπόνος"，指市政官的下属官员。

第2条　如有客栈商蓄意提高客人的费用，并占为己有，此商人将被处以鞭笞和剃发的刑罚。

第3条　在重大节日或礼拜日的时候，客栈商不得在早晨八点之前开门并出售酒水和饭菜，晚上8点之前客栈商应关门打烊，并熄灭一切灯火。因为，如果晚上8点以后仍不关门，客栈常客可能会继续在客栈喝酒，醉酒后这些常客容易发生暴力冲突，而这种酒后的暴力事件却不受法律处罚。

第4条　如果酒馆商人出售酒水的容器上没有规定的印章，那么此酒馆商人将被处以鞭笞和剃发的刑罚，并被逐出行会。

二十　关于外来商人监督官①

第1条　由市政官自副手中提名一人，由皇帝任命。该官员向市政官汇报所有外来商人，及其携带的货物和货物来源，并负责检查这些货物，管理这些货物的买卖，限定外商出售货物的时间，即对外来商人在君士坦丁堡的停留时间进行限制。在外来商人离开首都之前，监督官要将其购买的产品运到市政官那里进行检查，以确保他们没有购买法律禁止出口的货物。

第2条　监督官限制外来商人在首都停留超过三个月。在该期限内，他们出售其带来的货物，并购买其所需货物，随后离开。如有逾期，处以鞭笞和剃发的刑罚，没收货物，并逐出城市。

第3条　当监督官发现囤积货物或以欺骗手段进行交易者，须向市

---

① "δεγατάριος"，是市政官指派的专门负责君士坦丁堡城中外来商的官员，此词源于古罗马的"legatus"，原指军队中的将军，拜占庭时期该头衔被用来指代市政官专门的代理人或副手。

政官汇报，对违规者处以鞭笞和剃发的刑罚，并没收其囤积的货物。

二十一 关于牲畜市场的检查官和评估官[①]

第1条 从其职业的名称中可以看出，他们负责处理市场剩余的牲畜。

他们只能购买销售商手中剩余的、作为零售的牲畜。他们的工作是对每个牲畜的质量进行评估，并对买卖双方进行调节，在其调节下，如果购买者与出售者达成协议，那么不管双方是本地人还是外地人，评估员都应从中获得1凯拉蒂永的报酬。

第2条 处理牲畜时，在不了解购买者的情况下，检察官将牲畜卖与购买者，那么他可以从每1诺米斯玛的收入中获得6弗里斯的报酬。

第3条 禁止检察官和牲畜所有者在阿马斯拉市场[1]之外出售牲畜，也禁止他们在城市街道和小巷中出售牲畜。为了避免不正当的交易以及牲畜被偷或被驱赶，他们的商业活动必须在市政官批准的地方进行。

[1]"阿马斯拉"（Amastria），即"Amasra"，是拜占庭时期黑海沿岸安纳托利亚地区的一座港口城市，这里是指君士坦丁堡中以"阿马斯拉"命名的市场，它是专门出售牲畜的市场。

第4条 对于将要出售的牲畜，检察官要向购买者指出此牲畜的缺陷。凡欺骗购买者的检察官，将处以与牲畜同等价格的罚金。

第5条 当检察官已说明牲畜的缺陷之后，购买者仍同意购买，但对于已协商好的价格，购买者并没有实际支付，那么购买者有权取消此

---

① 牲畜市场原文为"*βόθρος*"，其原意为"用来储存物品的仓库或用来处理垃圾的场所"，这里引申为指负责处理牲畜市场的检察官，他们的主要工作是对市场上的牲畜进行检查和价格评估，同时他们也负责处理未销售出去的牲畜，寻找被盗的牲畜，并负责对偷盗行为的审判和裁决，他们的职业名称即从此而来。他们属于君士坦丁堡政府官员，专门配有代表他们职业的徽章。参见 B. A. Kipfer, *Encyclopedic Dictionary of Archaeology*, New York: Springer-Verlag, 2000, p. 77。

次交易，但购买者需说明取消交易的原因。如协商的价格已经支付，那么购买者与出售者之间的交易将不得取消。

第6条 在牲畜被售出之后，如发现它身上有缺陷，在六个月以内，购买者可以要求出售者原价收回牲畜。如超过六个月，且购买者不是军人，那么收回价格将被降低。

第7条 在市政官的登记簿上，每个检察官对应一个特定的序列，如检察官从事其他的贸易，必须放弃其检察官的职务，排在其后的检察官将递补上去。

第8条 如从事其他职业的人想要购买牲畜家用，完全可以自由购买。

第9条 禁止检查官利用职权从进城出售牲畜的外地人那里榨取利润，禁止他们以欺骗的方式低价获得异地人出售的牲畜，并高价转售。在牲畜进城之前禁止他们购买。所有的买卖活动都要在阿马斯拉市场内进行。

第10条 该行会会长向其成员每年收取12弗里斯，以此作为维护下水道[1]的费用。当其发现被偷盗的牲畜时，他将从失主那里得到4米利亚里森的报酬。当会长为买卖双方协调价格时，按照他为牲畜的所定的价格，他最高可以获得6弗里斯的报酬。违者，处以鞭笞和剃发的刑罚，并没收其财产。

[1] 指阿马斯拉市场的下水道。

二十二 关于承包商①

第1条 大理石匠、石膏匠以及其他工匠在商定价格收取定金后，在所承包房屋未建成之前，不得从事其他工作。因雇主的疏忽，以致工匠因缺少足够的材料而停工时，工匠可以通过口头或书面方式告知雇主。雇主如未予答复，工匠则可以向市政官报告，得到许可后，方可从事其他工作。

---

① 包括木匠、石膏匠、大理石匠、锁匠、画匠、油漆匠等，这些工匠与雇主订立契约，负责建筑房屋。

第七章 拜占庭《市政官法》译注

第2条 工匠因贪婪或蓄意停止正从事的工作,而进行其他工作,雇主可以以口头或书面方式向仲裁官[1]陈述他与雇工之间的契约关系。如工匠坚决拒绝履行契约,雇主则可以继续向市政官上诉,经市政官许可后,雇主可以重新雇用其他工匠。违约者被处以剃发,逐出行会的惩罚,并要求返还雇主支付的报酬。如雇主未提供足够的材料,在通知雇主后,工匠可以从事其他工作,因为工匠不能没有工作和生活来源。

[1]"仲裁官",原文为"$άκροατοί$",原意为"旁听者"的意思,这里是指处理雇佣关系双方纠纷的官员,隶属市政官,并辅助其工作。①

第3条 如一位工匠欲拓展其工作范围,或试图欺骗他人,或为了提高报酬而与他人进行争辩时,市政官需要对此进行调查。如市政官发现工匠的实际劳动量过大,对工匠带来很大的不公,或雇主对原初的协定进行改动,以致市政官无法做出正确判断。市政官将派遣一名熟练的工匠对雇主和工匠双方无法预见的结果进行评估,且评估应基于正常的工匠雇佣价格。原来的契约仍然有效,如工匠的劳动量没有达到总劳动量的一半,则以工匠的实际劳动量计算薪酬;如其工作量超过了总量的一半,则按照契约获得薪酬。同样,如工匠的工作出现变动或增加,市政官也要对其进行评估。

第4条 使用巨石修筑墙壁或穹顶的工匠,必须有此类经验,以免地基脆弱和上层建筑沉降。

凡十年内在非"神怒"[1]的情况下建筑物出现倒塌的,建筑承包商必须以同样的费用重新建造。若维修费用较高,超过1磅黄金,则业主须提供材料,由承包商免费维修。夯土建筑物的保修期为六年,在保修期内,若建筑物因承包商的疏忽而出现破损,承包商须免费进行维修。任何情况下,契约双方均须遵守相关规定,违规者处以鞭笞和剃发,并没收其财产。

[1]此处神怒是指诸如地震、洪水、火灾等自然灾害。

---

① G. W. H. Lampedusa, *A Patristic Greek Lexicon*, Oxford: Clarendon Press, 1961, p. 65.

第八章　拜占庭马其顿王朝
土地立法选注

提要：拜占庭帝国的马其顿王朝是继查士丁尼大帝之后帝国出现的第二个黄金时代，这一盛世的出现得益于王朝皇帝们在政治、经济、文化、军事等方面不懈的努力。王朝诸帝关于土地的新律，是他们在经济政策上的一个焦点。本文是对其土地新律中关于教会占有土地规定的译注，同时对一些关键术语进行注释。

拜占庭马其顿王朝是一个土地立法的集中时期，其中有其重要的经济原因和社会原因。据学者统计，这个时期重要的土地立法共有十四条，其法律效力从利奥六世持续到瓦西里二世。可以说，这些立法是拜占庭马其顿王朝的皇帝们，为振兴帝国做出的不懈努力。虽然土地立法的实施效果并不如意，最终也没有解决帝国的土地问题，甚至由此导致了其他社会和经济问题，但是马其顿王朝诸位皇帝的不断努力仍旧取得了可以称道的成果，他们使该王朝成为拜占庭帝国千年历史上的一个黄金时代，并且最终在瓦西里二世时期，使帝国在军事上达到了巅峰。

关于马其顿王朝土地立法的研究，最早始于德国学者林根绍尔自 1856 年陆续出版的 7 卷本《希腊—罗马法》（*Jus Graeco-Romanum*）[1]

---

[1] Eustathios, Karl Eduard Zachariä von Lingenthal, *Jus Graeco-Romanum*, 7 vols., Leipzig: T. O. Weigel, 1857.

(与之相关的是第三卷)。随后希腊学者泽波斯（Ioannes D. Zepos）又对该著作进行了重新编辑，并于1931年在雅典出版（*Jus Graecoromanum*）①。1870年法国学者兰保（A. Rambaud）在其专著《10世纪的希腊帝国》（*L'Empire grec au Xe siècle, Constantin Porphyrognete*）②中，对涉及该时期的土地新律进行了初步分析③。1879年俄国学者瓦西列夫斯基（V. G. Vasilievsky）在其《拜占庭国家史研究中的史料问题》（*Materials of the Study of the Byzantine State*④）一文中对马其顿王朝的土地新律进行了整体的分析和研究。德国学者弗兰兹·道尔哲（Franz Dölger）于1924年出版的《拜占庭帝国的帝国文档汇编》（*Regesten der Kaiserurkunden des oströmischen Reiches*）⑤一书中收录了马其顿王朝有关土地的主要新律。尼古拉斯·斯沃罗诺斯（Nicolas Svoronos）1994年出版的《马其顿王朝关于土地和军人的新律》（*Les Novelles des Empereurs Macédoniens concernant la terre te les stratiotes*）⑥则是集中于对马其顿王朝的土地立法和与军人相关的立法的整理和分析。在此之后，与马其顿王朝立法最相关的研究者是法国学者保罗·勒梅尔（Paul Lemerle），他是拜占庭农业史研究的集大成者。1979年勒梅尔出版了大作《从初建到12世纪的拜占庭农业史：史料和问题》（*The Agrarian History of Byzantium from Origins to the Twelfth Century: The Sources and Problems*）⑦。在该

---

① Ioannes D. Zepos and Panagiotis Zepos, *Jus Graecoromanum*, 8 vols., Athens: G. Fexis, 1931.

② A. Rambaud, *L'Empire grec au Xe siècle, Constantin Porphyrognete*, Paris: LIBRAIRIE A. FRANCK, 1870.

③ Paul Lemerle, *The Agrarian History of Byzantium from Origins to the Twelfth Century: The Sources and Problems*, Galway: Galway University Press, 1979, p. 88, footnote 1.

④ V. G. Vasilievsky, "Materials of the Study of the Byzantine State", *Journal of the Ministry of Public Instructions*, 202, St. Petersburg, 1879.

⑤ Franz Joseph Dölger, *Regesten der Kaiserurkunden des oströmischen Reiches von 565 – 1453*, Gerstenberg, 1924.

⑥ Svoronos, *Les Novelles des Empereurs Macédoniens concernant la terre te les stratiotes*, Athènes: Centre de recherches byzantines, F. N. R. S.: Fondation culturelle de la Banque nationale, 1994.

⑦ Paul Lemerle, *The Agrarian History of Byzantium from Origins to the Twelfth Century: The Sources and Problems*.

❖ 一 文献评注篇

书的第三章中，勒梅尔对马其顿王朝土地立法以往的研究进行了总结和分析，并且在后文中结合过往研究对十四条新律文本进行了鉴别、编号、分类、缩译和分析，并给予了重要的评价。美国学者埃瑞克·麦克吉尔（Eric McGeer）于 2000 年出版的《马其顿王朝诸帝的土地立法》（*The Land Legislation of the Macedonian Emperors*）是对马其顿王朝土地立法进行收集、翻译、分析和评论的最新力作。尹忠海在其博士论文基础上出版的《权贵与土地：马其顿王朝社会解析》[①] 一书就是在马其顿王朝土地立法的基础上，结合该王朝其他立法、修道院文件、编年史等资料，通过分析相关历史事件、人物，从而完成对其社会解析和重构的目标。该书也是国内研究马其顿王朝最全面的著作。根据麦克吉尔的说法，这十四条立法按照主题分为三类：民事土地的买卖与转让以及对农村公社的保护（A、B、C、D、K、L、O）；军事土地及其持有者（E、F、G、H、K、M）；修道院与慈善机构财产的获取（C、J、O）。[②]

在拜占庭帝国中，东正教作为国教是仅次于皇帝的第二大势力。通过接受捐赠、赏赐和购买等方式，东正教会成为帝国土地的最大拥有者（几乎占有帝国土地的 1/3[③]）。由于土地是拜占庭帝国运转的主要支柱，是其军区—农兵制度的基础，因此如何处理教会的土地问题，也就成为拜占庭皇帝们关注的焦点。本章中，笔者从马其顿王朝十四条新律中选取有关修道院与慈善机构相关的新律进行译注：C、J、O 和 N[④]，从而使得读者可以从中了解马其顿王朝时期帝国对教会土地的政策。笔者译注的方式是，以希腊原文为底本，并参见英文译文进行翻译，同时，对文中相关的术语进行注释。

[①] 尹忠海：《权贵与土地：马其顿王朝社会解析》，人民出版社 2010 年版。

[②] Eric Mcgeer, *The Land Legislation of the Macedonian Emperors*, Toronto: Pontifical Institute of Mediaeval Studies, 2000, p. 8.

[③] Peter Charanis, "The Monastic Properties and the State in the Byzantine Empire", *Dumbarton Oaks Papers*, Vol. 4, 1948, p. 54.

[④] N 新律虽然由于其真伪性未决，而没有被麦克吉尔列入该分类，但是由于其内容与此相关，因此笔者亦将其纳入译注范围。

C：皇帝罗曼努斯一世的新律[1]①

前言

让自己的灵魂追随造物主，是那些把自己看作或当作创造一切的手的作品而感到神圣和荣幸的人们的渴望和殷切的追求。对于那些并没有把这当作极好或者神圣的人来说，他们拒绝《创世纪》和《最后审判》，这与那些满意地上生活以及选择独自生活在地上的人不尽相同，他们的选择没有令其醒悟。因此，种种事物的迷惑，不公正的趋势，各处穷苦人的冤屈以及困窘之人的叹息，使得上帝为了这些人而复生。因为他说："耶和华说，因为困苦人的冤屈，和贫穷人的叹息，我现在要起来。"② 如果上帝，我们的造物主和救世主，使我们成为皇帝的神，是为了报答而复活，那么等待皇帝的眼神来做出裁决的那些穷苦人，怎么会被我们所忽略或完全遗忘？因此不仅为了调查那些最近伤害他们的行为或者对此做出改善，而且是为了执行对此事的一个广泛和长期的补救措施，我们制定本法来惩罚他们，以此来消除和净化贪婪。我们认为该法令有其优越性，现在不再会有人被剥夺其财产，穷苦之人也不会再受到压迫，该优越性有利于共同利益，为上帝所接受，有益于国库，有益于国家。为了不使我们格外关注的这一问题被长期忽略，或者说我们的关注的不准确性，我们已经将制止不道德企图和限制贪婪的法令以及判决下达到我们统治下的各级官员那里。但是，由于魔鬼反复无常、模样多变，并且所有的魔鬼——他们不仅贪婪，如不加以控制，则更甚——都在试图逃避法律和法令的制裁，而且他们认为神圣的公正的法眼也是没有意义的，现在这些更为安全和严格的措施足以驱逐和消除作

---

① 希腊文原文出自 Svoronos, *Les Novelles des Empereurs Macédoniens concernant la terre te les stratiotes*, pp. 72 – 92（document no. 3）; Ioannes D. Zepos and Panagiotis Zepos, *Jus Graecoromanum* Ⅰ, pp. 205 – 214。英文译文出自 Eric Mcgeer, *The Land Legislation of the Macedonian Emperors*, pp. 53 – 60。

② 《旧约·诗篇》：12：5。文中所引《圣经》文本，笔者参考了《圣经》（中文和合本），中国基督教两会出版社 2008 年版。

恶者采取狡猾行径的意图了。

[1] 该新律由皇帝罗曼努斯·雷卡平于934年9月颁布，它开启了拜占庭土地立法的新阶段。

正文

Ⅰ 1. 我们裁定，凡是生活在我们代替上帝行使统治所及范围内的每一块土地和区域内的人，必须保证遗传到他们手中的田产自由和保持不变。如果时间继续如此安排，那么子女或亲属的财产延续通过遗嘱的方式分配，或者按照财产主人的意愿来实现。假如在人的生命过程和时间的流逝中，需求的压力或者单独个人意愿的驱使，土地所有者想要部分或者整体转让其所拥有的土地，那么交易必须首先在生活在同一个农庄、毗邻田地抑或毗邻农庄的村民中进行。我们制定该法令，并不是出于对权贵的敌视或者怨恨；我们颁布这些规定是出于善行和对于穷苦人和社会安宁的保护。然而那些得到上帝授权的人，那些因荣誉和财富而凌驾于大众之上的人，应当把对穷苦人的关照当作一项重要的任务，那些把穷苦人当作牺牲者的权贵们很苦恼，因为他们无法迅速得到这些东西。即使这种不虔诚的行为并不是全部，我们还是需要让所有人都将该法令作为共同遵守的准则，至少我们不要让稗子同小麦混在一起。①

2. 因此，任何长官（*μάγιστρος*, *magistroi*）[1]和显贵（*πατρίκιος*, *patrikios*）[2]，任何拥有官职、统治权的人，或者拥有文职或者武职头衔的人，任何在元老院的人，军区的现任或前任官员，服侍上帝的都主教、大主教、主教、修道院长（*ηγούμενος*, *higoumenoi*）[3]、教会官员、慈善机构和皇家机构的主管和监督人，都不能以个人私产或者以皇家抑或教会财产的名义，通过自己或者中间人来侵扰农庄或者村落，以此来进行交易、赠送礼物和继承——无论部分还是全部——或者在任何的托辞下。因为这种获取财产的方式被视为无效，根据新添加的条款，获取的财产必须在无赔偿的情况下退还给原主，如果当事人或其亲属已不在

---

① 《新约·马太福音》：13：24-30；36-43。

世，则退还给其同村或聚居区的村民。由于这些人的统治加剧了穷苦人生活的困难，他们通过其大量的仆人、雇工和随从以及其他从事监督的人制造了哗变、迫害和高压，以及与此相随的苦难和艰辛，如果不通过颁布法律制止这一行为，帝国将会受到威胁。因为人口聚居区显示了其功能所带来的利益——提供税收和军役——如果平民消失，这些也就会彻底不存在。那些关心帝国稳定的人必须根除产生混乱的诱因，摒除有害的，支持有益的。

［1］高等级的贵族头衔，这是授予给非皇室成员的最高头衔。参见 ODB① 2，p. 1267。

［2］贵族头衔，授予给军区长官和高级军事指挥官。参见 ODB 3，p. 1600。

［3］修道院的管理者，修道院长。其职责是管理修道院内部的行政、经济，同时他也是修道院的精神领袖。参见 ODB 2，p. 907。

Ⅱ 1. 让时间来支持这些维护臣民们共同利益和稳定秩序的措施。然后，我们不仅有必要针对未来采取补救措施，而且对过去也一样。因为很多人把穷苦人的贫困——携带万物的时间或者是我们摒除善心的罪所造成的——当作经商的机遇，而不是他们进行慈善事业、同情或者怜悯的对象。当他们发现穷苦人受到饥饿威胁的时候，他们用金、银和谷物以及其他的支付方式以低廉的价格去收购这些不幸的穷苦人的财产。比眼前的困境更加艰难的是，在随后的时间里，他们就像瘟疫一样袭击了农庄中可怜的村民，如同坏疽一样侵入农庄的身体，并导致了农庄彻底被摧毁。

2. 因此，自前一个财产审查公示（ινδικτιώνος, indiction）[1]的第一年（即从饥荒的到来或者过程）开始，那些有名望的人，即本法令所明令禁止的人，亦即已经控制了村落或者农庄并且掌握部分或者全部财产的人，必须被除名，原财产拥有者或者其继承人即亲属归还原支付的数额，抑或如果他们没有支付的能力，由联合纳税人或者农庄公社归还

---

① Alexander P. Kazhdan ed., *Oxford Dictionary of Byzantium*, 3 Vols., Oxford: Oxford University Press, 1991.

该数额。关于这些受到关注的财产的改善,无论前面所提及的村民是否有能力并且愿意归还所需数额,被除名的人必须离开,他们可以带走他们自费所添加的材料,并且可以证明这些材料不是来自穷苦人的劳动或者其资源。

[1] 该词最初是指拜占庭时期在埃及执行的一种农业或土地税审查制度。在戴克里先时代是 5 年一次,到了君士坦丁大帝时期改为 15 年一次。查士丁尼时期通过颁布新律,将其作为帝国日常生活和行政管理的时间制度。参见 *ODB* 2, p. 993。

3. 以下是关于合理获得以及非买卖情况下的规定。我们裁定,礼物、财产继承,或者通过狡猾手段获得遗赠获得物或占有物,无论是过去还是现在,凡是通过诡计手段获得的都是无效的。这些东西必须以无代价地归还给各自的原拥有者,或者,如果偶然他们去世了,那么这些将会交给其后代或亲属,抑或者他们也去世了,那就交给联合纳税者。

Ⅲ 1. 如果上帝的旨意特别眷顾一些人,或者在其他情况下,因为某些不可思议的原因,而改善他们现在的生活,将他们由低等级提升到高等级,我们裁定,他们必须保持他们继承的财产和最初他们得到的财产,那些通过掠夺并非富有的邻居而扩大他们财产规模的人注定失败。因为掠夺是一个更适合于那些热衷于现世世界辉煌的人同穷苦人交易的标签,这是由于人们之间的差异每天以不同的方式呈现出来,而且很明显地表明,无论是在他们预算的方式还是在他们最后所呈现出的方式上,这些交易都不是相互尊重的、可以获利的、和谐的。如果不想受到已经执行的审判的惩罚,那么,那些意识到上帝为了他们的利益而做出的功业的人必须更温和地同他们的邻居相处,并且意识到财富的不确定性和神之审判的不可回避性,要求不能夺取邻居的财产。

Ⅳ 1. 对于在法令颁布之前的那些占有这些财产的人来说，如果他们仍旧保持同样的状态，那么我们允许他们继续保有其财产，但是他们必须服从于同样的适用于他人的关于反对占有友邻财产的约束。

2. 如果有人被发现胁迫邻居，对穷苦人造成间断或持续伤害，他们将被除名和驱逐，并且把他们失去的财产作为应有的报酬，以此作为对他们的无情和贪婪的惩罚。

Ⅴ 1. 前面提及的需要更为有序和详细质询的归还的价值，已经经过了细致的调查。因为如果交易已经在自由没有约束的情况下完成了，并且交易的数额很公平，那么返还的这一政策将会得到公正的支持，我们通过一个额外的补充条款来弥补这些当地穷苦人的困境，即迅速恢复和偿还土地给销售方或其继承人或其亲属，在他们缺席的情况下，给同一个税收公社的成员。如果他们拥有支付的能力，他们要归还最初交易的数额，但是如果他们没有能力，不得给其施压要求他们立即归还，因为现在施加的强迫不应该使他们觉得有超越了他们在未来可以获得的收益，并且无法承受。否则，由于紧逼，会使很多具有阴暗的狭隘想法的人无耻地放弃对上述条款安排的结果的期待。因为他们不会留下任何有助于他们完成未经尝试的目标的实现的东西，他们会想尽办法，他们是贪婪的、心胸狭窄的并且全力去获取收益的人，不会觉得任何获取财富的手段不够光彩的人，将骚扰带来的负担建立在其他人的自由之上的人。

2. 但是为了防止新的欺诈手段的出现以及使得执行裁定得到保证，现将三年作为一个等待期，以此来使穷苦人可以摆脱贫困，在不受到伤害的情况下，得到偿还。在立法中，人性必须与权宜结合在一起，因此现在提出一个时间限制的延长期。由于关于这些问题的决定已经公布，因此那些被发现违反裁定的人可以从他们的自身劳动获取收益并且被剥夺在土地上的更多的权利，但是这与该法令无关。虽然人的大脑和严格的要求结合在一起，但是我们还是采用了延期三年的方式来代替立即收回，我们认为这是合理的，对违反者采取一种温和的惩罚方式，并且通过延期的方式来为需要怜悯的穷苦人提供援助和安慰，同时采取平等的措施对双方进行补救。

3. 我们听说，有些人为了满足自己对财富强烈的欲望而去——为何我会说"购买"而不是"贪婪地狼吞虎咽"呢？——以非常低廉的价格占有穷苦人的财产。意念和行动之间的不同导致了在先前时间上不同的和不平等的安排。由此，如果所出卖土地的真正价值是所卖购买价格的两倍，那么购买者必须被除名而且没有偿还额。如果差异不等于这个数额，但是仍旧导致了欺诈性剥夺和伤及出售方，并且已经被剥夺的收入中的收益等同于支付的数额，那么购买方什么也得不到。如果收益很少，那么他们将从声明有法律权利重新声明对土地占有权的人那里得到相差的数额。

Ⅵ 1. 但是，目前看似秩序井然的措施可以允许这样的情况，即某个人已经成为修士或者意图成为修士，并且已经将他的财产捐献给某个神圣的修道院——考虑到这些措施得到该决定充足的支持，也即，收到了财产合理价格的证据——而且该捐赠是真正地为了得到拯救，而非是通过欺诈、阴谋和精心的策划。该裁定对于神圣的场所和穷苦人是同样受益的，因为修道院是远离冲突、争论和利欲熏心的收购的地方，并且在那里可以使得那些仍为肉身的世人免于财物带来的灾难，使那些发愿的人免于人类的罪。

Ⅶ 1. 这些审判是以一种非常善意的方式来实施的，非常温和地惩罚那些永无餍足的贪婪，引入一种对帝国有益的措施，以此使得没有任何长官（μάγιστροι, magistroi）或者显贵（πατρίκιος, patrikios），任何一位拥有官职、地方行政职务以及帝国头衔的人，无论是文职、武职或是军区在职和前任长官，都主教、大主教、主教、修道院院长或者任何圣公会的首脑，或者任何其他通过任何方式拥有世俗或教会权势的人，可以通过交易、礼物或者任何其他方式控制农庄或村落的财产。我们裁定，有人在此法令公布之后仍试图尝试这样的操作，将会遭到驱逐，并且剥夺其自身的劳动权利和收益，如果他们是有名望的人，他们将会交付等同于他们获取物的数额给国库，这并不是为了国库的收益或者他们的捐献（我们如何才可以通过我们的努力来限制其他人的这些无法满足的贪婪，厚着脸皮去颁布这样的裁定来满足我们自己的收益，并且显示出我们自己行动的罪过，不是为了共同利益而是为了自己？），而是为了照顾穷苦人，如果很少人愿意这样做，他们将会被除名并且没有偿还，还要受到一定的惩罚。

结语

我们期望这些裁定可以一直保持效力，因为我们臣民所关心的事情的安全正是我们所关注的。因为如果我们已经大量地关注处于我们统治下的这些人，以至于我们没有准备任何有助于自由的东西，在上帝的帮助下，考虑到土地、乡镇和城市已经从敌人那里到了我们手中，有一些是作为战争的结果，其他一些则是通过占领乡镇的例子或者是对被占领的恐惧等方式在吹响战争的号角之前就已经投向我们；并且在上帝的帮助下，如果我们做出努力去提供给我们的臣民免于遭受敌人袭击的自由，并将此作为我们的祈祷者和努力的目标，那么在完成对抗我们永恒敌人的屠杀之后，在无法让我们自己摆脱我们内部的敌人，自然秩序的敌人、造物主的敌人和公正的敌人的情况下，我们如何通过对贪得无厌的谴责和施压，对贪婪的处置，以及将我们的臣民从暴君和压迫的大手和思想之下解放出来，按照正确的想法来以现在法令之剑来释放他们？为了侍奉上帝、为了共同利益以及我们帝国从上帝那里得到的优势，让所有受到司法权威眷顾的人都来监督这些措施能够永久保持效力。

财产审查公示第 8 年[1]

自创世到目前为 6443 年

罗曼努斯、君士坦丁、斯台法努斯和君士坦丁

罗马人[2]的、忠于上帝的皇帝

[1] 即 934 年 9 月。
[2] 核查希腊文，英译本翻译为拜占庭人，为意译，原文为罗马人。

— 文献评注篇

J：显贵（*πατρίκιος*，*patrikios*）、皇家首席书记官（*προτασηκρήτις*，*protasekretis*）[2]西蒙在皇帝尼基弗鲁斯登基的第一年献给他的新律，即自创世第6472年[3]，财产审查公示的第七年，裁定不得增加新的修道院和用于老人的救济院，而且圣修会也不得以土地财产的形式来扩大规模[1]①：

[1] 该条新律如标题所言，其目的在于限制修道院和教会机构对土地的占有。行文包括两部分，一是皇帝个人对苦修的看法，二是有关于限制修道院和教会土地的措施。

[2] 皇家档案馆中监督皇家文件拟定的首席书记官。参见 ODB 3, p.1742。

[3] 即964年。

前言

1. 对我们的救赎投入无限关怀，指示我们它将如何降临到我们身上，并且指示我们如何通过特定的行为来恪守节制和遵守其他裁定来实现它，这样的上帝—父的言，已经显示给我们，财富和其他形式的财产是我们得救的绊脚石。圣经已经指明，富有的人难以入天国②，并且它希望我们可以保持清贫，不允许我们拥有第二件外衣、钱袋、斗篷，甚至不可以对次日的食物有所期望③。但是现在我遇到了修道院以及圣修会的顽疾（我称他们这种欲壑难填为顽疾），我不知道该做什么补救措

---

① 希腊文原文出自 Svoronos, *Les Novelles des Empereurs Macédoniens concernant la terre te les stratiotes*, pp. 151 – 161（document no. 14）；Ioannes D. Zepos and Panagiotis Zepos, *Jus Graecoromanum* Ⅰ, pp. 249 – 252。英文译文出自 Eric Mcgeer, *The Land Legislation of the Macedonian Emperors*, pp. 92 – 96；Peter Charanis, "The Monastic Properties and the State in the Byzantine Empire", *Dumbarton Oaks Papers* 4, 1948, pp. 56 – 58。

② 《新约·马太福音》：19：23 – 24；10：23 – 25；《新约·路加福音》：18：23 – 24。

③ 《新约·路加福音》：12：22 – 31。

施，也不知道该如何限制他们的这种无度的行为。他们遵从哪位教父，从哪里获取的这种激情，使得他们可以如此无度和疯狂（按圣大卫之言①）？他们持续不断地急于获取无数的土地，豪华的建筑、成群的马、牛、骆驼和其他数不胜数的牲畜，他们任灵魂的关注扩大，以致囊括了这一切，这使得他们的修道院活动与现世生活无异，充满了对现世的关注。诚然，上帝告诉了我们与此相反的事情，并且期待我们可以远离这样的关注（因为它说，"不要为生活中的吃喝思虑"②）和不要因为给予鸟免于照料的自由而责备自己③。圣使徒是如何说的？"我这两只手满足了我和我同伴的需用"④，"只要有衣有食，就当知足"⑤。我们一起来看一看教父的生活，这里我是指那些闻名于埃及、巴勒斯坦、亚历山大里亚以及世间其他地区的教父们。你会发现，他们的生活如此节制和简单，他们仿佛生活在虚幻的灵魂世界中，处于一种接近天使的非物质状态。首先，依耶稣基督所言，"天国是努力进入的，努力的人就得着了"⑥，而且我们进入天国，必须经历许多艰难⑦，然而当我看到那些发愿进入修道院的人以及换掉衣物发愿度过这样生活的人，违背誓言，所穿衣物与规定相矛盾，我无法不把这种行为称为欺骗，我料想，这是亵渎基督之名的。无论是使徒还是教父的律法都没有要求要占有大量土地、农庄或者过多地关心谷物的收成（如果他们真的期望言行符合基督的诫命，为什么会这样？基督的诫命并不是物质追求，而是相反，要献出这些物质，"如果你愿意，就会把你的财产变卖，分给穷人"⑧）。非常明显，这些诉求并不是为了生命中的道德和慎行的修行，而是为了身体的需要，然而难以接受的是，他们的精神层面更为世俗。

---

① 《旧约·诗篇》：40 - 4。
② 《新约·马太福音》：6 - 25；《新约·路加福音》：12 - 22。
③ 《新约·马太福音》：6 - 26；《新约·路加福音》：12 - 24。
④ 《新约·使徒行传》：20 - 34。
⑤ 《新约·提摩太前书》：6 - 8。
⑥ 《新约·马太福音》：11 - 12。
⑦ 《新约·使徒行传》：14 - 22。
⑧ 《新约·马太福音》：19 - 23；《新约·马可福音》：10 - 24；《新约·路加福音》：18 - 23。

2. 需求在时间的流逝中一定会走向无度，如同恶魔惯于从伊始僭越限制而变得强大。那些出于自身意愿而去取悦上帝和祈求免罪，但是却因此而忽略了上帝使其自在生活，并变卖财产分与穷人的简单诫命的人，他们出了什么问题？他们并没有按照上帝的诫命去做，相反，他们增加了此事的难度，他们更加关注现世，忙于修建修道院，救济院和养老院。在早期缺乏这些机构的时候，它们的修建非常有价值，并且是实用的。确实，这些机构创立者的善行一定会被永远铭记，他们用心关怀和照料世人的身体，而同时其他人则关注灵魂和更为高级生活的修行。但是当这些机构的数量大量增加，并且已经超过了实际的需要和合理的限度的时候，但是仍然有人漠视或者忽略易得的好品行，而专注于修建上述机构。如此我们怎么会不认为这种善行是掺有魔鬼的想法，怎么不会说说稗子已经同麦子混在了一起？① 更甚者，当那些做善事的人，做这些善事只是为了让其他人知晓，谁还敢拒绝说，虔诚不会成为虚荣的表面？他们不满足于仅仅是同代人知晓他们的善举，他们更希望后代人可以对此有所了解。是谁在做这些事情呢？唉，基督徒，正是这些人被要求不要通过任何方式的善举来获得别人关注。人们怎么会不认为这种过度的行为是卖弄呢？当随着时间的推移，其他修道院都已经成为废墟，急需要大量的修复工作和支持的时候，我们却没有准备花钱去修葺和恢复它们，而是尽力去修建我们自己的修道院，以至于也许我们会因为新的修道院而获得声望，而且我们的修道院也许会出类拔萃，与众不同并且以我们的名字命名，如同先知所言。②

正文

Ⅰ 1. 基于上述原因，要求你们必须实际践行基督的诫命，希望去摆脱对上帝不利的这种虚荣心的魔鬼，如果我们行善行，那就努力去为上帝而行，不要把人类的殷勤与此联系在一起，以免我们会放弃来自上

---

① 《新约·马太福音》：13：24 – 30；36 – 43。
② 《旧约·诗篇》：49：11。

帝的酬劳（圣言有云，这样的人总会有报酬①），我们要求那些追求虔诚的人要通过变卖财产，分给穷人来行善行，做慈善，以此来呼应上帝的诫命②。因为他希望我们可以做到尽全力和慷慨，对于受到关注的怜悯，我们不仅要捐献出我们的财富给需要的人，而且，一旦我们做出处置，我们必须继续变卖我们的财产。

2. 如有人如此正直而且慷慨（这就是我们形容他们大方的方式），希望可以修建修道院、救济院和养老院，没有人会阻止这样的行为。但是由于许久之前修建的一些机构已经毁弃，如前文所述，已经事实上不存在了，请他们为仍旧存在的这些机构提供帮助，请他们通过这些修会来表达他们对上帝的爱。在这种情况下，如果他们忽略了业已存在的那些机构，视而不见，并且如福音书中所言，"从另一边走开"③，并且专注于修建新的修道院，那么我不赞扬这种行为，也不允许发生，因为我认为这种行为没有意义，只是为获得虚荣和满足。

3. 我们要求，这样的人加入那些业已存在并且无须土地、财产和房屋支持的机构（因为这些机构自伊始就具备了足够的条件）；但是对于那些被忽略的、闲置的和由于缺少条件而停止运行的机构，请这些施主变卖他们的土地和财产给他们所拣选的世俗人，以此来满足这些机构所需要的关怀，他们可以为这些机构提供奴隶、牛、羊和其他的大宗牲畜。因为如果我们为这些机构提供我们拥有的土地和财产，我们就会处于以前的那种境况，由于法律裁定修道院和教堂不得出售土地，因此我们会使那些处于穷苦境地的机构变得无助，因为他们没有钱，并缺乏人手和资金。

4. 因此，从现在起，任何人不得以任何方式将耕地或者财产转让给修道院、养老院、救济院，抑或者都主教和主教，因为这对他们不利。如果有些宗教机构和修道院获得了非财产形式的捐助和封赐，那么它们要服从于皇帝的裁决和查问，满足他们需要的财产不会被禁止。我

---

① 《新约·马太福音》：6-2、5、16。
② 《新约·马太福音》：19：21；《新约·马可福音》：10：21；《新约·路加福音》：18：22。
③ 《新约·路加福音》：10：31、32。

们不赞成批准在偏远地区修建隐修所（κελλιά, cells）[1]和修道院（λαύρα, lavra）[2]，即使它们并不占用地产和耕地，而只是局限在特定的地区。

　　[1] 隐修所，最初是指位于埃及尼罗河三角洲的早期基督教隐修聚集地的建筑。每一个隐修所有几间独立的房间，一般居住两位修士，此外还包括一间祈祷室，一间接待室及一间厨房，有的隐修所还有井和菜园，隐修所外边由院墙所包围。参见 ODB 2, p. 1119。

　　[2] 该词原意为小巷，后来指修道院的一种类型。这种修道院是包括散落的修行室、教堂、餐厅、礼堂以及其他设施在内的一个综合体。在这里，修士们服从修道院长的管理，过着独居的生活，祈祷和劳作，只有在周末的时候他们才会集合在一起做祈祷等活动并分享他们劳动所获得食物。这是对完全隐居修行和住院修行两种方式的妥协。参见 ODB 2, p. 1190。

结语

　　在颁布这些建议和规定过程中，我知道，对于很多人来说可能是负担，虽然与我无关但是却与他们的意见相左，然而，正如保罗所言，我取悦的是基督而不是世人①。对于有头脑有理智的人而言，他们习惯看实在的东西，因此，一件简单的事情都会使他们思考的方式陷入迷茫，但是对于那些走得更远并且有能力深入思考事物的人而言，我们认为我们所表达的对于那些依附上帝而生存的人和整个社会都是有益的。

　　N：我们虔诚的皇帝瓦西里二世彻底废除皇帝尼基弗鲁斯抵制教堂和宗教组织的立法的新律[1]②：

　　由于由上帝所任命的我们的陛下已经从以虔诚和美德著称的修士和

---

　　① 《新约·迦拉太书》：1：10。
　　② 希腊文原文出自 Svoronos, *Les Novelles des Empereurs Macédoniens concernant la terre te les stratiotes*, pp. 185 – 189, document no. 14; Ioannes D. Zepos and Panagiotis Zepos, *Jus Graecoromanum* Ⅰ, p. 259. 英文译文出自 Eric Mcgeer, *The Land Legislation of the Macedonian Emperors*, pp. 109 – 110。

其他人那里了解到，皇帝尼基弗鲁斯关于上帝的教堂和宗教机构（或者说抵制教堂和这些宗教机构）的立法是现在世界中的魔鬼、剧变和混乱的根源，这无论对于教堂和宗教组织还是上帝自己都是不公正、冒犯的。事实印证了这一点，因为自该法实施到今天，我们的生活中并没有发生什么好的改变，并且与之相反，灾祸连连——现在我们的法令通过金印来确认，以上所言立法从今日起无效，并且永久废除，在此之前由我们陛下被歌颂的祖父、祖父的父亲以及祖父的祖父所制定的正确的、符合上帝心意的法律继续有效。为了确保该法令的安全和不变，我们在财产审查公示的第一年，即自创世第6496年的4月[2]，在该法令下边签署上我们的名字，并加以金印予以确认。

[1] 这份文件被认定为是由瓦西里二世于988年4月颁布的一部新律，该律撤销皇帝尼基弗鲁斯关于反对教堂和宗教组织政策。但是该新律的真伪仍在争论。①

[2] 即988年4月。

O：虔诚的皇帝瓦西里二世关于占有贫穷者财产的权贵的新律，按照皇帝罗曼努斯一世的第一次立法，即财产审查公示第二年，自创世第6437年[2]的新律来惩罚他们。[1]②

[1] 该新律颁布于996年1月。
[2] 即929年。

前言

1. 鉴于我们的陛下，从得上帝垂青获得统治权那时起，就一直竭心尽力地审查与富人和穷苦人有关的事件，他发现，那些纵容自己贪婪

---

① Eric Mcgeer, *The Land Legislation of the Macedonian Emperors*, p. 109.

② 希腊文原文出自 Svoronos, *Les Novelles des Empereurs Macédoniens concernant la terre te les stratiotes*, pp. 190 – 217, document no. 14; Zepos, *JGR* I, pp. 262 – 272。英译出自 Eric Mcgeer, *The Land Legislation of the Macedonian Emperors*, pp. 114 – 131。

的权贵在四十年限制的情况下为他们的这种心愿采取了一种看似合理的铺垫，他们通过送礼、贿赂或者手中的权势来等待期限的结束，并且获得那些他们错误地以牺牲穷人的代价换来的财产的全部所有权。他制定该新律，一方面要修正以前的事件，另一方面是限制当今的这些权贵们，阻止任何人在将来做同样的事情，在了解的情况下他们不能从限制中得到任何的支持，不仅他们手中属于其他人的财产要被剥夺，而且他们给予子女和其他人的财产也要被剥夺。

2. 我们的陛下不会掉以轻心也不会无理地终止基于限制期法令的所有权，他是为了表示对于穷苦人的同情，他对帝国和它的状况非常关注，支持正义，治愈贪婪带来的苦难，这从我们负责任的表达中可以看得很明显。我们对于由于限制期法令造成穷苦人的状况很愤愤不平，当我们在经过帝国的军区的时候，或者在我们出发征战的时候，我们发现每天发生在他们身上的侵犯和不公。

3. 当一个仗着权贵身份剥削穷苦人、并且将长期施加这一影响的人，抑或是一个长官（μάγιστρος, magistros）或者将会将自己的势力传给后代的军事总指挥官（δομέστικος των σχολών, Domestic of the Schools）[1]，而且他的后代会如同权贵一样成功地延续70年甚至100年，那么限制期法令如何才能实施，而且是以一种普通的方式？那么，是否因此，我们就不会阻止他们，并且为穷苦人被错误地剥夺的财产而执行正义呢？如果权贵们恰巧在农庄中巧取豪夺，而且他们的继承者承继了他们的权势和财富，并且不给那些被错误地剥夺了财产的穷苦人以反抗的空间，那么很明显，无论这样的事件如何的时过境迁，这些穷苦人都不能被限制去取得或者恢复他们原有的财产。如果我们不这样做，就等于我们给了剥夺者机会去说："今天我发达了，穷苦人也无力反抗我，如果我的儿子也同样发达或者我继续保持这样发达的势头，那么由于我的发达，法令所裁定的期限随之消逝，我们可以保持我们的获取物而无所失去，那么剥削是有益于我的。"

[1] 仅次于皇帝的拜占庭帝国军队总指挥官。参见 *ODB* 1, pp. 647–648。

4. 我们如何不去考虑一个人是权贵或者不是权贵,那个人开始是穷苦人,后来被授予头衔,上升到荣誉和财富的等级?如果一个人不是权贵,只要他处于底层之中,我们就用限制法令来使他受益;如果这个人是权贵,他拥有头衔,我们就通过限制法令不使他受益。

如我们最近所发现的,这样的事情天天发生。我们遇到一个曾经是穷苦人和农庄村民的人,但是后来他成了有名望、富有的人,当他还是穷苦人中的一员的时候,他和他的农庄村民一起缴税,不受打扰;但是当上帝使他成为值日官(εβδομαδάριος, hebdomadarios)[1],寝宫近侍(κοιτωνίτης, koitonites)[2]之后成为宫廷侍卫官(πρωτοβεστιάριος, protovestiarios)[3]时,他拥有了整个农庄,使之成为自己的私产。由此,通过这样的方式,他成为统治阶层,这就是发生在他身上的事情,那么是否我们应该用限制法令来支持他,并让他自由持有他所错误地得到的财富呢?绝对不行。因此,当我们的陛下经过这里的时候,他通过不满的穷苦人了解到这件事后,他剥夺了这个人奢侈的豪宅交给修会,交还给穷苦人属于他们的东西,留给他那些本来他所拥有的财产,使他再次成为一名农庄村民。

[1] 该词原意是星期,在文中是指一种官职,有两种不同职位,一是指修道院中一周的值日人员,二是指宫廷中负责皇宫房间一周的官员。此处可能指后者。参见 Sophocles①: 410; *ODB* 3, p. 1580。

[2] 皇帝寝宫中的侍卫,有可能是负责关门等事务。参见 *ODB* 2, p. 1137。

[3] 授予宦官的一个头衔,管理皇帝的便服,仅次于下文的皇帝寝宫侍卫长(παρακοιμώμενος, parakoimomenos)。9—11世纪该头衔的职权发生变化,可以统领军队、议和以及审查阴谋。后期该头衔成为一个荣誉头衔。参见 *ODB* 3, p. 1749。

5. 被认定为权贵的不仅是这样的人,还有那些保存在我们的外曾祖父皇帝罗曼努斯一世的名单中的人,他们被依次列出。

---

① E. A. Sophocles, *Greek Lexicon of the Roman and Byzantine Periods: from B. C. 146 to A. D. 1100*, Cambridge: Harvard University Press, 1914.

◈ 一 文献评注篇

正文

Ⅰ 1. 因此最后我们裁定,通过我们现在的立法,那些自我们外曾祖父皇帝罗曼努斯一世时期已经被权贵们从农庄中夺取的财产,在得到法律文件和确凿的证据的保证下,受到保护,并保持在他们手中,如同旧法所裁定的。因此我们希望,法律文件和确凿的证据必须被提供出来,以免权贵们欺诈性地宣称,由他们先辈们所获得的财产已经属于他们很长时间,虽然并没有书面的契约。

从那时起,即从我们的外曾祖父皇帝罗曼努斯一世时期就已经以书面形式颁布的法令时候起,直到现在,即自创世第 6504 年[1],财产审查公示第九年的一月份,也包括将来,限制法令失去效力,并且在穷苦人同权贵们抗争中对穷苦人也没有效力;但是穷苦人的财产必须归还给他们,权贵不得做出补偿法律声明,因为他们已经违反了上述法令,以此来代替惩罚。因为我们前面提及的我们的外曾祖父皇帝罗曼努斯一世曾写道,从今以后,禁止权贵在农庄中获取财产,他的意思是,他永远禁止他们,并且没有做出时间上的限制来作为支持。

[1] 即 996 年。

2. 如前面所提到的,我们颁布这些法令不仅是为了将来,我们引入此法令还为了我们所谈到的以前的时期。因为如果我们不纠正造成我们今天忧虑的以前的事件,我们如何保证将来以及我们的继承者?而且他们如何停止去禁止这样的行为?

Ⅱ 1. 由于我们发现金玺诏书中规定的边界说明中有歪曲,很多这样的事件在我们的裁决之前时有发生,因此我们裁定,上述的边界说明无效,而且那些制定这些说明的人在出现含糊不清的问题时,不能仅是提出声明。因为这些说明的公布既没有得到皇帝的认同和裁决,也不是将这些记录在金玺诏书中、监督测量和最后确定这些边界说明的书记官(ασκηρήται, asekretai)[1]所提出的,而是出自那些接受它们的人。因此，如上述所明确说明，它们是无效的，我们希望当发生含糊不清的问题的时候它们不发生效力，如果这些边界说明出现在财政机构的文件或者任何明确的法律文件中，我们要求对其予以关注和保存。

[1] 该词是指宫廷书吏，最早出现在6世纪，但也有学者认为是出现在4世纪。参见 *ODB* 1, p. 204。

Ⅲ 1. 由于有关农庄受到侵害和不公正待遇的所有相关问题以及有些农庄因为修道院的扩张而濒临消失的事情已经被我们的陛下所了解。如他们所报告的，在很多农庄中，一个村民在自己的土地上修建教堂，并把自己的一部分土地捐献这所教堂，而他自己则成为修士，并且在这里度过余生，那么另外一名村民做了同样的事情，因此在同一个地方有两到三名修士，当他们去世之后，当地的都主教或者主教就会控制这所教堂，将其占为己有，称其为修道院，有一部分被他们占为己有，有一部分给了权贵们，同样的都主教或者主教，他们剥削农庄，虐待村民，并使之消失——我们裁定，无论有多少这样的礼拜堂（我们不称其为修道院），都必须归还给穷苦人，都主教或主教的在这里的活动被永远禁止。如果都主教或主教把教堂作为礼物送给了某些人，我们裁定这样的人将被驱逐，即使他们占有教堂很长时间，如上所述，礼拜堂必须归还给村民，并且永久保持礼拜堂的功用，但是处于村民的管理之下，拥有以前数量的修士。在这些礼拜堂里，只有圣餐礼、任命的印信、纠正背离的修士以及其他有关都主教或主教的事宜；但是他们不得从这些礼拜堂中收取习惯税和任何他们从修道院那里获得的贡献；这些村庄必须在上述礼拜堂中保持以前数量的修士。

2. 如果这些礼拜堂有来自皇帝提供的点灯的津贴或者捐助，并且这些礼拜堂是独立的，那么它们在将来还必须处于现在的这些都主教或主教的管理之下，同样他们必须保证这些礼拜堂的独立性，即使并非特别公正，也必须如此，因为无论如何他们已经得到了皇室的眷顾；但是这些礼拜堂不得转让给他人。因此我们的皇帝称这些有一些修士的教堂为农庄礼拜堂而不是修道院。

3. 与此相反，那些通过这种方式修建在农庄的修道院，并且里面拥有 8 到 10 位或更多修士，由于很多生活在其周围的人已经削发，并且已经将自己的财产捐献给它，因此即使不公正，我们还是允许这些修道院处于都主教或主教管理之下，他们允许这些人迁移他们到其所愿的地方。但是条件必须是他们以前有现在还有超过 8 到 10 位修士，他们能够为这些修士提供足够支持。因为他们不能获得新的购置的地产，这在我们的外曾祖父皇帝罗曼努斯一世时期已经遭到禁止，现在同样遭到我们的陛下的禁止。在现行法令之后，如果都主教或主教派遣更多的修士来到这些礼拜堂，由于我们的陛下裁定这样的修道院可以拥有超过 8 到 10 位的修士，即使他们拥有足够的土地来养活这些修士，我们也不会把它们看作修道院，而是看作农庄共有财产建造的礼拜堂，我们将其重新置于农庄的管理之下。

4. 对于独立修道院而言，他们在过去可能是具有一定规模，如果偶然它们现在没有很多修士，而且是由于都主教或主教的疏忽而没有修士，那么我们裁定将其重新置于都主教或主教的管理之下，并且都主教或主教有权随意将其授予或者转让给他人。

Ⅳ 1. 除此一系列的措施之外，我们裁定，对于其财政没有时间限定，也不限制其法律声明；但是财政也许会引起他们自凯撒·奥古斯都时期起的法律声明，并以此作为支持。因为有很多因素是与其获取大量财产的财政措施相悖的：首先，财政的统治者，皇帝，由于其工作的繁多和关心帝国运转，因此没有力量也没有能力亲自去监督和指导所有的事情，他受到来自各方面的事情的困扰；因此他将财政的任务交给被指派到军区的官员去做。因此，很明显，如果这样的官员正确安排、公正办事，不采取欺诈的行为，那么财政就会得到保证和认可；如果他们欺骗性地安排工作，并且采取欺诈的行为，那么财政就失去了意义。此外，有必要为财政说句话，必须给予那些拥有管理权的人充分的自由度去调查和按照他们满意的方式去管理，并且随他们的意愿。

2. 最重要的是，没有巡视员或者皇家官员去调查期财政的法律声明，40 年的期限不能在没有干涉的情况下过期。如果被派去确认和起草财政法律声明的官员被发现很贪婪而且带有欺诈行为，在过程中他没有检查这些问题，认为没有问题，并且他的盘剥和腐败的想法显示出他是一个盘剥财政法律声明的人，由此，一直没有停止寻求其法律声明的财政将会得到相反的裁决。我们的陛下在这些事情的实际操作中发现，巡视员和被派往各地监督财政的官员们千方百计地违抗陛下的指令，只有很少的人准确无误地执行我们的指令。

Ⅴ 1. 除以上事宜，我们做出如下声明：如果古法规定，禁卫长（πρωτοσπαθάριοι, protospatharioi）[1]和那些位于他们之上的人卷入谋杀这样邪恶的犯罪中，他们将被免除死刑，仅革除职位，但是他们还要接受该法令的其他处罚；但是有人被明确地证明是凶手，或者采用计策、共谋、阴谋或者攻击的方式犯下如此证据确凿的罪行，或者说服部下而瞒过这件邪恶的事件，他将不得享受该职位的任何利益，并且受到处罚，判决死刑，等同于那些不是权贵也没有头衔的人。我们声明，如果阴谋是经过深思熟虑和策划的，并且攻击是很清楚的，带有恶毒的意图，并且所有人都很清楚，一群人在禁卫城高级官员鼓励、批准和疫情下组织实施了谋杀，或者他们的部下由于业已存在与被谋杀者和禁卫长或职位的官员之间的冲突和敌视而做了这件事，或者后者亲自去完成这件违法的事情，或者说服认识他们的人和朋友去完成这件事，都要受到上述惩罚。

[1] 皇室等级头衔，该头衔通常是授予元老院成员。到 10 世纪时该头衔授予军区军事指挥官。10 世纪时，宦官也开始拥有该头衔。11 世纪时，该头衔失去其影响力。同时也有外国人被授予该头衔。参见 ODB 3, p. 1748。

Ⅵ 1. 除以上事宜，我们做出如下声明：由于自我们的陛下登基一直到主管（πρόεδρος, proedros）[1]、寝宫侍卫长（παρακοιμώμενος, para-koimomenos）[2]瓦西里失去权位这段时期颁布大量金玺诏书，在这段我们的意见没有发挥效力,而他的个人意愿和指令得以在所有事件中起作用的时间里,我们裁定,所有这段时间颁布的金玺诏书无效,即那些没有得到我们陛下颁布的,但是具有金玺诏书特定格式的诏书。当我们的陛下免去上述主管和宫廷总管的职务时,他下达了如下指令:所有这样将要颁布的金玺诏书由执行该项工作的书吏增加特定格式的文字来证实其真实性。那些没有得到陛下认可且没有确认文字的金玺诏书不得批准,且无效力,因为它们是不合法而且不具有真实性的,因为如果他们是真实的,他们就会得到陛下的认可。

[1] 在拜占庭帝国时期,该词为官员的头衔或教会头衔,此处为前者。起初,该头衔仅授予宦官,但是11世纪中期以后也出现了许多贵族拥有该头衔。参见 ODB 3, p. 1727。

[2] 直译为"睡在皇帝身边的人",是皇帝寝宫的侍卫,一般由宦官担任。9世纪中期到10世纪该职位被赋予了更重要的职责,12世纪以后式微。参见 ODB 3, p. 1584。

Ⅶ 1. 最后,我们希望,有关集市的权利冲突能够得到必要的裁定。鉴于有些人就如下不满提出申诉,即从很久以前这些人就在自己的土地上建立了有序的集市,那些参与这些集市的商人退出集市,离开那里,在其他接受他们的地方组织新的集市,使得以前集市的拥有者,我们裁定,如果这样的事情发生,当所有集市的参与者和商人达成一致——无论他们是本地的或者是外地的——从原来的集市退出,前往别的地方重新组织集市,在没有遭受任何的强制,而是在自己意愿和选择下被引诱这样做的,他们享有不被干涉的权利和按照他们的意愿更改集市地点的自由。如果集市拥有者之间因为有些人选择留在原来的集市而另外一些人选择退出移往它地而发生争吵,依从长期存在的习俗,选择退出的那些团体,无论他们是谁,都要按照规定加入那些选择留下的人那里,集市的古代特权胜出。

2. 由于集市移址和转让有四种状况(因为它们通常是在权贵和权贵,弱势者和弱势者,权贵转让给弱势者或者弱势者转让给权贵),业已颁布的规章只适用于前三种状况,第四种状况需要我们从细节上以慈善的方式去处理。由于权贵们用非常不道德的行为从具有拥有权的弱势者那里霸占集市，我们裁定，在这种状况下，从弱势者到权贵的集市转让不得发生，除非整个集市一致同意退出，并且自愿转移到一个以前就曾经是集市的地方，由此两种状况达成一致：长期存在的习俗性权利和整个群体的相互同意和满意。鉴于其他三种状况只有一种条件下满足，例如，只有整个集市转让者满意，或者只有长期存在的习俗，即集市明确分开，而且一分为二；但是在第四种状况下，我们要求，两种条件的结合必须出现在从弱势者到权贵的真实转让中，上述两种条件是指所有人的满意和长期存在的习俗的权利，因为我们尽可能从各个方面去帮助弱势者，并且检查权贵权力的滥用，这一问题很早以前我们的曾外祖父皇帝罗曼努斯一世就已经在从弱势者到权贵的不动产易主问题中做出了最好的处理。

二 文献研究篇

第九章　罗马—拜占庭"藩盟"安置法刍议

提要：随着"民族大迁徙"理论的解构，西方学界已普遍意识到，早年被指为罗马—拜占庭入侵者的日耳曼诸蛮有相当一部分是帝国政府招抚或日耳曼人主动归附的同盟军。近年来，伦巴德人"应邀入侵"意大利历史公案的平反在为旧理论批判提供史料佐证的同时，也为新理论的构建提供了一种新思路：让受抚内附蛮族充当边防军极有可能是罗马—拜占庭藩盟安置政策的一项基本手段。

根据《日耳曼尼亚志》《哥特史》《伦巴德人史》等古典、中世纪文献记载：在罗马帝国时代，莱茵河以东、多瑙河以北的"日耳曼尼亚"地区居住着一批被称为"日耳曼人"的蛮族部落；这些部落源起于斯堪的纳维亚半岛，他们因人口过度增殖而被迫外迁至"日耳曼尼亚"；376 年，因一支名为"匈人"的亚洲蛮族的袭扰驱赶，定居"日耳曼尼亚"的日耳曼诸蛮便向罗马—拜占庭帝国发起了为期两个世纪的大规模侵略，并在西罗马废墟上建立起一系列日耳曼蛮族政权。依照这些记载，文艺复兴以降，以拉齐乌斯、施密特为代表的西方史家提出了"民族大迁徙"（*Völkerwanderung*）理论，意指罗马帝国的崩溃主要是蛮族（尤其是日耳曼人）入侵所致。[1] 由于这套理论

---

[1] 李隆国：《"民族大迁徙"：一个术语的由来与发展》，《经济社会史评论》2016 年第 3 期，第 17—43 页。

❖ 二 文献研究篇

有着较为翔实的史料做支撑,故其诞生数百年来就一直是西方学界构建古典—中世纪转型史的重要依据。但近年来,随着研究的不断深入,这套风行数百年的理论却面临着解构的风险:一方面,通过对文献典籍更细致的梳理,不少学者发现,史料中罗马—拜占庭与日耳曼人的实际交往状况远非"民族大迁徙"理论宣称的那样,只是日耳曼人对罗马—拜占庭的单方面入侵,而是时常伴有帝国对蛮族的招抚雇佣,以及弱小部落向帝国的主动投靠;另一方面,大量考古学证据亦表明,罗马—拜占庭境内的日耳曼文化要素远不及"民族大迁徙"理论描述得那么强烈,大部分蛮族仍以边境和境外活动为主,帝国境内少量的日耳曼要素也往往与罗马—拜占庭要素相掺杂,呈现出明显的糅合态势。[1]

在传统理论难以为继的情况下,不少学者也都尝试用新理论来重新建构古典—中世纪之交的"民族大迁徙"历史。鉴于蛮族主动投靠、帝国大肆招抚的"藩盟"(foederati)安置现象在各种文献中层出不穷,因过度"徙戎"而导致的蛮族内附流窜便成为学界目前非常热门的替代解释。[2] 然而,由于替代理论尚属草创,史料记载又分散模糊,学界在藩盟安置具体措施的探讨上就产生了较大分歧。综合拜占庭史家约达尼斯、普洛科皮乌斯的说法以及帝国法典的相关规定,藩盟制乃拜占庭皇帝君士坦丁一世所创,其大致做法是:帝国政府将与之结盟的蛮族部落安置

---

[1] Guy Halsall, "The Barbarian Invasions", in Paul Fouracre ed., *The New Cambridge Medieval History*, Vol. 1, Cambridge & New York: Cambridge University Press, 2005, pp. 35 – 55;李隆国:《解构"民族大迁徙"》,《光明日报》2011年11月17日第11版。

[2] J. H. W. G. Liebeschuetz, *Barbarians and Bishops: Army, Church, and State in the Age of Arcadius and Chrysostom*, Oxford: Clarendon Press, 1990, pp. 32 – 47; Walter Pohl, "Introduction: The Empire and the Integration of Barbarians", in Walter Pohl ed., *Kingdoms of the Empire: The Integration of Barbarians in Late Antiquity*, Leiden: Brill Academic Pub., 1997, pp. 1 – 12; Walter Goffart, *Barbarian Tides: The Migration Age and the Later Roman Empire*, Philadelphia: University of Pennsylvania Press, 2006, pp. 1 – 12, 230 – 240; Timo Stickler, "The Foederati", in Paul Erdkamp ed, *A Companion to the Roman Army*, New York: Wiley-Blackwell, 2007, pp. 495 – 514;康凯:《"蛮族"与罗马帝国关系研究述论》,《历史研究》2014年第4期,第165—177页。

第九章 罗马—拜占庭"藩盟"安置法刍议

于边境,并提供年金,而蛮族部落则须帝国政府屯垦戍守、出兵助战。① 因这些记载均未言明土地如何分配,学者们便在"藩盟"安置问题上提出了无主荒地说、地产客居说以及退役份地预支说三种不同的解读。其中无主荒地说强调,将边境荒地赐予受抚内附部落是罗马—拜占庭蛮族安置政策的主要手段;地产客居说认为,罗马—拜占庭在安置蛮族时很可能借鉴了帝国军队惯用的"客居法"(hospitalitas,若情况需要,士兵有权征用宿地民宅的 1/3 为己所用),因为蛮族法典就常常以"客居"为号,圈占罗马—拜占庭人民 1/3 地产;退役份地预支说推测,罗马—拜占庭之所以选择用土地和年金换取受抚内附蛮族的服役,主要是因为帝国政府也是如此安置本国士兵的,唯一不同之处在于,蛮族是先安置后服役,本国士兵是先服役后安置。由于每种解读既有一定史料支撑,加之所有安置方案均与土地密切相关,所以学界也往往用"颁田授受"(land-allotment)、"移民拓殖"(settlement)之类模糊字眼来泛指罗马—拜占庭对"藩盟"的安置政策。② 不过,近年来伦巴德人"应邀入侵意大利"历史公案的平反却为分歧的解决提供了一种新思路。本文将在梳理公案平反来龙去脉的基础上,利用学界在公案平反过程中发现的新史料,对藩盟安置政策进行一番新解读。

一 伦巴德人"应邀入侵意大利"案新解

综合文献记载和考古证据,学界普遍认为,伦巴德人是源起于斯堪

---

① *The Theodosian Code*, 7.15; *Novels of Theodosius* Ⅱ, 24.1, in *The Theodosian Code and Novels and the Sirmondian Constitutions*, with an English translation by Clyde Pharr, New Jersey: Princeton University Press, 1952;[拜占庭] 约达尼斯:《哥特史》,罗三洋译,商务印书馆 2012 年版,第 77、94 页;[拜占庭] 普洛科皮乌斯:《战争史》(上卷),王以铸、崔妙因译,商务印书馆 2010 年版,第 262 页。

② S. J. B. Barnish, "Taxation, Land and Barbarian Settlement in the Western Empire", *Papers of the British School at Rome*, Vol. 54, 1986, pp. 170 – 195; Hagith Sivan, "On Foederati, Hospitalitas, and the Settlement of the Goths in A. D. 418", *The American Journal of Philology*, Vol. 108, 1987, pp. 759 – 772; I. N. Wood, "The Barbarian Invasions and First Settlements", in A. Cameron and P. Garnsey eds., *The Cambridge Ancient History*, Vol. 13, New York: Cambridge University Press, 1998, pp. 516 – 537.

二 文献研究篇

的纳维亚半岛南部的一个日耳曼分支,他们于4世纪末移居多瑙河流域,并在6世纪末向意大利迁徙。然而,在伦巴德人进入意大利的具体方式上,学界认知却历经波折,形成了著名的伦巴德人"应邀入侵意大利"公案。根据日耳曼、拜占庭、教会史家记载,伦巴德人是应拜占庭驻意大利最高指挥官纳尔泽斯之请而入侵意大利的。① 纳尔泽斯在主政意大利期间横征暴敛,以致不堪忍受压迫的意大利人民不得不进京告御状,请求拜占庭皇帝查士丁二世将纳尔泽斯撤职查办。得知此事后,查士丁二世随即派人前去解除纳尔泽斯的职务。纳尔泽斯闻风潜逃,旋即遣使伦巴德人,"劝他们放弃潘诺尼亚的贫瘠土地,来夺取拥有各种财富的意大利。与此同时,他还送去多种水果以及意大利出产的其他东西的样品,以此来吸引他们前来。伦巴德人欣喜地接受了令他们振奋的消息"②。由于这套说法有着强大的史料支撑,所以在相当长一段时间内,帝国官员里通外敌也就成为史界对伦巴德人入侵意大利原因的一致解读。③

不过,到19世纪末,以霍奇金、哈特曼为代表的一批史学大家却对原始记载提出疑问。在他们看来,史料中荒诞不经的纳尔泽斯通敌叛国、挟私报复传说很有可能是当时某种谣言的互相传抄,根本不足为信。④ 因

---

① Isidore of Seville, *The Chronica Maiora of Isidore of Seville*, with an English translation by Sam Koon and Jamie Wood, *E-spania*, 6, 2008, 402; Bede, *The Reckoning of Time*, with an English translation by Faith Wallis, Liverpool: Liverpool University Press, 1999, 523; Paul the Deacon, *History of the Langobards*, with an English translation by William Dudley Foulke, Philadelphia: Philadelphia, 1974, 2.5; Constantine Ⅶ Porphyrogenitus, *De Administrando Imperio*, with an English translation by R. J. H. Jenkins, Washington D. C.: Dumbarton Oaks Center for Byzantine Studies, 1967, 27; *The Book of the Pontiffs*(*Liber Pontificalis*): *The Ancient Biographies of the First Ninety Roman Bishops to A. D. 715*, with an English translation by Raymond Davis, Liverpool: Liverpool University Press, 2000, 63.3 – 5.

② Paul the Deacon, *History of the Langobards*, 2.5.

③ [意]尼科洛·马基雅维里:《佛罗伦萨史》,李活译,商务印书馆1996年版,第11页;[英]爱德华·吉本:《罗马帝国衰亡史》(第四卷),席代岳译,吉林出版集团2008年版,第291—292页。

④ Thomas Hodgkin, *Italy and Her Invaders*, Vol. 5, Oxford: Clarendon Press, 1895, pp. 60 – 62; L. M. Hartmann, "Italy under the Lombards", in *Cambridge Medieval History*, Vol. 2, New York: Macmillan Company; Cambridge: The Cambridge University Press, 1913, pp. 195 – 196; Ferdinand Gregorovius, *History of the City of Rome in the Middle Ages*, Vol. 1, with an English translation by A. Hamilton, New York: AMS Press, 1967, pp. 495 – 496.

为首先，与伦巴德人入侵同时期的史料对纳尔泽斯的通敌复仇传说只字未提，相反越是晚近的史料，对细节的描写越是详尽，添油加醋的层累感十分明显；其次，纳尔泽斯被皇帝风光大葬的最终结局也完全不似叛国者的应有下场；再次，纳尔泽斯勾结伦巴德人的传说与西罗马重臣卜尼法斯邀请汪达尔人入侵北非的故事在架构上极其相似，① 不排除二者是同类传说的不同场景套用；复次，纳尔泽斯通敌复仇传说中的贪赃枉法情节显系后人对《法兰克人史》中纳尔泽斯积累巨额财富传言②的拓展想象；最后，不少史料提到，入侵之前的伦巴德人与邻近的日耳曼格庇德、亚洲匈人部落素有冲突，他们极有可能是受了其他蛮族的挤压，才向意大利迁徙的。于是，在学界巨擘的一致翻案下，日耳曼民族迁徙潮便成为伦巴德人入侵意大利原因的经典解释。

然而，自20世纪90年代起，上述全盘否定文献真实性的史料批判又日益遭到各方的质疑。以英国学者克里斯蒂、奥地利学者波尔为代表的一些学者指出，伦巴德人可能确为纳尔泽斯邀往意大利的，但这种邀请并非恶意的通敌复仇，而是经帝国批准的归化政策——政府希望通过颁田授受、移蛮实边的方法，实现对意大利的战后重建。③ 因为在伦巴德人入侵意大利之前，帝国政府就已经以同盟者身份将其安置于诺里库姆和潘诺尼亚，让其出兵助拜占庭攻打东哥特王国；在哥特战争中，伦巴德人也以自身行动证明了他们是帝国忠实的盟友。更重要的是，这种同盟关系并未因战争的结束而终结。因为据拜占庭宫廷史家米南德的记载，在伦巴德人"入侵"前夕，双方使节都在探讨如何联手对付觊觎帝国潘诺尼亚草原的格

---

① ［拜占庭］普洛科皮乌斯：《战争史》（上卷），第233—234页。
② ［法兰克］格雷戈里：《法兰克人史》，寿纪瑜、戚国淦译，商务印书馆1981年版，第235—236页。
③ Neil Christie, "Invitation or Invasion? The Longobard Occupation of Northern Italy, A. D. 568 - 569", *Romanobarbarica* 11, 1991, pp. 79 - 108; Neil Christie, *The Lombards: The Ancient Longobards*, Malden, MA: Blackwell, 1995, pp. 62 - 63; Walter Pohl, "The Empire and the Lombards: Treaties and Negotiations in the Sixth Century", in Walter Pohl ed., *Kingdoms of the Empire: The Integration of Barbarians in Late Antiquity*, pp. 75 - 133.

庇德人和匈人。① 只是未曾想到，拜占庭帝国惯用的蛮族招抚政策不仅未能起到预期的建设性作用，反而将意大利置于引狼入室的危险境地——伦巴德人以应邀协防意大利为幌子，借机侵占了北意大利大片土地。由于新版应邀入侵说在遵从原始文献的同时，还兼蓄了史料批判中的某些合理质疑，所以该观点一经提出便受到学界的普遍认可。②

近年来，随着史料发掘的进一步深入，一些学者又在新版应邀入侵说的基础上提出了一种更加激进的观点，称所谓的伦巴德人入侵其实是受安置伦巴德人发动的一场大规模叛乱：当负责伦巴德人招抚事宜的意大利最高统帅因故被革职调查后，不满帝国安置政策的伦巴德人就趁机起事。③ 而支撑该观点的理由也非常充分：战争进行之初，既有大量伦巴德将领继续效忠帝国的记载，又有大量伦巴德将领背叛帝国的记载。例如，根据效忠帝国的伦巴德将领德洛克托夫（Droctulf）的墓志铭记载，一位名叫法洛阿尔德（Faroald）的伦巴德将领发动叛乱，并一度占领了帝国的意大利首府拉文纳，④ 而这位法洛阿尔德正是后来伦巴德斯波莱托公国的首任公爵。伦巴德贝内文托公国的建立者阿里齐斯（Arichis）也是位变节将领，教宗格列高利一世在书信中就斥责他是帝国的叛徒："据我所知，阿里齐斯已经转而对抗帝国信仰，站到了阿里伍尔夫（Ariulf，即斯波莱托公国第二任公爵）一边。"⑤ 教宗贝拉基二

---

① Menander, *The History of Menander the Guardsman*, with an English translation by R. C. Blockley, Liverpool: Francis Cairns Ltd, 1985, Fragments 12.1, 12.2.

② Roger Collins, "The Western Kingdoms", in A. Cameron and P. Garnsey eds., *The Cambridge Ancient History*, Vol. 14, Cambridge & New York: Cambridge University Press, 2000, pp. 130 – 131; John Moorhead, "Ostrogothic Italy and the Lombard Invasions", in Paul Fouracre ed., *The New Cambridge Medieval History*, Vol. 1, Cambridge & New York: Cambridge University Press, 2005, p. 152; L. Pósán, "The Lombards' Move into Italy", *Acta Classica Universitatis Scientiarum Debreceniensis*, 51, 2015, pp. 135 – 144.

③ Eduardo Fabbro, *Society and Warfare in Lombard Italy, c. 568 – 652*, a thesis submitted for the Degree of Doctor of Philosophy at Centre for Medieval Studies University of Toronto, 2015, pp. 7 – 82.

④ Paul the Deacon, *History of the Langobards*, 3.19.

⑤ Gregory the Great, *The Letters of Gregory the Great*, with an English translation by John R. C. Martyn, Toronto: Pontifical Institute of Medieval Studies, 2004, 2.38.

世也曾在信中痛斥伦巴德人是群背信弃义的家伙："我们从背信弃义的伦巴德人那经受了巨大的灾难，忍受着无比的苦痛，不管他们多么信誓旦旦，没有人能全面地描述他们。"①

从逻辑论证角度来看，激进观点提出的"受置叛乱"说是有充分史料依据的。但在笔者看来，其所提史料证据还存在另外一种"受置叛乱"可能。根据史家米南德的记载，伦巴德人在意大利起事后，罗马元老院曾两度遣使君士坦丁堡，请求拜占庭皇帝提比略二世派兵支援，但苦于兵力不足的提比略二世却提出了招抚伦巴德人的建议："他将金钱拨给潘夫洛纽斯，用着这些金钱，如果能物尽其用，他能令部分伦巴德人率军投奔罗马人，并减轻对意大利的滋扰……尽管如此，皇帝还是在条件允许的前提下，尽其所能地提供了一些军队，同时还想尽办法地用礼金来争取伦巴德公爵……就这样，许多伦巴德首领接受了皇帝的慷慨赏赐，转而投奔了罗马人。"② 由于提比略二世给出上述建议的时间是在伦巴德"入侵"开始后不久，所以史料中反复出现的"叛乱"现象也有可能是帝国政府招抚成效极度不稳的写照——受抚进入意大利的伦巴德人先因安置负责人纳尔泽斯的撤职而趁机起事，在接受提比略二世的重新安置后，不少伦巴德人又再度叛乱。

二 伦巴德藩盟的边防军安置法

如前所述，虽然在一些细节上存在争议，但学界已普遍承认，进入意大利的伦巴德人乃帝国所招藩盟。就民族大迁徙理论的解构而言，伦巴德人应邀入侵案平反的意义可谓显而易见——它和西哥特人受抚内附于多瑙河南岸、阿奎丹高卢，③ 西罗马叛将引汪达尔人赴高卢、西班

---

① Pelagius Ⅱ, *Pelagius Episcopus Dilecto Filio Gregorio Venerabili Diacono*, in *Monumenta Germaniae Historica*: *Epistolae 2*, München: Weidmann, 1978, Appendix 2, 14 – 16.

② Menander, *The History of Menander the Guardsman*, Fragments 22, 24.

③ Paulus Orosius, *Seven Books of History Against the Pagans*, with an English translation by Roy J. Deferrari, Washington, D. C.: The Catholic University of America Press, 1964, 7.38;［拜占庭］约达尼斯：《哥特史》，第86—87页。

牙、北非参与帝国内战,① 拜占庭皇帝怂恿东哥特人前往意大利讨伐西罗马篡位皇帝②诸事一道,共同支撑起罗马—拜占庭主动"徙戎"的新框架。但它更重要的价值却是为学界深入探讨帝国的藩盟安置政策提供一种既旧又新的思路:罗马—拜占庭极有可能用边防军安置法来安置藩盟。称该思路"旧"是因为,学界曾因边防军定性问题的翻转而将藩盟的边防军安置说打入冷宫;称该思路"新"则是因为,伦巴德应邀入侵案平反过程中新发现的诸多史料线索表明,藩盟的边防军安置法并非不存在,问题的症结在于人们如何界定藩盟与边防军的关系。

  罗马帝国的军制发展史大致可分为前后两期。在早期,帝国军队主要由"军团"(*legionaries*) 和"辅军"(*auxiliaries*) 两部分构成。前者是由罗马公民组成的精锐主力,后者是从非罗马公民中招募的二线辅助部队。但受连年战争、当兵意愿下降等问题影响,帝国军队的兵员缺口一直呈增长之势,以致历任皇帝不得不通过扩大辅军规模、征召蛮族入伍等方式,解决兵源问题。③ 到了 3 世纪,随着内战、边患问题的一齐爆发,帝国政府又不得不通过军队改组、蛮族招抚等手段,解决内外失衡的问题。从卡拉卡拉降诏开放罗马公民权,将征兵范围推广到帝国境内所有自由民身上,到戴克里先废除公民兵制,将帝国军队重划为野战军(*comitatenses*) 和边防军(*limitanei*),再到君士坦丁一世创立藩盟制,用土地和年金换取受抚内附蛮族的服役屯垦,罗马—拜占庭军队一面不断强化边境防御,另一面又在蛮族化道路上愈行愈远。④ 当互相矛盾的政策并驾齐驱时,军队蛮族化和藩盟安置法自然成为各种争议的汇

---

  ① Zosimus, *New History*, with an English translation by Ronald T. Ridley, Sydney: Australian Association for Byzantine Studies, 1982, 6.5;[法兰克] 格雷戈里:《法兰克人史》,第 64—65 页;[拜占庭] 普洛科皮乌斯:《战争史》(上卷),第 233—234 页。
  ② [拜占庭] 约达尼斯:《哥特史》,第 175—176 页;[拜占庭] 普洛科皮乌斯:《战争史》(上卷),第 407—408 页。
  ③ Thomas S. Burns, *Rome and the Barbarians*, *100 B. C. - A. D. 400*, Baltimore: Johns Hopkins University Press, 2003, pp. 140 - 193;张晓校:《罗马帝国 3 世纪危机时期军队蛮族化问题》,《史学集刊》2003 年第 1 期,第 55—58 页。
  ④ A. D. Lee, "The Army", in *The Cambridge Ancient History*, Vol. 13, pp. 219 - 223; Thomas S. Burns, *Rome and the Barbarians*, *100 B. C. - A. D. 400*, pp. 320 - 322。

第九章 罗马—拜占庭"藩盟"安置法刍议

聚之地。由于军队蛮族划分为因个体征召引发的蛮族化和因整建制安置引发的蛮族化两种层次,因此严格意义上讲,藩盟安置问题是军队蛮族化问题的一种表现形式。

关于军队整建制蛮族化问题,学界存在新旧两种观点。传统观点认为,军队蛮族化在野战军和边防军身上均有体现,其中边防军蛮族化程度更深,理由是:藩盟的安置区与屯垦任务与边防军无明显差别,二者合一并无违和之感。[1] 新近观点则认为,传统观点严重夸大了军队蛮族化程度,并指出蛮族化主要体现在野战军身上,理由是:帝国政府设立边防军的初衷是更好地应对蛮族袭扰,若让藩盟充任边防军,此举与帝国的战略构想明显不符;帝国将领民族背景的史料统计结果也表明,蛮族将领主要供职于野战军和禁卫军。[2] 新观点的批评质疑虽不无道理,但在笔者看来,它仅仅指出了分歧的部分原因。事实上,真正引发争议的是新旧观点对边防军的定性差异。传统观点之所以认为藩盟与边防军职能相似,可以合一,是因为其默认前提是:二者均为以务农为主业的屯垦农兵。新近观点之所以强调边防军与藩盟的对立性,是因为其默认前提是:边防军乃以防范蛮族入侵为主业的正规部队,它与以务农屯垦为主业的藩盟是职能完全不同的两类群体。就概念定性的准确性而论,传统观点明显有误,因为自20世纪80年代起,学界就已通过细致考证,否定了边防军的兵农合一性质,并指出边防军之所以会被误认为是屯垦农兵,与边防军的军户安

---

[1] John L. Teall, "The Barbarians in Justinian's Armies", *Speculum*, Vol. 40, No. 2, 1965, pp. 294 – 322; Ramsey Macmullen, *Corruption and the Decline of Rome*, New Haven and London: Yale University Press, 1988, pp. 173 – 177; J. H. W. G. Liebeschuetz, *Barbarians and Bishops*, pp. 14 – 15;[德] 马克斯·韦伯:《民族国家与经济政策》,甘阳译,生活·读书·新知三联书店1997年版,第27—29页。

[2] Hugh Elton, "Military Forces", in Philip Sabin and Hans Van Wees eds., *The Cambridge History of Greek and Roman Warfare*, Vol. 2, Cambridge: Cambridge University Press, 2007, pp. 300 – 301; M. J. Nicasie, *Twilight of Empire: The Roman Army from the Reign of Diocletian until the Battle of Adrianople*. Amsterdam: Gieben, 1998, pp. 97 – 107; Karl Strobel, "Strategy and Army Structure between Septimius Severus and Constantine the Great", in *A Companion to the Roman Army*, pp. 267 – 285.

二 文献研究篇

置法有很大关系——边防军本身须严格整训备战,但其家庭却有权获地耕种。① 然而,就在相关证据于传统观点不利之际,伦巴德人应邀入侵案的平反却为新观点的可靠性打上了问号。

在藩盟制创立前,罗马帝国曾出台过各种名目的蛮族招抚政策,如统称"盟友制"(*laeti*)的"族人制"(*gentiles*)、"归降人制"(*dediticii*)和"纳贡人制"(*tributarii*)。这类制度的运作模式与藩盟制大体类似,均为帝国颁田安置,蛮族屯垦服役,主要的区别在于,前者由帝国专门机构和罗马将官进行管理,后者完全由蛮族首领自行统辖。② 而这也就意味着,在史料搜索过程中,藩盟首领与其所率部属通常是一一对应的关系:找到藩盟出身的边防军或野战军将领,也就找到了其担任边防军或野战军的部属。就这点而言,教宗格列高利一世遗留至今的800余封书信刚好为今人进行史料统计提供了绝佳的数据库。通过对将领官衔和民族成分的甄别,笔者发现,在书信集能确知官衔的17位帝国高级将领中,有5位可被确定为伦巴德人,而在这5位伦巴德将领中,3人担任野战军"军事统领"(军事统领的伦巴德人占比为25%),2人担任边防军"督师"(督师的伦巴德人占比为40%)。③ 该数据充分说明,在伦巴德人招抚过程中,边防军安置现象是完全有可能存在的。

倘若单纯的官衔统计还不足以说明问题,那么格列高利一世在信中对伦巴德叛将的一段吐槽则为边防军安置法的实施提供了更确凿的证据。592年,格列高利一世在与好友的通信中抱怨说:伦巴德斯波

---

① Bejamin Isaac, "The Meaning of the Terms Limes and Limitanei", *The Journal of Roman Studies*, Vol. 78. , 1988, pp. 125 – 147; Bejamin Isaac, "The Eastern Frontier", in, *The Cambridge Ancient History*, Vol. 13, p. 456; A. D. Lee, "The Army", in *The Cambridge Ancient History*, Vol. 13, pp. 234 – 237; A. D. Lee, "Warfare and the State", in *The Cambridge History of Greek and Roman Warfare*, Vol. 2, pp. 409, 416; Michael Whitby, "The Army, c. 420 – 602", in *The Cambridge Ancient History*, Vol. 14, pp. 288 – 289.

② Hugh Elton, *Warfare in Roman Europe, AD 350 – 425*, Oxford: Clarendon Press, 1996, pp. 128 – 133.

③ 数据索引参考 J. R. Martindale, *The Prosopography of Later Roman Empire*, Vol. 3B, New York: Cambridge University Press, 1992, pp. 1504 – 1505, 1513。

第九章 罗马—拜占庭"藩盟"安置法刍议

莱托公爵阿里伍尔夫收编了两位伦巴德将领（他们原本效忠帝国政府）的部属，并拒绝与帝国政府进行和谈，"除非（帝国政府）同意将他们的恳请地转给他"①。"恳请地"（precarium）是罗马帝国晚期"庇护制"（patrocinium）的一种表现形式：破落农户为求庇护而将自有土地交给大地主（自己仅为名义上的土地所有者），并为之献纳服役。但到 7 世纪，这套土地运作机制却逐渐与日耳曼人的"恩地"（beneficium）相融合，成为中世纪领主采邑的雏形——领主将土地赐予受保护民，受保护民则须向领主纳贡服役。②虽然今人对格列高利笔下"恳请地"的具体运作方式不甚清楚，但对照藩盟获地、屯垦、服役的常规做法，也就不难推知，那两位伦巴德将领及其部属所负担的边防军职责——拜占庭帝国将土地赐予受抚内附的伦巴德部落，伦巴德部落则须承担屯垦、服役之职。随着受抚伦巴德人服役状况的初步明晰，罗马—拜占庭的藩盟安置新思路也就呼之欲出：在安置藩盟之初，帝国政府很可能已经先验地将他们定性为后备兵员；被置于边境荒地的藩盟主体主要承担屯垦戍守的边防任务；藩盟中的精锐武装则须与帝国野战军一道参加重大战事。

另外，如果我们跳脱伦巴德人小圈，将视野投向西欧莱茵河、南欧巴尔干、中东两河等考古新发现区，就不难察觉，藩盟的边防军安置法并非伦巴德人所独有。以莱茵河流域的法兰克人为例，根据马切利努斯、尤特罗庇乌斯等史家记载，在 3 世纪藩盟制创立之前，罗马帝国就不断将战败被俘的法兰克部落迁往北高卢安置，让其充当帝国的"盟友"（laeti）。③而古罗马格尔杜巴（Gelduba）城堡遗址区大量发现的 4—5 世纪罗马—日耳曼墓葬也以其鲜明的武士特色向世人证

---

① Gregory the Great, *The Letters of Gregory the Great*, 2.38.

② James Westfall Thompson, *History of the Middle Ages: 300 – 1500*, London: Routledge, 1931, pp. 252 – 254；倪世光：《"封建制度"概念在西方的生成与演变》，《世界历史》2014 年第 5 期，第 76—86 页。

③ Ammianus Marcellinus, *History*, Vol. 1, with an English translation by J. C. Rolfe, in *The Loeb Classical Library*, Cambridge, Mass.: Harvard University Press, 1935, 17.8；［拜占庭］尤特罗庇乌斯：《罗马国史大纲》，谢品巍译，上海人民出版社 2011 年版，第 103—104 页。

明，那些受安置的法兰克"盟友"很有可能化身边防军，承担屯垦戍边之职。① 在多瑙河下游和约旦河流域的考古发掘中，学者们也了解类似现象：大部分边防军由蛮族及其后代充任。②

三 结论

通过以上盘点可以清楚地发现，伦巴德人"应邀入侵意大利"案平反的意义不仅限于伦巴德人入侵者身份转变本身，更在于它对史学流行观点造成的重大冲击。首先，伦巴德人为祸意大利只是罗马—拜占庭藩盟安置政策滥用恶果的一个表现——在此之前，东哥特、西哥特、汪达尔、法兰克藩盟就以"弱则畏服、强则侵叛"的行径肢解了西罗马帝国；其次帝国政府对伦巴德人的招抚并非单纯的移民安置和军队雇佣，而是一套涉及边境防务体系的系统工程——用边防军安置法来安置藩盟，以及由之引发的军队蛮族化就是帝国边防体系发生松动的一个重要表现；再次，藩盟安置对边防体系造成的影响不仅限于军队民族结构的改变，还在于体系性质的"潜移默化"——由罗马—拜占庭式的军队屯戍制向日耳曼式的领主采邑制转变；最后，当这种"潜移默化"由边防体系向更深层面的地产运作模式发展时——日耳曼社会发展出以领主采邑制为核心的封建庄园经济，拜占庭帝国发展出行之全社会的军役地产经济，③ 欧洲历史也就基本完成了由古典文明向中世纪文明的转

---

① Malcolm Todd, "The Germanic Peoples", in A. Cameron and P. Garnsey eds., *The Cambridge Ancient History*, Vol. 13, Cambridge University Press, 1998, pp. 464 – 471; Timo Stickler, "The Foederati", in Paul Erdkamp ed., *A Companion to the Roman Army*, Malden, MA: Wiley-Blackwell, 2007, pp. 495 – 514; "Gelduba", in Richard Stillwell ed., *The Princeton Encyclopedia of Classical Sites*, New Jersey: Princeton University Press, 1976, p. 347.

② Alexander Sarantis, "Military Encounters and Diplomatic Affairs in the North Balkans: during the Reigns of Anastasius and Justinian", in Alexander Sarantis and Neil Christie eds., *War and Warfare in Late Antiquity: Current Perspectives*, Leiden & Boston: Brill, 2013, pp. 786 – 787; Conor Whitely, "El-Lejjūn: Logistics and Localisation on Rome's Eastern Frontier in the 6th c. A. D.", in Alexander Sarantis and Neil Christie eds., *War and Warfare in Late Antiquity*, Leiden & Boston: Brill, 2013, p. 900.

③ 陈志强：《拜占廷军区制和农兵》，《历史研究》1996年第5期，第114—128页。

型。套用韦伯的话说:"罗马帝国后期各种发展的趋势之自然结果正是走向这种封建社会结构和封建军队体制……一支封建军队可以攻克一个公国,也能防卫一段边界,但从没有任何封建军队能够维持一个伟大帝国的统一或在绵延数百里的边界挡住掠夺者的入侵,这就是为什么罗马帝国不可能采取封建军队体制的原因,尽管这种封建军队制度更适合其自然经济体制。"① 总而言之,伦巴德人"应邀入侵意大利"案的平反在为过度徙戎新理论提供新证据的同时,由之引申出的藩盟边防军安置法也为古典—中世纪转型史提供了一种新的解读思路,这种新思路虽非最终正解,但它却比单纯强调蛮族入侵的民族大迁徙理论更能全面反映历史发展的脉络。

---

① [德]马克斯·韦伯:《民族国家与经济政策》,第29页。

第十章 《查士丁尼二世"赠礼"法令》碑文探究

提要：查士丁尼二世"赠礼"法令是拜占庭皇帝查士丁尼二世（Justinian Ⅱ）为谢神佑之恩，于688年颁布的一则将塞萨洛尼基城中某处盐库赠与圣狄米特里教堂的法令。该法令是研究7世纪末至8世纪初拜占庭帝国外交政策、宗教态度、管理模式、社会变化等方面极为珍贵的原始文献。虽然目前国外学界已出版了该法令的诸多校勘本和译本，中文文本也由笔者据希腊文和英文译出，但是对其价值的研究学界还尚未展开，故本文拟以该法令的具体内容为基础，进一步探讨其历史价值，以期对学界关于拜占庭铭文和法令的研究能有所启发。

引　言

查士丁尼二世"赠礼"法令①是一篇石碑法律铭文，篇幅不长，共16行。石碑于1885年出土于希腊塞萨洛尼基的一座清真寺。碑文上记载：688年查士丁尼二世御驾亲征巴尔干半岛，在取得对斯拉夫人和保加尔人的大捷后，率军进入塞萨洛尼基城，由于皇帝将此次战争的胜利归因于圣狄米特里的圣援，故下令将城中的一处盐库赠与圣狄米特里教堂。查士丁尼二世统治时期正值拜占庭史上的"黑暗时期"②，所留文

---

① 本文简作"查氏法令"。
② G. Ostrogorsky, *History of the Byzantine State*, New Brunswick: Rutgers University Press, 1957, p. 79.

第十章 《查士丁尼二世"赠礼"法令》碑文探究

献多为教会史家的著述,该法令铭文作为查士丁尼二世时期唯一留存的官方法律文献,反映了其所处历史时代的气息,对其历史价值的发掘,有利于学界获得对查士丁尼二世统治时期的内外政策与政局更清晰的认识。目前国内外学者对该法令的研究仅限于校勘与译注,比较权威性的有,希腊学者帕帕伊奥伊欧(P. N. Papageorgiou)的校勘本[①]与俄裔美籍拜占庭学者瓦西列夫(A. A. Vasiliev)的校译本[②]。中文本则由笔者综合各家译注本完成[③]。考虑到学界还未有对该法令历史地位与价值方面的研究,故本章拟从以下几个方面进行探讨,不当之处还请方家批评指正。

一 史料的重要印证与补充

王国维先生在史学方面的巨大成就莫过于"二重证据法"的提出。1925年他在讲授《古史新证》时于第一章"总论"中讲道:

> 上古之事,传说与史实混而不分。史实之中,固不免有所缘饰,与传说无异。而传说之中,亦往往有史实为之素地。二者不易区别,此世界各国之所同也,在中国古代已注意此事……孟子于古事之可存疑者,则曰:"于传有之";于不足信者,曰:"好事者为之"……疑古之过,乃并尧舜禹之人物而亦疑之。其于怀疑之态度及批评之精神,不无可取,然惜于古史材料未尝为充分之处理也。吾辈生于今日幸于纸上之材料外,更得地下之新材料。由此种材料,我辈固得据以补正纸上之材料,亦得证明古书之某部分全为实录,即百家不雅驯之言,亦不无表示一面之事实。此"二重证

---

① P. N. Papageorgiou, "Μνημεῖα τῆς ἐν Θεσσαλονίκῃ Λατρείας τοῦ ἁγίου Δημητίρου", *Byzantinische Zeitschrift*, Vol. 17, 1908, pp. 354–360.

② A. A. Vasiliev, "An Edict of the Emperor Justinian II, September 688", *Speculum*, Vol. 1, 1973, pp. 1–13.

③ 李继荣:《查士丁尼二世"赠礼"法令译注》,《古代文明》2016年第4期,第33—39页。

二 文献研究篇

据法",惟在今日始得为之。虽古书之未得证明者,不能加以否定;而其已得证明者,不能不加以肯定,可断言也。①

该方法将中国乾嘉学派的考据法与西方实证主义科学考据法相结合,强调运用地下材料(考古)与纸上材料(文献)相互印证比较考据古史真相,还原古史原貌,已成为一种科学的学术考据理论,这一理论恰好适合该石碑铭文研究。

就拜占庭帝国而言,自查士丁尼大帝之后,帝国便陷入了战火连绵,局势动荡的时期,国库日亏,对外防御力量也极度衰弱,北方蛮族及东方的波斯人构成极大威胁,故"6世纪末至7世纪初,拜占庭面临的首要问题是生存问题"②。这一特殊历史时期"与查士丁尼时代史料极为丰富相反,是史料极为匮乏的阶段"③,致使现在学界对这一时期研究所能倚重的文献材料主要为赛奥法涅斯的《编年史》和尼基福鲁斯的《简史》。但教会史家的这两部著作具有很大的局限性,不仅是因为他们对于7世纪的一些历史事件叙述过于简略,更重要的是,教会史家的一家之言和宗教情感偏向,也使诸多学者对其记述的可信度持有较多质疑,如关于查士丁尼二世亲征事件,赛奥法涅斯仅提到"688年皇帝查士丁尼二世远征斯拉夫人与保加尔人,其间他击退了保加尔人的拦截,一路进军远及塞萨洛尼基城,并在战争中俘获了大量斯拉夫人"④,其可信度无法通过其他史料得以印证。为此,6—8世纪的拜占庭学研究,既是学界较为薄弱的一个环节,也是争论较多的一个阶段。

查士丁尼二世"赠礼"法令恰好弥补了史料无法相互印证的难题。据铭文内容来看,这是查氏亲自颁布的律令,为古史重建提供了重要、

---

① 王国维:《古史新证——王国维最后的讲义》,清华大学出版社1994年版,第1—3页。
② 徐家玲:《拜占庭文明》,人民出版社2006年版,第66页。
③ [南斯拉夫]奥斯特洛格尔斯基:《拜占廷帝国》,陈志强译,青海人民出版社2006年版,第75页。
④ Theophanes Confessor, *Chronicle: Byzantine and Near Eastern History AD 284–813*, translated with introduction and commentary by Cyril Mango and Roger Scott, Oxford: Clarendon Press, 1997, p. 508.

第十章 《查士丁尼二世"赠礼"法令》碑文探究

可靠的地下印证材料。一方面，考古（据）学者从铭文本身语义、语气、内容等方面进行考证，认定该铭文确为查士丁尼二世所颁布；另一方面，他们还结合赛奥法涅斯《编年史》中关于查士丁尼二世688年御驾亲征巴尔干半岛的相关记载进行了比对。通过这一方式，不仅证实了学者对铭文本身年代断定的合理性，反之铭文本身又进一步提升了两位教会史家对该历史事件记载的可靠性。

此外，它也为构建古史提供了重要补充。教会史家只是提及查士丁尼二世带领军队远征斯拉夫人与保加尔人，曾长驱直入兵临塞萨洛尼基城，但对于到达城中的所行之事却无从考证。而该法令中关于皇帝向塞萨洛尼基的圣狄米特里教堂赠礼的原因，盐库收益的使用范围的规定，本身就表明了当时的帝国局势、皇帝对宗教的态度、帝国盐业的管理等等，不仅为我们提供了大量关于皇帝进城之后活动的信息，也为我们补充了更多关于7世纪末帝国内外局势与策略的情况，为我们还原与丰富这一段历史时期的原貌提供了第一手珍贵资料。

二 边疆危机局势的侧面反映

查士丁尼大帝的大规模战争，在为帝国带来了光辉的同时，也极大地损伤了帝国根基，削弱了帝国对外防御力量。帝国北部的蛮族趁势大量内迁巴尔干半岛，其中影响比较大的蛮族是阿瓦尔人、斯拉夫人和保加尔人，可以说他们的内迁直接影响了帝国未来的局势及发展趋势。

"斯拉夫人首次以'斯科拉文尼人（Sclavenes）'的名字出现在普罗柯比的著作中。"[①] 此时的斯拉夫人已经慢慢向帝国境内迁移，但是由于查士丁尼大帝的铁腕政策及其继承者们的有效打击，"6世纪末，只有个别斯拉夫人部落开始定居巴尔干半岛"，但是随着莫里斯皇帝在多瑙河战役中惨败，"7世纪初，斯拉夫人开始对巴尔干半岛进行大规

---

① A. A. Vasiliev, *History of the Byzantine Empire, 324–1453*, Vol. Ⅰ, Madison: The University of Wisconsin Press, 1961, p. 140.

二 文献研究篇

模占领"①，且这一局势一发不可收，623 年，斯拉夫人甚至利用其组建的船队，"劫掠克里特岛及其他岛屿，航行至赫勒斯滂及马尔马拉海，劫获拜占庭供给船只"②。8 世纪，巴尔干半岛已经成为斯拉夫人的聚居区，利奥三世时期，一位自西方前往圣地朝拜的教徒拜访了伯罗奔尼撒的摩尼瓦西亚（Monembasia）城，称该城位于"斯拉夫人的土地上（Slawinia）"③。

同时，保加尔人也趁势蚕食帝国领土。"保加尔人原是突厥人的一支，与匈奴人有较近血统，原居多瑙河东北，曾臣服于匈奴人。"④ 7 世纪初，保加尔人曾与拜占庭联盟抵制来自东方的阿瓦尔人，受拜占庭文明的影响，这支游牧族群发展迅速，并向多瑙河南部的拜占庭境内迁徙。有鉴于此，"679 年，皇帝君士坦丁四世，曾派兵讨伐保加尔人，但以失败告终。战后皇帝与保加尔人签订合约，除了向保加尔人纳贡外，也承认保加尔人对新占帝国土地的占领"⑤，"自此拜占庭皇帝被迫承认的这个新王国，成为帝国最危险的敌人"⑥。

本章所涉"查氏法令"铭文颁布于 688 年 9 月，正值斯拉夫人与保加尔人对巴尔干半岛虎视眈眈和大举进攻的时期，作为帝国政治、经济、文化、宗教中心之一的塞萨洛尼基是蛮族必争之地。法令铭文中虽未明确提及斯拉夫人和保加尔人的名号，但是从皇帝御驾亲征、铭文中关于"对他的及我们的诸敌人的诸战争"及"取得诸多战争的胜利"⑦的描述可以得出如下结论：一方面，外族对巴尔干半岛的入侵已经达到严重影响帝国边疆安全的程度，帝国局势岌岌可危；另一方面，危及帝国的敌人并非一族，而是多族，结合史实，此处应该是指斯拉夫人与保

---

① ［南斯拉夫］奥斯特洛格尔斯基：《拜占廷帝国》，第 78 页。
② A. A. Vasiliev, *History of the Byzantine Empire*, 324 – 1453, Vol. Ⅰ, p. 7.
③ A. A. Vasiliev, *History of the Byzantine Empire*, 324 – 1453, Vol. Ⅰ, p. 240.
④ 刘爱兰：《民族大迁徙对中西文化发展的影响》，《中央民族大学学报》（哲学社会科学版）2005 年第 5 期，第 54 页。
⑤ Theophanes Confessor, *Chronicle*: *Byzantine and Near Eastern History AD 284 – 813*, p. 498.
⑥ A. A. Vasiliev, *History of the Byzantine Empire*, 324 – 1453, Vol. Ⅰ, p. 219.
⑦ 李继荣：《查士丁尼二世"赠礼"法令译注》，《古代文明》2016 年第 4 期，第 35 页。

第十章 《查士丁尼二世"赠礼"法令》碑文探究

加尔人对塞萨洛尼基城的多次失败的大规模进攻；此外，虽然巴尔干半岛已经有大量的斯拉夫人和保加尔人定居，但是帝国皇帝还是对其取得诸多胜利，很多像塞萨洛尼基这样的大城市并未遭到蛮族的蹂躏和破坏，而这也为8世纪初拜占庭文化的复兴，伊苏里亚王朝的发展奠定了基础。

由此可见，在查士丁尼大帝时期，帝国虽有蛮族侵入，但是当时的状况帝国还能应付，如538年，查士丁尼大帝就派将领君士坦丁阻击保加尔人对色雷斯的进攻，据载"他们将其包围，屠杀了大量保加尔军队，获得了其全部战利品，赢得绝对性的胜利，甚至还杀死其两位国王"①；539年，面对保加尔人的大量侵入，帝国军队再次将其彻底打败，"战俘被押往君士坦丁堡，关置于竞技场，色雷斯地区获得长久和平……而后查士丁尼大帝将战俘运往亚美尼亚和拉齐卡"②。但是百年之后，查士丁尼二世的帝国已经处于周边蛮族的严重围困之中，史料与铭文中关于皇帝的御驾亲征，直到塞萨洛尼基城中及取得"诸多战争的胜利"等描述，正好从侧面反映出帝国当时边疆局势告急的真实状况。

三 皇帝宗教策略的直接体现

基督教自311年"伽勒里乌斯宽容敕令"③及"313年尼科米底敕答"④的颁布，不仅摆脱了被迫害的身份，而且取得了合法地位，在狄奥多西大帝统治下，直接获得国家官方宗教的地位。直至529年查士丁尼关闭雅典学园，禁止异教崇拜，基督教依附皇权，一路扶摇而上，逐渐融入帝国日常生活中，成为帝国的精神支柱。可以说基督教自取得合

---

① Theophanes Confessor, *Chronicle: Byzantine and Near Eastern History AD 284–813*, p. 317.
② Theophanes Confessor, *Chronicle: Byzantine and Near Eastern History AD 284–813*, p. 318.
③ 李继荣、徐家玲：《伽勒里乌斯宽容敕令文本考》，《中南大学学报》（社会科学版）2016年第5期，第170—174页。
④ 徐家玲、李继荣：《"米兰敕令"新探》，《贵州社会科学》2015年第1期，第65—72页。

法地位始,便与皇权形成一对相互依存,又相互斗争的矛盾体。基督教想通过皇权力量的保护发展壮大,而皇权也希望借助基督教稳固自身权威,如君士坦丁大帝为了获得基督教支持,颁令承认基督教的合法性,促进了基督教的发展,而其因给予基督教合法地位,被基督教奉为"第十三使徒",皇权被赋予神圣性。但是随着教会势力的不断壮大,教权也试图对皇权进行干涉与控制,双方之间的冲突也时有发生,如"芝诺皇帝的《合一通谕》更造成了东西方教会内部的第一次大分裂(484—519年)"①。

皇权与教权这对矛盾体的合作与斗争贯穿了整个拜占庭帝国史。但总体而言,基本呈教权依附于皇权的态势,"在希腊语教会地区,皇帝对教会的控制仍然占主导地位"②。皇帝更多的是采取手段将教会纳入其皇权统治体系,通过控制、利用宗教来神化皇权,强调"君权神授",从而为其统治蒙上神秘色彩。早在耶稣基督赴难后,便已经开始:"那在上有权柄的,人人当顺从他,因为没有权柄不是由于神的。凡掌权的都是神所命的,所以抗拒掌权的,就是抗拒神的命,抗拒的必自取刑罚。"③ 这段记载虽是早期基督教为迎合罗马皇帝,希望获得罗马皇帝庇护的一种说法,却也为罗马皇帝的"君权神授"提供了理论根据。

在这种理论的支撑下,各代皇帝以维持"神的和平",督促人们对神的尊敬和服从神的诫命为己任,积极干预乃至主宰基督教会事务,逐渐走上了神化皇权之路。君士坦丁大帝于325年亲自主持了尼西亚会议,以军队的压力强令所有与会主教接受《尼西亚信经》和有关教会的法规。381年,狄奥多西皇帝主持了君士坦丁堡主教公会议,重申了《尼西亚信经》的原则,彻底清除了阿利乌斯派信众在帝国生存和发展的条件。

真正利用基督教将皇权推向一个新高度的是查士丁尼大帝。查

---

① 徐家玲:《拜占庭文明》,第336页。
② 徐家玲:《拜占庭文明》,第337页。
③ 《新旧约全书·新约·罗马书》(中文版),中国基督教三自爱国会1980年版,13:1。

第十章 《查士丁尼二世"赠礼"法令》碑文探究

士丁尼大帝虽然坚持"政教协调"的原则，但是对于不利于其帝国稳定与统一的行为，他则会以强制手段进行干涉。为了协调教会内部的争论，553年，查士丁尼大帝主持召开了"三章案"辩论会，"当时罗马教宗维吉里乌斯拒绝在会议决议文件上签字，皇帝便将其软禁，强迫其签字，受到屈辱的教宗签字后不久便黯然去世"①。可见，所谓的"政教协调"的原则只有在教权不侵犯皇权利益的前提下才能成立。

查士丁尼时代之后，伴随着外族入侵和帝国大片领土的丧失，但正如《欧洲剑桥经济史》中所言，"直到阿拉伯征服使其领土进一步缩小，才使集权得以完成，且得到了进一步的加强"②。查士丁尼二世统治时期，从铭文法令来看，皇权对教权控制利用似乎更进一步。如查士丁尼大帝《法学阶梯》的开篇也就是"以我们的主耶稣基督的名义"③，用以强调法令本身的威严与神圣；而本铭文开篇则是"罗马世界之君主、被上帝加冕者、和平的缔造者，弗拉维·查士丁尼皇帝，特准许将吾上帝守卫之城的盐库赠予神圣、荣耀的殉道者狄米特里"④，更为强调皇帝个人的"君权神授"与"至高无上"。皇帝对教会的"赠礼"，无论出于虔诚信仰还是政治目的，都表明此时基督教已经开始真正融入整个帝国的个人生活与精神领域。皇帝以向教会捐赠、在铸币上铸上帝肖像等方式笼络教会，大大促进了教会的发展，但同时也埋下了教会因过分膨胀而威胁皇权，引发伊苏里亚王朝皇帝发起"破坏圣像运动"⑤的种子。

---

① A. A. Vasiliev, *History of the Byzantine Empire, 324–1453*, Vol. Ⅰ, pp. 150–153.
② [英] M. M. 波斯坦、爱德华·米勒主编：《欧洲剑桥经济史》第二卷《中世纪的贸易和工业》，第113页。
③ 李继荣：《查士丁尼二世"赠礼"法令译注》，《古代文明》2016年第4期，第36页。
④ 李继荣：《查士丁尼二世"赠礼"法令译注》，《古代文明》2016年第4期，第34页。
⑤ 关于"破坏圣像运动"，笔者曾撰文考辨与分析了该运动前期与后期的性质，认为利奥三世时期发起的所谓"破坏圣像运动"并非破坏，而只是禁止，至君士坦丁五世统治时期才具有了破坏的性质。具体内容参见李继荣、徐家玲《"破坏圣像运动"误区考辨》，《理论月刊》2016年第11期，第84—88页。

◆ 二 文献研究篇

四 帝国食盐管理的典型案例

拜占庭的经济生活受到国家的严密控制,一方面,帝国政府加强对人的控制,通过行会将各个阶层的人牢固地束缚在各自身份岗位之上,并以相关机构对其进行严密监督;另一方面,对一些特殊行业进行官方控制,不允许私营。在帝国严密监控下,帝国财政收入稳定,保障了官僚机构的正常运转和各阶层稳固的等级秩序,在一定程度上有利于帝国的繁荣。

但是由于文献材料的匮乏,关于国家控制的程度、国家控制行业的范围学界仍有争论。如汤普逊认为"帝国自戴克里先至君士坦丁和查士丁尼的立法,都达到这样一个结果:把所有的社会活动集中于政府手里,为了实现这个目的,建立了各种机构,一旦实现后,则以不可更动的组织来保持这种形式"[1],可见汤普逊更为强调国家控制的严格性与有效性;而《剑桥欧洲经济史》中则认为"戴克里先法典规定子承父业,这条规定在整个拜占庭的历史上一直都有,但从来没有证据表明它曾被确实施过";"即便是利奥六世汇编的控制君士坦丁堡行会的规则《市政官手册》,表明的可能也只是国事理想的一面而非现实生活"[2]。至于国家控制行业的范围,汤普逊认为在5世纪与6世纪主要包括"矿场、采石、盐井、造币厂以及制造武器、军事装备和士兵服装的各工厂"[3];而希腊学者安德雷亚德斯则认为"矿产、采石、盐井,并非真的属于国家,而属于君王的权利"[4]。

---

[1] [美]汤普逊:《中世纪经济社会史》(上册),耿淡如译,商务印书馆1984年版,第198页。
[2] [英]M.M.波斯坦、爱德华·米勒主编:《欧洲剑桥经济史》第二卷《中世纪的贸易和工业》,第114页。
[3] [美]汤普逊:《中世纪经济社会史》(上册),第211—212页。
[4] A. Andreades, "Byzance, Paradis du monopole et du privilege", *Byzantion*, Vol. 9, 1934, pp. 176–177.

第十章 《查士丁尼二世"赠礼"法令》碑文探究

查氏法令中的赠礼，正好是关于颇具争论的"食盐"。关于食盐，在西方历史上，自古代时期，特别是"亚历山大东征之后，就被各个王国当作其经济结构中的一种极其重要的因素，生产与销售均由国家垄断"①。托勒密王国、塞琉古王国及马其顿王国均为此情况，并延续于整个罗马帝国时期。其基本状况是政府控价、获允的私商出售，但是也有一些特权机构，"如寺院、军队及官府，在托勒密时期，这些特权机构可以以低于市场价格从政府手中购得大量食盐"②，至于罗马帝国时期的食盐运营情况，由于文献欠缺，我们知之甚少。但是从这篇法令铭文来看，查士丁尼二世时期，像食盐业这样的行业确实处于帝国或皇权的控制之下，其所有权属于帝国或皇帝个人，但与此同时，皇帝也可以颁布法令以礼物的形式将其所有权、使用权或收益权赠予第三方。可见这一时期，帝国对某些行业的控制并非绝对，其管理体制也具有某些灵活性和变动性。

另外，从铭文中关于"主所爱的教士不能以任何方式将盐店的收益给予或打算给予任何军事个人"③ 的规定也值得深入研究。如前所述，在托勒密、马其顿等王国，军队也属于享有低价购买食盐的特权机构，甚至根据有限的文献，"可能罗马时期军队也享有同样的特权"④。但是铭文中"不得将其收益给予任何军事个人的规定"，说明至少在查士丁尼二世时期，军队的此项特权可能已被废止。关于查士丁尼二世为何要有这样的规定，是否要限制军事将领的权力及势力，还有待于新文献的补充。但总的来说，该铭文还是向我们提供了一些帝国盐业管理方面的重要信息。

---

① A. A. Vasiliev, *History of the Byzantine Empire, 324–1453*, Vol. Ⅰ, p. 11.
② A. A. Vasiliev, *History of the Byzantine Empire, 324–1453*, Vol. Ⅰ, p. 11.
③ 李继荣：《查士丁尼二世"赠礼"法令译注》，《古代文明》2016年第4期，第35页。
④ S. L. Wallace, *Taxation in Egypt from Augustus to Diocletian*, London: Oxford University Press, 1938, pp. 183–184.

◈ 二 文献研究篇

五 帝国新旧文化过渡的反映

拜占庭帝国，亦称东罗马帝国，时间断限约为4世纪二三十年代至1453年君士坦丁堡为奥斯曼土耳其人攻陷止，前后千余年历史。众所周知，在经历了3世纪经济危机及蛮族的侵扰，罗马帝国的政治、经济、文化等重心逐渐东移，君士坦丁堡开始成为地中海世界的中心。这一过程是西罗马渐衰的过程，也是东罗马继承与纳新，整合与突变的过程，很多学者在提及这一阶段时，或称罗马帝国晚期，或称拜占庭帝国早期，实质上是在不同视角下对同一历史时段的不同表述方式。而在这一缓慢的蜕变中，查士丁尼时代在推动地中海世界完成晚期罗马向早期拜占庭的转变中，起到了承前启后的作用。

查士丁尼大帝可以说是晚期罗马文化的终结者，也是早期拜占庭文化的开创者。其统治时期，整个帝国的状况已经有了巨大变化，如古代罗马异教与公认的基督教原则的对立，古典罗马共和体制与晚期罗马专制体制的对立，奴隶制经济与社会结构与隶农制生产管理体制的对立，希腊语文化中心与拉丁语官方语言的对立等，都是查士丁尼大帝面临的新挑战。面对这些难题，查士丁尼大帝决定从修订法律入手，调整社会生活的各个方面，以完成新时代面临的新问题，因此经过几年努力，在著名法学家特里波尼安的主持下罗马法的编修工作顺利完成。值得注意的是，在查士丁尼《民法大全》中，除了《新律》用希腊文颁布，其他三部均为拉丁文，可以认为，这部民法大全是拉丁文化在拜占庭帝国之存续的最典型代表作，也是罗马法和拉丁文化在基督教化的帝国内发展的最高境界。

自查士丁尼大帝要求《新律》必须以希腊文颁布开始，希腊语就正式登上了官方语言的宝座。这说明查士丁尼大帝已经把握住了时代的脉搏，拜占庭希腊文化正在其"庇护"下慢慢成长。查士丁尼大帝去世之后，帝国局势逐渐呈衰落之势，特别是希拉克略王朝时期，波斯人、斯拉夫人、阿瓦尔人不断入侵帝国领土，著名拜占庭史家奥斯特洛

第十章 《查士丁尼二世"赠礼"法令》碑文探究

格尔斯基将这一时期称为"生存斗争和拜占庭国家的复兴"① 时期。随着帝国领土范围的缩小,最终只剩下以君士坦丁堡为中心的希腊文化圈,希腊语在帝国中的作用进一步提升。学者汤普逊认为在"400 年时,约有1/4 的省民说着拉丁语,620 年时,不到1/10。布里说,到8 世纪的开始,'罗马法,像拉丁语一样,在帝国内不复有人懂得了,帝国正在变为完全希腊化,当时它已经失掉叙利亚、非洲以及希马斯半岛上的北方各省'"②。

查士丁尼二世统治时期,正是帝国处于危机向复兴过渡的时期。本文的法令铭文正是以希腊文颁布,但补遗后的铭文中也发现有一个拉丁词"*donamus*"③,表明希腊语确实为帝国的官方用语,但拉丁语并未完全销声匿迹;另外,铭文中使用了两个词来表示皇帝,一个为"$Βασιλεύς$",一个为"$Αὐτοκράτης$",也传递出希腊与拉丁文化博弈的一种信号。"$Βασιλεύς$"原本是指古代希腊城邦的"王",至罗马帝国初期,奥古斯都建立元首制,自称"*Princeps*",意为"第一公民",之后随着皇权的进一步加强,"第一公民"的称呼逐渐被皇帝"*Imperator*"取代,与之对应的希腊语就是"$Αὐτοκράτης$"。查士丁尼大帝之后,随着帝国内希腊语与希腊文化的复苏,皇帝的官方称呼也在发生变化,"希拉克略(Heraclius,610—641 年在位)皇帝首次在其法令中称呼自己为'$Βασιλεύς$'"④,但"*Imperator*($Αὐτοκράτης$)"的称呼并未消失,且这种形式一直持续至8 世纪初,伊苏里亚王朝皇帝利奥三世与君士坦丁五世共同颁布的拜占庭帝国史上第一部中世纪希腊语法典《法律选编》的问世,"$Βασιλεύς$"最终取代"*Imperator*($Αὐτοκράτης$)",成为皇帝官方头衔。

可见自查士丁尼大帝时代后,以希腊语为媒介的希腊文化就与以拉

---

① [南斯拉夫] 奥斯特洛格尔斯基:《拜占廷帝国》,第75 页。
② [美] 汤普逊:《中世纪经济社会史》(上册),第222 页。
③ 李继荣:《查士丁尼二世"赠礼"法令译注》,《古代文明》2016 年第4 期,第38 页。
④ E. H. Freshfield, *A Manual of Roman Law the Ecloga Published by the Emperors Leo III and Constantine V of Isauria at Constantinople A. D. 726*, Cambridge: Cambridge University Press, 1926, p. 2.

◆ 二　文献研究篇

丁语为媒介的拉丁文化展开了博弈，最终于 8 世纪初以希腊语稳坐帝国官方语言之位，希腊文化的胜利成为帝国的主体文化为结果，帝国完成了新旧文化的交替，一个中世纪希腊帝国的产生，而这则法令中皇帝名称的使用及拉丁词汇的出现，恰好反映了这两种文化交替阶段的状况。

结　语

总而言之，6—7 世纪末既是拜占庭帝国的一个混乱时期，也是其发生蜕变的时期，一切都在"剧变"中发生"质变"。该法令反映出的皇权地位加强、基督教深受恩宠、文化模式更替等诸方面是整个帝国局势变迁的结果，也是东罗马帝国（拜占庭）希腊文化发展的使然。虽然它是一则"静"的法令，但其本身所散发出来的却是"变"的韵味，而这个"变"激发了拜占庭帝国新的活力，新的文化在孕育，新的秩序在构建，一个别样的拜占庭文明的复兴时期即将到来，而查士丁尼二世"赠礼"法令是反映奠定 8 世纪初拜占庭中世纪希腊帝国的重要阶段众多史实中不可或缺的一篇。

第十一章　论中世纪伊斯兰海商法的形成

提要：中世纪伊斯兰海商法的出现是一个循序渐进的过程：习惯沙漠生活的阿拉伯人本来惧怕航海，但生存压力迫使他们冲出沙漠，奔向地中海。为争夺地中海霸权，聪明的阿拉伯人很快掌握了先进的航海技术和造船技术。在大举武力扩张的同时，阿拉伯人的商贸活动日益活跃，他们积极学习拜占庭文化，翻译拜占庭著作，并根据变化了的社会情况对伊斯兰法做出变革，吸收和融合拜占庭帝国的《罗得海商法》，发展出了自己的海商法。

中世纪初期，游牧族群阿拉伯人对航海和造船业知之甚少，其赖以生存的阿拉伯半岛三面环海，但却一直未发展航海业，这并非因为阿拉伯人不够勤奋和努力，而是航海业的发展受自然条件所限：气候方面，阿拉伯半岛炎热干燥，沙漠众多，木材和树脂等造船必备物资稀缺，造船业难以发展；地理环境方面，阿拉伯半岛周围遍布珊瑚礁石，缺少像希腊的伊拉克利翁那样的天然良港，而且阿拉伯半岛内陆没有可供航行的、与海相通的河流。尽管如此，历史的发展总是超乎人们的想象，自632年开始，这个习惯于游牧生活的沙漠族群不仅克服了对海的畏惧，顽强地冲出了沙漠，在西地中海地区建立了海上霸权，而且发展出了自己的海商法，使其在地中海地区通行长达200多年之久，这一切是如何实现的呢？

◈ 二 文献研究篇

一 从初识航海到争夺霸权

(一) 阿拉伯人眼中的航海

长达数个世纪,阿拉伯人一直习惯于半岛的沙漠生活,居住在半岛北部的阿拉伯人尤其如此,对海上生活非常陌生。阿拉伯人天生畏惧航海,《古兰经》早有记载:"难道你们不怕主使你们再去航海,而使狂风袭击你们,使你们因孤恩而沉溺,然后,你们不能为自己找到任何对主报仇者吗?"① 可见,航海被当作一种惩罚手段。穆罕默德的继承人,阿拉伯帝国的哈里发欧麦尔一世(Umar ibn al-Khattab,634—644年在位)就曾经率领阿拉伯军队从陆上大举扩张,一直到波斯与埃及,但对海洋的态度却很谨慎。他手下的一位叙利亚总督向欧麦尔一世请求允许自己去攻打塞浦路斯岛时,欧麦尔心存顾虑,踟蹰不前。阿拉伯人所了解的非洲东海岸,位于马达加斯加岛对面,从好望角向北一千英里,直到索法拉。他们到达莫桑比克海峡,找到博哈多尔角,就不敢贸然前进了。按照《古兰经》的启示,真主是用界线分隔"两海"的,人们不能越过"两海"之间的界线。学者们解释道,"这两个被陆地包围的海域就是地中海与印度洋,包括红海"②。

从词源学角度讲,"阿拉伯"一词的初始含义是"沙漠"。阿拉伯半岛的农产品稀缺,沙漠面积占了相当一部分,生存空间和生活资源有限,各部族之间不得不展开争夺,仇杀和劫掠时有发生。"好战的心理,是一种常在的意识形态,他们的人口不至于过剩。"③ 部族只有劫掠到牲畜、夺取了牧场和控制了水资源才能够繁衍生息,否则,整个部落面临的就是饥饿,乃至灭绝。所以,"我们以劫掠为职业,劫掠我们

---

① 《古兰经》,马坚译,中国社会科学出版社2003年版,第213页。
② [美] 丹尼尔·J.布尔斯廷:《发现者:人类探索世界和自我的历史》,严撷芸等译,上海译文出版社1992年版,第271页。
③ [美] 希提:《阿拉伯通史》(上册),马坚译,商务印书馆1979年版,第102页。

的敌人和邻居,倘若无人供我们劫掠,我们就劫掠自己的兄弟"①。但是半岛上土地毕竟有限,当人口增加到超负荷状态,人们就开始被迫寻找新的活动范围。这一时期,恰逢伊斯兰教兴起,先知穆罕默德把以往散漫的阿拉伯人团结在自己周围,使这个民族变得坚强,并号召信徒"为安拉而战",在这一旗帜的感召之下,好战的阿拉伯人打破禁忌,勇敢地冲出沙漠,奔向文明发达的近东,直逼美丽富饶的地中海。

(二)帝国造船业的发展

632年前后,阿拉伯半岛基本统一,阿拉伯哈里发国家的对外扩张也自此开始。633年秋,阿拉伯军队剑指巴勒斯坦和叙利亚,到651年占领波斯全境。阿拉伯军队的战果不断扩大,拜占庭帝国在亚洲和非洲全部领地的2/3落入阿拉伯军队之手。阿拉伯帝国的领土向东逼近印度边境,向西控制了非洲北部的部分地区,向北占领亚美尼亚以北,近东的原拜占庭帝国领土大部分已被阿拉伯帝国控制,一个横跨欧、亚、非的新帝国由此形成。

阿拉伯军队征服的诸多地区拥有先进的造船技术,谦虚好学的阿拉伯人向当地人学习造船工艺,努力发展造船工业,使得造船业在阿拉伯世界逐渐发展成为支柱产业之一。"在波斯湾沿海,在红海两岸,在利凡特各港口,在入海的各条大河两岸,遍布着官办和私人的造船坞。"②位于波斯湾出口处的忽鲁谟斯造船工艺先进,这在马可·波罗笔下有过描述:"船板的两头,必须小心地用螺旋钻打孔,然后再用大木钉楔入,造成船只的雏形。"③

阿拉伯人除了从征服地西亚和北非学习造船技术,还间接从中国学到了大船制造技术。阿拉伯商人经常选择乘坐中国造的大船,

---

① [美]希提:《阿拉伯通史》(上册),第26页。
② 刘景华:《中古阿拉伯人造船与航海技术的考察》,《湖南师范大学社会科学学报》1997年第3期,第109—110页。
③ [意]马可·波罗:《马可·波罗游记》,陈开俊等译,福建科学技术出版社1981年版,第26页。

认为安全可靠，也常常用来装载自己的货物。久而久之，中国的大船制造工艺也潜移默化地影响到了这些阿拉伯人，他们也开始建造一些载重千吨以上的大商船。在不断的军事需求刺激下，能承载1500人以上的大战舰也被陆续建造出来。阿拉伯人还仿照印度人的做法，就地取材建造船只，印度洋的诸多岛屿上盛产椰子，椰树是很好的造船材料，阿拉伯人将其砍伐下来之后，主干部分被锯成大小不一的椰木板，作为船板使用，椰子的外皮纤维被搓成绳索，作为船缆使用，较为细些的椰树用来做船上的桅杆，椰树的叶子则被织成船帆，可谓物尽其用。

在频繁的地中海贸易和战事中，船只的作用不言而喻，阿拉伯人船只的特点是横梁宽，船头尖，吃水浅，桅杆可以移动，悬挂方形船帆。后来阿拉伯人发现使用方形船帆的船只较为笨拙，转弯不灵活，多走弯路，于是在反复实践中创造性地发明了三角帆技术，一改方形帆的种种局限，更加充分地利用风力，船只灵活了许多，尤其逆风航行时，三角帆的优点更加明显，能够做到曲线前进，航速提高很多。尝到甜头的阿拉伯人大面积推广应用单桅、双桅三角帆，对世界航海业的发展做出了大的贡献。

拥有先进的造船技术，阿拉伯人的航海能力日渐提高。在航行过程中，阿拉伯人善于观测星象以指导航行，船员们还掌握了较多的海洋地理资料，详细记录了印度洋的季风环流情况，常常在航行中利用季风风向等规律缩短航程。阿拉伯船只出海时，都有潜水员随行，以便船只在海上遇到意外情况时随时修理。

（三）发展海上贸易，争夺地中海霸权

随着造船业的发展与航海技术的掌握，在征服地区沿海居民的参与下，原本习惯于游牧生活的阿拉伯人发展起了海上贸易。财富的大门一旦打开，聪明的阿拉伯人变得异常活跃，开始热衷于东西方之间的远途贸易。从北印度洋到阿拉伯半岛周边的红海、阿拉伯海、波斯湾，从地中海东部到西部，正在航行的阿拉伯商船随处可见。"阿拉伯人在推进

宗教的同时，亦把商业推进到所有被征服的地区。"① 年深日久，阿拉伯人将其商业范围扩大到东至印度和中国，北至今天的俄罗斯和北欧地区，南至非洲东海岸，唯独向西进展不大。

于是，阿拉伯人开始将视野转向西方的地中海地区，这是一个重要贸易航线纵横交错的地方，"同时，叙利亚、亚历山大一直是地中海的重要贸易城市，载有东方货物的叙利亚商船在地中海各港口城市之间常年来回穿梭，当时的西方也有叙利亚商人的众多聚居地"②。位于叙利亚海岸港口城市里的居民大多为希腊人，信仰拜占庭的东正教，在被阿拉伯人征服之后，向拜占庭寻求海上援助。③ 作为阿拉伯人的新占领地区，埃及和叙利亚等地在与地中海周边地区的贸易往来中赚取了巨额财富，为了巩固这一战果，保住在埃及和叙利亚的商业利益，同时开辟新的商业范围以获取更多财富，阿拉伯人意识到必须争夺地中海，不久即开始了向地中海扩张的进程。

阿拉伯军队对小亚细亚的进攻开始于8世纪30年代，起初进展并不顺利，屡受重创。8世纪后期，阿拉伯帝国的局势稍稍稳定，又重新发动与拜占庭军队的战争，经过多次征讨并取得胜利，迫使拜占庭摄政皇后以纳贡的方式求和。后来阿拉伯军队实力不断壮大，先后占领克里特岛、马扎拉岛、撒丁岛、科西嘉岛和马耳他岛，直至9世纪末期占领西西里岛。随后，阿拉伯军队把西西里岛和周边其他岛屿作为新的军事基地，向位于意大利卡阿普利亚等地的拜占庭领地陆续发起攻击。阿拉伯海盗也以克里特岛为据点，不断袭击爱琴海各岛屿和伯罗奔尼撒半岛上的城镇。至此，阿拉伯人通过占领西班牙、突尼斯以及科西嘉岛、撒丁岛和西西里岛等地，在地中海西部地区确立了海上霸权。

---

① 赵立行：《论欧洲中世纪早期的商业与贸易》，《历史教学》2000年第11期，第16页。
② Robert S. Lopez, "Mohammed and Charlemagne: A Revision", *Speculum*, Vol. 18, No. 1, 1943, pp. 14–38.
③ Archibald R. Lewis, *Naval Power and Trade in the Mediterranean A. D. 500–1100*, New Jersey: Princeton University Press, 1951, p. 56.

二 从百年翻译到社会变革

（一）阿拉伯人对待拜占庭文明的态度

阿拉伯人在经商方面是能手，在学习先进文化方面也很积极。虽然阿拉伯与拜占庭是敌对双方，屡屡发生战争，但客观上却促进了文明之间的交往，正如国内著名中东史专家彭树智先生所言："战争过程的破坏性、野蛮性与战争后果客观上的进步性与文明性并存。"①

"阿拉伯帝国真正傲视群伦之处，与其说是实际的军事征服本身，不如说是被征服地区的民众之阿拉伯化与伊斯兰化。"② 在叙利亚和埃及等阿拉伯征服地区，阿拉伯语得到较大程度推广，这使得拜占庭文明与阿拉伯文明之间加快了融合的步伐。与拜占庭帝国进行的长年争战，使阿拉伯人能够占有原属拜占庭帝国的图书馆，进而可以接触到数量庞大的希腊图书。有着远见卓识的阿拉伯人并没有像一些野蛮部族那样焚烧图书，而是将其奉若珍宝，不仅如饥似渴的学习，而且大量地翻译这些希腊著作，他们还仿照拜占庭的模式在阿拉伯统治区内建了很多图书馆，这些措施在很大程度上起到了保存和传播先进文化的作用。"一般地说，总是先进文明对后进文明的融化，即使是后进文明的民族，征服了先进文明的民族，也会逐渐被先进文明所融化"③。

（二）通过百年翻译运动学习拜占庭文化

阿拉伯帝国第二个世袭王朝——阿拔斯王朝（750—1258年）统治初期的100年，是阿拉伯文化飞速发展的阶段，在国家对翻译事业的高度重视下，统治者大力提倡把拜占庭、古希腊、罗马、印度、波斯等国

---

① 彭树智：《文明交往论》，陕西人民出版社2002年版，第17—18页。
② [英] 伯纳德·路易斯：《中东，激荡在辉煌的历史中》，郑之书译，中国友谊出版公司2000年版，第73页。
③ [英] 阿诺德·汤因比：《历史研究》，刘北成、郭小凌译，上海人民出版社2000年版，第12—15页。

的学术典籍翻译成阿拉伯语,并给予赞助,借以吸收先进的文化遗产。从8世纪中叶起,翻译活动开始繁荣起来,独立的翻译阶层出现。830年,首都巴格达正式创建了著名的"智慧馆",集研究院、翻译中心与图书馆于一体,其领导者均由知识渊博、造诣颇深的学者担任,学术气氛非常浓厚,来自各地的学者云集于此,多是由哈里发重金聘请而来,大家不分宗教派别,只要学有所长,即在"智慧馆"有一席之地,可谓群贤毕至。阿拔斯王朝著名的翻译家、学者侯奈因·伊本·伊斯哈格(809—873年)曾有在罗马学习希腊语的经历,亦曾到拜占庭帝国领地游学,获取多种图书珍本。他通晓阿拉伯语、古希腊语、波斯语和古叙利亚语,精通希腊科学和文化,受到哈里发麦蒙重用,被以重金礼聘担任巴格达智慧馆的研究院院长和图书馆馆长,带领学者们开展翻译和科学研究工作。侯奈因具有卓越的翻译能力,曾翻译了希腊的哲学、天文学、物理学、医学等方面的经典文献。在他的指导下,"智慧馆"的学者们也各自做了大量的翻译工作。

阿拉伯人非常积极而执着地获取着文化知识,发达的拜占庭文明对他们来说就像宝库,从哈里发到普通学者,都被深深吸引,甚至达到痴迷程度。"哈里发麦蒙曾派学者麦脱尔等带着贵重礼物出使君士坦丁堡,向拜占庭皇帝索要或换取希腊古典著作。"① 阿拉伯学者们到拜占庭各地去游学和寻求典籍珍本,"求学的热情、求知的渴望,使学者们把沙漠的酷热、大海的惊涛都视为坦途"②。在哈里发的命令和阿拉伯帝国政府的统一规划下,学者们将收集到的大量拜占庭著作,包括哲学、法学、数学、化学、医学、星相学等方面的文献翻译成阿拉伯文。学者们付出了辛勤的劳动,从拜占庭文明中汲取了大量营养,快速构建起了以伊斯兰教为核心的阿拉伯文化,为东西方的文化交流做出了不可磨灭的贡献。

阿拉伯政府还花费重金,着力引进有名望的学者。9世纪前半

---

① [埃及]艾哈迈德·爱敏:《阿拉伯—伊斯兰文化史》(一),向培科等译,商务印书馆2001年版,第251页。
② 纳忠等:《传承与交融:阿拉伯文化》,浙江人民出版社1993年版,第201—202页。

期,哈里发麦蒙就曾邀请拜占庭大数学家立奥到阿拉伯讲学,许诺的报酬是2000磅黄金和与拜占庭之间的永久和平。① 阿拉伯人从拜占庭帝国学到了很多东西,如生产方式和生活方式,管理模式和行政体制,法律制度和土地制度,艺术珍品和城市建筑,等等。阿拉伯人学习先进文化并不是全盘照搬,而是边吸收边创新,在继承和保存拜占庭文化成就的基础上,结合本国实际加以改造,使之成为带有阿拉伯—伊斯兰色彩的东西。800—1050年,在阿拉伯占领和管辖地中海时期通行的伊斯兰海商法,即阿拉伯人对拜占庭帝国《罗得海商法》进行吸收和改造的结果。

(三) 贸易推动下的社会变革

7世纪早期,伴随着阿拉伯帝国的建立,以《古兰经》和圣训的有关内容为基础的伊斯兰法得以产生,其行为法规涉及阿拉伯人的宗教、社会、家庭和个人生活等方面,最初适应的是阿拉伯半岛的简单生活方式。作为一种宗教法,伊斯兰法的立场明确,视安拉为无所不能、无所不在、无所不知的绝对真理,而"一切世人在法律领域所能做的只是理解和诠释'神启'的法律,而不能制定或更改这种神圣的法律"②。但是,如前文所述,随着阿拉伯人商业贸易活动的日益活跃,受经济利益驱使,阿拉伯人为争夺地中海霸权不断进行武力扩张,这一切已导致整个阿拉伯国家的社会形势发生了重大变化。阿拉伯人的商业范围已今非昔比,地中海的航线,东到印度洋,西至大西洋,南到非洲东海岸,北至俄罗斯,都在阿拉伯帝国控制之下。阿拉伯征服地区的商业异常繁荣,既盛产香料和棉花等农产品,也出产陶瓷、地毯、玻璃等工艺品。阿拉伯人商业意识浓厚,不遗余力地进行商业渗透,且往往是伴随宗教传播和武力扩张一同进行,与欧洲的很多城镇和国家有贸易往来。"阿拉伯人经由

---

① 陈志强:《拜占廷研究》,人民出版社2001年版,第265页。
② 高鸿钧:《伊斯兰法:传统与现代化》,清华大学出版社2004年版,第395—396页。

叙利亚海岸的贝鲁特或巴勒斯坦的雅法与威尼斯通商，威尼斯因对利润的追求，而不顾宗教的忌讳，与回教世界的非洲及叙利亚恢复商业关系，引进巴格达的商品，越过阿尔卑斯山向北运送，沿莱茵河到达法兰德斯，再转运英格兰及北欧。"[①]

吃苦耐劳的阿拉伯人还穿越红海向东到达印度，收购香料和砂糖等东方特产后返回，将这些货物运到亚历山大港等地的市场，转手将其销售给来自意大利各城市的商人。阿拉伯人穿针引线般的商业活动大大刺激和促进了欧洲的商业复兴，商业繁荣客观上带动了欧洲诸多城市的兴起。9世纪中期，随着地中海霸权地位的确立，阿拉伯帝国版图已经扩大到亚、非、欧三大洲，所征服地区生活习惯各不相同，《古兰经》和圣训的有关条文已经解决不了层出不穷的社会新问题。所有这些变化了的社会情况，已与先知时代大不相同，迫使伊斯兰法不得不进行变革，因为根据历史经验，如果法赖以产生的社会条件和调整的社会关系已有重大变化，而法律却因循守旧不做变革的话，是无法适应社会的发展的，甚至会成为妨碍社会进步的枷锁。

三 从自创法律到借鉴异族法

（一）教法学家们的法律创制活动

当时的阿拉伯帝国首都巴格达和麦加、麦地那等一些文明程度较高的城市，专门从事案件裁判和法律解释的研究者不断涌现，他们所研究的内容被称作教法学。教法学作为一种法学思想体系，是在对《古兰经》和圣训的立法原则、立法思想及其律例进行深入研究的基础上发展起来的，本质上是一种法律创制活动，目的是满足阿拉伯帝国疆域不断扩大和社会生活日益复杂的需要，使伊斯兰法能够跟得上伊斯兰教和阿拉伯帝国迅速发展的新形势。在创制法律过程中，发挥重大作用的是那些伊斯兰法学家，"他们出于对宗教的虔诚和研讨法律的兴趣，独自

[①] 易希亮：《西洋经济史》，三民书局1966年版，第51页。

二 文献研究篇

或自发组成群体探讨法律问题"①，在阿拉伯知识分子队伍中渐成气候，其学识和能力不容忽视，"他们因学问渊博得以从出身低微的地位升至国家最高职位"②，这些伊斯兰法学家有的担任法官，亲历司法实践，有的为熟悉商业法规直接经商，执着地追求着学术，追求着真理，他们不盲目迷信书本和服从权威，往往会为了弄清某个法律术语的含义或某段"圣训"的出处而跋山涉水，风餐露宿，直至问题圆满解决为止，虽然日益强大的帝国和不断扩充的领土为此提供了安全保障，但若没有虔诚的信仰和坚定的意志，恐怕是做不到这些的。当然，教法学家们创制法律也并非闭门造车，而是四处游历和讲学，根据相关司法实践和民族习俗随时解答人们提出的各类法律问题，实现了法学研究与社会实践的紧密结合。遇到新的社会问题，在《古兰经》和《圣训》无明文可循时，教法学家们就以自己的见解来解答，这在当时被称作"意见法律"和"推理法律"，久而久之，逐渐演变为伊斯兰教法创制的两种新原则，即"公议"和"类比"。

教法学家们善于独立思考，为了能更好地论述教法理论和解答教法，他们纷纷著书立说，引导伊斯兰法的研究活动步入正轨，更加科学化。尽管如此，教法学家们对《古兰经》的理解并不一致，法律创制模式存在诸多差异，概因其社会地位和文化程度有所不同，政治观点不尽一致，对于如何补充或制定新法例等问题，见解相左。8—9世纪，先后出现了贾法尔、扎希里等十多个教法学派，其中有四个影响最大，成为伊斯兰世界公认的、穆斯林必须遵守的学派：即以马立克为代表的马立克派，以哈尼法为代表的哈乃斐派，以罕百勒所创立的罕百里派和沙斐仪为代表的沙斐仪派。这些法学派别之间取长补短，相互切磋，逐渐统一了伊斯兰法学理论，使得这一时期的伊斯兰法出现了"百花齐放，百家争鸣"的学术繁荣盛况。教法学家们的法律创制活动，成功地解决了由于阿拉伯帝国扩张

---

① Joseph Schacht, *An Introduction to Islamic Law*, Oxford: Oxford University Press, 1964, p. 26.

② ［法］罗伯特·福西耶：《剑桥插图中世纪史》，陈志强等译，山东画报出版社2006年版，第261页。

带来的两大历史难题,即"如何使伊斯兰法在国家和社会中继续保持主导地位"和"怎样处理伊斯兰法与异族法之间的冲突与融合"。

(二) 伊斯兰法对异族法的吸收和借鉴

伊斯兰法既保留了阿拉伯半岛伊斯兰教兴起之前的社会惯例,也有选择地吸纳各征服地区的社会习惯及曾受罗马法、拜占庭法等影响的法律传统,在阿拉伯帝国统治地区具有解决各类问题的广泛适应性。"早在伊斯兰教产生之时,其创始人穆罕默德就通过对基督教特别是犹太教的接触,移植了犹太人的某些法律,如禁止收取利息和食物禁忌方面的规定等。"① 原属罗马—拜占庭帝国的相当一部分领土被阿拉伯帝国占领,其多元文化受到阿拉伯人的尊重而免受毁灭性打击,伊斯兰法受到罗马—拜占庭法的影响在所难免,德国伊斯兰法学家约瑟夫·莎赫指出:"那些来源于罗马和拜占庭的法律概念和准则,来源于西方教会法和《塔木德》的法律概念和准则,被吸收进了早期的伊斯兰法之中。"② 英国著名伊斯兰法学家诺·库尔森认为:"伊拉克南部库法地区的奴隶不享有财产权的规定来自罗马法。"③ 著名的阿拉伯史学家菲利浦·希提则谈道:"罗马法无疑对于伍麦叶人的立法曾有影响,这种影响一部分是直接的,一部分是通过《犹太教法典》或者其他媒介而产生的。"④ 伊斯兰法对罗马—拜占庭法等先进法律文化的吸收是有所侧重、划分领域的,例如,婚姻和继承等方面的制度在罗马—拜占庭法中所占比重较大,较为成熟和完善,符合伊斯兰教的社会伦理观和特定价值观,伊斯兰法对其进行了较多的吸收,融合程度较高。

商法在伊斯兰法中地位重要,因为伊斯兰教高度重视商业,这与该教产生初期的地理环境和社会经济状况有关,圣地麦加处在一个不产农作物

---

① 高鸿钧:《冲突与抉择:伊斯兰世界法律现代化》,《比较法研究》2001年第4期,第5页。
② Joseph Schacht, *An Introduction to Islamic Law*, p. 21.
③ Noel J. Coulson, *A History of Islamic Law*, Edinburgh: Edinburgh University Press, 1964, p. 50.
④ [美] 希提:《阿拉伯通史》(上册),第280页。

的山谷，人们只有靠经商寻找出路。据《古兰经》记载，当时的麦加已经是一个商业化重镇，商业经济在当时的社会经济中占主导地位，整个阿拉伯半岛的情况也大致如此。所以，在伊斯兰法中，商人的法律地位较高，按照相关启示和律例，经商的穆斯林必须以诚信为本，公平买卖，遵守商业道德，做一名合格的商人。有关商业和商事交易的规定在《古兰经》和圣训中大量存在，涉及商业活动、商业规范、商业道德、买卖契约等方面的启示、命诫和论述比比皆是，商业法成为伊斯兰法的核心内容之一。但这些商法规范是以古阿拉伯的商事习惯和伊斯兰教的道德规范为基础，重在强调商业道德，如保护和提倡正当的商业活动、禁吃重利和放高利贷、禁售未成熟的果实等。《古兰经》和圣训中虽然有许较多的商事律例，但这些律例缺乏系统性和可操作性，实践中商人们还是多以各地的商事习惯作为解决纠纷的依据。随着阿拉伯帝国领土的不断扩大和商贸活动的日益活跃，传统的伊斯兰商业法已经不能适应时代的需求，尤其在帝国确立了地中海霸权之后，跨海经商产生的海事、海商方面的法律问题纷至沓来，而之前的《古兰经》和圣训中几乎没有关于海事贷款、船舶碰撞、共同海损、海难救助等方面的规定。伊斯兰教法学家们不得不结合海上贸易实践，通过"公议"和"类比"等模式创制海商方面的法律。

阿拉伯帝国的商人思维活跃，到处经商、见多识广，在长期的贸易往来中，对先进的商业经营理念和法律规定接受起来较为容易，他们注意学习和借鉴伊斯兰法之外的商法规范。此种情形之下，在整个地中海广为适用的拜占庭《罗得海商法》进入阿拉伯帝国商人和教法学家的视野。《罗得海商法》成文于 8 世纪前后①，是拜占庭帝国历史上的一

---

① 关于《罗得海商法》的形成时间，学者们观点各异，如英国学者阿什布尔内（Ashburner）指出，《罗得海商法》应该是在 600—800 年通过私人之手编纂而成。参见 W. Ashburner, *The Rhodian Sea-Law*, Oxford: Clarendon Press, 1909, p. lxxv. 美国历史学家汤普逊（Thompson）则认为，《罗得海商法》是拜占庭帝国皇帝利奥三世执政时期颁布的，把该法看作是利奥三世进行商业改革的重要措施。参见 [美] 汤普逊《中世纪经济社会史》（上册），耿淡如译，商务印书馆 1961 年版，第 226 页。笔者认为，根据其法律文本的风格、语言特点、手稿出现时间等因素，其形成时间应该是在 8 世纪前后。参见王小波《罗得海商法研究》，中国政法大学出版社 2011 年版，第 50 页。

部重要法典，源自地中海地区日益频繁的贸易往来。《罗得海商法》是一部成文法典，名称来自地中海东南端的罗得岛，内容涉及船舶租赁、海事贷款、海事合伙、船舶碰撞、比例分摊、共同海损、海上救助等海商法律制度，在它的影响下，伊斯兰海商法最终得以形成。

如前文所述，阿拉伯帝国的武力扩张异常迅猛，征服的疆域不断扩大，内容相对简单的传统伊斯兰法已无法适应海上经商的需要。统治者认识到，为了加强对新征服地区的有效管理和统治，满足阿拉伯商人海上贸易和商品交换的需要，这些地区原有的法律资源不能视而不见，还得继续加以利用。《罗得海商法》的使用频率在其诞生地东地中海不言而喻，在西地中海虽然稍有逊色，但在处理海事、海商纠纷时，仍然是商人们的不二选择。

四　伊斯兰海商法的形成

（一）伊斯兰海商法作品集的出现及其内容

在伊斯兰海商法出现之前的若干年，地中海西部地区的穆斯林商人们对《罗得海商法》早已是耳熟能详，在海商贸易实践中大量运用。只不过在西地中海地区的主人正式换成了阿拉伯帝国之后，再完全照搬拜占庭帝国的《罗得海商法》已是不可能的事情，必须要按照伊斯兰教教义和精神对其进行消化、吸收和改造，使之成为伊斯兰特色的海商法，这种变通与其本民族的宗教信仰和风俗习惯有直接关系。基于此，在商人的积极参与和协助下，以解释教法、论述教法理论和著书立说为己任的教法学家们在对《罗得海商法》进行吸收和改造的基础上，结合海上贸易实践，对帝国统治区内的海商法律规范进行了大量论述。"现存的最全面、最古老的伊斯兰海商法作品集是《关于契约双方权利要求与船舶租赁的伊斯兰法律论述》，在8—10世纪之间有效。"[①] 它的

[①] Hassan Khalilieh, *Admiralty and Maritime Laws in the Mediterranean Sea (Ca. 800—1050)*: *The Kitaab Akriyat Al-sufun Vis-a-vis the Nomos Rhodion Nautikos*, Leiden and Boston: Brill Academic Publishers, 2006, p. Ⅶ.

❖ 二　文献研究篇

出现标志着伊斯兰海商法的形成，内容包括伊斯兰法学家们关于海商法的9篇论述。这9篇海商法论述的标题及其内容分别是：

1. 船员雇佣：涉及船员的界定、船员的工资、雇佣的形式、雇佣合同的签订等内容；

2. 船舶租赁：涉及租赁方式、担保业务、特定运输方式、特定设备租金、全部设备租金等内容；

3. 租船货运契约的履行障碍：涉及海风、地方当局行为、海盗、外敌等内容；

4. 船舶与货物灭失：涉及卸货规则、货物完好、货物受潮、货物权利主张等内容；

5. 船上货物抛弃：涉及抛货行为、货主间的和解、共同分摊损失等内容，这一部分是海商法的经典内容，论述得尤为详细；

6. 船方运送货物的责任：涉及船方运送商品、谷物、高价值物品时的责任及对运送时间的遵守等内容；

7. 装载食物与其他货物：涉及船方在装载食物与其他货物时卖掉或者卸载其中一部分的行为，以及在船舶起航后，船方认为超载，为减轻重量而将食物与货物转移给其他船方等的行为；

8. 两名合伙人共有船舶：涉及一方打算运送自己的货物，而另一方无货可运，或者一方未同另一方协商维修船舶等的行为；

9. 船舶驾驶者与船主之间的利润分配：涉及不同情况下的船舶所有人与实际驾船人之间如何分配利润等内容。

除上述9篇论述外，作品集中还包括法律学上的几个议题，供人们讨论使用。

（二）伊斯兰海商法中的《罗得海商法》影子

细细考查这部伊斯兰海商法作品集的相关论述，就会发现《罗得海商法》的影子，其中的很多规定和做法沿袭了《罗得海商法》的内容。如关于船员及其义务，《罗得海商法》的表述是："受雇的船员应去履行每一项委托，如果他被派遣外出，他应忠实地履行职责，既不盗窃也不做错事，而是本着热忱和可敬的善意做事，争取拿到全部的额外薪金。"① 伊斯兰海商法作品集《关于契约双方权利要求与船舶租赁的伊斯兰法律论述》的表述是："签定了雇佣合同的，有明确的工作期限和固定收入的，没有违法行为或者疏忽大意行为的人。"② 二者的表述和界定大同小异，我们由此可以知道，中世纪地中海船员的权利和义务是基本相同的。再如关于船员雇佣时间的长短，《罗得海商法》提供了两种形式可供选择，即执行特定航次的和有固定期限的。③ 伊斯兰海商法作品集《关于契约双方权利要求与船舶租赁的伊斯兰法律论述》中继续沿用这两种方式，而且在期限问题上规定得比《罗得海商法》还要严格，"雇佣双方如果不把雇佣期限确定下来，该契约将被认定为无效"④。这部作品集在第一篇论述"船员雇佣"中，表述如下："可能有人会辩解说，船主和船员有时判断失误，想当然地认为停留在海上的时间较短，但结果却拖延了。所以，期限约定不明确的雇佣是不允许的。"⑤ 同一篇论述中，另一项规定论述的是执行特定航次的雇佣类型："雇佣船员、租赁船舶从一个港口到达另一个港口是允许的，按照我们的观点，在这种情况下，即便签定的契约内容详尽，还是会对各地惯例不同导致的变化无所适从。"⑥ 按这项规定，在特定的两个港口之间执行一个航次，雇佣期限可以不做具体约定，以完成该特定航次为准。

此外，在涉及货物运输、共同海损、海上弃货、船舶共有等方面，《关于契约双方权利要求与船舶租赁的伊斯兰法律论述》也沿袭了《罗

---

① Walter Ashburnertrans and eds., *The Rhodian Sea-Law*, Oxford: The Clarendon Press, 1909, p. 121.
② Hassan Khalilieh, *Admiralty and Maritime Laws in the Mediterranean Sea (Ca. 800—1050): The Kitaab Akriyat Al-sufun Vis-a-vis the Nomos Rhodion Nautikos*, p. 57.
③ Walter Ashburnertrans and eds., *The Rhodian Sea-Law*, p. 121.
④ Hassan Khalilieh, *Admiralty and Maritime Laws in the Mediterranean Sea (Ca. 800—1050): The Kitaab Akriyat Al-sufun Vis-a-vis the Nomos Rhodion Nautikos*, p. 59.
⑤ Hassan Khalilieh, *Admiralty and Maritime Laws in the Mediterranean Sea (Ca. 800—1050): The Kitaab Akriyat Al-sufun Vis-a-vis the Nomos Rhodion Nautikos*, p. 275.
⑥ Hassan Khalilieh, *Admiralty and Maritime Laws in the Mediterranean Sea (Ca. 800—1050): The Kitaab Akriyat Al-sufun Vis-a-vis the Nomos Rhodion Nautikos*, p. 277.

得海商法》中的有关规定，有的是在沿袭的基础上，结合地中海西部海域的贸易实践情况进行了变通，且比《罗得海商法》的规定要求更高。如按照《罗得海商法》规定，债务人遇到不可抗力，以不负责为原则，标的物因不可抗力而灭失，由债权人自己承担损失，只有在不可抗力程度较轻时，债务人仍应承担责任。《关于契约双方权利要求与船舶租赁的伊斯兰法律论述》中加重了债务人的责任，如禁止被雇佣的船员随意终止合同，即便是遇到了不可抗力，"船员受雇佣出海执行一个3天的航程，遇到风暴被困了20天，于是要求结清佣金、终止合同，他们并没有权利这样做，船主在接到类似请求后，同样无权解除或终止合同"[1]。

不管这部伊斯兰海商法作品集如何做出变通，《罗得海商法》的相关因素已经如影随形般地融合了进去。通过研究这一时期教法学家们的其他法律作品，我们可以发现这样一个规律，即除了身份法和宗教法外，拜占庭帝国原属领土范围内的法律体系和相关司法实践，只要与伊斯兰先知教义和宗教法不相违背的，都在伊斯兰法学权威们的论述和著作中保留了下来。

海商法作品集《关于契约双方权利要求与船舶租赁的伊斯兰法律论述》的发现，让我们看到了伊斯兰法对《罗得海商法》的规则和特殊规定的融合程度，了解到阿拉伯帝国在原拜占庭领土上是如何保存拜占庭海事习惯的。尽管伊斯兰法和拜占庭法分属于两个不同的法律体系，但它们各自的海商法内容大体是一致的。两者之间的相似性可归因于赖以产生的地理位置相邻，以及阿拉伯商人与拜占庭商人之间持续不断的商业联系。阿拉伯帝国与拜占庭帝国在政治和军事上的对立并没有妨碍两国之间的贸易往来、人员流动和文化交往。在这当中，地中海显然发挥了很大作用，充当了文化联系和物质交换载体的角色，功不可没。海商文化的交流超越了政治、军事与宗教的樊篱，在地中海地区，

---

[1] Hassan Khalilieh, *Admiralty and Maritime Laws in the Mediterranean Sea (Ca. 800—1050): The Kitaab Akriyat Al-sufun Vis-a-vis the Nomos Rhodion Nautikos*, pp. 276–277.

几乎每天都有大量的海事、海商贸易习惯和规则在被反复使用着，产生于基督教世界的海商法几经辗转，被移植到了伊斯兰教世界。由此我们发现，800—1050年，伊斯兰法学家们不仅在吸收和融合《罗得海商法》的基础上，发展出了自己的海商法，而且对地中海法律的演进也做出了大的贡献。

这部伊斯兰海商法作品集的出现时间与阿拉伯帝国在西部地中海地区确立统治权和司法权的时间，与帝国占领地中海诸多海港以及克里特岛和西西里岛两大战略性岛域的时间大致相同。研读这部珍贵的伊斯兰海商法作品集，有助于我们厘清800年至1050年地中海海商法的演进线索，伊斯兰法学家和商人们如何将《罗得海商法》的精华因素融入本族法律的脉络变得清晰起来。伊斯兰海商法影响地中海西部地区长达200多年，极大地推动了意大利《阿玛斐表》、法国《奥列隆法典》、西班牙《康索拉多海法》以及瑞典《威斯比海法》等后世著名海商法典的产生，为地中海海商法逐步走向国际化做出了贡献。

第十二章　试论拜占庭的拓殖运动

提要：7—9 世纪拜占庭的农业拓殖运动，是中世纪世界引人注目的历史现象。在实行军屯和民屯的政策方面，拜占庭继承了罗马共和到帝制时代的历史传统，但与罗马时期以开疆拓土为目标的外张性拓殖相比，拜占庭拓殖的主要目的是守护边疆、强化政府管理机制。拓殖政策的实行，使得巴尔干和小亚细亚半岛上的"新来者"将其"蛮荒时代"的社会和生产结构方面的因素糅进拜占庭的社会生活当中，促进了中世纪东地中海各不同起源的民族之间的融合，促进了一个堪称"东方基督教文化圈"的东地中海文明共同体的形成。

7—9 世纪，随着阿拉伯人的征服和扩张，原被誉为"罗马帝国大粮仓"的拜占庭属埃及沦于阿拉伯人之手，多瑙河流域也经常处于斯拉夫化的保加尔人和其他外来族群的攻击和控制之下，农业发展的空间开始局限于黑海南岸的本都地区、小亚细亚、希腊—巴尔干半岛和意大利半岛南部等地区。但是，拜占庭人仍然坚持以"农业为本"① 的传统国策，他们坚信："农业和军事技术"是保全一个国家的重要依据。② 由这一基点出发，帝国政府长期以来坚持不懈地、有条不紊地实行了强

---

① 当然，此处的以"农业为本"与中国古代帝制社会重农抑商的传统政策不同。在意大利北方城市商人基本控制了爱琴海至黑海之间的通商要港和主要税卡收入之前，商业和关税收入一向是拜占庭国家岁入的重要渠道；与此同时，帝国居民和长期征战的军队所必需之粮食，却主要产于本国农业。

② [法] 布瓦松纳：《中世纪欧洲生活和劳动》，潘源来译，商务印书馆 1985 年版，第 33 页。

制性的移民（民屯）和军事拓殖（军屯）政策，以保证土地和劳动力资源的有效利用。这使得拜占庭能够在经常处于新兴阿拉伯人和斯拉夫人南北夹击的困境下发展生产、强化边境治理，有效地提高自己的综合国力，奠定了10世纪拜占庭历史上之"辉煌时期"的基础。同时，也有效地促进了东地中海区域具有不同历史和文化背景的民族在"拜占庭东方基督教文明"这个大环境下的融合。

一 拜占庭拓殖活动的罗马传统

拜占庭的拓殖活动有其悠久的历史渊源，至少在2世纪的罗马帝国能找到与它相似的生产组织形式。罗马士兵、和平居民的开疆拓土活动与活跃于整个地中海—罗马世界的商贩们的贸易活动是随着罗马的不断对外扩张而步步延伸的：自英吉利海峡彼岸的不列颠岛、阿尔卑斯山北的高卢地区、日耳曼尼亚、多瑙河南岸的潘诺尼亚，至巴尔干半岛及幼发拉底河和底格里斯河沿岸，乃至埃及尼罗河流域、北非的努米底亚和利比亚地区，形成了以意大利半岛为圆心，以罗马军队和移民、商人的外向活动为半径向外辐射的"罗马化"（或曰"拉丁化"）运动。在所有移民区内，都很快地奠定了罗马移民役使当地土著居民的管理模式和罗马文明的统治地位，同时实现了族群的融合。154年，一个被称为"诡辩家"的罗马人埃留斯·阿里斯提德斯在罗马城发表的著名演说《罗马献辞》中，非常自豪地称罗马帝国是一个以罗马城为中心的、在开明的管理者或领导者英明治理下的包括希腊、意大利和外省的"自治城邦的联合体"。在这里，没有作威作福的君主，也没有希腊人同野蛮人、土著人和异邦人之别，整个社会是和谐、平等的。[①] 但他承认，罗马世界的平等不是绝对的，"上智者"和"下愚者"之间的差别始终存在，智者治人，愚者治于人的模式也始终存在。只不过，他所强调的

---

① ［美］罗斯托夫采夫：《罗马帝国经济社会史》（上册），马雍、厉以宁译，商务印书馆1986年版，第189—190页。

上智者,并不仅局限于罗马人或拉丁人,而是指拥有罗马公民权的各地区所有精英人士。这种态度,反映了罗马—地中海世界统一观念(Orbis Romanus)在这个时期已经形成。在罗马共和晚期至早期帝国时代一些政治家的积极推动下,这种外向型的"罗马化"和"都市化"运动发展颇为迅速。于是,在莱茵河流域、不列颠、西班牙、达尔马提亚和东地中海的希腊化地区,出现了许多以罗马名人命名的新建城市,如"图拉真堡""普洛提娜堡""马尔契亚堡和阿德里亚堡"等。有些城市,如科隆、美因兹、沃姆斯、科不林士、斯特拉斯堡、巴塞尔等,"直到帝国历史的后期,与其说是城市,不如说是军营"①。另一方面,为了安置那些在罗马国家的军事扩张中付出青春和健康的退役军人,罗马人也在阿非利加、莱茵河和多瑙河流域建立了众多退役军人移居地,即所谓的"屯市"(colony),② 它们虽然只是被广阔农耕区域所包围的军人集聚区,③ 但却是罗马政府用以恢复被征服地区物质生产和社会经济繁荣的重要组织形式,"一个地区被征服以后,紧跟着的,便是开发农业、进行殖民、筑造道路、兴建港口等事业,所以一般的结果,那被破坏地区的物质复兴,能迅速地完成"④。除了军人,受到皇帝关爱的平民和商人也有机会在新征服的土地上安身立命。据记载,第三次布匿战争后,曾有6000名罗马公民(包括一些投机商人)在非洲获得地产,形成"一个非常有钱而又有势力的业主阶层,他们的世袭领和大地产遍布全境"⑤。达契亚显然也有一批这样的罗马移民,他们是在图拉真皇帝征服之后陆续迁徙进入的。据称,当皇帝哈德良想放弃达契亚,把罗马军队撤回多瑙河南岸时,遭到了这些罗马移民的强烈反对,致使

---

① [美]汤普逊:《中世纪经济社会史》(上册),耿淡如译,商务印书馆1984年版,第16页。
② 按照罗马政府的优惠政策,退役军人往往以极低的价格获得一份国有地,集中定居,形成享有相应地方自治权的"屯市""集(或集市)""站"等。见[美]罗斯托夫采夫:《罗马帝国经济社会史》(上册),第31页;厉以宁:《罗马—拜占庭经济社会史》(上册),商务印书馆2006年版,第214页。
③ [美]罗斯托夫采夫:《罗马帝国经济社会史》(上册),第194页。
④ [美]汤普逊:《中世纪经济社会史》(上册),第6页。
⑤ [美]汤普逊:《中世纪经济社会史》(上册),第8页。

这一政策不得实行。① 为了保证罗马公民在行省中的数量优势，罗马统治者们在被征服地区实行了"掺沙子"的移民方式。如图拉真征服努米底亚及其邻近各省的土著居民部落之后，先将当地土著居民的全部土地没收，分别归入"皇产"② 和私人地主名下，然后将失去土地的部落居民强行迁移到罗马人占领的其他地区，以补充罗马退役军人或皇产管理者所经营的各类田庄中劳动力的不足。③ 不久后，这类屯市很快获得了城市特权，在政府关注下建立了对当地青年公民进行军事训练的社团组织，使之成为罗马军队的后备力量。在这类屯市的外围农村，从事耕作的人群是大量的屯户（coloni，或译为佃户）④ 而不是奴隶。⑤ 进入帝国时期以后，特别是皇帝塞普提米乌斯·塞维鲁确立了以军人为本的基本国策后，更多的军人或平民屯户出现在帝国已经征服或者是新征服的土地上，特别是皇庄和皇家的禁田（defensiones 或 defentiones）之上。塞维鲁重视多瑙河及叙利亚等地的农民，对他们的作战本领颇为赞赏，"竭力要在阿非利加创造一个类似的阶级"⑥。锡提菲斯地区出现的一些碑铭文件中，揭示了塞维鲁时期在上日耳曼尼亚、色雷斯、叙利亚、阿非利加、埃及等地安置移民的特点：他使农业居民（包括"蛮族"土著居民、士兵和罗马化的非拉丁居民，即"屯户"）集中居住于原本驻军的设防堡垒中，授予相应的自治权，使之承担维护边防的任务，在必要时则编入野战军上前线作战。这些屯市内的居民名义上是屯户，"其实是军事化的小地主"。于是，他们以这些碑铭文字表达对皇帝感恩戴德的情绪。他们所居住的农村，也成为"皇权的主要支柱"⑦。就这样，

---

① ［美］汤普逊：《中世纪经济社会史》（上册），第20页。
② "皇产"即由皇帝所支配的国有资产，包括土地等不动产，见徐家玲《早期拜占庭和查士丁尼时代研究》，东北师范大学出版社1998年版，第69—72页。
③ ［美］罗斯托夫采夫：《罗马帝国经济社会史》（下册），第458—460页。
④ 厉以宁认为，"屯"有军屯、民屯、商屯之别，但都与迁移、聚集、开垦、防守有关，所以译为"屯户"（coloni）强似译为"佃户"，见厉以宁：《罗马—拜占庭经济社会史》，第214—215页。
⑤ ［美］罗斯托夫采夫：《罗马帝国经济社会史》（下册），第464页。
⑥ ［美］罗斯托夫采夫：《罗马帝国经济社会史》（下册），第593页。
⑦ ［美］罗斯托夫采夫：《罗马帝国经济社会史》（下册），第592—593页。

◈ 二 文献研究篇

塞维鲁成功地实行了农民阶级的军事化，做到了藏兵于民，同时也有效地开发了边疆经济。后人注意到，6世纪以后，在叙利亚、埃及、北非和巴尔干半岛的色雷斯地区等军事"屯市"密布的农业区，其经济繁荣程度令世人瞩目。① 尽管，塞维鲁将罗马军队至少部分地"转变为一群定居的农民"这一政策的后果并不尽如人意，② 但其后人却并没有放弃这种政策。塞维鲁王朝的最后一任皇帝亚历山大·塞维鲁（222—235年在位），曾下诏将所征服的土地（包括土地上的奴隶和牲畜）分配给辅助部队的首领和士兵，而且规定，受地者须世世代代为帝国服兵役，他认为："如果战争是为了保护他们自己的土地，那么，他们将会付出更大的热情……"③ 这种价值取向显然被中世纪的拜占庭所继承，于是，在斯拉夫人大量进入巴尔干半岛，阿拉伯人大批涌入叙利亚和小亚细亚的特定历史环境中，新的拓殖形式陆续出现在拜占庭帝国仍然控制着的巴尔干和小亚细亚土地上。

二　7—9世纪拜占庭的拓殖运动

与罗马时期相似的是，拜占庭的拓殖活动也是先由军队开始，后推行于民间。

拜占庭军事拓殖运动的出现，可上溯到4世纪蛮族入侵时期④。当时，由于战事频繁、兵源缺乏，帝国开始在军队中大量使用蛮族人，境外一些骁勇善战的"蛮族"战士也"受到鼓励在帝国西部安家"⑤，在不列颠、高卢、意大利和西班牙服兵役，其中有日耳曼人、

---

① ［美］罗斯托夫采夫：《罗马帝国经济社会史》（下册），第595页。
② ［美］罗斯托夫采夫：《罗马帝国经济社会史》（下册），第597页。
③ ［美］杰弗里·帕克：《剑桥战争史》，傅景川译，吉林人民出版社1999年版，第110页。
④ 笔者以为，自从君士坦丁皇帝统一了地中海罗马帝国，并决定迁都于君士坦丁堡之时（324年）可以认为是拜占庭历史的开端，因此，4—6世纪所谓"西罗马"的历史事件也属于拜占庭的研究范围。见《拜占庭的历史分期与早期拜占庭》，《东北师范大学学报》（哲学社会科学版）1999年第6期。
⑤ ［美］杰弗里·帕克：《剑桥战争史》，第111页。

阿兰人、萨尔马特人，还有许多其他民族的成员，"帝国通常为这些移民提供家宅和税收总额的1/3"①。383年，因狄奥多西一世签署法令将西哥特人安置于色雷斯，受到一位宫廷诗人帕克塔斯·德雷帕尼乌斯的大加赞叹，他写道："你收留了哥特人，为你的军队又增添了战士……并且为你的土地提供了农夫。"② 后来，罗马军中的蛮族士兵数量更加扩大，甚至奴隶们也正式进入军队，狄奥多西的继承者霍诺留（Honorius, 395—423年在位）于406年颁布的诏书透露了这一信息，诏书强调："奴隶们将为战争奉献他们自己……那些在军队服役士兵及盟邦和外国自由民的奴隶们……很显然……正在与其主人一起作战。"③

这些"与主人一起作战"的奴隶，并不一定终身为奴，一旦立了军功，就可能很快获得自由，有些甚至能攀升高位，进入上层统治集团。此即被许多学者关注到的"拜占庭军队的蛮族化"或者反过来说，即"蛮族士兵的罗马化"进程，尽管他们之中大多数人的"罗马化程度是非常浅的"④。狄奥多西一世时期，由于那些在他宫中"居于高位的日耳曼人"肆无忌惮地骚扰百姓，曾引起过塞萨洛尼基市民的反抗。但皇帝毫不留情地镇压了敢于反抗的民众，"妇孺皆不予赦免"⑤。5世纪中期以后，拜占庭的阿兰人军事首领阿斯帕尔居然能够执掌朝政，"挟天子以令诸侯"，甚至经他一人之手选任了两位皇帝。⑥ 出身于小亚细亚陶鲁斯山区伊苏里亚部落的芝诺（474—491年在位）则在拜占庭皇帝对抗蛮族势力的斗争中，通过婚姻与政治联盟而获得了至高无上的

---

① 马克垚先生特别研究过狄奥多西时所制定的"客户法"，其中，不同地区对不同等级的日耳曼人士兵所分配的土地和房屋资源是不一样的，如对驻屯士兵提供1/3的房屋，对指挥官则提供1/2。士兵的供给由国家负担，但对于日耳曼人驻军，则要提供房屋和1/3的收入或耕地。见马克垚《西欧封建经济形态研究》，人民出版社2001年版，第34页。
② [美] 杰弗里·帕克：《剑桥战争史》，第111页。
③ [美] 杰弗里·帕克：《剑桥战争史》，第110页。
④ [美] 罗斯托夫采夫：《罗马帝国经济社会史》（下册），第563—564页。
⑤ A. A. Vasiliev, *History of Byzantine Empire, 324–1453*, Vol. I, Madison: The University of Wisconsin Press, 1961, p. 82.
⑥ 这两位皇帝分别是马尔西安（450—457年在位）和利奥一世（457—474年在位）。

皇权①。另外一个众所周知的事实是，476年在罗马颠覆了罗慕洛·小奥古斯都统治的奥多阿克也是权倾朝野的西哥特人军事将领。

拜占庭帝国军队中哥特—蛮族人势力的崛起曾经引起元老贵族势力的极大担忧，5世纪著名元老派代表希奈修斯致狄奥多西之子、拜占庭皇帝阿卡第的谏议书"论皇权"就深刻地反映了这种忧患意识。该演说特别回顾了狄奥多西皇帝赐予蛮族士兵土地、同盟者地位和政治权力的慷慨之举，认为"罗马"皇帝对于蛮族异己势力的特别恩宠会动摇帝国的统治基础，他还痛心疾首地请求皇帝下手"清理军队"，以免"杂种发芽"危及良种。②

然而，少数元老贵族的呼声并不能阻止拜占庭军队的蛮族化进程，而且，在早期拜占庭，军队的蛮族化与士兵的农民化几乎是同步的。"当军队逐渐整合成社会的非军事机构，大部分士兵成为士兵—农民，同时有的成为士兵—镇民的时候，国内的人口便逐渐军事化了。"③ 这种"军事化"的人口构成拜占庭皇帝手中一支数量相当可观的野战军，使得6世纪的皇帝查士丁尼能够得心应手地借助这支军队④和他手下的优秀将领贝利撒留、纳尔泽斯打赢了对北非汪达尔人、意大利东哥特人和西班牙西哥特人蛮族政权的长期战争，基本实现了其"光复帝国"的宏愿。随后，他任命的北非驻军将领借鉴了古罗马时期建立军事性"屯市"的拓殖方式，在北非占领区实行了军事拓殖运动，使边防军人"农民化"，艰苦地、但有效地阻止了非洲土著摩尔人对拜占庭统治区的干扰，稳定了"罗马人"⑤的统治。莫里斯皇帝（582—602年在位）

---

① 徐家玲：《早期拜占庭和查士丁尼时代研究》，东北师范大学出版社1998年版，第105—106页。
② A. A. Vasiliev, *History of Byzantine Empire*, 324 – 1453, Vol. Ⅰ, pp. 91 – 92.
③ [美] 杰弗里·帕克：《剑桥战争史》，第110页。
④ 杰弗里·帕克通过当时史料的分析，确认查士丁尼时代国家掌握的军人数量仍然有十几万之多，贝利撒留和纳尔泽斯各自率领的军队都达到2万人之多。参见 [美] 杰弗里·帕克《剑桥战争史》，第111页。
⑤ 在拜占庭整个存续时期，人们始终以"罗马人"自诩，其周边的民族，亦如此行，这显然是对罗马帝国时代辉煌的一种追忆。见徐家玲《拜占庭的历史分期和早期拜占庭》，《东北师范大学学报》（哲学社会科学版）1999年第6期，第32页。

统治时期,更进一步在北非的迦太基和意大利拉温那两个新征服地实行了军政合权的"总督制",并使戍边军人在休战时期开发边疆土地,发展农业经济、保障军队供给的拓殖模式成为边疆管理的特殊模式。①

希拉克略王朝时期(610—711年),由于东方边境上拜占庭宿敌波斯的长期压力和7世纪中期以后阿拉伯势力的兴起,对外的军事行动和有效的边境防御成为维护拜占庭帝国之生存的重中之重。希拉克略采用了向地方教会借贷的非常手段,取得了对波斯战争的胜利(629年),②但又不得不立即面对这场两败俱伤的战争造成的近东和小亚细亚地区大片无人耕种的边疆荒野又被新兴阿拉伯人夺去的威胁。于是,以军区制的建立为标志的军事移民和以安顿巴尔干半岛新来者斯拉夫人为目标的农业移民就成为拜占庭政府解决上述难题的重要政策性措施。

在军区制度下,政府将分散于帝国各边界要塞之地和多瑙河岸的驻军划分为数个军团戍守区,由军团将军操纵当地最高的军事、行政、司法和税收权力,选任文职官员管理非军事事务。那些无人耕作的土地则按照罗马时代的传统,依军事编制逐级分给官兵,使他们亦军亦农,在战后的和平期间开发边境地区荒芜的土地资源,以自给自足的方式补充军队的基本给养。同时要求他们在对敌战争需要时随时拿起武器,保护自己的家园。③

关于军区制建立的原因和大体时间范围,学界一直有不同的意见。20世纪早期的一些历史学家、如瓦西列夫和奥斯特洛格尔斯基通常强调,军区制建立于希拉克略对波斯战争之后,即7世纪三四十年代间。④ 瓦西列夫在援引了库拉科夫斯基和路易·布莱耶尔的观点后,指出:在希拉克略结束了波斯战争、"改组亚美尼亚政府时,没有任命文职行政官员。掌权者完全是军方人士"⑤。当代美国拜占庭史家瓦伦·

---

① 徐家玲:《早期拜占庭和查士丁尼时代研究》,第227页。
② A. A. Vasiliev, *History of Byzantine Empire*, 324 – 1453, Vol. I, p.197.
③ G. Ostrogorsky, *History of the Byzantine State*, trans. by J. Hussey, Oxford: Basil Blackwell, 1968, pp. 86 – 88.
④ A. A. Vasiliev, *History of Byzantine Empire*, 324 – 1453, Vol. I, pp. 227 – 229; G. Ostrogorsky, *History of the Byzantine State*, pp. 86 – 88.
⑤ A. A. Vasiliev, *History of Byzantine Empire*, 324 – 1453, Vol. I, p. 227.

特里高德（Warren Treadgold）则认为，拜占庭以推行农业拓殖为手段的军区制出现的时间，应该不早于康斯坦斯皇帝（641—668 年在位）统治后期。① 他还特别强调，拜占庭之所以实行军区制，是由于 7 世纪中期以后，拜占庭国家除了荒芜无主的土地资源外，已经没有能力支付士兵的薪饷。他强调，近年来，考古学家们在西亚一些地区发现的铅制印封能够证实：7 世纪的拜占庭政府经常征收实物贡赋以解决士兵的武器和军装供给；另外，在安纳托利亚地区鲜有 7 世纪中期以后帝国发行的钱币出土，这多少说明了对波斯战争之后，近东地区商品经济衰落的事实，② 也多少揭示了在 7—9 世纪军区制政策之实行的特别必要性。

除了实行军屯政策，为了缓和边境地区的政治、宗教、族群矛盾，7—9 世纪的拜占庭皇帝们还经常实行强制性移民的"民屯"政策。希拉克略皇帝统治时期，"采取了一项对于巴尔干半岛前途具有十分重要意义的步骤"③，他将喀尔巴阡山麓的塞尔维亚人和克罗地亚人移至亚得里亚海岸的达尔马提亚地区和伊利里亚地区，让他们耕种当年罗马人和希腊居民所放弃的土地。另外一些蛮族群体，如哥特人，潘诺尼亚的赫琉来人和塞加西亚人、阿拉伯人、埃及人、波斯战俘、突厥血统的阿瓦尔人等，也被分别安置在巴尔干半岛的腹地。其中，阿瓦尔人被安置在美塞尼亚附近的那瓦里诺；保加尔人被安置在亚克兴海周围；另有 1.5 万突厥人被安置在东马其顿地区；其他族群被安置在奥赫利德湖④四周。在被强制移民的拓殖者中，斯拉夫人占绝大多数。

希拉克略王朝的末代皇帝查士丁尼二世⑤（685—695，705—711 年在位）时期，政府推行的强制性迁徙活动达到了空前的规模。据记载，

---

① W. Treadgold, *Byzantium and its Army*, *284 - 1081*, Stanford: Stanford University Press, 1995, pp. 22 - 25.
② W. Treadgold, *Byzantium and its Army*, *284 - 1081*, p. 24.
③ ［美］汤普逊：《中世纪经济社会史》（上册），第 219 页。
④ 该湖位于马其顿共和国、希腊和阿尔巴尼亚交界之处。
⑤ 这位皇帝因暴虐成性，曾被其臣民废黜（695 年），后来在保加利亚人帮助下复位（705 年），但最后仍然没有摆脱被其臣民抛弃的下场（711 年）。

他在东马其顿地区和斯特莱蒙河谷一次性地安置了斯拉夫人战俘7万之众①，另将8万斯拉夫人迁徙到小亚细亚的奥普西金（Opsikion）军区②，其中有3万人是以军队调动形式迁徙到位的。这些斯拉夫人被安置下来之后，很快接受了东正教和希腊人的语言文化，成为拜占庭农村的主要劳动力，其原始的野蛮性也渐渐被希腊人所同化。调到奥普西金军区的斯拉夫人参与了对阿拉伯人的战争，但因其在战争中背叛了皇帝查士丁尼二世，遭到可怕的屠杀。③著名中世纪考古学者B. S. 潘切恩科（Panchenko）发现了当年奥普西金军区比西尼亚省斯拉夫人军事移居地的一枚印封，他认为这枚印封是"斯拉夫部落历史的新的片断"，它"在大迁徙的迷雾中透出了一线光明"④。

在拜占庭对阿拉伯的长期战争中，迫于阿拉伯人的压力，查士丁尼二世还将叙利亚前线的边境居民—马尔代特人强行迁徙到巴尔干半岛的色雷斯、伯罗奔尼撒和伊庇鲁斯、塞萨利等地定居。这批马尔代特人原来是居于阿拉伯帝国和拜占庭叙利亚边境之间的自由边民，因其忠实于拜占庭皇帝，在边境上形成阻止阿拉伯人渗透的重要"隔离带"，曾一度成为阿拉伯人的心腹之患。⑤查士丁尼二世的这一移民行为，削弱了拜占庭边防，显然有利于阿拉伯人对拜占庭边境的骚扰和侵犯。

伊苏里亚王朝（717—847年）时期，政府强制性移民的主要目标是活跃于小亚细亚的摩尼教徒和保罗派⑥、雅各派教徒，他们被政

---

① ［法］布瓦松纳：《中世纪欧洲生活和劳动》，第33页。
② A. A. Vasiliev, *History of Byzantine Empire, 324–1453*, Vol. Ⅰ, p. 228.
③ A. A. Vasiliev, *History of Byzantine Empire, 324–1453*, Vol. Ⅰ, pp. 215–216.
④ B. S. Panchenko, The Slavonic Monument in Bithynia of the Seventh Century", *News of the Russian Archaeological Institute in Constantinople*, Vol. 8, I–2, 1902, p. 15.
⑤ A. A. Vasiliev, *History of Byzantine Empire, 324–1453*, Vol. Ⅰ, p. 215.
⑥ 保罗派为受到摩尼教影响的基督教二元论异端派别，后来发生在巴尔干半岛上的波高美尔派和发生在法国及意大利北部的纯洁派与之有着重要的渊源关系。见 St. Runciman, *The Medieval Manichee*, Cambridge University Press, 1947, pp. 26–62；孙培良：《摩尼教及其东西传播》，《世界中世纪史研究通讯》1979年第1期；蔡鸿生：《7—9世纪拜占庭的保罗派运动》，《历史教学》1965年第4期；徐家玲：《12—13世纪法国南部异端运动的派别及其纲领》，《东北师范大学学报》（哲学社会科学版）1992年第2期。

府强行迁徙到色雷斯和希腊半岛。拜占庭皇帝以为，这种做法既可以缓和这批异端教徒对于小亚细亚各省的宗教和政治稳定造成的影响，也可以利用这些族群英勇善战的特征抵抗拜占庭北疆最具威慑力的保加尔人，显然是"一箭双雕"之举。另外，自多瑙河沿岸南下，自行进入荒芜空虚地区的斯拉夫人自由移民也往往成为政府政策的补充。因此，至8世纪早期，斯拉夫人已经分散于希腊半岛各处。迪拉基乌姆（今阿尔巴尼亚都拉索——译者）和雅典均有斯拉夫人出现。① 利奥三世时代，一位前往耶路撒冷圣地朝觐的西方人在途经伯罗奔尼撒城市蒙内姆瓦西亚时，认为这座城市"处于斯拉夫人的土地上"②。746—747年，源自意大利的大瘟疫使首都君士坦丁堡人口迅速减少，政府从爱琴海诸岛和希腊腹地移民到首都周围以保持首都的繁荣。于是斯拉夫人乘虚而入，充实了希腊半岛上那些荒无人烟的"真空"地带。女皇伊琳娜被迫派出专门部队去对付伯罗奔尼撒半岛、塞萨洛尼基和希腊腹地那些不驯服的斯拉夫移民。③ "紫衣家族的"君士坦丁七世在其著作《论军区》中强调说，"当鼠疫在整个世界蔓延时，整个伯罗奔尼撒半岛变得斯拉夫化和野蛮化了"④。与此同时，迁至小亚细亚的斯拉夫人数量也迅速增加，到762年，迁至小亚细亚的斯拉夫人数量已达20.2万人之多。

西方著名经济史专家齐波拉在其《欧洲经济史》中列出了东地中海区人口自500年至1000年的人口估计数字简表⑤，从中明显可见这一地区人口增长的幅度：

---

① A. A. Vasiliev, "The Slaves in Greece", *Vizantiysky Vremennik*, Vol. 5, 1898, pp. 416 – 417.

② Willibaldi, "*Vita*", in G. H. Pertz ed., *Monumenta Germaniae Historica, Scriptorum*, Vol. XV, 93, 引自 A. A. Vasiliev, *History of Byzantine Empire, 324 – 1453*, Vol. I, p. 240。

③ A. A. Vasiliev, *History of Byzantine Empire, 324 – 1453*, Vol. I, p. 240.

④ Constantine Porphyrogenitus, *De Thematibus*, in I. Bekker ed., *Corpus Scriptorum Historiae Byzantinae*, Vol. III, Bonn: Weber, 1840, pp. 53 – 54.

⑤ ［意］卡罗·齐波拉主编：《欧洲经济史》第一卷《中世纪时期》，徐璇、吴良健译，商务印书馆1988年版，第28页。

表12-1　　　　　东地中海区500—1000年的人口　　　　（单位：百万）

地　区	500年	650年	1000年
希腊和巴尔干	5	3	5
意大利	4	2.5	5

齐波拉认为，500—1500年小亚细亚的巴尔干地区人口增长的原因"可能是由于气候转暖"，显然，他没有注意到巴尔干地区和小亚细亚人口增长过程中的移民拓殖因素。但无论如何，人口的增长"有助于拜占庭帝国的长期存在"①，这一结论却是可信的。

三　拓殖运动的影响

长期的、有目的的移民运动和巴尔干半岛、小亚细亚半岛上"自由的"族群迁徙活动，是以东正教文化为特点的现代南斯拉夫及希腊、东地中海各民族实现真正融合的"催化剂"。拜占庭历史上一些著名的将军和皇帝就产生于这些移民的后裔中。8世纪伊苏里亚王朝的奠基人皇帝利奥三世（717—741年在位）实际上是叙利亚人的后裔，他能流利地讲阿拉伯语和罗曼语（即希腊语），并十分理解伊斯兰教的信仰。②利奥三世的儿子君士坦丁五世·科普洛尼姆斯（741—775年在位）与草原族群卡扎尔人汗的女儿结合，其子利奥四世（775—780年在位）因此被称为卡扎尔人。③ 9世纪中期马其顿王朝的创立者瓦西里一世（867—886年在位），是移居到马其顿地区的亚美尼亚人—斯拉夫人混血的后代。④ 在马其顿朝皇帝瓦西里二世亲政之前，先后操纵拜占庭国

---

① ［意］卡罗·M. 齐波拉主编：《欧洲经济史》第一卷《中世纪时期》，第28页。
② A. A. Vasiliev, *History of Byzantine Empire*, 324-1453, Vol. Ⅰ, p. 234.
③ A. A. Vasiliev, *History of Byzantine Empire*, 324-1453, Vol. Ⅰ, pp. 234-235.
④ 据一位专门研究瓦西里时代的史学家说，瓦西里的家庭可能属亚美尼亚世系，后来因为同大量定居于部分欧洲地区（马其顿）的斯拉夫人通婚而逐渐斯拉夫化了，参见 A. A. Vasiliev, *History of Byzantine Empire*, 324-1453, Vol. 1, pp. 301-302。

政的两位将军尼斯福鲁斯·福卡斯和约翰·齐米西斯都是出生于亚洲土地上的军人后裔。其中，尼斯福鲁斯是小亚细亚的卡帕多西亚人，约翰·齐米西斯是亚美尼亚人。他们两人都因战功而进入上层社会，并因其与女皇狄奥法诺的特殊关系一度执掌国政。① 最后，马其顿王朝的末代女皇佐伊所选择的第二任丈夫（迈克尔四世，1034—1041年在位），亦是小亚细亚的帕夫拉戈尼亚人。②

由于拜占庭政府实行的拓殖政策和斯拉夫民族自由拓殖的发展，希腊半岛上许多荒无人迹的地区有了新的居民，一些斯拉夫化的新地名出现。③ 到10世纪时，伯罗奔尼撒半岛几乎已经成为完全的斯拉夫民族区，乃至于近代著名德国学者法尔梅赖耶（Fallmerayer）强调：现代希腊人与古代希腊人没有血缘关系，今天的希腊人完全是在中世纪侵入希腊的斯拉夫人和阿尔巴尼亚人的后裔。④ 虽然上述说法过于武断，但事实上，今日希腊半岛之希腊人已经是自希腊时期几千年来多个民族、种族和文化融合的后代了，它包含族群迁徙时期的东、西哥特人的基因、斯拉夫人的基因、罗马人的基因、西欧法兰克人的基因甚至犹太人的基因、阿拉伯人的基因、土耳其人的基因等，希腊和斯拉夫人的基因只是其中一部分。

于是，如布瓦松纳所说，拜占庭改造了这些尚无民族自觉心的移民，通过使他们皈依东方基督教"正教"的方式将他们希腊化。在这个民族汇合的大背景下，产生了一个"返老还童"的中世纪希腊国。⑤ 另外，斯拉夫人在拜占庭境内大批定居，加之小亚细亚和叙利亚边境经常处于拜占庭和阿拉伯帝国的交替统治下，形成拜占庭人与阿拉伯人混居的环境，极大地改变了拜占庭的城乡生活。带有原始初民古朴风格的斯拉夫人习惯法与拜占庭通行的罗马—拜占庭法和拜—阿边境地区所接

---

① 拜占庭皇位的继承并不完全实行男系传承，见陈志强《拜占廷皇帝继承制特点研究》，《中国社会科学》1999年第1期，第180—194页。
② A. A. Vasiliev, *History of Byzantine Empire*, 324 – 1453, Vol. Ⅰ, p. 302.
③ J. Haldon, *Byzantium, A History*, Strasbourg: Tempus Publishing Ltd, 2002, p. 65.
④ A. A. Vasiliev, *History of Byzantine Empire*, 324 – 1453, Vol. Ⅰ, pp. 18 – 19.
⑤ ［法］布瓦松纳：《中世纪欧洲生活和劳动》，第34页。

触到的伊斯兰教法互相影响、互相补充，构成了新的城乡法制传统，一些新的立法文献（如《农业法》《海商法》① 等）于 7—8 世纪之交出现，揭示出这一时期拜占庭的社会经济和文化生活的变化。这些民间习惯法和实用法的通行促使伊苏里亚时期和马其顿时期的皇帝们致力于编写和修订新的法典，以使国家立法适应于新的社会管理模式的需要。

在 8 世纪出现的《农业法》② 中，人们注意到，由于斯拉夫因素的影响，农民的生活几乎回到了地域性的农村公社时代。在这种体制下，耕地归公社全体自由农民占有，森林、草地、牧场为村社的公共所有地，自由农民份地要定期轮换，使用权受到公社保护，作物收割后，休耕地要暂时收回作为公共牧场。当然，这种农村公社的生产组织形式并没有存在很久，与所有民族的发展轨迹相同，随着私有财产的发展，农村公社的瓦解和贫富分化过程在 9—10 世纪的拜占庭农村迅速发展，乃至于各代皇帝不得不制定一些律令来调节社会关系。甚至强制性地推行联保制（Allelengyon），要求富裕者为其贫穷的邻人纳税，以防止因劳动力流失导致国家税收和兵员的减少。皇帝瓦西里二世时期，其措施尤其严厉。③

拜占庭政府实行的拓殖和保护农业政策，多少保证了国有土地和农业劳动力的良性开发和使用，保护了农民和大小土地所有者们的生产积极性，强化了小农经济作为国家经济支柱的地位，东地中海区再次成为全欧洲人口密度最大的地区，希腊半岛上的色雷斯、塞萨利、伊庇鲁斯地区和伯罗奔尼撒半岛及意大利南部重新成为经济活动的重要中心和整个地中海区域农、林、牧业产品的重要产地。④ 许多研究农学和畜牧学的作品在这一时期问世，一些较先进的耕作方法，如灌溉、经济作物

---

① 即 *Rodian Sea Law*，据称通用于 7—9 世纪，即希拉克略朝末期和伊苏里亚朝统治时期，是地方习惯法和部分官方章法的汇编，见 A. A. Vasiliev, *History of Byzantine Empire*, 324 – 1453, Vol. Ⅰ, p. 248。

② 《农业法》的希腊文原文和英文译注参见 Walter Ashburner trans and ed., "The Farmer's Law", *The Journal of Hellenic Studies*, Vol. 30, 1910, pp. 85 – 108; "The Famer's Law (Continued)", *The Journel of Hellenic Studies*, 部分条目存在中译版，参见郭守田主编《世界通史资料选辑》（中古部分），商务印书馆 1974 年版，第 69—74 页。

③ A. A. Vasiliev, *History of Byzantine Empire*, 324 – 1453, Vol. Ⅰ, pp. 348 – 349。

④ ［法］布瓦松纳：《中世纪欧洲生活和劳动》，第 35 页。

(果树、橄榄树、葡萄)的栽培和种植技术等,也由此传之后世。随之而来的,自然是拜占庭工商业的繁荣。9—10世纪的拜占庭成为地中海世界丝织品、葡萄酒、玻璃制品和金银细工制品的主要出口国,君士坦丁堡、塞萨洛尼基等城市成为全欧洲所向往的最繁荣的"世界级"城市,君士坦丁堡成为东西方交流的"金桥",并与北海—波罗的海贸易区和印度洋贸易区建立了广泛的联系,亚欧大陆的封建世界又重新出现蓬勃向上的氛围。与此同时,拜占庭知识阶级表现出前所未有的创造力,拜占庭社会文化进入了历史上的第二个"黄金时代"。

拜占庭拓殖政策(无论是军事性的还是移民性的)的实行有其迅速发展的政治背景和物质基础。一方面,自君士坦丁—查士丁尼时代以来,拜占庭东方帝国建立健全了以皇权为中心,以基督教会与皇权的相互协调为基本原则,以政区和行省两级管理为基础的庞大中央集权的官僚主义体系,这是政府能够有效管理和分配国有资产的强有力政权保障。另一方面,4—7世纪以来拜占庭连年遭遇来自多方面族群进攻的战乱和多次大瘟疫造成的劳动力锐减,使得东地中海沿岸、两河流域和巴尔干半岛上的许多农耕区成为荒芜不毛的旷野,这是国家能够用来分配和开发的丰富物质资源。但是,随着9—10世纪以后帝国领土不断受到新兴族群(主要是阿拉伯人和斯拉夫人)的进攻和蚕食,其疆域迅速萎缩,可用来分给士兵和移民的土地越来越少,乃至于在破坏圣像时期(8—9世纪),皇帝们不得不采取没收修道院和教会地产的方式满足军事贵族们的要求。这一行为激化了教会贵族和军事贵族的矛盾,又引起了另一次大规模的移民运动,即由希腊半岛和色雷斯地区移向意大利南部和西西里岛。这一次移民决定了南意大利民族成分的变化和丝织技术[①]的西行。

与罗马时期外向型的开疆拓土运动相比,拜占庭的拓殖基本上是在

---

① 关于中国丝织技术的西行,普罗柯比在《战史》中曾生动地描述了两位景教僧人受命于查士丁尼皇帝赴东方求取蚕种的经历,参见 Procopius, *History of Wars*, Ⅶ, xviii, 1-7, in *The Loeb Classical Library*, Cambridge, Mass.: Harvard University Press, 1954。国内学者对于丝织技术的西行,也有过相关论述,见徐家玲《从君士坦丁堡到里昂——中国丝织技术西行考》,《东北师范大学学报》(哲学社会科学版)1992年第6期;张绪山:《6—7世纪拜占庭帝国对中国的丝绸贸易活动及其历史见证》,《北大史学》第11辑,2005年。

自己的领土范围之内，特别是在边疆地区发展。拓殖的目的一方面是有效运用国有土地资源和必要的劳动力资源，扩大国家税收和军队兵员的基础，另一方面是缓解外来族群的人群（特别是斯拉夫人）对于地方统治机构造成的压力和斯拉夫人习惯法及阿拉伯人伊斯兰教法对既定的罗马法制传统的冲击。[①] 它在一定的历史时期内强化了拜占庭军队的实力，发展了城乡经济，有效地保证了9—10世纪帝国边疆的稳定和城乡生活的相对安定。另外，它促成了地方割据势力的形成和小农经济的瓦解，又反过来削弱了中央政府的权力。11世纪中期后，塞尔柱突厥人和诺曼人同时从小亚细亚和意大利掐住了拜占庭国家农业发展的咽喉之地，其国土范围和可耕地面积更进一步萎缩，拓殖的空间不复存在。但是，长达几个世纪的有计划的、由政府行为强行实施的拓殖运动的发展，却促进了各不同历史、文化起源的族群在拜占庭所辖区域的长期融合，构成了一个堪称"东方基督教文化圈"的东地中海文明共同体。在这一共同体内，孕育着巴尔干各民族在经历了奥斯曼土耳其帝国400余年统治之后实现民族复兴和民族国家重建的强大动力。

---

① 这是中近东民族融合和两大宗教信仰群体之间相互影响、相互渗透的重要方面，对于这方面的研究，有待于日后另文探讨。

第十三章　拜占庭《法律选编》的"仁爱"化问题探微

提要：《法律选编》是拜占庭帝国皇帝利奥三世与君士坦丁五世于740（741）年联合颁布的一部小型实用法典，该法典首次明确提出的强化"仁爱"原则和相关法律条文所体现出的"仁爱"精神，使其成为继查士丁尼《民法大全》后罗马—拜占庭帝国史上又一部重要官方法典。但鉴于学界对法典提出该原则的原因并未有深入研究，故通过对相关文献的梳理和考察可揭示，在帝国皇权不断强化态势下，《法律选编》"仁爱"原则的提出，并非皇帝的仁慈使然，而与当时的社会环境有很大关系，主要表现在天灾人祸引起的人口锐减，教会"博爱"思想激起的人文关怀，客观上迫使皇帝在追逐皇权至上原则的同时，不得不屈就以"仁爱"原则来维护帝国的稳定，促进帝国的繁荣。

《法律选编》，旧译《埃克洛加》，是拜占庭伊苏里亚王朝时期的一部"以民法为主，刑罚为辅"①，倡导"仁爱"②原则的法典，其"仁爱"原则主要体现在减少死刑、强调公平、限制父权及和睦家庭等方面。由于该法典是拜占庭帝国6—8世纪"黑暗时期"仅存的少数文献之一，故国内外学者也早已关注到该法典的重要性。大体而

---

① 李继荣、徐家玲：《"破坏圣像运动"误区考辨》，《理论月刊》2016年第11期，第86页。
② Φιλανθρωπότερον是希腊语φιλάνθρωπος的比较级形式，直译为"爱人"，文中将其译为"仁爱"。

第十三章 拜占庭《法律选编》的"仁爱"化问题探微

言，20世纪之前为该法典文本的收集和校勘阶段，出现了伦克莱维乌斯校勘本、林根绍尔校勘本和孟非拉图斯校勘本三种①；20世纪初是学界对该法典的翻译阶段，包括英国学者弗雷什菲尔德的英文本、法国学者斯普尔贝尔的法文本②和德国学者伯格曼的德文本③，成为研究该法典的重要文献参考；20世纪30年代至今，学界对该法典的研究则进入了不断深入的阶段，如前南斯拉夫学者奥斯特洛格尔斯基注意到该法典深受其他法的影响，在其《拜占廷帝国》中提到《法律选编》一方面受教会法的影响，另一方面也受东方习惯法的影响；英国学者拜尼斯则关注于该法典与《民法大全》的区别，在《拜占庭：东罗马文明概论》中指出，尽管"仁爱"是罗马诸君对其臣民的传统责任，但是这部新法典意味着其与罗马法精神相背离；学者奥尔顿则间接地捕捉到该法典"仁爱"化与基督教的关系，在《剑桥中世纪简史》中则指出，该法典是一部被简化，被基督教化的民法典，在现代人看来，其以致残于肢体的处罚代替死刑的新规似乎野蛮残忍，但对当时的拜占庭人来说更显"仁爱"；及于国内学界，徐家玲《拜占庭文明》和陈志强《拜占庭帝国史》也提及该法典，但多为总体性概述，并未对其进行深入探讨。故目前学界对该法典的研究多集中于其颁布时间的争论、基督教化的特征和人性化的特点，而对该法典提出强化"仁爱"原则的原因缺少系统、深入探讨。鉴于此，本章在借鉴前人研究成果的基础上，从原始文献出发，对《法律选编》"仁爱"原则提出的原因进行一番初步的探讨，求教于学界同人。

---

① E. H. Freshfield, *A Manual of Roman Law the Ecloga Published by the Emperors Leo III and Constantine V of Isauria at Constantinople A. D. 726*, Cambridge: Cambridge University Press, 1926, p. ix.

② C. A. Spulber, *L' Eclogue des Isaurians*, Cernautzi: Mühldorf, 1929.

③ L. Burgmann, *Ecloga, das Gesetzbuch Leons III. und Konstantinos V*, Frankfurt am Main: Löwenklau-Gesellschaft, 1983.

二 文献研究篇

一 人祸天灾与人口减少

查士丁尼大帝登基以后,以"一个帝国、一部法典和一个宗教"的宏伟目标,凭借其杰出才能,开创了拜占庭帝国史上的一个辉煌时代。但查帝去世后,帝国的各种矛盾日渐凸显,因人祸天灾的不断发生,导致帝国人口锐减,使拜占庭帝国陷入了一个漫长的谋求生存的时期。

(一) 战争

查士丁尼登基后,发动了多次所谓的"收复"式战争,借此来完成将地中海重新变为罗马帝国内湖的宏图伟志。533年查士丁尼大帝派大将贝利撒留为统帅,征战汪达尔人,于534年3月迫使其投降,汪达尔王国灭亡,北非很多地区重归拜占庭帝国管辖;之后查帝还委任贝利撒留、纳尔泽斯等人为将领,花费20余年时间征战东哥特人,于554年终使其臣服;同时,他还派遣军队出征伊比利亚的西哥特人,于554年占领了伊比利亚半岛的东南沿海地区。

但长期的大规模战争,不仅导致国库日益亏空,也造成帝国人口锐减。以对意大利收复战争为例,前后打了20余载,虽然之后耗费8年时间进行了修建,然经历了长期战争后的意大利地区已然成为一片废墟,各城市古迹销毁严重,"居民人数减少了9/10"[①]。无怪乎爱德华·吉本曾埋怨道:"战争、瘟疫和饥荒三重重灾同时降临在查士丁尼的臣民的头上;人口数量明显减少成了他统治时期的一个极大污点。"[②]

其实人口减少这一污点并未止于查士丁尼大帝时期。因查帝的好大喜功,连年对外战争,诱发了帝国人口大规模减少,而人口的大规模减少,又导致军事防御力量的削弱,而军事防御力量的削弱,又促使帝国

---

① 徐家玲:《拜占庭文明》,人民出版社2006年版,第62页。
② [英] 爱德华·吉本:《罗马帝国衰亡史》,黄宜思、黄雨石译,商务印书馆1997年版,第230页。

军队对外战争失利,而帝国军队军事上的失利,又会引发人口的进一步减少,帝国人口与战争之间的关系陷入恶性循环,使查帝的继承者也为此付出了沉痛的代价。

人口减少引发的帝国实力的进一步衰微,为周边波斯人、保加尔人、斯拉夫人及阿拉伯人的蜂拥而至提供了可乘之机,故皇帝在面对内忧之时,又不得不采取措施对这些虎视眈眈觊觎帝国疆域的异族进行抵御。但帝国本已因人口锐减而致使军事力量极弱,边界防务处于劣势,故在多次较量中,拜占庭帝国均多处于失利之态。613年,"波斯人以武力占领了约旦、巴勒斯坦和圣城(耶路撒冷),他们通过犹太代理人杀了很多人,有人说达到9万人","耶路撒冷牧首扎哈里阿斯则和其他一些战俘被带到波斯,包括神圣的圣十字架"[1]。

虽然627年希拉克略皇帝倾全城之力打败了波斯人,抢回了真十字架,但是帝国实力也为此大损,为正在崛起的阿拉伯人提供了机会。634年,"哈立德在著名的雅穆克河战役中打败了拜占庭的4万大军","638年阿拉伯进攻君士坦提亚,在经过围攻后,斩杀300罗马人","641年毛阿思在经过7年的围攻凯撒利亚城后将其占领,斩杀7000罗马人"[2],"669年,君士坦丁(四世)时期,阿拉伯人入侵非洲,据说抓捕8万战俘"[3],在6—8世纪战争频繁爆发的年代,拜占庭帝国的人口数量急剧下降。

(二)瘟疫

正如吉本所说,瘟疫也是查士丁尼时期发生在帝国疆域内的重要灾难之一。综合各史家对帝国瘟疫状况的描述,拜占庭帝国史上最为严重的一次瘟疫,当数542年发生在君士坦丁堡的鼠疫。因这场瘟疫发生在查士丁尼大帝统治时期,故后人也将其称为"查士丁尼瘟疫",查帝本

---

[1] Theophanes, *Chronicle: Byzantine and Near Eastern History AD 284 – 813*, trans. by Cyril Mango and Roger Scott, Oxford: Clarendon Press, 1997, p. 627.

[2] Theophanes, *Chronicle: Byzantine and Near Eastern History AD 284 – 813*, pp. 470 – 475.

[3] Theophanes, *Chronicle: Byzantine and Near Eastern History AD 284 – 813*, p. 491.

人也是这场瘟疫的受害者。

该瘟疫在拜占庭肆虐了4个月,其中3个月为高峰期,"可能是地中海地区暴发的第一次大规模鼠疫,其造成的人口和物质破坏相当严重"①。据史家普罗柯比记载:"起初死亡人数略低,后来死亡人数持续上升,再后来死亡人数攀升到每日5000人,有时甚至达到1万人或更多";所以在掩埋尸体时,最初还能"参与自家死者的葬礼,但是后来到处都是混乱无序的状态……许多家庭成员死光,城市中的一些名人竟因死后无人烟而多日无人掩埋",而一些尸体"则被随便扔进塔楼里堆起来,等尸体填满后,再将塔楼封死,结果全城弥漫着一种恶臭"②,瘟疫对帝国首都造成巨大损害。

虽然因无法确定君士坦丁堡的人口总数③,而不能给出确切的关于君士坦丁堡人口死亡比重,如曼戈认为该瘟疫使君士坦丁堡丧失了1/3人口④;兰布则认为此次瘟疫使君士坦丁堡人口减少了一半⑤,但无论如何这场瘟疫的死亡率都是巨大的,因为如果按照城中人口折中为约65万计算,平均每天5000人死亡,共计90日,死亡总数在45万,死亡率则为69%,"查士丁尼瘟疫"使拜占庭帝国首都一时间成为死神横行的真正人间地狱。

此外,瘟疫的周期性、多城市暴发,也给拜占庭帝国造成巨大的人口损失。据艾瓦格里乌斯记载:"通常情况下,瘟疫以财政年,也就是15年的规律周期性波及各地","现在我写下这些内容的时候已经58岁,大约2年前瘟疫第4次波及了安条克,在这次侵袭中,我又失去了一个女儿和她的儿子"⑥;阿加西阿斯则记录了第二次瘟疫暴发时的情

---

① 陈志强:《地中海世界首次鼠疫研究》,《历史研究》2008年第1期,第159页。
② Procopius, *History of the Wars* (I), trans. by H. B. Dewing, New York: the Macmillan Co., 1964, pp. 465–469.
③ 学者们对于君士坦丁堡人口的估计有差异,分布于25万至100万之间。参见St. Ruciman, *Byzantine Civilization*, Edward Arnold, 1933, p. 124。
④ C. Mango, *Oxford Byzantine History*, Oxford: Oxford University Press, 2002, p. 49.
⑤ H. Lamb, *Theodora and the Emperor*, Florida: West Palm Beach, 1952, p. 153.
⑥ Evagrius, *The Ecclesiastical History of Evagrius Scholasticus*, trans. by M. Whitby, Liverpool: Liverpool University Press, 2000, p. 231.

况,"那一年(558年)初春,瘟疫第二次来袭,肆虐帝国首都,夺取大批居民之性命……它从一个地方蔓延到另一个地方"①。

此外,瘟疫也在其他城市,如亚历山大肆虐,由于这些城市人口密度大,加之医疗条件的局限,造成了帝国人口大量的死亡,对帝国经济和社会发展造成巨大损失。

(三) 地震

地震是造成帝国人口大幅度下降的又一重要因素。从史家记载来看,6世纪后东地中海地区进入了一个地壳活跃时期,据学者唐尼统计,"拜占庭帝国自324—1453年的1100余年间,君士坦丁堡及其周边的大小地震共55次,而仅6—8世纪(525—740年)就有15次","其中君士坦丁堡发生了12次,而位于世界第二大地震带上的拜占庭第三大城市安条克遭遇的重大地震也至少有7次"②。

6—8世纪君士坦丁堡地震频发,525—740年的215年间,几乎每18年就有一次大地震。以557年的大地震为例,据赛奥法涅斯记载:"这场地震毁坏了君士坦丁堡的两座城墙,君士坦丁大帝城墙和狄奥多西城墙,特别是在河波多姆宫(Hebdomon)周围的一些教堂,如圣塞缪尔教堂……该地震带来的毁灭无一地可幸免。"③ 此后,580年、583年、740年君士坦丁堡又接连发生多次地震。作为帝国第一大城市,君士坦丁堡人口密集,每次大地震必然会造成"民众大量的死亡,以及由此而带来的巨大恐惧"④。

第三大城市安条克的数次地震中,以526年的一次记载最完整,危害也最大。赛奥法涅斯载道:"每所房屋与教堂都倒塌,该城的美景均

---

① Agathias, *The Histories*, in *Corpus Fontium Historiae Byzantinae*, trans. by J. D. Frendo, Berlin: Walter de Gruyter, 1975, p. 231.

② G. Downey, "Earthquake at Constantinople and Vicinity AD. 324 – 1453", *Speculum*, Vol. 4, 1955, pp. 597–598.

③ Theophanes, *Chronicle: Byzantine and Near Eastern History AD 284 – 813*, p. 339.

④ Theophanes, *Chronicle: Byzantine and Near Eastern History AD 284 – 813*, p. 322.

二 文献研究篇

被毁,自古以来,上帝还没有如此之大的愤怒降临于其他城市"[1];主教约翰曾描述了震后惨状:"那些未及逃离房屋者化为一具具尸体"[2];至于丧生的人数,史家约翰·马拉拉斯载有"25万人丧生"[3];普罗柯比则记载"安条克死于地震的居民有30万人"[4],如将两位史家的记载折中计算,至少约27万人在地震中丧生,除去当时因耶稣升天节,有很多外来人口,城内居民死亡的人数也至少有20万。按照现代学者估算,"当时安条克大约有30万人"[5],这场地震的死亡率约在67%,与"查士丁尼瘟疫"所造成的人员死亡率等量齐观。之后的几场地震,也造成了大量的人员伤亡,如588年的地震中,"根据城市面包供应量估计大约有6万人死亡"[6]。

作为一个中央集权帝国,人口是拜占庭税收、军士、劳动力的重要来源,人口的减少会给帝国带来巨大的财政和军事危机。以夺回圣十字所发动的战争为例,当时因为波斯人将帝国圣十字夺走,引起帝国臣民坚决要求对波斯发动战争,抢回圣十字的呼声,但当时的情况是国库竟然拿不出军费进行远征,最后还是在"牧首的号召下,全国各地的教会献出了存储的金银圣器,以充军费"[7],才最终完成了这场战争。另外,查士丁尼以前,"拜占庭军队总数达到65万,但是到了其统治末年,这一数字大幅下降至15万","其后的皇帝希拉克略能够投入其重大战事——波斯战争的兵力只有区区6000人而已"[8]。

至伊苏里亚王朝建立,随着帝国局势的稳定,恢复生产,促进人口增长,增加国家财政收入,提高国家军事实力是利奥皇帝主要考虑的现

---

[1] Theophanes, *Chronicle: Byzantine and Near Eastern History AD 284–813*, p. 264.
[2] John, *The Chronicle of John, Bishop of Nikiu*, Vol. 90, trans. by R. H. Charles, London: Williams and Norgate, 1916, p. 137.
[3] John Malalas, *Chronicle*, Sydney: Sydney University Press, 2006, p. 92.
[4] Procopius, *History of the Wars (I)*, p. 383.
[5] G. Doweny, "The Size of the Population of Antioch", *Transactions and Proceedings of the American Philological Assocation*, Vol. 89, 1958, p. 90.
[6] Evagrius, *The Ecclesiastical History of Evagrius Scholasticus*, p. 299.
[7] 徐家玲:《拜占庭文明》,第72页。
[8] 陈志强:《"查士丁尼瘟疫"影响初探》,《世界历史》2008年第2期,第83页。

实问题。所以，在经历了巨大创伤之后，以"休养生息"之策管理国家，便成为伊苏里亚开国皇帝利奥的既定原则。《法律选编》中强化"仁爱"原则的提出，目的就是希望通过这些政策，一方面促进人口繁衍；另一方面则是为了确保帝国劳动力、税收和兵役的来源，从根本上讲，这些新规是要为帝国未来的稳定与发展奠定坚实的人口基础。

二 《圣经》博爱与人文关怀

在古代，法的形成与发展与宗教紧密相连，罗马—拜占庭法的演变深受基督教（东正教）思想的影响。基督教是一种强调以"平等"与"博爱"为普世价值观的宗教，其伴随罗马—拜占庭历史的发展而逐渐渗透到社会方方面面，最终成为帝国臣民待人接物的精神支柱和价值取向。

4—6世纪是基督教在罗马—拜占庭帝国发展的一个重要时期。311年《伽勒里乌斯宽容敕令》[①] 和313年的《尼科米底敕答》[②] 的颁布，使基督教在罗马—拜占庭帝国获得了合法地位，此后其借助皇权，一路扶摇而上，逐渐成为帝国的一股重要力量；392年狄奥多西一世下令："禁止任何场合向罗马古代神祇献祭，异教神庙一律关闭。违令献祭者，一经发现，罚款黄金25磅，从事献祭活动的房屋、土地皆应没收。对于徇私舞弊的法官及其他审判人员也要处以30磅黄金的惩罚[③]。"至此，基督教真正上升为帝国国教之位。

虽然基督教成为国教，但异教徒仍大量存在，而雅典则因异教思想浓厚，成为众多异教徒的受庇护之地。因此，为了根除异教，查士丁尼大帝临朝后，于529年下令关闭了雅典学园。至此，基督教在皇帝的帮

[①] 李继荣、徐家玲：《伽勒里乌斯宽容敕令文本考——兼论伽氏敕令的历史地位》，《中南大学学报》（社会科学版）2016年第5期，第170—174页。

[②] 即学界所谓"米兰敕令"，详见徐家玲、李继荣《"米兰敕令"新探》，《贵州社会科学》2015年第1期，第65—72页。

[③] *Codex Theodosianus* 16.10.12.

助下，再次战胜了异教，而这次的胜利在形式上的意义已经远远超过了其实质意义，基督教已经势不可当地成为帝国精神领域的指示灯。

查士丁尼大帝去世后，随着帝国陷入内忧外患的境遇，又进一步加速了基督教在帝国的传播和影响。一方面，面对内外交迫之困境，皇帝希望获得教会的支持，稳固自己的地位，而教会则希望通过对皇帝的支持，达到发展教会的目的，为此才有了希拉克略皇帝出征波斯时，"将儿子托付于君士坦丁堡牧首塞拉吉奥斯，并让其监国"，而"塞拉吉奥斯则率众誓死抵抗阿瓦尔大军的进攻，力保君士坦丁堡城池不失"① 的佳话。在面临外敌之时，皇帝和牧首在一致对外中，彼此获得好感，这为基督教的进一步扩大其影响力奠定了基础。

希拉克略王朝的最后一位皇帝查士丁尼二世，也对基督教充满极大的热情，强调自己是上帝的虔诚信仰者②。其在位时期，称自己是"对帝国和基督教的敌人取得伟大胜利的皇帝"③，并"首次在铸币上以基督像取代了皇帝像，币上的文字也以'上帝，罗马之救主（*Deus adjuta Romanis*）'或'耶稣基督，王中之王'取代了传统的'奥古斯都的胜利（*Victoria Augustorum*）'"④。利奥三世曾是查士丁尼二世皇帝的亲密朋友，深受查士丁尼二世宗教思想的影响，故其在《法律选编》的序言中也称自己为"虔诚睿智的皇帝利奥"⑤。

相对于基督教在上层是以包含有政治利益的传播而言，其在下层中的传播更易于为民众所接受。6—8 世纪在帝国连年遭受战争、灾害、内争等灾难的冲击下，面对死亡的惊吓、生活的流离、苦难的不断，民众在精神方面遭受到了巨大创伤，在无能为力的情形下，民众便将精神

---

① J. Heerin, *The Formation of Christendom*, New Jersey: Princeton University Press, 1989, pp. 198 – 200.

② 李继荣：《查士丁尼二世"赠礼"法令译注》，《古代文明》2016 年第 4 期，第 34 页。

③ J. F. Haldon, *Byzantium in the Seventh Century*, Cambridge: Cambridge University Press, 1990, p. 141.

④ E. H. Freshfield, *A Manual of Roman Law the Ecloga Published by the Emperors Leo III and Constantine V of Isauria at Constantinople A. D. 726*, p. 13.

⑤ E. H. Freshfield. *A Manual of Roman Law the Ecloga Published by the Emperors Leo III and Constantine V of Isauria at Constantinople A. D. 726*, p. 66.

第十三章 拜占庭《法律选编》的"仁爱"化问题探微

之寄托投向了基督教。正如陈志强在对查士丁尼瘟疫研究后所说的那样:"广泛出现的社会恐惧会改变人们正常的生活规律,导致人们对现存政治和国家看法的改变,进而导致社会价值观念和伦理道德标准的改变,使人们更加笃信'上帝'。"①

而伴随着基督教在帝国势力的增强,基督教"博爱"与"平等"的思想也逐渐融入帝国的方方面面,一方面,由于为基督教宣扬普世之爱,所有基督徒皆兄弟,应互相关爱,这决定了基督教会以关爱弱者为己任,为此,我们看到,"贵族出身的菲拉里图斯和赛奥法涅斯将自己的财产全部分给平民,自己进入修道院"②;另一方面,基督教的社会慈善团体也在不断地影响着帝国民众的生活。基督教在创立之初就从事一些慈善事业,但随着基督教地位的提升和可支配财产的增多,6世纪后其慈善行为更加普遍,"教会开始建立收容所、医院、救济所等专门慈善机构"③。此外,教会还对战后帝国的修复方面贡献颇多,如帝国对波斯战争期间,不仅各地教会捐款、入伍抗击敌人,还在战后为重建耶路撒冷,如"亚历山大主教捐赠了大量的物资,包括粮食、黄金和衣物等"④。

通过这些途径,基督教的"博爱"与"公平"原则,在帝国赢得了广泛的社会基础,成为拜占庭社会上至皇室贵胄、下至普通民众的精神追求。基督教的"博爱""公平",对皇帝而言,可以成为稳定民心,抵御外敌的手段;而对于民众,则是抚慰心灵,医治创伤的药剂。为此,8世纪初,在面对拜占庭帝国已经完全基督教化的现实和帝国因长期天灾人祸引起的社会混乱和不公,利奥三世应社会现实之需,在司法领域做出改革,引入基督教的"博爱"与"公平",以达到稳定民心,重新建立帝国秩序之目的。

---

① 陈志强:《"查士丁尼瘟疫"影响初探》,《世界历史》2008年第2期,第8页。
② J. F. Haldon, *Byzantium in the Seventh Century*, p. 131.
③ J. F. Haldon, *Byzantium in the Seventh Century*, p. 292.
④ [美]汤普逊:《中世纪经济社会史》(上册),耿淡如译,商务印书馆1984年版,第203页。

为此,《法律选编》大量引入基督教中关于"公平"和"博爱"之原则。皇帝引用《圣经·诗篇》中的言辞对那些内心深处并不珍爱真理与公正的大法官进行质问:"世人哪,你们所说之词,真合公义吗?施行审判,岂按正直吗?不然,你们是心中作恶,你们在地上秤出你们手所行的强暴";对于过去那些卖官售爵法官,皇帝们则引用《德训篇》中的言词对这些不义行为进行了训诫:"不要向主求做大官,也不要向君王求荣位;不要谋求做判官,怕你无力拔除不义";而对于那些真正致力于主持正义的人,皇帝则言道:"让那些且只让那些富有判断力及理性,清楚地知道何为真正公平,不会感情用事者,在其审判中运用直观感受",正如智者所罗门以寓言的方式谈及关于不公正的衡量与权重的争论时说:"权重或大或小均令主厌恶。"① 在此,其实公平和博爱没有完全的界限,公平是博爱的基础,失去了公平,博爱只能是虚幻之说。

在刑罚方面,《法律选编》也尽显基督教的博爱原则。为了使我们能更清晰地认识该法典涉及的犯罪类别,本章对其进行了大致的分类和统计②:

表 13-1　　　《法律选编》中刑罚的种类及其数量　　　（单位:%）

刑罚	死刑	残肢	鞭刑	放逐	罚金	总量
数量（种）	12	22	18	12	14	78
百分比	15	28	23	15	18	—

关于惩罚的条款共 53 条,涉及死刑、残肢、鞭刑、放逐和罚金 5 大类,其中各大类又有具体的分类,如残肢包括剜鼻、致盲、割舌等方

---

① E. H. Freshfield, *A Manual of Roman Law the Ecloga Published by the Emperors Leo III and Constantine V of Isauria at Constantinople A. D. 726*, pp. 68-69.
② E. H. Freshfield, *A Manual of Roman Law the Ecloga Published by the Emperors Leo III and Constantine V of Isauria at Constantinople A. D. 726*, pp. 105-114.

式；对同一种犯罪，如盗窃，又会因为情节不同，量刑也有所差异。但无论如何，从该不完全的统计表，还是反映出了《法律选编》在刑法处罚方面所呈现出的特点，它对死刑进行了比较严格的控制，只有叛国、反皇帝、蓄意谋杀等重罪才会被处以死刑；其他方面的惩处，主要集中在对身体的惩罚，残肢占28%，鞭刑占23%，总共所占比例已经过半；对于一些较轻的犯罪则只处以放逐或罚金的惩罚，也已经占到了30%以上，虽然这在一定程度上更有利于富有者，但总体而言，不得不承认其在尊重"生命"面前，确实做出了很大的改进，体现出了其人文关怀的方面。

三 余论

行文至此，我们基本上完成了对《法律选编》中提出要强化"仁爱"原则的原因的初步梳理和考察，并对这一历史现象的出现有了一个较为清晰的认识：

首先，《法律选编》强化"仁爱"原则的明确提出与当时因天灾人祸导致的人口锐减有很大关系。人口对帝国的生存与发展至关重要，但是6—8世纪，帝国的战争、灾害、内乱从未停止过，由此引发的疆域减小、人口减少，使帝国的农业、商业和军事都处于十分衰弱的态势，特别是在面对外来之敌时，帝国局势岌岌可危。利奥三世登基后，虽然击退了外敌，暂时稳住了帝国局势，但是人口不足却是摆在皇帝面前的一大难题，为此以休养生息之策，繁衍人口、发展经济，维护社会稳定便成为利奥三世的既定国策，而《法律选编》中以减少死刑、和睦家庭之"仁爱"原则便是这一既定政策的具体表现，从这一角度讲，皇帝这一原则的提出，更多是出于增加税收、提高军力和维护稳定的目的，而绝非心怀仁慈。这一点颇似于中国古代史中的现象，如在经历了秦末农民战争和楚汉之争后，为了发展经济和维护社会稳定，汉初推行减轻刑罚，劝课农桑等一系列休养生息之策，与《法律选编》提出强化"仁爱"原则的背景和原因如出一辙。

二 文献研究篇

其次,《法律选编》强化"仁爱"原则的明确提出深受当时基督教"公平"与"博爱"思想的影响。在基督教成为罗马帝国的合法宗教后,便开始借助皇权的帮助和其自身的"博爱"原则的吸引力,逐渐为帝国臣民所接受,特别是6—8世纪,在帝国处于内忧外患的背景下,政教共同协作、民教加速合一,疆域逐渐萎缩,昔日的罗马帝国也逐渐摆脱了古典时期多神崇拜的外壳,迈向了一个真正意义上的基督教式的希腊化王国,至8世纪初伊苏里亚王朝建立之时,蜕变最终完成。因此,基督教在成为拜占庭帝国臣民待人接物的价值判断标准的同时,其"博爱"的思想也已融入了帝国民众生活的方方面面。正是在"博爱"思想的影响下,帝国上层也必须在立法层面做出与时俱进的调整,故以"博爱"之准,团结诸方之能士,以"仁爱"之心安抚难后民众之情绪,便成为皇帝立法之精神。为此,我们可以看到《法律选编》中引用了大量基督教中的原则,其实质是民心之所向,也是社会之所求。

因此,正是在人口减少和基督教"博爱"原则的共同影响下,《法律选编》才以强化"仁爱"为其基本原则,并因此而成为第一部基督教化的法典,第一部明确提出强化"仁爱"原则的法典,对后世立法产生了深远影响。

第十四章　论拜占庭帝国对官办工厂的管理

提要：为了满足帝国的财政与安全需求，以及皇帝与贵族的奢侈品需要，拜占庭帝国开办了为数众多的官办工厂，其中主要包括锻币工厂、军械制造工厂以及丝绸生产工厂。这些官办工厂的管理形式随帝国国力的强弱而变化。官办工厂在一定程度上保证了帝国财政稳定与军械供应，但这种模式不利于推动社会生产的进步，很大程度上遏制了社会经济的生机与活力，这也是拜占庭帝国与西欧在中世纪晚期发展中出现巨大分野的根源之一。

3世纪危机以后，罗马帝国的社会经济趋于崩溃，工商业急剧衰落，手工业者大量失业，民生凋敝。为了恢复工商业生产秩序，戴克里先（Diocletian，284—305年在位）当政之后，就开始实行城市经济的二元政策。即一方面加强对私人工商业的管制，另一方面在某些领域内采取国家垄断措施。① 国家垄断的实质是指对于关系国家命脉的工商业，禁止私人经营，由国家直接垄断经营，即官办工厂②。由于并无确

---

① 厉以宁：《罗马—拜占庭经济史》（下编），商务印书馆2006年版，第491页。
② "官办工厂"的英文是"imperial factories"，或译为"帝国工厂"，希腊文为"$\acute{\varepsilon}\rho\gamma o\delta \acute{o}\sigma\iota\alpha$"，是由国家直接控制经营的"工厂"，此处的"工厂"与资本主义时代的"工厂"的概念不同，前者是由国家直接控制经营，且有奴隶身份的劳工，后者是现代意义上的大规模制造厂，有国家控制的，也有私人经营的，其工人为自由人。同时它也有别于中世纪的"工场"（workshops），罗马—拜占庭时期的"官办工厂"除了国家控制以外，还是一个封闭的、特定的生产场所，中世纪的"工场"是一个开放的场所。参见徐家玲《早期拜占庭执事官职能探析》，《史学集刊》2003年第4期，第56页。

二 文献研究篇

凿证据能够证明在戴克里先之前官办工厂就已经存在。① 显然，为了恢复帝国经济，戴克里先或许开创了国家直接经营工商业的官办工厂。395年罗马帝国分裂之后，东罗马帝国继续实行戴克里先的经济政策。

官办工厂主要包括锻币工厂、军械制造工厂以及丝绸工厂，这些工厂关系到国家财政收入、国家安全以及皇室贵族的奢侈品需求。为了便于帝国中央政府能够直接控制和管理，官办工厂主要集中在君士坦丁堡。本章试图分析帝国对钱币锻造、军械制造和丝绸生产三个方面的管理，探讨拜占庭帝国政府在工商业管理中的作用和影响，以及官办工厂这种生产模式的利弊得失。

一

3世纪末，为了强化专制皇权，完善官僚政治，戴克里先改革了行省与财政制度，将原来47个大的行省重新划分为100多个规模更小的行省，以分散地方势力，并在行省之上设置12个大区（dioces），由皇帝直接任命"大区总督"（praetorian prefecture）管理这些大区，大区总督直接受皇帝的控制。帝国的财税系统由"圣库伯爵"（comes sacrarum largitionum）"皇产司伯爵"（comes rei privatae）和大区总督三元化的管理体系组成。② 与此同时，戴克里先改革了罗马锻币工厂的管理，增加了锻币工厂的数量，并将锻币工厂设置于大区中，由帝国中央财政部门的最高官员圣库伯爵负责控制与管理。圣库伯爵向大区派遣专门的"圣库监察使"（comes largitionum titulorum），负责管理本区的钱币锻造。圣库监察使在钱币锻造工序的每个环节（冶炼、精炼、锻造）指派技术熟练的工头（praepositus monetae）负责指导生产，并在每个环节派遣专门的监督官（officinatores）监督生产。锻币工厂的劳工是奴隶，

---

① ［英］波斯坦编：《剑桥欧洲经济史》第二卷《中世纪的贸易和工业》，钟和等译，经济科学出版社2003年版，第98页。

② 徐家玲：《早期拜占庭和查士丁尼时代研究》，东北师范大学出版社1998年版，第35—36、70页。

第十四章 论拜占庭帝国对官办工厂的管理

没有人身自由，不允许随便脱离锻币工厂，只有间接经过皇帝或直接经过圣库伯爵的允许，劳工才可以离开工厂，但不能带走家眷和财产。①

此外，皇帝将其巡行或战争驻扎地的锻币工厂交付于其随行的侍臣（comitatus），授予这些锻币工厂锻造金银钱币的权力，以供皇帝和随行人员所用，这些锻币工厂遂成为拥有锻造金银钱币特权的"御用锻币工厂"（comitatensian mint），这表明只有"御用锻币工厂"拥有锻造金银钱币的权力。如果驻扎地区没有锻币工厂，皇帝将临时设置一所"御用锻币工厂"。它们锻造的钱币拥有统一的标志，即"comitatensian"的缩写"COM"以标示其来自"御用锻币工厂"②。"御用锻币工厂"拥有专门的金匠（aurifices）从事锻造工作，由圣库伯爵直接负责管理，并受皇帝的庇护。"御用锻币工厂"的管理非常严格而苛刻，尼古拉斯·梅萨里特斯（Nicholas Mesarites）描述了帝国锻币工厂的工作情况："穿着黑色衣服的男人，他们的脸上和脚上都布满灰尘和汗水，他们不分昼夜地工作，在没有阳光的黑暗中不停地敲打着。"③ 这些"御用锻币工厂"不是固定在某一地区，而是伴随着皇帝及其随从人员进行转移。皇帝及其随从离开后，原锻币工厂锻造金银币的特权也将被收回。但在特殊时期，如帝国庆典之时，它们仍有锻造特殊的、纪念金币的权利。戴克里先时期这些金银锻币工厂主要存在于意大利半岛与非洲等地。

395年以后，由于东部帝国的皇帝很少离开首都，遂将"御用锻币工厂"固定于君士坦丁堡，垄断着帝国金银钱币的锻造，成为"帝国锻币工厂"（moneta auri），仍由圣库伯爵负责监督管理，君士坦丁堡成

---

① C. H. V. Sutherland eds., *The Roman Imperial Coinage*, Vol. Ⅲ, London: Oxford University Press, 1984, pp. 22 – 23.

② Michael F. Hendy, *Studies in the Byzantine Monetary Economy c. 300 – 1450*, Cambridge: Cambridge Unibersity Press, 1985, pp. 380 – 394.

③ Cecile Morrisson, "Byzantine Money: Its Production and Circulation", in A. Laiou ed., *The Economic History of Byzantium*, Vol. Ⅲ, Washington, D. C.: Dumbarton Oaks Research Library and Collection, 2002, p. 916.

为帝国锻造金银钱币的中心。① 此外，君士坦丁堡也存在铜币锻造工厂，而其他地区的锻币工厂则主要锻造铜币，被称为"普通锻币工厂"（moneta publica）。5世纪中期，伴随着蛮族入侵和西罗马帝国的灭亡，西部的锻币工厂相继落入汪达尔人和东哥特人之手。帝国东部锻币工厂的数量也因蛮族的入侵而减少。498年，阿纳斯塔修斯一世（Anastasius Ⅰ，491—518年在位）进行钱币改革，发行优质的铜币"弗里斯"（follis）以完善戴克里先和君士坦丁一世确立的货币体系，② 这标志着拜占庭帝国开始使用不同于罗马帝国的钱币。6世纪中后期，查士丁尼一世（Justinian Ⅰ，527—565年在位）对巴尔干、北非、意大利和西班牙部分地区再征服以后，收回了汪达尔人和东哥特人统治下的迦太基和拉文纳金银锻币工厂，允许其作为"帝国锻币工厂"的附属而继续存在。③ 显然，在查士丁尼统治时期，拜占庭帝国的锻币工厂数量增加了，这反映了拜占庭帝国国力的强盛。

7世纪，拜占庭帝国与波斯人和阿拉伯人之间相继爆发了旷日持久的战争，帝国失去了大片疆域，行省的锻币工厂遭到严重破坏。为解决国内危机，希拉克略一世（Heraclian Ⅰ，610—641年在位）于610年至615年在塞浦路斯、伊苏里亚建立临时的锻币工厂，生产铜币以满足军队的需要，但因国力衰微，这些临时开办的锻币工厂很快关闭了。④ 因此，拜占庭帝国的锻币工厂仍然主要集中在君士坦丁堡，这种状况一直持续至11世纪。这一时期，除了位于君士坦丁堡大皇宫（Great Palace）的帝国锻币工厂以外，在君士坦丁堡的其他地区还存在一个专门生产铜币的工厂。⑤ 长期的对外战争与锻币工厂的减少造成了严重的财政危机。为了缓解危机，帝国政府加强了对战争中幸存下来的锻币工厂

---

① Michael F. Hendy, *Studies in the Byzantine Monetary Economy c. 300 – 1450*, p. 398.
② [南斯拉夫] 奥斯特洛格尔斯基：《拜占廷帝国》，陈志强译，青海人民出版社2006年版，第47页。
③ Michael F. Hendy, *Studies in the Byzantine Monetary Economy c. 300 – 1450*, pp. 399 – 400.
④ Cecile Morrisson, "Byzantine Money: Its Production and Circulation", p. 913.
⑤ M. Hendy, "Aspects of Coin Production and Fiscal Administration in the Late Roman and Early Byzantine Period", *The Numismatic Chronicle*, Vol. 12, 1972, p. 131.

的管理，所有的锻币工厂皆由国家中央财政机构直接管理。而这一时期拜占庭帝国财政机构也出现了显著的变化，发展起多个独立的、具有不同职能的财政机构（sekreta）。相应地，钱币锻造的管理也分别由这些不同的财政机构来负责，其中皇产司（eidikon）负责贵金属的熔炼，国库（vestiarion）负责管理钱币的锻造，财库（sakellion）负责监管钱币的重量和质量。11世纪财政改革以后，皇产司消失了，12世纪，财库也停止工作，锻币工厂开始由国库单独负责管理。①锻币工厂管理机构的变化，一方面体现了帝国的财政状况，另一方面也体现了不同时期皇权和国力的强弱变化。

1092年，阿莱克修斯一世（Alexius Ⅰ，1081—1118年在位）进行财政改革，在塞萨洛尼基（Thessalonica）新开办两个铜币锻造工厂，以补充君士坦丁堡的锻币工厂。随着地方贵族势力的增强，少数贵族也开始建立私人锻币工厂，如塞浦路斯的伊萨克·科穆宁（Isaac Komnenos）和特拉比松（Trabizond）的加伏拉斯（Gabras）家族等。有资料显示，12世纪，君士坦丁堡的钱币兑换商将他们的工作场地——君士坦丁广场，提供给私人作为锻造钱币的场所。其后不久，钱币兑换商也开始参与锻造钱币。② 国家对锻币工厂的垄断经营被打破，作为官办工厂的补充，私人锻造钱币有了合法性，并一直存在到1453年。不过，帝国的钱币主要还是来源于君士坦丁堡的官办锻币工厂。

在拜占庭帝国历史中，国家对锻币工厂的管理具有一定的连续性，与罗马帝国管理钱币生产不同，拜占庭帝国以皇帝为中心的中央政府对钱币锻造控制的权力没有授予地方。虽然在12世纪以后允许私人有部分钱币锻造权，但整体而言，拜占庭帝国的钱币锻造主要掌握在官办工厂手中，而官办工厂的控制权始终属于以皇权为中心的帝国政府。这种状况反映了拜占庭帝国的中央集权体制，而关系帝国安危的军械制造则更加鲜明地反映了这一点。

---

① Michael F. Hendy, *Studies in the Byzantine Monetary Economy c. 300 – 1450*, p.433.
② Klaus Peter Matschke, "Mining", in A. Laiou ed., *The Economic History of Byzantium*, Vol. Ⅰ, Washington, D. C.：Dumbarton Oaks Research Library and Collection, 2002, p.120.

◈◈ 二　文献研究篇

二

罗马帝国晚期，皇帝非常重视军械物资的供应，国家控制着军械制造。因为军队是国家安全的保障，而军械制造又是保证军队战斗力的重要因素。同时，国家通过控制军械物资以更好地控制军队。为了保证军械物资的供应，帝国政府以税收的方式征收军队中所需的各种物资，如军人服装、马匹，以及制造军械的原料等，并雇佣劳工对征收的原料进行加工，制造各种武器，之后将这些武器售予士兵。[1]

拜占庭帝国早期，随着皇权的加强，国家对军械制造的控制更为强化。国家的财政部门负责征收和储存用于制造各种军械的材料，如皇产司负责管理铁与木材等材料的储存；国库负责海军物资的储存；军械长官（archon tou armamentou）经营管理军械工厂，负责生产各种防御性与攻击性的武器，将生产的武器存入军械库。[2] 士兵可以用国家发放的薪酬购买这些武器，在钱币不足的情况下，士兵也可以用实物交换武器。贸易税收官可以将这些实物出售或自己保留。[3] 由此可见，国家控制着武器的整个生产和流通过程。

为了使得军队能够及时获得军械物资，避免军队物资供应不足；同时为了节省运输的费用，国家在各地军队附近建造了许多官办军械工厂。在罗马法令中，有15个军械工厂遍布整个帝国东部。[4] 这些官办军械工厂直接由帝国中央政府控制。官办军械工厂的劳工大多为奴隶和罪犯，他们以劳动换取一定的实物报酬。国家对他们进行强制管理和监督，监督官员在劳工胳膊上打下烙印，以防止他们逃跑，且法律对窝藏

---

[1] J. Haldon, *Warfare State and Society in the Byzantine World*, *565 – 1204*, London: Taylor & Francis e – Library, 2003, p. 140.

[2] J. Haldon, *Warfare State and Society in the Byzantine World*, *565 – 1204*, p. 141.

[3] W. Treadgold, *Byzantium and Its Army*, *284 – 1081*, Stanford: Stanford University Press, 1995, p. 181.

[4] [英] 爱德华·吉本：《罗马帝国衰亡史》（第2卷），席代岳译，吉林出版集团责任有限公司2008年版，第35页。

第十四章　论拜占庭帝国对官办工厂的管理

逃犯者给予严厉惩罚。但由于他们的工作是为军队服务，被视为一种执行军务的行为，因此，他们有时也被作为军事化的武装部队，比其他官办工厂的劳工地位相对高一些。①

6世纪中期至7世纪中期，帝国遭受了瘟疫，并且与波斯人以及阿拉伯人之间爆发了长期的战争。因此，帝国人口锐减，国力严重削弱。帝国各地的军械制造工厂消失殆尽，军械制造转移至君士坦丁堡，君士坦丁堡成为拜占庭帝国重要的武器生产中心，在皇城内设有"希腊火"制造作坊，在修道院内也建立冶铁高炉，② 由皇帝任命的御林军长官（*spatharios*）管理君士坦丁堡的军械制造工厂。③

7世纪末至9世纪初，帝国处于恢复期，国家没有足够的财政来供应军队的需要，士兵的薪酬减少了。为了解决士兵的物资供应问题，也为了增强帝国的军事力量，国家开始设置军区制度。在军区制下，军队要长期驻守在某一地区，每位士兵则分配到一块份地，他们可以建立家庭，世代耕种这块份地。当战争来临时，他们必须立即上阵杀敌，并世代为国从军。在军区内，军事首长的权力高于一切。④ 在军区制度下，士兵可以从其土地上获得食物和其他生活资料，如果是骑兵，还要负责饲养自己的马匹，并且需要购买武器和服装。这一时期，国家甚至没有足够的财力来支付士兵的薪酬。有资料显示，659年之前，士兵的薪酬是10诺米斯玛，659—840年，仅仅是5诺米斯玛。⑤ 因此，士兵的薪酬不足以购买武器，军队中武器变得非常缺乏，出现了士兵偷窃武器的现象。为保证士兵的武器配备，国家对武器生产的管理更加严格。利奥三世时期颁布法令规定偷窃士兵武器和马匹的人，将被严惩。在继承其父亲的武器之前，士兵通常要受到审查，如果已经拥有一定量的武器，

---

① [英]波斯坦编：《剑桥欧洲经济史》第二卷《中世纪的贸易和工业》，第100页。
② 陈志强：《拜占庭帝国史》，商务印书馆2006年版，第448页。
③ Gilbert Dagron, "The Urban Economy, Seventh-Twelfth Centuries", in A. Laiou ed., *The Economic History of Byzantium*, Vol. I, Washington, D. C.: Dumbarton Oaks Research Library and Collection, 2002, p. 430.
④ 徐家玲：《拜占庭文明》，人民出版社2006年版，第222页。
⑤ W. Treadgold, *Byzantium and Its Army, 284–1081*, p. 182.

其将失去武器的继承权。由于骑兵的武器装备包括马匹与盔甲,价值昂贵,因此国家对骑兵的审查更为严格。①

随着军区制的发展,9世纪以后地方军事力量逐渐增强,对武器的需求也日益增加。为此,国家放松了对军械制造的垄断,允许地方军事长官组织地方工匠制造各种武器,如长矛、箭头、弓和盾牌等,② 以增加武器和军备。军械制造的主体变得多元,这促进了军械制造技术的提高,工匠的劳动环境也有所改善。国家对军械制造的垄断被打破了。但是,国家军械工厂仍是集中提供大批军械的中心,如塞萨洛尼基军械工厂接到中央命令,要求提供20万支箭、3000支长矛和"尽可能多的"盾牌。③

12世纪以后,随着地方军事力量的增强,军事贵族势力发展起来。为限制地方军事贵族的实力,皇帝削减了军队的经费,"扩大地方行政首脑的权力,以减少来自军队的政治危险"④。拜占庭军队遭到削弱,本国士兵数量越来越少,雇佣兵成为帝国主要依靠的军事力量。与此同时,帝国遭受周边各族力量的入侵而逐渐衰落,无力支持雇佣兵的各种费用,遂将武器制造转交于各地军队,由各地军事长官自行解决士兵的武器装备。至此,国家完全失去了对军械制造的控制与管理。对军械制造控制的逐渐弱化在一定程度上反映了中央集权的式微,也标志着拜占庭帝国的国势日渐衰微。

三

6世纪中期之前,拜占庭帝国的生丝主要来自中国,由波斯商人在缴纳一定关税后转运至君士坦丁堡。负责进口生丝的拜占庭帝国官员贸易税收官从波斯商人手中收购生丝,然后将上好的生丝留给国家

---

① W. Treadgold, *Byzantium and Its Army*, 284–1081, p.181.
② J. Haldon, *Warfare State and Society in the Byzantine World*, 565–1204, p.141.
③ 陈志强:《拜占庭帝国史》,第448页。
④ 陈志强:《拜占庭帝国史》,第440—441页。

第十四章 论拜占庭帝国对官办工厂的管理

官办丝绸工厂，将普通的生丝卖与国内私人生产者，并有权保留生丝交易中获得的部分利润，其余部分上缴国家。① 这一时期，拜占庭帝国的丝绸纺织业有官办工厂、私人丝绸作坊以及大贵族家庭手工作坊三种形式，其中前两种是主要的丝绸生产方式。而大贵族的家庭手工作坊主要集中在庄园中，由家奴生产丝绸，其中生产的极少的上好丝绸送与皇帝，少量剩余投入市场。但他们不以出售为目的，主要是满足自身需要。② 官办工厂生产的丝绸不进入市场，专门为皇室、贵族及上层官僚提供丝绸制品，"最好的锦缎给皇帝和皇后做衣服，或者可能作为礼物送给外朝官员，其他的则给宫廷贵族或行政官员的上层人士做制服"③。可见，质量好的丝绸成为皇室、贵族专门享用的奢侈品。因此，皇室和官僚贵族居住的君士坦丁堡成为官办丝绸工厂的主要城市。

由于生丝主要依靠进口，生产的丝绸稀少而昂贵，皇室贵族希望控制丝绸为其所有，因此试图将私人手工作坊排挤出丝绸生产领域，使官办工厂能够垄断丝绸生产。查士丁尼皇帝实现了皇室贵族的这一愿望，他通过提高生丝进口贸易的关税，使得私人手工作坊高价购买生丝，同时又要按照国家规定的原价格出售丝绸，私人手工作坊逐渐入不敷出，最后不得不退出市场。但官办工厂却不受这一政策的影响。④ 基于此，官办工厂逐渐控制了国内所有的丝绸生产。

丝绸官办工厂由圣库伯爵负责管理，皇帝对其进行监督。⑤ 圣库伯爵将官办工厂依据丝绸生产的程序分为三个部分：纺织与裁剪、染色、刺绣与镶金边。⑥ 女工负责技术含量较低的生产环节，拥有熟练技术的

---

① Nicolas Oikonomide, "Silk Trade and Production in Byzantium from the Sixth to the Ninth Century: The Seals of Kommerkiarioi", *Dumbarton Oaks Papers*, Vol. 40, 1986, p. 38.
② Gilbert Dagron, "The Urban Economy, Seventh-Twelfth Centuries", p. 442.
③ [英] 波斯坦编：《剑桥欧洲经济史》第二卷《中世纪的贸易和工业》，第129页。
④ [美] 汤普逊：《中世纪经济社会史》（上册），耿淡如译，商务印书馆1997年版，第209页。
⑤ [英] 波斯坦编：《剑桥欧洲经济史》第二卷《中世纪的贸易和工业》，第98页。
⑥ [英] 波斯坦编：《剑桥欧洲经济史》第二卷《中世纪的贸易和工业》，第128页。

男性劳工负责技术含量高的工作。① 圣库伯爵设置专门的官员严密监督丝绸生产的每个环节,为防止向外部泄露丝绸生产技术,监督官员在劳工胳膊上打上烙印标志其身份,以限制其人身自由。② 官办工厂的劳工身份大多为奴隶,他们不得随便脱离其工厂,他们的职业世代相传,即职业世袭制。如365年在米兰颁布一条法令:任何自由出身的妇女只要与纺织奴隶结婚就必须成为织工,除非她在结婚前公布了有关其地位的详细情况。③

官办工厂垄断丝绸生产以后,大量私人作坊倒闭,丝绸工人失业,许多丝绸生产地区经济衰落。帝国境内市场上流通的丝绸数量减少,价格飞涨,越来越少的丝绸不能满足皇室贵族的需要。而且,6世纪中叶,生丝生产技术传入拜占庭帝国,使得越来越多的个体也希望生产丝绸。因此,国家开始放松对丝绸生产的垄断,允许私人开设丝绸手工作坊进行生产,以解决丝绸产量的不足。虽然私人手工作坊获得了生产的许可,然而由于养蚕和抽丝技术复杂而精密,国内生丝的生产仍然处于初级阶段,不能满足官僚贵族的需要,国家仍然需要进口大量生丝以维持贵族对奢侈丝绸服装的需求,而且官办丝绸工厂在国内丝绸生产中仍占主导地位。④

7世纪时期,阿拉伯人侵占了埃及和叙利亚等行省,拜占庭帝国的疆域缩小,丝绸官办工厂也逐渐向西北转移,"君士坦丁堡成为帝国丝绸生产的集中地区"⑤。这一时期,君士坦丁堡丝绸官办工厂的管理发生变化,首先,随着国家财政机构的变化,官办工厂的管理权由圣库伯

---

① Robert Sabatino Lopez, "Silk Industry in the Byzantine Empire", *Speculum*, Vol. 20, No. 1, 1945, p. 7.

② [英] 波斯坦编:《剑桥欧洲经济史》第二卷《中世纪的贸易和工业》,第100页。

③ [英] 波斯坦编:《剑桥欧洲经济史》第二卷《中世纪的贸易和工业》,第128页。

④ Anna Muthesius, "Essential Processes, Looms, and Technical Aspects of the Production of Silk Textiles", in A. Laiou ed., *The Economic History of Byzantium*, Vol. I, Washington, D. C.: Dumbarton Oaks Research Library and Collection, 2002, p. 159.

⑤ Nicolas Oikonomide, "Silk Trade and Production in Byzantium from the Sixth to the Ninth Century: The Seals of Kommerkiarioi", p. 44.

第十四章 论拜占庭帝国对官办工厂的管理

爵转移至皇产司伯爵手中；① 其次，由于早期的职业世袭制度，劳工被禁止脱离工厂，这使得丝绸工厂的劳工数量逐渐增多，越来越多的无专业技能的人员掺杂其中，官办丝绸工厂中劳工的生产技能参差不齐。为了提高官办丝绸工厂的效率，希拉克略一世重新制定法律规范丝绸工厂的管理，精减劳工人员，将原来劳工的世袭制转变为选拔制，管理官员可以辞退官办工厂中的劳工，劳工也可以申请退出官办工厂，而想进入官办丝绸工厂的劳动者要经过熟练技工和相关官员的审查，符合条件的人员才可以进入丝绸工厂劳动。这样，"丝绸工厂的劳动由最初的强制义务转变为一种特权，国家亦不再强迫劳工进入丝绸工厂，而是对希望进入工厂的候选人进行限制"②。官办工厂对劳工有了一定的技术要求，劳工的身份逐渐发生了变化，他们有了一定的自由和地位。国家对丝绸官办工厂控制强度减小了，管理更为灵活有效。希拉克略一世制定的关于丝绸官办工厂管理的政策一直持续至10世纪，官办工厂中的劳工逐渐成为具有娴熟技术的工匠，而且丝绸工匠的身份也成为一种荣誉的象征。

9世纪以后，随着拜占庭帝国官僚体系不断膨胀，宫廷和上流社会对丝绸的需求量不断增加，丝绸官办工厂的供给不能满足宫廷贵族的需求。同时，私人丝绸生产规模也随着养蚕技术的发展而得以扩大。为顺应这一形势，帝国放宽了私人开设丝绸作坊的限制，缩小了官办丝绸工厂生产的范围，管办工厂只负责生产皇室贵族所穿戴的紫色丝绸和带有金银刺绣的丝绸，法律严禁私人作坊生产上述丝绸，即便"丝绸的颜色为接近紫色的红色，制造者也要向主管官员汇报，否则将受到惩罚"③。因此，虽然官办丝绸工厂生产范围缩小了，但国家对其管理却没有放松。

纵观拜占庭帝国丝绸生产的发展，君士坦丁堡一直是帝国丝绸生产

---

① Robert Sabatino Lopez, "Silk Industry in the Byzantine Empire", p. 7.
② Robert Sabatino Lopez, "Silk Industry in the Byzantine Empire", p. 1.
③ Leo Ⅵ, *The Book of the Eparch*, trans. by E. H. Freshfield, London: Variorum Reprints, 1970, p. 240.

的重要城市，国家非常重视对君士坦丁堡丝绸生产的管理。形成这种格局的原因更多是出于政治的考量，而非经济或市场的因素。官办工厂对丝绸生产的垄断，不仅阻碍了帝国丝绸生产技术的进步，而且严重制约了管办工厂自身的生产效率。希拉克略一世的改革改善了官办工厂的劳工管理，打破固有的世袭制度，引入竞争，提高了官办工厂整体的生产水平。及至后来，帝国为了应对丝绸供需失衡的局面，放开了对私人开办丝绸作坊的限制，这弥补了官办工厂生产的不足。

拜占庭帝国对钱币、军械、丝绸等工厂的控制与管理，是为了满足帝国的财政与安全需求，以及皇帝与贵族的奢侈品需要。这些官办工厂的兴衰直接反映了帝国的国势，帝国兴盛之时，官办工厂也能够得到很好的发展，而且国家对它们的控制与管理也非常严格，完全排斥私人开办生产同类产品的作坊。帝国处于动乱或危机时期，官办工厂也相应地会出现衰退的境况，私人作坊就有了生存与成长的空间，这在一定程度上能够促进社会生产的进步。然而，处于动荡与危机之下的私人作坊又很难具备持续发展的条件，这就是在帝国中央政府与其控制的官办工厂夹缝之中，私人作坊生存与发展面临的两难境地。整体而言，官办工厂是帝国专制皇权的一种体现，国家对官办工厂的垄断经营，在一定程度上保证了帝国的财政稳定与军械供应，但这种模式不利于推动社会生产的进步，很大程度上遏制了民间社会的生机与活力。因此，拜占庭帝国官办工厂这种看起来刚性的生产结构实质上很脆弱，因为其存在的基础是源于帝国的全面掌控，缺乏内在的生命力，即无法实现持续再生产的机制。不仅如此，官办工厂的长期而刚性的存在也扼杀了民间生产的活力，这也是拜占庭帝国与西欧在中世纪晚期的发展中出现巨大分野的根源之一。

第十五章 拜占庭《市政官法》中体现的城市管理理念

提要：《市政官法》是拜占庭帝国首都君士坦丁堡市场与行会管理的法律文集。市政官通过行会组织和各行会首脑严格执法，严格控制生产和商贸活动的规模及商品质量。法律对执法者和从业人员的资质要求，凸显独特的管理理念。对金银珠宝、货币和丝织品行业的管控，体现了法律对社会上层商品经营活动的严格掌控。对关系城市普通居民生活及城市建设的法律规定，是理解君士坦丁堡长期繁荣的钥匙。尽管在《市政官法》制约下的经济活动没有自由，但是生产和市场秩序稳定，这在中世纪的欧洲乃至世界都不多见。

产生于9—10世纪的《市政官法》[①]，是拜占庭帝国的一部城市

[①] 《市政官法》，也被译为《市政官手册》，希腊文原文为 Τὸ ἐπαρχικὸν βιβλίον，拉丁字母转写为 To Eparchikon Biblion，其中 ἐπαρχικὸν（eparchikon）是皇帝对各大政区长官（ἐπαρκὸν，拉丁字母转写为"Eparkon"，包括君士坦丁堡市政长官）所下达的敕令。弗雷什菲尔德（E. H. Freshfield）最早将这部法典译为英文 The Book of Eparch；徐家玲在《拜占庭文明》一书中将这部法律手册译为《市政官法》；在列夫臣柯的《拜占庭》（葆煦译）和奥斯特洛格尔斯基的《拜占廷帝国》（陈志强译）中都译为《市长手册》；在布瓦松纳的《中世纪欧洲生活和劳动》（潘源来译）中译为《总监便览》；在耿淡如、黄瑞章译注《世界中世纪史原始资料选辑》中将其译为《市政录》。笔者以为，此文献以行政法的形式规范城市商贸活动，市政官依据此法规执法，因此仍然采取《市政官法》的译法。该法并非适用于拜占庭帝国所有城市，仅限于首都君士坦丁堡的管理。

二 文献研究篇

管理法律汇编,核心内容是关于君士坦丁堡工商业管理的法律条文。① 学界对这部法律的了解源自14世纪的一部兼有拉丁文和拜占庭希腊文的手抄本。1892年在日内瓦图书馆,瑞士学者朱尔斯·尼克尔(Jules Nicole)发现了这部手抄本,他着手整理并将之译成法文,于1893年以拜占庭希腊文、拉丁文、法文三种文字出版。之后,英国学者弗雷什菲尔德(E. H. Freshfield)又将尼克尔的希腊文版本译成英文并做注释,编写出《市政官手册》(The Book of the Eparch),此书于1938年出版。1970年,该书被收入著名的英语学术文本收藏和重印丛书。②

在拜占庭时期,承罗马社团管理的传统,城市的管理多以各行各业的自主管理为基础,承担这一管理责任的是行会。狄奥多西一世(Theodosius Ⅰ,379—395年在位)统治时期规定:所有作坊主、商人、手工业者都必须在国家管理部门登记,参加自己的同业行会,并终身封闭在此行会中;某些职业,如面包师,连青年男女婚嫁之事也必须在同业行会内部解决,不准对行会外的人开放。③ 因此法国学者布瓦松纳指出,"拜占庭的行会是罗马时代社团的后继者"。他还认为,"国家对这些行会执行最严格的监督"④。俄国学者乌斯宾斯基评价《市政官法》是"反映君士坦丁堡城内历史的无价之宝"⑤。鉴于拜占庭城市及其管理对帝国历史演进的重要意义,本章试图通过对《市政官法》内容解

---

① 关于《市政官法》的成书时间和颁布者,学术界一直存在争议。该文本的最早版本是藏于日内瓦图书馆一份14世纪的手抄本,这份手抄本用古希腊和拉丁文两种文字书写,并带有明显的校订痕迹,且第一章的前三段有一些附加的摘录文字,而最后署名的立法者为利奥六世,时间为911—912年,因此学者们据此推论这部法典由马其顿王朝皇帝利奥六世所颁布,但也有学者对此存疑,只是认为此法有可能是利奥六世颁布的。参见 A. A. Vasiliev, *History of the Byzantine Empire, 324 –1453*, Vol. Ⅰ, Madison: The University of Wisconsin Press, 1952, p. 344。

② Leo Ⅵ, *The Book of the Eparch*, trans. by E. H. Freshfield, London: Variorum Reprints, 1970.

③ [英]波斯坦编:《剑桥欧洲经济史》第二卷《中世纪的贸易和工业》,第89页。

④ [法]布瓦松纳:《中世纪欧洲生活和劳动》,潘源来译,商务印书馆1985年版,第46—47页。

⑤ Th. I. Uspensky, "The Eparch of Constantinople", *Transactions of the Russian Archeological Institute at Constantinople*, Ⅳ, 2, 1890, p. 90.

析，提炼出帝国对君士坦丁堡管理的核心理念，就教于学界同人。[1]

一 《市政官法》的颁行背景

多数学者推断，《市政官法》颁行于拜占庭皇帝利奥六世时期（886—912年在位）。利奥六世是马其顿王朝的第二位皇帝，是王朝建立者瓦西里一世（867—886年）之子。他在位期间亲自主持了一些重要的立法活动[2]，积极支持和推动文化发展，鉴于他对古典文化情有独钟，因而获得"智者利奥"[3]的雅号。利奥六世生活在马其顿王朝初建后的上升时期。当时拜占庭帝国经历了百年之久的"破坏圣像运动"，全面镇压了"保罗派"运动，内政趋于稳定；对外与阿拉伯—伊斯兰教世界基本处于长期对峙和竞争状态，在战争中互有胜负，但各自势力范围没有大的变化。但利奥时期，原属拜占庭的西西里岛和墨西拿海峡被阿拉伯人攻占，从此皇帝制定东方政策不再考虑与西西里岛阿拉伯人的关系。拜占庭人时而还会对阿拉伯人示好，如君士坦丁堡大主教尼古拉斯·米斯提克斯（Nicolas Mysticus）写信给克里特岛"最英明、最荣耀、最敬爱"的埃米尔，说："萨拉森人和罗马人作为整个世界的两大帝国，与日月一般永恒共存、同放光辉。仅仅由于此，即使我们有不同的生活习惯、方式和宗教，也必须像兄弟般相处。"[4]

在北方边境，马其顿王朝面临巴尔干和黑海北岸新兴斯拉夫人的挑战。随着多瑙河畔定居的保加尔人王国的日益强大，利奥六世时期打破了两国一度保持的和平关系。为打败保加尔人，利奥六世与马扎尔人结盟（这是拜占庭史籍上最早出现的有关马扎尔人的记录），结果还是失

---

[1] 本章研究所依据的版本，即文中所述弗雷什菲尔德和英文校注版，并参照了毛欣欣和李强的中译版，详见毛欣欣、李强《拜占庭〈市政官法〉译注》，《古代文明》2012年第3期。

[2] 利奥时期完善了其父瓦西里一世改造伊苏里亚时期立法的任务，颁布了《帝国法典》（*Basilica*）。

[3] A. A. Vasiliev, *History of the Byzantine Empire*, 324–1453, Vol. I, p. 302.

[4] A. A. Vasiliev, *History of the Byzantine Empire*, 324–1453, Vol. I, p. 305.

败了，每年不得不向保加尔人送贵重礼品。① 随后是新兴的基辅罗斯人对君士坦丁堡的步步紧逼，在利奥六世统治末期，基辅罗斯大公奥列格率领的船队出现在君士坦丁堡城下，并迫使皇帝与之签订给予罗斯人商业特权的协议。②

利奥六世最重要的贡献是他的立法活动。希腊裔美国拜占庭学者拉伊乌提到，"他更喜欢笔，而不是剑"③。他在立法上的成就被后世学者誉为"罗马法发展第二阶段的重要时期"④。利奥六世继承了其父瓦西里一世"净化古法"的理想，成为拜占庭帝国最后一位"积极的民法改革者"。据文献记载，瓦西里曾经主持编写了两部法律文集：一是《法学手册》（*Prochiros Nomos*，870—889 年），为那些对法律有兴趣的人提供了一部简明的帝国实用法令集，是旨在建立正义统治的法规。有学者说"仅仅依靠它，就可以达到所罗门所说的，'民族的兴旺'"⑤。该手册分为 40 篇，内容以民法和刑法为主；前 21 篇以查士丁尼的《民法大全》为依据，后 19 篇引用了伊苏里亚朝的《法律选编》。这本手册中提及，帝国将颁行一套 60 卷本的大法典。瓦西里编定的另一部法律文集被称为《法学导论》（*Epanagoge*，879—886 年），是 40 卷本的大型"净化古法"之法典的导论部分；其中添加了公法内容，强调皇权地位、君士坦丁堡教宗的权力、皇权与教权的关系及其他行政和教会机构的职能等。《导论》第二部分将《法学手册》的内容以另一种顺序排列。《导论》还否定了伊苏里亚朝即破坏圣像者皇帝的立法。这两部

---

① A. A. Vasiliev, *History of the Byzantine Empire*, *324 – 1453*, Vol. Ⅰ, p. 316.

② A. A. Vasiliev, *History of the Byzantine Empire*, *324 – 1453*, Vol. Ⅰ, p. 320.

③ Angeliki E. Laiou, "Law, Justice, and the Byzantine Historian: Ninth to Twelfth Centuries", in Angeliki E. Laiou and Dieter Simon eds., *Law and Society in Byzantium: Ninth-Twelfth Centuries*, Washington, D, C.: Dumbarton Oaks Research Library and Collection, 1994, p. 215.

④ ［英］巴里·尼古拉斯：《罗马法概论》，黄风译，法律出版社 2004 年版，第 44—45 页。美国学者特里高德（Treadgold）认为，利奥的立法因为更加完整而超越了 741 年的《法律选编》（*Ecloga*），参见 Treadgold, *A History of the Byzantine State and Society*, Stanford: Stanford University Press, 1997, p. 463。尹忠海也援引了上述论断，参见尹忠海《权贵与土地——马其顿王朝社会解析》，人民出版社 2010 年版，第 82 页。

⑤ A. A. Vasiliev, *History of the Byzantine Empire*, *324 – 1453*, Vol. Ⅰ, p. 340.

法学著作体现了瓦西里试图以查士丁尼时代的立法原则，按照社会发展的客观形势恢复和修正古法的努力。①

但是不知是何原因，《法学手册》中提到的60卷本法典和《导论》中提到的40卷本法典都未见之于世。在瓦西里死后，利奥六世主持编写的《帝国法典》（Τα βασιλικά，或译"瓦西利加"）问世。这部60卷本的法典是辛巴提乌斯（Symbatius）②等法学家辛勤工作的结果。学者们推断，《帝国法典》可能是在上述法典基础上产生的。该法典的原文手稿已经散佚，今人能够看到的只是原法典内容的2/3。然而，它的历史地位不可小觑。它被誉为东罗马帝国"最好的希腊文作品"③，一部全面的、系统的希腊语法典，是较为系统地吸收、整理了查士丁尼《民法大全》的力作。这一评价表明，拜占庭帝国已经完成希腊化的政治现实④。而《市政官法》中处处强调了这部法典的存在。

二 《市政官法》的主要内容

《市政官法》共22章，计219条；前19章涉及19个行会的组织和管理原则以及对违法者的惩戒措施，后3章规定了监督和检查机构人员的资质和责任。

《市政官法》中19个行会（guild）的排序先后有其深刻含义。公证人⑤、珠宝商、钱商、丝绸商和进口商、生丝商人行会，属于帝国特别关注的行会排在前面，相关规定也特别细致。而从事丝织工业的行

---

① 参见徐家玲《拜占庭文明》中"宗教、法制和社会文化"相关内容。
② 实际上，9世纪末的君士坦丁堡的大教长弗提乌斯为此做了准备工作。
③ ［英］巴里·尼古拉斯：《罗马法概论》，第44页。
④ Timothy E. Gregory, A History of Byzantium, 2nd edition, New York: John Wiley & Sons, 2009, p. 227.
⑤ "公证人"一词原文为"ταβουλλάριος"，现代英文为"notaries"。其原意是"书记员"的意思，但在不同时期这一词汇的具体含义不同。从6世纪开始，在拜占庭，该词的含义为"公证人"，其主要职能是起草各种文书，他们组成的"行会"（guild）是国家权力控制下的具有法人含义的主体。参见 Alexander P. Kazhdan ed., The Oxford Dictionary of Byzantium, Vol. 3, New York: Oxford University Press, 1991, p. 27。

二 文献研究篇

会,如丝织工和印染工行会,居然被排列在其他较大规模的商业行会(如亚麻布商、香料商)之前,足见帝国对于丝织工业的重视。其他涉及民生的商人,如蜡烛商、肥皂商、杂货商、皮革商、屠宰商、猪肉商、鱼商、面包师和客栈商等排在最后。其实君士坦丁堡的行会远不止这 19 个,布瓦松纳就发现了几个"没有特权的行会",如"制锁匠、磨坊主、漆匠、大理石工人、镶嵌工人"等。[①]《市政官法》没有将他们列入管理的条目中。

在《市政官法》中排序靠后的一般生活类行会,每一章都由 5—9 条构成,至多有 10 条左右的管理细目。唯独第一章"公证人"($ταβουλλάριος$)项,洋洋洒洒 26 条。珠宝商、丝绸商、生丝商人的条目数量,也多于对一般性行会的规定。详见表 15 – 1:

表 15 – 1　　　　　　《市政官法》中提及的行业

名称	功能	排序	条款数
公证人	管理行会,起草文件,参与国务活动	1	26
金银珠宝商	经营金银兑换和信贷、加工金银首饰	2	12
钱庄经营商	钱庄经营、货币兑换	3	6
丝绸服装商	经营成品丝绸服装	4	9
东方商品进口商	从叙利亚和巴格达进口奢侈品等	5	5
生丝商	经营生丝生产和交易	6	16
纺丝工	加工原丝	7	6
成丝染匠	漂染成丝并出售	8	13
亚麻布商	制作和经营亚麻布	9	7
香料商	香料制造和进口	10	6
蜡烛商	经销经营蜡烛	11	9

[①]　[法]布瓦松纳:《中世纪欧洲生活和劳动》,第47页。

第十五章 拜占庭《市政官法》中体现的城市管理理念

续表

名称	功能	排序	条款数
肥皂商	制作出售肥皂	12	9
杂货商	经营各类日用品	13	6
皮革商	经营马具	14	2
屠宰商	屠宰市场上购买的牲畜	15	6
猪肉商	专门从事猪肉生产加工	16	6
鱼商	从渔民手中购买鱼，进入市场	17	4
面包师	从事面包烧烤和买卖	18	5
客栈商	餐饮住宿业主	19	4
外商监督者	监督和考核外来商人的行为	20	3
牲畜市场检察官	管理入市的牲畜、查找盗畜者	21	10
签约的工程技术人员	在签约条件下具体参与各种工程建筑	22	4

"公证人"行会是君士坦丁堡的第一大同业行会，显然也是国家最重视的行会。"公证人"行会的权力居于所有行会之上，是所有行会的领导者。在60卷本《帝国法典》论及的诸多事件中，时常提到公证人行会组织。[①]各种手工业者，如珠宝匠、缫丝匠、丝织匠、麻织匠、制蜡匠、制皂匠、皮毛商、面包匠等都有自己的行会。大大小小的商人，如钱商、丝绸服装商、丝线商、香料商、屠宰商、牲畜商、鱼商、马商、客栈商等也归属于各自的行会。每种行业都是垄断性的，任何人都不得兼营两种（或职业），否则将受到重罚。在行会内部有严格的管理章程，其工作组织方式、进入市场的许可、生产经营物品的价格、进出口活动等，都在政府的严密监视之下。

君士坦丁堡的市政官（eparch）是拜占庭帝国首都的统治者。君士

---

① A. A. Vasiliev, *History of the Byzantine Empire, 324–1453*, Vol. I, p.344.

坦丁大帝时期，他的地位等同于行省总督（proconsul），后来权力不断扩大，领有一个相当于大区（praetorium）①的行政机构，管辖范围包括君士坦丁堡整个城市及城市外部100英里以内的地区。他拥有司法审判权，接受行省法庭上达的申诉。他统领为数不多的城市治安军（taxiotai），负责管理首都的工商业、城市治安、财政及税收事宜，处于帝国官僚阶层的最高层次②。他雇用了一大批所谓的"市政书记员"，通过这些书记员管理各类工匠和行会的商人，使得"行会内部的生活、它们的组织和工作、市场的许可、价格和利润规则、进出首都城关及其他许多问题都处于政府的严厉控制之下。拜占庭帝国不存在自由贸易和自由生产"，他是"唯一有权可以亲自干涉或通过其代表来干涉行会生活及规定生产和贸易的人"③。因此在拜占庭帝国，人们根本不懂得何谓自由贸易或自由生产，只有市政官本人或他的代理人有权决定并监管各行业的生产经营。因此，《市政官手册》是研究中世纪欧洲行会和城市的参照资料，具有重要历史价值。④

三　《市政官法》中的管理理念

（一）约束执法者是城市法制化管理的第一要素

在上述"公证人"及其注释中已经说明公证人在不同时期的具体含义不同。从6世纪开始，公证人的主要职能是起草各种文书，其行会是国家权力控制下的具有法人含义的主体。公证人实质上也是执法者。

《市政官法》对公证人任职条件的基本要求是："精通法律，擅长

---

① "大区"，是晚期罗马帝国自戴克里先"四头"政治实施以来就存在的奥古斯都和凯撒辖区，置于"政区"（diocese）之上，当时有行省（province）—政区—大政区［或"大区"（pretorium）］三级统治机构。后来由于东方行省在阿拉伯世界兴起的时期陆续陷落，东方大区的领地日渐萎缩，君士坦丁堡获得了相当于"大区"的地位。

② 毛欣欣：《君士坦丁堡城市管理研究》，吉林大学出版社2017年版，第30页。

③ 关于这种管理，《市政官法》中有大量的文字记载：G. Ostrogorsky, *History of the Byzantine State*, Oxford: A. R. Mowbray&Co. Limited, 1956, p.177, note 3; A. A. Vasiliev, *History of the Byzantine Empire, 324–1453*, Vol. I, p.344, note 124。

④ A. A. Vasiliev, *History of the Byzantine Empire, 324–1453*, Vol. I, p.344.

第十五章 拜占庭《市政官法》中体现的城市管理理念

书法，无多嘴、傲慢、荒淫等不良习惯""必须有受人尊重的品格……公正合理"，学识渊博又必须"善于演讲，并且能够正确无误地起草发言稿"（1∶1）。① 公证人"必须非常熟悉上述……《法学手册》的40章节内容，以及60卷本的《帝国法典》"。接受过通识教育，熟悉各种文法知识。经过严格考核和全体行会成员审查合格之后，候选人在正式场合宣誓就职：他"身着袍服（ἐφεστρίδιον）② 与同行会其他会员以及会长一起站在富有名望的市政官面前。在以神名起誓并感谢皇恩"，之后进行宣誓：表明他们"是以他的美德、博学和智慧，以及其他值得人们尊敬的品质赢得了选票，而不是通过阴谋、个人关系等不正当手段获得"。获得选任的公证人再前往距离其住宅最近的教堂，换上牧师穿的白袍，接受神职人员的祝福，"在所有公证人的陪同下，新选举的公证人将《圣经》捧在胸前，会长手持香炉向其献香，袅袅升起的香烟象征他将在上帝的面前接受生活的考验"（1∶3）。

显然，公证人是执法者。法律对他们有严格的约束。当皇帝出行、城市举行全民参与的竞技活动之时，公证人若没有出席，就会被视为失职，他们必须付给所有市政官员和公证人行会成员每人4个凯拉蒂永（κεράτιον）③ 的罚款，作为对他人替代自己参与公共活动的补偿（1∶4）。如果会长有工作安排召唤公证人，而他不能及时到位，这被认为是严重的失职行为，将受到相应处罚。这种处罚是叠加的，即第一次召唤不到位，罚两个凯拉蒂永；第二次仍然不到位，加倍；第三次罚6个

---

① 详见毛欣欣、李强《拜占庭〈市政官法〉译注》，《古代文明》2012年第3期；其译文全文见毛欣欣《君士坦丁堡城市管理研究》，吉林大学出版社2017年版，附录一。括号中的数字是指《市政官法》原文本中的位置，（1∶3）即第一章第三款。下同。

② 希腊文原文"ἐφεστρίδιον"，意为"斗篷"。笔者以为，根据上下文，这里应该是指代表公证人身份的袍服。

③ 希腊文为"κεράτιον"，是拜占庭帝国的重量单位之一，原指古希腊长角豆树上的果实，由于这种长角豆具有近乎一致的重量，所以被用作珠宝和贵金属的重量单位。参见 Alexander P. Kazhdan ed., *The Oxford Dictionary of Byzantium*, Vol. 2, pp. 1123 – 1124。后来"凯拉蒂永"成为一种银币，币值是拜占庭金币诺米斯玛的1/24，参见 Robert S. Lopez and Iriving W. Raymond trans., *Medieval Trade in the Mediterranean World*, New York: Columbia University Press, 2001, p. 20。当今也使用这个词，一般译为"克拉"，用于贵重珠宝如钻石的计量单位。

（1∶5）。由此可见，作为城市执法人员的"公证人"，失职行为将导致个人损失一笔不小的财富。过高的"错误成本"必然产生较强的惩戒作用。

对公证人除了有严格的责任规定外，还特别强调他们应该遵守职场规则，违者也要受到惩处。公证人之间不准出现恶性竞争：如果两名公证人同时收到起草一份文书的通知，两人合作完成，薪酬平分；如果一人先收到通知，另一人没有收到通知却介入工作，须自动退出，同时接受鞭笞处罚（1∶6）；如果公证人在接受任务之后因"充分的理由"放弃，另择他人代替，而他的薪酬将降至1/3，后介入者2/3（1∶7）；如果由于委托人的问题，两个公证人同时或者先后接受了同一项工作，那么后者在不知情的前提下，可获得全额薪酬，若后者知情，他与先介入工作者的薪酬比例分配是1∶2，如果两者同时接受任务，"应按照优先顺序决定由谁来完成这项工作，但薪酬却是这两名公证人平分"（1∶8）。如果某公证人蓄意"抢"了他人的固定委托人，"如教会、权威机构或者是修道院抑或是孤儿院、老人庇护所等，那么前者应向后者支付10诺米斯玛"（1∶20）。公证人之间必须以礼相待，不得恶语相向，不得因利益分割不均而争执不休，否则将根据情节轻重予以罚款或呈请市政官依法处置（1∶9；1∶10）。如果有起诉同行的事件，或因某种冲突欲将同行诉诸法律，必须先报请会长批准（1∶11）。如果有同行会的公证人去世，所有公证人如无特殊理由，必须参加葬礼，否则处以罚款（1∶26）。以上种种规定督促公证人尽职尽责地工作，并起到调节内部矛盾，加强其内部凝聚力的重要作用。

对公证人的工作程序，《市政官法》强调公开透明的原则，要求他们"必须当着证人和委托人的面起草文书，后面附上符合法律的公证人自己的标识，并在文书上加盖印章，以保证公证的有效性。违反规定者，在市政官监督下对其处以鞭笞和剃发的刑罚"（1∶12）。这里的剃发惩罚很有意思，反映了罗马时期的法律意识在拜占庭社会的存续。在罗马时期，自由人必须蓄发，而奴隶是不允许蓄发的。因此剃发于公民而言无疑是一种侮辱，虽然算不得重罚，但也使被罚者脸面丢尽，很难

第十五章 拜占庭《市政官法》中体现的城市管理理念

有机会重拾尊严[①]。

公证人行会还负责考查少年法学教师和古代继承法教师的任职资格。这两个岗位的任免由市政官负责,但在正式任职前,必须由"行会中所有公证人、会长以及其他教师投票选举",否则任免无效。而且法律学校的教师不得以公证人身份起草法律文献,违者"处以鞭笞的刑罚,并剥夺其法律权利"(1:15)。法令严格限制教学者参与世俗法律事务。其实有资格任教者,无疑对法律原则烂熟于胸,但教师必须脱离世俗活动,从而体现了教育神圣、施教者与执法者不可兼职的原则。

公证人的会长由选举产生,候选人必须是所有公证人中等级和资历最高者,且不得有任何品行不端行为(1:22)。公证人行会的记录员由行会统一聘用,规定数量为 24 个,薪酬由征用他们的公证人负担。在聘任过程中,市政官不得以任何理由加以干预(1:23)。公证人的薪酬由委托人承担,但必须在规定的额度内,不可随意要求提高薪酬,但委托人可以根据自己的财力给予更多的报酬,如此情况,公证人可以接受(1:25)。

如是,《市政官法》以 26 条之详细规则,严格约束执法者的行为,保持公证人群体的素质,有力地规范了城市管理的执法环境。

(二) 对市场和生产的管理,奢侈品行业是重头

位居第二位的是有关金银珠宝商的规定,其次是钱商、丝织商。凸显了贵金属及奢侈品消费在君士坦丁堡市场管理方面的重要性。

希腊语词"$άργυροπράτης$",指经营金银首饰制作和流通的商人。法律规定,"金银珠宝商有权根据需求购买在其经营范围内的金银珠宝。对于其他制品,如铜或亚麻布衣服等,除了私用外,不得购买"(2:1)。金银珠宝商只能购入"经营范围"内的商品,不许涉足其他经营领域,说明政府严格要求行会保持单一性。法律还限制金银珠宝商强买强卖,并

---

① Alexander Adam, *Roman Antiquities: Or an Account of the Manners and Customs of the Romans*, New York: Printed by Willian A. Mercein, NO. 93 Gold-Street, 1819, pp. 413–414.

有价格规定（2：2）；所有金银制品的加工和买卖必须接受市政官的监督，必须在众目睽睽之下，在中央大道①的作坊中工作（2：11）。还有一条特别规定，"外来人出售金银，需查明其来源"（2：4-6）。

为严格控制钱币的打制、发行及管理，《市政官法》对钱庄经营者（τραπεζίτης）的从业资质和个人品德有严格规定，要求：从业者必须由"正派且有地位的人士为其担保，担保此人不做违法事情，即绝不锉磨或者伪造诺米斯玛和米利亚里森""不得将货币兑换工作委托其奴隶处理"（3：1），违者行断手之刑。钱庄经营者有责任随时观察钱市动向，不得使流动小贩在市场上浑水摸鱼；见有劣制钱币或假币通行而不举报者，行"鞭笞、剃发的刑罚，并被逐出行会"（3：5）。

丝织业是受拜占庭皇室特别关注的行业。"丝绸之帝"查士丁尼②借基督教修士之手从东方引进丝织制作技术，包括种桑、养蚕、缫丝、纺丝、织帛等，技术和产品虽不及中国，却也多少抵制了波斯商人对丝绸之路的垄断。在伊斯兰教兴起之前，叙利亚和伯罗奔尼撒半岛曾经是拜占庭的养蚕和缫丝业的中心，随之出现了数个丝织业中心，如塞萨洛尼基、佩特雷、科林斯、雅典、底比斯等。丝织业一直受到皇室控制，属于皇室（官方）产业，君士坦丁堡自然成为帝国最大的丝绸制作和集散中心。因此，《市政官法》对丝绸制作和买卖有许多细致的规定，而且是先商后工，先讲销售再谈生产（纺织和印染）。管理的条款有：丝绸制品商（第四章）、外来商（主营丝绸和纺织品，特别是向君士坦丁堡运送丝绸产品的商人，第五章）、生丝商人（第六章）、纺丝工（第七章）、印染工（第八章），洋洋49款之多。与之相比，与民众日常应用密切关系的亚麻布商人行会，只有区区7款规定。

《市政官法》有关丝织品入市和销售渠道的规定，反映了国家对丝绸这种奢侈品的严格管控。如同对金银珠宝商一样，从业者只能经营被

---

① "中央大道"又被称为"迈西大道"，其原文为"μέση"（希腊文语意"中间的"），是君士坦丁堡的主要干道，也是帝国礼仪路线，贯穿整个君士坦丁堡。

② "丝绸之帝"的称谓，参见［法］布罗代尔《15—18世纪的物质文明、经济和资本主义》（第1卷），顾良、施康强译，生活·读书·新知三联书店1992年版，第385—386页。

第十五章 拜占庭《市政官法》中体现的城市管理理念

许可的品种，不得有任何的僭越："丝织品商（βεστιοπράτης，或丝绸服装成品商）从事丝绸衣物的生意，对于其他物品，除私用之外，他们不得购买，且所购私用品不得再次转售。"（4：1）"凡欲从事丝绸服装商和成丝织染匠事务者，须从二者中选择其一"，否则将受到处罚（4：7）。生丝商（μεταξοπράτης）也同样（5：1）不得私下从事纺织及丝绸制作，否则"处以鞭笞和剃发的刑罚"（5：14）。丝绸服装成品商的供应对象是那些有资格享用丝绸的皇室贵胄和教会上层人士，紫色服饰为皇室独有，严格禁止卖给"外来人"（4：1）。其他"桃红色、红色，或者是衣服颜色的2/3是红色"的丝绸服装，如涉及商品交易，必先向市政官报备，获准后才能出售（4：3）。对丝绸织造从业资质的规定也很苛刻：自由人入行会须5个人推荐，证明此人有从业能力，还得交6个诺米斯玛（金币）的入行费；开办工坊交10个诺米斯玛。经营者自主购入丝绸服装的总价值通常不许超出10个诺米斯玛，超量必须报市政官批复，说明商品的去向（4：2）。生丝商入行门槛略低，除要求有"受人尊敬的和可靠的人来证明他的好声誉"外，只需缴纳两个诺米斯玛即可（6：6），但所有经营活动也都在市政官的监督之下。

叙利亚商人（πρανδιοπράτης）是获得特别许可进入君士坦丁堡从事贸易的特殊群体。他们主要从叙利亚和巴格达进口服装和奢侈品，但不能出售拜占庭国内制造的服装，也不能进口香料和染料。他们获准"经营来自叙利亚的服装以及来自塞琉西亚①和其他地区的哈利赫（χαρερεία）②丝绸。拜占庭本身生产丝绸及丝绸制品的能力不足以满足皇室、教会和城市显贵们的消费需要，因此必须经常从东方进口。进

---

① 此城位于小亚南部地区伊苏里亚海岸，在拜占庭时期是活跃的港口城市，而且曾建有制造军队和官员服装的工场。

② 此处希腊文原文为"χαρερεία"，其单数形式为"χαρερίον"，该词来自波斯语或阿拉伯语"harir"，是一种丝绸。阿拉伯文参见 Alexander P. Kazhdan ed., *The Oxford Dictionary of Byzantium*, Vol. 3, p. 1712; Ivan Dujcev, J. Nicole and E. H. Freshfield, *The Book of Eparch*, London: Variorum Reprints, 1970, p. 281。波斯文说参见 E. A. Sophocles, *Greek Lexicon of the Roman and Byzantine Periods: From B.C. 146 – A.D. 1100*, London: Oxford University Press, 1914, p. 1161。

二　文献研究篇

口纺织品按照规定必须储存在官方经营的大仓库中，销售则在商业长廊的固定地点（5:2）。管理者根据市场供需情况，按照一定的比例分配各商家投放商品的数量（5:3），不允许一家独大，尽可能堵塞形成垄断的漏洞。外来商人不得染指与香料和染料相关的业务（5:4）。所有叙利亚商人在君士坦丁堡商站的停留时间不得超过三个月。外来生丝商（μεταξοπράτης）依有关规定可以住宿商站，自己承担食宿费用，无须纳税（6:5）。但他们的销售渠道受严格限制，产品投放市场的数量也有严格的比例限制（6:8）。生丝商之间可以交易，允许资金丰厚的大商人先行购买生丝再卖给小的零售商，并获得一定的利润（6:9），但不得"以个人的名义为贵族、富人或者丝绸工匠购买生丝"，否则"对其处以鞭笞和剃发的刑罚，并将其逐出行会"（6:10）。生丝商的经营活动不能离开行会限定的范围，如果私自从行会规定的"外部"渠道进货，将被逐出行会（6:12）。

纺丝工（καταρτάριος，或译"生丝加工者"）与印染工（σηρικάριος，或译"成丝染匠"）也是管理部门特别关注的对象。官方严格控制着他们的原料入口。他们只能从生丝商那里购买原料（7:1），或随生丝商一起去购买原料（7:4）。如有特别需要，在得到市政长官批准后丝工才可以自行购买生丝原料（7:5）。所购生丝只可用于加工丝线，不得转售或者囤积，否则将"处以鞭笞和剃发的刑罚，并取消他们经营制作生丝的资格"（7:1）。生丝工若想改变身份，成为生丝商，须缴2诺米斯玛的申请入行费（7:3）。奴隶不许可独立参与生丝织作，也无权从事经营活动（7:3；7:5）。

印染工也不能跨行业（7:6），不允许向外域商人批量出售超过10个诺米斯玛的印染成品（7:5），不得拒绝政府检察官或服装检察官对他们的监督检查（7:3），不得囤积没有市政官封印的成品。他们必须执行特别规定的"高级紫色丝绸"印染规格参数，严格禁止私下印染这类皇室专用衣料，违者没收财产，停止工作（7:1-2）。对各项违禁行为，轻则处鞭刑、剃发，或停止经营活动，处罚最重的是私自将从事丝绸印染的奴隶或雇工卖与外邦人，犯此罪者，处断手之刑（7:7）。这

第十五章　拜占庭《市政官法》中体现的城市管理理念

项规定说明政府特别注意技术保密。

以上各项都是国家财政管理的重中之重。金银和钱币是国家财富的外在体现，是市场流通的媒介，也是制作奢侈装饰品的原料。丝绸品自罗马帝国以来就是贵重商品，紫色丝绸一直是皇家专属。因此这些行业势必受到帝国及首都工商管理的特别重视。《市政官法》的条例充分说明了国家的重视程度和管理的强硬措施。

（三）管理食品经销的根本是把握源头

君士坦丁堡是自罗马城衰落以来欧亚非三洲最大的城市。在7—9世纪，唯有阿拉伯世界的巴格达、中华帝国的首都长安堪与君士坦丁堡齐名。907年唐帝国衰落，中国进入"五代十国"混乱时期，整个欧亚世界能与君士坦丁堡比肩者，只有阿巴斯王朝的巴格达和位于西班牙的后倭马亚王朝的科尔多瓦。即使在西欧城市兴起的高潮时期，欧洲也没有任何一座城市能够挑战君士坦丁堡的地位。当东征的十字军西方骑士进入君士坦丁堡城时，他们对这座千年古城的壮丽辉煌无比惊诧。意大利著名的商业帝国威尼斯，是靠着与君士坦丁堡和东地中海岸的商业交往而发达的，后来她的势力超越了君士坦丁堡，但人口仍在其下。

君士坦丁堡中的居民，除了皇室、官宦、元老、贵族、教会人士和律师、公证人、书记员，还有形形色色的商人、工匠、各个层次的教师和慈善机构的从业人员，加之诸多为上述富贵阶层服务的工匠、帮工、家奴等，人口众多。这么大的城市显然必须保持食品供应及其安全性。《市政官法》对各类食品供应特别是肉类、鱼类和面包等，作了严格的规定。

对肉类食品的监管，官方关注并控制肉食供应的来源，特别强调屠宰商（μακελάριος）的个人资质及经营许可范围：他们应"在市政官指定的卖肉的市场[①]购买指定的牲畜，在支付1诺米斯玛的税费之后，屠

[①]　即"肉类市场"（στρατηγίον），地点位于金门附近，原来是军队的营地，后来成为买卖牲畜、屠宰并出售肉类的场所。

宰商可以购买市场上得到市政官认可的任何牲畜"(15：1)。他们必须严格遵守市政当局的价格规定；在市政官的监督下宰杀牲畜(15：2)，不可在非指定场所与"绵羊销售商或者进口大宗牲畜的商人"直接交往，以获得廉价货源；必须在官方指定的市场内（珊伽里乌斯河①对岸）购买法定批发商运来的较为便宜的牲畜(15：3)。但这类屠宰商不得接触生猪的购买和屠宰。生猪属于另一个独立的行会"猪肉商行会"（χοιρέμπορος）经营(16)。

猪肉商必须"拥有良好声誉"(16：1)；他们购买、屠宰和出售猪肉必须在指定地点（公牛广场②的市场）进行；他们不得把生猪卖给中间商或贵族家庭，也不得在货源欠缺时囤积猪肉，以获暴利(16：3-4)。他们使用的量度工具必须经市政官检验合格，并"盖有市政官印章"(16：6)。

鱼商（ηχθυοπράτης）在一般情况下，是不被允许直接到海上收购渔民的收获物，只能在岸边等待(18：3)。鱼商有专门的管理者。鱼商行会负责人每天要统计珍稀的"白色鱼"③ 的捕捞量，根据每日捕捞总量确定鱼的上市价格(18：4)。面包师（άρτοποιός）也要"按照市政官所规定的制作面包的小麦的价格来决定所制作面包的重量"(19：1)，他们的赢利受到严格的比例限制。面包师不得被任何机构强行征召从事公益事业，以保证他们在烘焙面包时不受干扰(19：2)。面包房必须排除任何危险隐患，他们的烘焙作坊必须远离居民区，柴薪必须安全管理，以防失火(18：3)。

显然，在食品经销和肉食供应方面没有丝毫的"自由"空间，所有程序都在市政长官和指定管理人员的监控之下。由此或可理解，除6

---

① 珊伽里乌斯河（Sangarius）现名"萨卡利亚河"（Sakarya），在土耳其境内，是土耳其第三大河。

② 公牛广场（Square Taurus）又名狄奥多西广场，由君士坦丁一世（Constantine the Great, 324—337年在位）所建，393年以皇帝狄奥多西一世命名。该广场模仿罗马图拉真广场建成，周围是教堂、浴场等公共建筑，以及作为罗马—拜占庭市场典型模式的柱廊，中心是罗马凯旋柱，柱顶是狄奥多西一世雕像。

③ 指价格相对昂贵的鱼，如鲟鱼、金枪鱼等。

世纪末的大瘟疫之外,并未发现君士坦丁堡出现过任何紧急公共安全事件。

(四)严格监督是市场管理的保障

市政长官属下的各行会会长控制着君士坦丁堡的市场秩序。在一些特殊领域,如在城市行会力所不达的范围,也设置各类监督人员。《市政官法》主要针对君士坦丁堡内的行会和市场,对外来行商和临时居住者还需有专门的管理者。《市政官法》中有专门管理来自叙利亚的丝绸衣料和成衣商人的"总管"($ἔξαρχος$)(5∶1)和"外来商监督员"($δεγατάριος$)等。

涉及叙利亚进口服装衣料的管理人员,前文已有介绍。"外来商监督员"是更宽泛的针对外来经商人员的管理者。"外来商监督员"的希腊语词$δεγατάριος$源于古罗马的军职"*legatus*",后转义为市政官代理人。这个岗位的人选由市政官提名,皇帝任命(20∶1)。他们专门负责监管"外来"商人,掌握外来商到达君士坦丁堡的时间,检查他们所带的货物,查证这些货物的来源,管理这些货物的买卖,限定外商出售货物的时间和地点。外商离境之前,他们还要检查外来商欲带走的东西,以防把一些国家禁止出口的货物偷带出境(20∶1)。外来商在君士坦丁堡逗留的时间不得超过三个月。逾期不走者一经发现,"处以鞭笞和剃发的刑罚,并没收其货物,将其逐出本市"(20∶2)。在执行公务的过程中,外来商监督员必须与城市治安和进出境管理的官员($κοιαισίτωρ$)合作,城市治安官负责阻止非城市居民在本市拖延居住时间。

第三类特别设置的监督管理人员,是"牲畜市场的检察官和评估官($βόθρος$)",他们负责牲畜交易中的公平与公正。"$βόθρος$"一词原意为"用来储存物品的仓库或用来处理垃圾的场所"[1],在《市政官法》文本中专指负责处理牲畜市场事务的专业人员。他们属于君士坦

---

[1] B. A. Kipfer, *Encyclopedic Dictionary of Archaeology*, New York: Springer, 2000, p. 77.

丁堡政府官员，配有代表他们职业的徽章。① 他们的主要工作是对市场上的牲畜进行检查和价格评估，负责任地向买主说明交易活动中一些牲畜的缺陷，不许欺骗购买者，否则"对其处以与牲畜同等价格的罚金"（21：4）。检察官还要处理每日散市后"销售商手中剩余的、作为零售的牲畜"（21：1）。他们帮助牲畜商寻找被盗的牲畜，对偷盗行为实施审判和裁决。但法令禁止他们"利用职权从进城出售牲畜的外地人那里榨取利润，禁止他们用欺骗的方式低价获得异地人出售的牲畜，并高价转售"。所有交易必须在固定的市场进行，任何人无权去市场之外购买牲畜（21：9）。在购得牲畜的六个月内，买主如发现牲畜有问题，可以要求卖主原价收回；如果超过六个月，除非买者是军人，回收价格将被降低（21：6）。这对军人似乎是一种特殊关照。

行会的监督管理自然是市场管理的第一要素。《市政官法》的每一条目都强调行会会长的职责和职权，他们要保证进入本行会的人员，技艺必须达到相关的从业标准，还必须有行会成员推荐，而个人品质则是从业的前提条件。本章之前已有论及，在此不再赘述。

《市政官法》在即时交易或只具有短期影响的层面制定了严格的惩罚条例，以较高的"成本"（罚款、鞭刑、剃发等）阻止人们触犯法律底线。对那些非即时交易也有追责规定，对各类建筑工程的"承包商"（"ἐργοράβος"，包括：木匠、石膏匠、大理石匠、锁匠、画匠、油漆匠等，他们与雇主之间达成契约关系）交工的项目，其被追责的时限可达5—10年以后："如果十年以内在非神怒②的情况下建筑物出现倒塌状况，建筑承包商必须拿出同样的费用重新建造。如果维修费用比较高，超过1磅黄金，则由业主提供材料，由承包商免费维修。同样，泥土建筑物，其保修期为6年，6年内如果建筑物因承包商建造的疏忽而出现破损，承包商须免费进行维修"（22：4）。如

---

① Alexander P. Kazhdan ed., *The Oxford Dictionary of Byzantium*, Vol. 1, p. 315.
② 指诸如地震、洪水、火灾等自然灾害。

此，避免了为追求速度或利润而出现的"豆腐渣工程"。这种规定或可回答，为何君士坦丁堡当年修建的一些教堂、修道院和城市建筑，能够历经千年且能够经历地震等天灾的考验，完整地或有损毁地保留到现代。

结　论

《市政官法》是马其顿王朝早期完善城市工商业管理制度的一部重要法律文献。它特别强调了市政官通过行会进行城市管理的原则，法治当先。以往人们认为该法多强调拜占庭国家及首都行政管理者对经济生活的掌控，但笔者以为，它的法治理念更看重执法者的素质，用法律约束执法者的行为；它对各行从业者个人品行的要求及规定交易中公平、透明的原则，在世界古代史上都不多见。有些法律规定即使在当下加以考量也不过时。

《市政官法》控制奢侈品和贵金属显然出于保护皇室贵族等社会上层消费的需要，但同时也有维护国家经济活动正常运转的意向。而对处于社会下层的普通民众，管理者也没有忽视，对蜡烛商、肥皂商、杂货商、皮革商、屠宰商、猪肉商、鱼商、面包师和客栈商事无巨细的规定，体现了《市政官法》中所提倡的"民生"观念。这是君士坦丁堡能够自中世纪以来长期保持繁荣昌盛的重要因素。

文本中多次出现针对"奴隶"的条文，如钱商不得"将账簿和钱款委托给奴隶"（3∶6）；金银珠宝商属下的"奴隶欲开设金器作坊，则需主人为其担保"（2∶1）；"如果生丝商将生意委托给自己的家奴，那么该家奴应当与主人一起承担风险"（6∶7）；纺丝工必须有"自由身份"（7∶3），其购买生丝原料时须证明自己"非奴隶身份"（7∶5）。这些揭示了10世纪的君士坦丁堡，还有许多奴隶活跃在各行会之中。他们在大行会（即钱商、金银珠宝商、生丝商、纺丝工）内承担较为重要的生产和经营任务。尽管他们身份低微，但由于浸润在获利较大的行业中，自己的经济实力也有所增长，因此引起市政当局的关注，以法律限制他们从事独立的经营活动。君士坦丁堡的管理模式主要服务于上层统治阶级，兼顾城市自由人的利益，严格限制下层劳动者及奴隶（或不完全自由人）的发展道路。这是一个特权社会所推行的一个维护特权的法令，其中"公正""透明"的原则只对那些全权公民而言，不包括社会下层，尤其蔑视奴隶。

第十六章　罗曼努斯与 934 年新律

提要：作为拜占庭历史上的黄金时代，马其顿王朝针对土地关系进行了一系列立法活动。这些法令所调适的最重要的问题就是权贵与贫弱者之间的关系。罗曼努斯是最为关注这一问题的皇帝之一。在颁布了 922 年的土地新律之后，罗曼努斯于 934 年又一次颁布了关于土地问题的新律。把 934 年新律放置在王朝社会变迁与政策沿革的背景下来观察，其内涵会显得更加丰富。该新律不仅是对前者的简单补充，而是像前者一样基于公共税收，在沿袭古法，调整古法之矛盾的基础上，针对紧迫而尖锐的现实问题，纳入对权贵群体的界定等诸多重大内容，把宗教语言与道德说教、抽象的理念与法令的可操作性及严密性结合在一起。这些内容与特征反映了罗曼努斯的人生历程与当时帝国所面临的内外形势，反映了制度变迁的基本逻辑。

尽管罗曼努斯一世·雷卡平（Romanus Ⅰ Lekapenus, 920—944 年在位）[1]是通过篡位获得马其顿王朝时期的帝国皇权，但是在拜占庭历史上，他仍然是和查士丁尼一样伟大的皇帝[2]。然而，正如斯蒂文·任西曼在引述吉本、芬利等人的评论之后所提出的那样，罗曼努斯的

---

[1] 亦有学者译为罗马纳斯。参阅［南斯拉夫］奥斯特罗戈尔斯基《中世纪拜占庭的农业状况》，见［英］波斯坦编《剑桥欧洲经济史》第一卷《中世纪的农业生活》，王春法译，经济科学出版社 2002 年版，第 184—206 页。

[2] Romilly Jenkins, *Byzantium: The Imperial Centuries (AD 610 – 1071)*, Toronto, Buffalo, London: University of Toronto Press, 1966, p. 241.

二 文献研究篇

"伟大"依然没有得到全面揭示①。随着研究的深入,罗曼努斯作为"天才的政治家和外交家"②,已经得到了越来越多的学者认可。比如,他知人善任,任用名将约翰·库库阿斯(John Courcouas),在东地中海地区占据主动权;他亦能与大主教尼古拉斯(Nicolas I Mysticus)保持平稳的关系,避免了政教之间的激烈冲突。而他展现其高超的治国能力之处,就在于先后颁行了两条关于土地问题的新律,以保护贫弱者③。一条颁行于922年(以下简称"922年新律"或曰"B令");另外一条颁行于934年(以下简称"934年新律"或曰"C令")。国际拜占庭学界十分重视马其顿王朝土地立法的研究,但是关于这两条法令的研究却出现了两个偏向:一是过于偏向对前者的研究;二是过于强调后者的绩效低下,进而可能导致人们误解后者只不过是对前者的补充。在国内,尽管个别研究提到了这些法令,但是尚没有专题研究文献出现。基于此,有必要把922年新律和934年新律的具体内容加以比较,进而深入分析934年新律的社会背景、特征及其历史影响。

一 从利奥六世新律到罗曼努斯934年新律

有学者认为,罗马法第二个发展阶段中最好的希腊文作品就是利奥六世颁行的《巴西利加》(Basilica)④,但是包括奥斯特洛格尔斯基(George Ostrogorsky)、斯蒂文·任西曼(Steven Runciman)、保罗·勒

---

① Steven Runciman, *Emperor Romanus Lecapenus and His Reign*, New York: Cambridge University Press, 1988, p. 10.
② George Ostrogorsky, *History of the Byzantine State*, Oxford: Basil Blackwell & Mott, 1956, p. 240.
③ George Ostrogorsky, *History of the Byzantine State*, p. 241.
④ [英]巴里·尼古拉斯:《罗马法概论》,黄风译,法律出版社2000年版,第44页。该书译者把它译作《帝国法律汇编》。周枏则译为《巴西尔法律全书》,参阅周枏《罗马法原论》,商务印书馆2002年版,第79页。陈志强则译为《皇帝法律》,参阅陈志强《拜占廷帝国史》,商务印书馆2003年版,第264页。不过,在翻译奥斯特洛格尔斯基的《拜占廷帝国》时,他则采用了《皇帝立法》一说,参阅[南斯拉夫]奥斯特洛格尔斯基《拜占廷帝国》,陈志强译,青海人民出版社2006年版,第202页。而徐家玲采用了英译,是为《巴西利加》,参阅徐家玲《拜占庭文明》,人民出版社2006年版,第434页。

梅尔（Paul Lemerle）、埃瑞克·麦克吉尔（Eric Mcgeer）等学者仍然十分关注其他马其顿王朝土地立法活动。他们十分重视这两条新律，或解读或翻译，提出了许多富有启示意义的看法。其中，勒梅尔和麦克吉尔在系统整理10世纪拜占庭关于土地问题新律的基础上进行了逐一的评注。后者还专门著成了《马其顿王朝诸帝的土地立法》一书。该书在版本信息、学术论争、社会背景以及诸新律翻译方面富有参考价值，但是麦克吉尔在清单编制方面仍然采用了勒梅尔的成果。而勒梅尔的清单则基本上是以德国学者道尔哲（Dölger）的成果为基础。该清单列举了14条10世纪颁行的关于土地问题的新律与敕令，因便于查辑，特转化为表格，并译录如下[①]：

表16-1　10世纪拜占庭帝国诸帝颁行之土地问题新律一览

序号	新律名称	颁行时间
A	利奥六世颁行之新律（Novel）	900年
B	罗曼努斯一世·雷卡平颁行之新律	922年或928年
C	罗曼努斯一世·雷卡平颁行之新律	934年
D	君士坦丁七世·伯菲罗杰尼图斯颁行之新律	947年
E	君士坦丁七世·伯菲罗杰尼图斯颁行之新律	947年
F	罗曼努斯二世之敕令（Rescript）	961年
G	罗曼努斯二世之新律	962年（?）
H	尼基弗努斯二世·福卡斯之敕令	在963年到969年
J	尼基弗努斯二世·福卡斯之新律	964年
K	尼基弗努斯二世·福卡斯之新律	967年
L	尼基弗努斯二世·福卡斯之新律	967年（?）
M	尼基弗努斯二世·福卡斯之敕令	在963年到969年
N	瓦西里二世之新律	988年新律
O	瓦西里二世之新律	996年

[①] Paul Lemerle, *Agrarian History*, Galway: Officina Typographica, 1979, pp. 87-88; Eric Mcgeer, *The Land Legislation of the Macedonian Emperors*, Toronto: Pontifical Institute of Mediaeval Studies, 2000, p. 4.

二 文献研究篇

由是观之，马其顿王朝诸帝所颁行的上述诸法，基本可以分成两类：一类是新律，共计 13 条。另一类是敕令，共计 3 条。所谓新律，主要是皇帝主动对以往立法有遗漏或需要补充之处进行的增补。所谓敕令则是皇帝就某一案例所做出的答复。新律也好，敕令也罢，两种形式都是国家对于旧法的补充，也是针对现实问题的及时调整。罗曼努斯统治时期的 B 令与 C 令皆为新律，其考虑显然不是局限在某个个案或某类案例，而是针对一系列现实问题加以颁行的，两者之间有很强的联系。同时，表格还反映了 B 令和 C 令上的一个重大区别，即 B 令的颁行时间究竟是 922 年还是 928 年，至今仍然存有争议。

据学者整理，B 令有三个版本①：除了序言外，第一个版本由两部分组成；第二个版本则在序言之外有三个部分；第三个版本则是第一个版本的摘要。对于版本的真伪，斯沃罗诺斯（Svoronos）认为 B 令的第一个版本尽管有拼凑嫌疑，但是更加真实可靠。而奥斯特洛格尔斯基则恰好相反，认为其拼凑特点需要人们更加仔细鉴定有关部分的真实性，他认为 B 令的第一部分更加真实。相较而言，934 年颁行的 C 令无论在颁行时间上，还是在版本上争议相对较少。

然而，就内容而言，C 令和 B 令差异甚大。这里以麦克吉尔的第一个版本为基础，先对 B 令做的内容做一番梳理。罗曼努斯首先在序言中提出，自己颁行的这则新律是针对"古老的法律"②而来的。提及"古老的法律"，人们往往迅速想起利奥六世（Leo Ⅵ, 886—912 年在位）于 900 年左右颁行的新律，即为上表中的 A 令。现将 A 令内容译录如下③：

> 财产所有者被允许不受干涉地和无须给予公示地向任何人出售他希望（出售的财产）。陛下允许，只要购买任何财产者的财政义务能服从国库，则邻居不应反对出售。因为如果一位贫弱者、穷困潦倒者没有强烈的意图希望出售他自己的财产，而邻居却背地里日复

---

① Eric Mcgeer, *The Land Legislation of the Macedonian Emperors*, p. 37.
② Eric Mcgeer, *The Land Legislation of the Macedonian Emperors*, p. 40.
③ Eric Mcgeer, *The Land Legislation of the Macedonian Emperors*, p. 36.

第十六章 罗曼努斯与934年新律

一日地等待他们放弃财产,以致一无所获。陛下认为这不公平。

因此,允许所有贫乏而穷困者出售他们不可能保留的财产,一旦它们的价值得到评估,那么公平的购买者可以保留他所得。邻居可以在第一年的六个月内提出申诉,并且在给付购买者价格的基础上获得这一财产。当这一期限终止,邻居因此被排除在外,财产的所有权被确认给购买者。

A令主要处理的是贫弱者土地出售的优先次序问题,核心是加速土地出售。为了公平起见,又给了邻居以六个月的申诉期限。不过,利奥六世的法令却引起了混乱,人们认为它实际上只是满足了权贵阶层的利益。但是,勒梅尔却在《拜占庭农业史》中认为A令实际上是针对既存的法律存在着不连续现象的,因为一部分法律规定任何亲属不能阻止所有者出售其财产,另外一部分法律则规定土地不能出售给同一财政区之外的居民①。应该说,勒梅尔的说法对于前一看法具有重要的补充作用。因为法律的不连贯往往导致制度效果不佳,不能满足所需。因此,利奥从一开始就强调财产转让的先决条件就是国库所需。在此一条件下才能谈先占权 ($προτίμησις$, protimesis, preemption)②。问题在于,利奥六世并未在A令中明确提出废除旧法。虽说其创制法令的主观愿望是试图体现国家财政所需,体现公平,但是废除先占权的客观效果却是权贵土地兼并蜂起。

因此,罗曼努斯在B令的序言之后,首先强调关注公共税收,关注先占权的规范问题,其次把财产转让问题加以细化。细化的重点是把先占权的顺序明确化。罗曼努斯下令,无论出售或出租,以下五类人具

---

① Paul Lemerle, *Agrarian History*, p. 91.
② 亦称优先购买权。林根绍尔、帕拉通(G. Platon)、奥斯特洛格尔斯基、斯沃罗诺斯等人系统研究了先占权。参阅 Paul Lemerle, *Agrarian History*, p. 90。此外,拉伊乌主编的《拜占庭经济史》亦收入了 Eleutheria Papagianni 的系统的研究成果,参阅 Eleutheria Papagianni, "Protimesis (Preemption) in Byzantium", in A. E. Laiou ed., *The Economic History of Byzantium*, Vol. Ⅲ, Washington D. C.: Dumbarton Oaks Library and Research Collection, 2002, pp. 1071 - 1082。

有优先权：（1）占有相邻之土地的任何亲属；（2）其他邻近该土地的所有者；（3）与行将转让的土地相互交错的地产之占有者；（4）共同交纳税收的相邻土地占有者；（5）其他类型的相邻土地占有者。其他购买者必须在这五类人完全没有能力的情况下才能进入交易。这样，罗曼努斯实际上为了保护小地主，进而保护国家税源，防止大权贵进行跨地域的土地兼并设置了程序性障碍。长期以来，这一障碍遭到了贵族们的敌视。代表权贵势力的尼基弗努斯二世·福卡斯（Nicephorus Phocas，963—969年在位）于967年颁行法律废除了农民的先占权。

B令和A令差别最大的是第二部分的规定。如前所述，利奥六世的法令，除了六个月的过渡期外，实际上取消了先占权，有利于权贵进行土地兼并。而罗曼努斯在B令的第二部分则明确提出如下规定①：

> 我们禁止权贵今后获得任何土地，无论是收养或者捐赠，平常的还是因突发事件获得的捐赠（*mortis causa*），或通过遗嘱安排，通过独自使用，或通过某种形式的保护与支持。他们应该少做为好，除非是他们的亲戚。他们也不能与任何他们没有自己财产的村庄与部落中的所有者进行新的购买、租赁或交换。

不仅如此，罗曼努斯还在B令中使用较为抽象的语言对权贵进行了界定。他说，所谓权贵"是那些……有能力胁迫出售者或者以某种利益满足他们的人"②。值得注意的是，罗曼努斯尤其不能容忍对军农的胁迫。关于这一点，笔者将在第二部分论及。由此可以推断，B令的第二个版本的第三部分规定的内容还是比较可信的。其内容如下③：

> 除了这些问题，我们命令三十年内或可能在这一事件之后的无论以任何什么方式转让的军农土地（military land），必须再次无偿

---

① Eric Mcgeer, *The Land Legislation of the Macedonian Emperors*, p. 46.
② Eric Mcgeer, *The Land Legislation of the Macedonian Emperors*, p. 46.
③ Eric Mcgeer, *The Land Legislation of the Macedonian Emperors*, p. 48.

第十六章 罗曼努斯与934年新律

地恢复义务和他们各自的军役（strateia）服务，除非土地足够留给军农（stratiotes），甚至转让考虑了某些登记军事服务去完成新的军役。

此一规定表明，B令本身存有重大缺陷。其缺陷的集中表现是，对于权贵的界定过于含混，不利于操作。同时，第二个版本的B令之第三部分触及了军事地产。这表明7世纪以降，军区制作为一项重大制度设计，影响巨大，它的客观结果是军农阶层在帝国社会结构中有着重要地位。还值得注意的是，B令并未像C令那样明确触及教会地产，并且措辞严厉。这或许反映了在尼古拉斯等教会权贵支持下上台的罗曼努斯有难言之隐：政权初建不过三年，稳定压倒一切。从此一角度来看，B令颁行于922年可能更为可信。

由此，随着土地问题进一步恶化，在政权逐步稳定的情况下，帝国必然要对法令再次进行完善。这就不能不进一步地分析934年新律，即C令。相对而言，C令内容更加丰富。除了《序言》《后记》，该新律还包括篇幅较长的正文部分，其主要内容如次①：

《序言》部分。罗曼努斯大量使用宗教语言，并表达了三层意思：邪恶与贪婪导致人们利用或规避法律；必须从社会正义的角度来帮助贫弱者；为了维护神圣的正义，必须进一步完善法律，使之变得更加严密。

正文部分。包括七个小部分：

（一）第一个小部分主要包括2条。在此，罗曼努斯一方面强调继续强调了和先占权有关的财产交易的合法性，另一方面强调权贵们务必要对贫弱者要有仁爱之心。该小部分最值得注意的是，没有再模糊地界定权贵，而是采用列举法，把军事、行政、教会权贵及其仆从一一列出，告诫他们不要有侵犯动机。

（二）第二个小部分共计3条，主要是针对不公平交易的，不公平

---

① Eric Mcgeer, *The Land Legislation of the Macedonian Emperors*, pp. 53–60.

交易现象包括利用贫弱者困难、串通等种种情况。针对不公平交易者，罗曼努斯采取了驱离出村社，并补偿原物主等措施。

（三）第三小个部分仅有 1 条，但是充满着宗教语气，告诫那些由卑微至高贵者不要忘乎所以地掠夺邻居优质资产，要与邻为善。

（四）第四个小部分共计 2 条，强调不在同一村社，但侵占别人财产者在规定日期内必须归还所得。对于已经构成侵占者，将处以驱逐、流放、没收所得等处罚。

（五）第五个小部分共计 3 条，其目标主要是进一步规范土地转让行为。罗曼努斯在法令中强调转让必须按照自由且非强迫原则以及价格公平原则进行才能免于交纳惩罚性税收。同时，法令还引入了 3 年过渡期，并以利润的多寡来规定惩罚的措施。

（六）第六个小部分仅有 1 条，其目标是进一步规范修道院地产问题。法令从原罪的角度提出，修士与修道院不能通过欺骗、阴谋诡计来获得土地。

（七）第七个小部分仅有 1 条。该条法令强调了裁决的仁爱之心，同时强调不论权贵身份，只要在该法令颁行之后仍然以身试法者，将受到严惩。

后记部分。罗曼努斯主要从宗教、人的自由、外敌入侵、内部政局等角度，以高度抽象的语言强调颁行该法的重要性。

可见，从 A 令到 C 令的一贯主线是如何处理土地转让中的规范问题，如何调适权贵与贫弱者之间的社会关系问题。其内容的转变与利益侧重表明，拜占庭帝国的立法活动并非像部分学者所认为的那样没有什么新意。帝国之制度变迁按照其自身逻辑与当时需要而不断演化着。为了分析这一演化进程有必要进一步来考察该新律的特征及其社会背景。

二 934 年新律的特征及其社会背景

尽管 C 令和 B 令的共同特点都是要规范土地交易，都对权贵进行了界定，都涉及出售、捐赠、遗赠等土地转让形式，都涵盖了先占权，但是相较而言，除了内容更加丰富，C令还在其他许多方面出现了和B令不同之处。

在先占权方面，应该说B令的规定十分严格。比如，对于那些串通作伪证者，B令就规定：

> 所有转让给村社和那些因嫁娶、婚前捐赠、遗嘱布置、交换或定居而转让给外来者的人们，在由于某些原因秘密出售或租给没有先占权的人的条件下，没有人公开他弄虚作假地获得了捐赠、遗产或任何前面提到的转让。正是由于这一原因，拥有先占权的人们必须严格奉行来自出售者和购买方的誓约。如果转让者厚颜无耻地做一些违背我们法律规定的事情而公然假装做其他方面，他们将被证明在发誓后犯罪，他们和那些参与欺诈者将受到伪证罪的惩罚；购买者将被剥夺财产①。

C令同样注重严厉惩戒，法令中涉及驱逐、流放、罚金、没收等惩戒措施。但是，C令在严厉惩戒的基础上又多了大量道德说教的语言，可以说是严厉惩戒和道德说教两者的结合，这充分反映了罗曼努斯通过外在的法律惩戒与内在道德化育来解决内部问题的用心。这些道德说教最主要的表现在：

（一）宗教语言

在《序言》部分，罗曼努斯首先从上帝与灵魂安居、末日审判说起。次而，引述《圣经·赞美诗》中的语言，表达自己必须代表上帝，眷顾贫弱者的叹息，清洗和纯净贪婪的嗜好。由此，罗曼努斯明确表明自己的立法是基于"普遍之道德"②。宗教语言不仅出现在《序言》部分，而且在正文的法条当中。罗曼努斯引述《圣经》之《马太福音》

---

① Eric Mcgeer, *The Land Legislation of the Macedonian Emperors*, p. 45.
② Eric Mcgeer, *The Land Legislation of the Macedonian Emperors*, p. 54.

的比喻,把贪婪的土地兼并者斥为掺杂在麦子中间的毒麦;"毒麦之喻"似乎未尽他的愤怒,在《序言》中,他进一步把内部敌人斥为上帝之敌①。

(二) 权力观说教

罗曼努斯并非仅仅运用宗教语言对权贵们加以斥责,他还在法令中加入了权力观的说教。尽管法令措辞激烈,但是罗曼努斯并不想过分使自己置于权贵们的对立面。他在法令中明言,对于利用贫弱者集聚财富者的惩罚实际是为了"我们的"共同利益与共同秩序。这里的"我们",显然包括了权贵集团②。诚如前述,他在《正文》的第三小部分中反复强调既然权贵们的权力基于神授,那么应该珍惜上帝的眷顾,不要过分贪婪。更为直白的是,罗曼努斯还说"这些裁决已经以十分仁爱的方式加以解释,非常适度地惩罚了贪得无厌,并且采取了有利于国家的措施"③。权力的核心在于利益的分配,"仁爱"二字清楚表明了罗曼努斯立法时的利益选择。而对兼并者的惩治若以"毒麦之喻"来形容的话,罗曼努斯其实最担心的是毒麦危及良麦,尤其是危及国家权力之稳定。

宗教语言与道德说教很可能使得法令过于抽象。在法令中,罗曼努斯大量使用了"共同利益""秩序""自由""自然秩序""解放""公平""公正"等抽象性的概念来表达自己的理念与立法之必要性。但是,C令成功地做到了抽象性与操作性的结合。使用抽象语言最多的部分出现在《结语》部分当中,它论述了立法目标与保持法令效力之必要性:

> 如果我们在上帝的垂顾之下已经努力地给臣民提供免于敌人进攻的伟大自由,把它作为我们祈祷和努力的目标:我们将在完成反对外部敌人的屠杀之后,怎能不清除我们自己内部的敌人——自然秩序之敌、造物主之敌、正义之敌,通过侮辱和压制贪得无厌,通

---

① Eric Mcgeer, *The Land Legislation of the Macedonian Emperors*, pp. 54 – 60.
② Eric Mcgeer, *The Land Legislation of the Macedonian Emperors*, p. 55.
③ Eric Mcgeer, *The Land Legislation of the Macedonian Emperors*, p. 59.

过切除贪婪的性情,以及通过把臣民从暴政的奴役下解放出来,用现行法律的锋利之剑以带有公正目的之高压手段和思想解放他们呢?为了上帝的垂顾,为了共同的利益,为了受之上帝的、我们的帝国,让每一个进入司法程序的人们注意到这些条款将永久地保持着效力。①

保障自由与公正,确保公共利益的关键在于对法律是否在实践中具有可操作性,进而达到法令所设定的目标。法律的操作性往往系之于针对性。这方面,罗曼努斯在法令中翔实地涉及一系列扭曲正常土地转让,进而达到土地兼并目标的贪婪行为。这些贪婪行为花样繁多,比如一些权贵通过与土地出售者串谋,试图通过遗赠、礼赠等形式来合法化土地兼并行为;比如利用饥馑,用谷物以极低价格获得土地,等等。针对这些贪婪成性的行为,罗曼努斯在法令中都提出了相应的解决办法。这样,法令把抽象的理念与针对性、操作性紧密结合起来了。

至于所谓清除"自然秩序之敌""造物主之敌""正义之敌"则涉及当时的社会背景与罗曼努斯自身的人生历程,穿透这些社会背景和解读在此背景之下的罗曼努斯人生历程也许能够有助于了解934年新律。

870年,罗曼努斯出生于军农家庭,其父塞奥菲拉克特(Theophylact)系亚美尼亚农民。871年,在瓦西里一世率军攻打特费里斯(Tepherice)时,塞奥菲拉克特机敏地把他从阿拉伯人手里救了出来。其后,他被提为贴身卫兵。这样,农民之子——罗曼努斯便因为父亲而有了较好的社会资本。从农民之子到帝国皇帝,他的升迁与边疆压力和权贵内斗直接相关。罗曼努斯曾是海军司令,在帝国面对阿拉伯人的冲击中,海疆的重要性上升。帝国舰队和凯比海奥(Kibyrrhaiotai)、萨莫斯、爱琴海、贺拉斯、马代特斯(Mardaïtes)等军区的海军至少有17014人②。利奥六世的继任者亚历山大去世之后,留下了一个七人摄

---

① Eric Mcgeer, *The Land Legislation of the Macedonian Emperors*, p. 60.
② Mark Whittow, *The Making of Orthodox Byzantium*, *600 – 1025*, Houdmills, Basingstoke, Hampshire and London: Macmillan Press LTD, 1996, p. 185.

二 文献研究篇

政委员会。但是，摄政委员会围绕着皇权延续与保加利亚问题一分为二，内斗激烈，政局风雨飘摇。罗曼努斯并非摄政委员会的成员，但是却能够利用权贵内斗最终获得皇权。罗曼努斯获取皇权的道路表明，权贵势力对国家政局稳定至关重要。同时，经常从事边疆战事的将军和军农之子的人生经历亦告诉他，调适权贵与贫弱者之间的土地关系至关重要。因此，罗曼努斯在934年法令中提到了两种敌人：一是帝国边疆面临外敌入侵；二是因土地关系调适不畅导致的政局动荡。在罗曼努斯看来，这两种敌人深刻地影响着皇权及其臣民的自由，也影响着权贵自身的利益。

在获得皇权之初，罗曼努斯政权在边疆战事中进展顺利。他任用名将约翰·库库阿斯，沉重打击了阿拉伯人。约翰·库库阿斯的胜利意味着拜占庭的全面反攻。在巴尔干，罗曼努斯为了有效对付西蒙领导的保加利亚，采用了远交近攻的地缘政治策略。拜占庭以出让达尔马提亚和部分岛屿的管辖权为代价，和托米斯拉夫（Tomislav，约910—928年在位）领导的克罗地亚交好。同时，拜占庭还在塞尔维亚与西蒙争夺保护人的地位，失败的西蒙不得不采用军事手段征服塞尔维亚，但是却消耗了实力，结果败在克罗地亚人手下。927年，西蒙去世，取而代之的是软弱的彼得。拜占庭的北部威胁暂时得到缓解。但是，军事胜利需要稳定的政局与后勤来巩固。约在927年到928年，酷寒来临了。而尽管罗曼努斯之前颁行了B令，但是对权贵约束不大，绩效不佳。比酷寒更为严重的是贪得无厌的权贵，大地主们乘机"成片成片地，成块成块地蚕食和吞灭更加贫穷的邻居"[①]。而7世纪以来使得拜占庭能够在外敌入侵之下确保自己长期生存下去正是军区制，军区制的主体是农兵。他们不仅是帝国的兵源，而且是帝国的财源。

天灾人祸激化了社会矛盾，帝国羸弱使得外敌威胁加剧。在934年新律颁行前夕，帝国正和阿拉伯人在米尼特尼展开生死争夺。同时，帝国内部还发生了叛乱。约在932年，奥普西金（Opsikion）军区出现

---

① Mark Whittow, *The Making of Orthodox Byzantium*, 600–1025, p. 248.

第十六章 罗曼努斯与934年新律

了一个叫瓦西里（Basil）的人。他伪称君士坦丁·杜卡斯——他在913年失败的政变中被杀，但是英雄形象却长期留在大众记忆当中。瓦西里本人亦曾经被逮捕和拘押到君士坦丁堡，遭剁手之罚，并因此获得绰号"chrysocheir"，即"铜手"。其时，他重新召集其支持者，发动大起义，反对皇帝罗曼努斯。此一事件使得帝国不得不重视和起义者争夺贫弱者的支持，不得不需要像贫弱者做出某种妥协——至少是字面上的妥协。而起义本身也使得帝国权贵内部有了团结的可能，对措辞激烈的法令也有一定心理承受能力。从这一角度来看，法令要求权贵们对贫弱者要有仁爱之心，实际上在告诫权贵们要通过善待贫弱者来善待自己。所谓"共同利益"，所谓"自由"皆和这一特殊背景紧密相关。可见，934年新律是罗曼努斯政权为了权贵集团利益在极其紧急情况下制定的。

然而，法律如果只是因为紧急情况而创制，则往往失之于粗疏。如上所述，罗曼努斯强调自己的法令是能够"永久地保持效力"的。从法令内容本身来看，C令确实体现了紧迫性与严密性相结合之特征。严密性可以进一步确保法律在操作上的有效性。严密性主要体现在两个方面：

（一）堵塞旧法之漏洞

罗曼努斯一方面引述查士丁尼时代的古法，指责土地兼并者所造成的危害犹如瘟疫一样可怕，另一方面罗曼努斯亦看到包括以往帝王和自己过去所颁行的旧法亦留下了粗疏之处。正如奥斯特洛格尔斯基所阐明的和本章已经论及的那样，B令颁行之后，权贵们却往往利用先占权规定中的模糊地带进行土地兼并，法令的效力亦不如预期[1]。同时，在极端困苦之下，农民亦往往利用旧法漏洞，把土地赠送给权贵或修道院，以换取紧急状况之下的生存之需。这些内容，B令都未加规定，而C令皆有补充，堵塞了土地兼并者的后路，又照顾了贫弱者利益。

（二）分类惩戒

分类惩戒主要表现在两种情况当中：首先是仔细分析包括窜谋在内

---

[1] George Ostrogorsky, *History of the Byzantine State*, pp. 242–244.

的各种土地兼并手段。其次才是依据犯罪事实予以惩戒。这一点在C令《正文》的第五个小部分中体现得十分明显。该小部分主要针对价格赔偿问题做出了具体规定①，规定从利润角度把犯行分为3类，并提出了各自的处罚措施。比如，一旦土地的真实价格超过了实际交易价格2倍以上，那么必须把土地购买者驱逐出村社。也就是说，土地兼并者如以极其低廉的价格获得土地且真实价格远超交易价格2倍以上的话，他将被驱逐。再比如，如果所得利润和价格相等的话，那么必须惩罚购买者，让其一无所获。此外，土地兼并利润较低的情况，法令亦做出了具体规定。对于合法的土地出售行为，则规定了出售者可以在3年过渡期里通过向购买者交纳和当时交易价格一样的资金收回土地。

由上足见，罗曼努斯颁行934年法令是在紧急状态下做出的，但又是深思熟虑的结果。法令既有痛心疾首的宗教谴责，又有声色俱厉的道德谴责，更有相应的可操作的惩戒措施。

三　934年新律的影响

虽然C令用心极为细致，但是一些学者对于934年新律之影响的评价并不是太高。奥斯特洛格尔斯基认为，934年新律虽然在措辞上很严厉，政府却可能因为农民失去土地的回购能力以及由于购买者可能是当地官员或其亲属而无法做到真正地去严格执行②。斯蒂文·任西曼曾经专门写了一本带有传记色彩的书籍——《罗曼努斯·雷卡平及其统治》，该书以专题形式研究了罗曼努斯获得统治权的经过及其统治历程。然而，关于土地立法活动的专题，任西曼使用的篇幅十分有限，涉及934年新律者仅仅一段。不过，任西曼对于C令的评价有几点值得注意③：首先，他认为罗曼努斯并不想特别冒险，原因在于他在法令中制定了详细的补

---

① Eric Mcgeer, *The Land Legislation of the Macedonian Emperors*, p.58.
② ［南斯拉夫］奥斯特罗戈尔斯基（奥斯特洛格尔斯基）：《中世纪拜占庭的农业状况》，见［英］波斯坦编《剑桥欧洲经济史》第一卷《中世纪的农业生活》，第193页。
③ Steven Runciman, *Emperor Romanus Lecapenus and His Reign*, p.227.

第十六章 罗曼努斯与934年新律

偿条款,想尽可能地让大地主所得甚少,罗曼努斯真正的用意是阻止土地兼并形势恶化。其次,他认为罗曼努斯的立法活动取得了某种程度上的成功,也保留了部分效力。关于这一点,沃伦·特里高德亦持有相同看法,他认为不少权贵拒绝它本身就说明法令是有效的①。

尤为重要的是,任西曼指出了罗曼努斯立法活动的最重要的缺点在于,罗曼努斯的土地立法活动要显出巨大的成效必须依赖优秀的行政管理人员。而这正是奥斯特洛格尔斯基所怀疑的地方。原因在于"作为制度变迁关键的组织必须是有效组织"②,组织要有效必须在利益上有一致性,而要执行者要执行不利于自身利益的制度,委实难以彻底。因而,由此观之,奥斯特洛格尔斯基和任西曼持有相同的逻辑前提,即由于国家在社会经济结构中占据主导地位③,拜占庭的制度变迁属于强制型变迁④。这就决定了官僚体系必然深刻地影响着法令成效。而官员大量参与土地兼并,其集团利益和罗曼努斯所声称的公共利益并不一致,这显然将使得法令在执行中遇到大量阻力而大打折扣。两位学者都提到了一个共同的证据,即在罗曼努斯去世之后,君士坦丁七世不得不颁行新法来制止购买农民土地⑤。君士坦丁甚至在947年的法令中规定财产

---

① Warren Treadgold, *A History of the Byzantine State and Society*, Stanford: Stanford University Press, 1997, p. 482.

② 卢现祥:《西方新制度经济学》,中国发展出版社2003年版,第80页。

③ 关于国家在拜占庭帝国中的功能,可以参阅 Nicolas Oikonomides, "The Role of the Byzantine State in the Economy", in A. E. Laiou ed., *The Economic History of Byzantium*, Vol. Ⅲ, Washington, D. C.: Dumbarton Oaks Library and Research Collection, 2002, pp. 973–1058。

④ 人们把制度变迁分为强制型变迁与诱致型变迁两种。所谓强制型变迁是由政府命令和法律引入与实现的,其主体是国家。国家在制度设定中主要提供法律和秩序,并保护产权以换取税收。参阅卢现祥《西方新制度经济学》,第110—111页。我国学者则把拜占庭帝国的制度视为刚性体制,参阅厉以宁《罗马—拜占庭经济史》(下编),商务印书馆2006年版。还有学者认为,拜占庭的以皇权为核心的官僚体制早在3世纪危机中就开始孕育了。参阅 Wilhelm Ensslin, "The Emperor and Imperial Administration", in Norman H. Baynes and H. St. B. Moss eds., *Byzantium: An Introduction to East Roman Civilization*, London: Oxford University Press, 1953, p. 268。

⑤ 参阅 Steven Runciman, *Emperor Romanus Lecapenus and His Reign*, p. 227。[南斯拉夫]奥斯特罗戈尔斯基:《中世纪拜占庭的农业状况》,参见[英]波斯坦编《剑桥欧洲经济史》第一卷《中世纪的农业生活》,第194页。

不到50个金币的农民在回购已经出让的土地时可以得到豁免。但是,该法令很快由于权贵们的反对而遭到废除。然而,947年之后的立法是否受到罗曼努斯934年法令之影响,则未加详论,甚至没有提及。

较之奥斯特洛格尔斯基、任西曼、特里高德等人的评价,埃瑞克·麦克吉尔的评价似乎来得更高一些。他认为,罗曼努斯颁行的934年新律是在特殊社会背景下调适社会阶层关系的重要举措,就此而言,它"是土地法的里程碑",因为"它对'权贵'建立了法律上的界定类型,并且使得饥馑之年成为治理出售与转让财产的转折点"[①]。

综合上述学者的评价,可以看到对C令的评价遇到两个关键问题:打击权贵进行土地兼并的效果,评价C令绩效的时限。要厘清这两个问题,也许需要进一步结合C令颁行前后的社会背景与文本中所反映的罗曼努斯之政治用意来加以分析。

就文本本身来看,罗曼努斯的最终目的并非要彻底打击权贵。前文曾经提及,934年法令颁行的重要社会背景就是927年到928年发生的因严寒而导致的饥馑、932年发生了铜手瓦西里大起义以及东方战线激战正酣。以大起义而言,正如一些学者所指出的那样,大起义的组成者主要是贫弱者,但是起义的结果却使得小农大量破产,权贵乘机兼并。起义虽被镇压,土地关系的基本矛盾非但没有解决,反而进一步被激化。此时,权贵集团的内部关系盘根错节,家族文化盛行[②],分离主义倾向严重。同时,由于罗曼努斯是篡位上台,权贵内部反对势力不在少数。罗曼努斯很难做到彻底打击这些家族势力,至少不敢轻举妄动。何况,作为农民之子的他早在成为国丈之前就已经位列权贵集团之中,他本人能够得以上台亦得到了尼古拉斯等摄政委员会成员、约翰·库阿阿斯以及太子太傅等权贵的支持。因此,对他来说,最好的效果是既要把

---

① Eric Mcgeer, *The Land Legislation of the Macedonian Emperors*, p. 53.
② 帕特拉琴以杜卡斯家族、雷卡平家族、福卡斯家族为案例考察了拜占庭帝国的家族文化与权力之间的关系。列夫臣柯亦列举了10世纪拜占庭帝国在亚洲地区的几个大家族。参阅 [法] 帕特拉琴《东方的复兴:9世纪中期到10世纪中期》,见 [法] 罗伯特·福西耶主编《剑桥插图中世纪史》,陈志强等译,山东画报出版社2006年版,第359—363页。[俄] 列夫臣柯:《拜占廷》,葆煦译,生活·读书·新知三联书店1963年版,第207页。

自己打扮成为权贵利益的维护者,又要防止权贵的分离主义;既要把自己打扮成贫弱者的代言人,又要防止贫弱者的揭竿而起;既要利用贫弱者的反抗,又要防止贫弱者与权贵阶层的对立过分严重。他的盘算是,通过尽可能照顾各方利益,把自己塑造成一个各方大体能够接受的人物,这样有利于扩大国家税基,有利于扩大统治基础。

表面看来,罗曼努斯在 C 令中对权贵的定义好像显示了他打击所有来自军队、官僚、教会等利益集团的权贵的决心。甚至,人们还可以从文本找到罗曼努斯斥责修道院不洁净来表明他是真心要打击权贵的。其实不然,罗曼努斯所要打击的权贵范围实际上要小很多。因为或许考虑到上述因素,政治现实使得罗曼努斯必须强调:"我们不是出于对权贵的仇恨或者预谋制定这一法律,而是出于对贫弱者和公共福利的仁爱与保护。然而,那些权力受之于上帝的人,那些在声誉和财富上超出许多的人,应该把关心贫弱者视为一项重要任务。这些把贫弱者视为掠夺对象的权贵们令人愤恨,因为他们确实不应该暴富。"①

显然,法令的打击对象主要是暴富的权贵,而非全部贵族。即便如此,罗曼努斯仍然提醒权贵们注意这些裁决是"仁爱的",是"适度的"②。当然,法令的大量内容涉及的是对贫弱者的保护,反映了罗曼努斯从农民之子到皇帝的身份转变。同时,长期作为边疆军官的经历使得他对军农处境有切身体会,亦深知其重要性。攫取皇位之后,他考虑得更多的是边疆压力、自然灾害、内部战争等原因。这些原因表明打击部分权贵实在是不得已而为之之举。这里不得不再次引用罗曼努斯在《正文》第三小部分的叙述,因为它也许能够反映他的内在心理。他说,受上帝垂顾,许多卑微者得到了提升,甚至成为高等级社会成员;对这些人来说,更应该与人为善,和邻居和谐相处;否则,即使上帝也会裁之以惩罚③。

故而,罗曼努斯更关注的是政局稳定,使皇权能够在内外压力之

---

① Eric Mcgeer, *The Land Legislation of the Macedonian Emperors*, p. 54.
② Eric Mcgeer, *The Land Legislation of the Macedonian Emperors*, p. 59.
③ Eric Mcgeer, *The Land Legislation of the Macedonian Emperors*, p. 56.

下，在天灾人祸之中能够全身而退。从皇权平稳的角度来看，罗曼努斯颁行的 C 令只能牺牲部分暴富的新贵。这种牺牲也确实达到了制约和震慑权贵的效果，缓解了权贵集团与贫弱者之间的矛盾，取得了很大成功。只不过，具有悲剧意义的是，所谓"内部的敌人"就在他身边的亲属当中。罗曼努斯在约制权贵方面的最大败笔就在于未能管好自己的子女。对此，奥斯特洛格尔斯基引述《圣经》的话评论道："人最可怕的敌人是那些最亲密者。"① 假若没有皇子急于夺权，在位时间长达近 25 年之久的罗曼努斯之统治恐怕还会来得更长。

同时，人们在评价打击权贵效果时往往会把利奥六世于公元 900 年颁行的 A 令与瓦西里二世 996 年颁行的 O 令加以比较，认为利奥六世的 A 令满足了权贵的利益，而罗曼努斯和瓦西里二世的 B 令、C 令、O 令则沉重打击了权贵。此一看法固然有其合理之处，至少此一看法中蕴含的比较视角与长时段观察为评价 C 令的影响提供了重要的研究思路。但是，不得不说明的是，此一看法忽略了 A 令、B 令、C 令、O 令之间的共性。

如前所述，正是 A 令中的巨大漏洞才使得罗曼努斯必须颁行新律，堵塞旧法之漏洞。但是，正因为这一点使得让学者们忽视了 A 令与 B 令、C 令之间的共性，忽视了利奥六世在 A 令中的前提性条件：帝国维持军事、行政以及其他公共事务的资金来源主要来自土地产出；帝国为此必须要从财政上维持国库充盈；而利奥允许的交易之前提正在这里。此一前提条件是拜占庭帝国历史演变的十分重要的线索之一。拜占庭帝国的衰亡实际上亦和税基薄弱，兵源匮乏，皇权因难以履行公共职能而衰微等因素息息相关。

琼斯曾经提出，5—6 世纪的拜占庭帝国的税收来自土地产出的是来自贸易和手工业的近 20 倍。具体来说，其财政能力 95% 系之于土地产出，5% 系之于贸易②。7 世纪以来的制度变迁也表明了这一点。拜占

---

① George Ostrogorsky, *History of the Byzantine State*, p. 246.
② A. H. M. Jones, *Later Raman Empire*, Vol. I, Oxford: Oxford University Press, 1964, p. 465; *Later Raman Empire* II, pp. 869 – 872.

庭帝国在7世纪以来的最重要的制度演变也许就是军区制的出现与完善，它解决了帝国在面对边疆危机之时的兵源与财源问题①。亨迪则认为在不同地域不同阶段有不同的表现。比如在特拉比松（Trebizond）帝国时代，帝国税收70%—80%来自土地产出，20%—30%来自贸易②。但是，亨迪只是收集了大量史料，但是很难对这一几乎是不证自明的前提加以推翻。正是因为这一前提性条件存在，利奥六世在法令中采取了放任自由的态度，即土地购买方只要履行该税区的财政义务，并且这一义务有利于国库，交易即视为合法。虽然缺少罗曼努斯C令中富有宗教色彩和道德说教的抽象概念，然而和罗曼努斯、瓦西里二世一样，利奥也要摆出公平公正的姿态来，只不过为了安抚邻居情绪，他又给予了6个月的申诉期限。

同样，罗曼努斯也难以摆脱帝国制度变迁中的这一主线索。值得注意的是，罗曼努斯在B令中更进一步，明确界定了何谓"同一财政单位"。所谓同一财政单位是"指所有那些居住在同一税收区域的人，即使他们在不同地点纳税"③。罗曼努斯同时规定，只要转让有违国家财政收入，交易视为非法④。在天灾人祸条件下，战争激烈进行之时，国家公共支出更加庞大，维护财政税源任务自然十分急迫。在C令中，罗曼努斯比B令更加频繁地提到国家财税义务与公共利益。只不过在不同的地方，分别使用了"公共纳税""公共福利""利于国库""共同利益""利于国家"等含义略有差异但主旨却一致的措辞。这些措辞在C令中大约使用了9次。

"忧虑就在头上，那里戴着皇冠"⑤，从A令到C令再到O令，皇帝们一以贯之的思维是害怕因为权贵的贪婪而影响国家税基，影响皇权稳固。因而如果评价罗曼努斯C令的影响只是在时限上及于君士坦丁

---

① 陈志强：《拜占廷学研究》，人民出版社2001年版，第50—73页。
② Michael F. Hendy, *Studies in the Byzantine Monetary Economy*, c. 300–1450, p. 158.
③ Eric Mcgeer, *The Land Legislation of the Macedonian Emperors*, p. 43.
④ Eric Mcgeer, *The Land Legislation of the Macedonian Emperors*, p. 46.
⑤ Eric Mcgeer, *The Land Legislation of the Macedonian Emperors*, p. 113.

七世，显然低估了此一共性及 C 令之影响。忧虑同样时刻弥漫在瓦西里二世心中。虽然 O 令比 C 令更进一步，废除了时效权，然而瓦西里二世的 996 年新律，即 O 令，却和 C 令颇有相似之处，尤其在对待教会财产上，可以说是萧规曹随①。在流传下来的一些版本中，瓦西里二世甚至直接回顾了罗曼努斯措辞激烈的 C 令②。有趣的是，尽管瓦西里二世生于紫袍之家，但是亲眼看见了权贵们争权夺利的他，和罗曼努斯一样憎恨暴富，只不过他在 O 令中采用了具体的案例说明之。在思路上，瓦西里二世较之利奥六世和罗曼努斯更加直接，他直接总结了影响国库收入的几种阴谋与因素③。可见，虽然瓦西里二世 O 令在内容上更丰富了，也更加严厉了许多，但是并非和 C 令没有任何关系。恰好相反，996 年新律在思维上和 C 令多有一致之处，在内容上亦受到了 C 令的深刻影响。这表明，934 年新律的影响远远超出了部分学者所估计的。

四　结语

从 A 令、B 令、C 令、O 令的比较分析可知，制度演变的规律之一是既要有传承性，又要合乎新的实践条件，除旧布新，使之不断严密而具有合理性；既要解决社会矛盾，打击犯行恶劣者，又不可过于偏颇偏激，而是要综合利用各种手段化解社会矛盾。总体来看，罗曼努斯颁行的 C 令是这一规律的集中体现，它既和旧法有一脉相承之处，又堵塞了旧法之漏洞，且影响着其继任者。C 令在国家处于内部矛盾与外部矛盾都十分激烈的情况下颁行，对于打击非法所得，稳定国家税收来源，稳定皇权，作用明显。

同时，就立法而言，C 令试图通过宗教语言、道德说教、抽象理念

---

① Eric Mcgeer, *The Land Legislation of the Macedonian Emperors*, p. 112.
② 学者们认为 O 令的另一个版本很可能在 11 世纪得到了修订。Eric Mcgeer, *The Land Legislation of the Macedonian Emperors*, p. 111.
③ Eric Mcgeer, *The Land Legislation of the Macedonian Emperors*, p. 127.

等多种方式来增加说服能力，做到了法律约制与道德内化、抽象理念与操作方案的结合。尤其值得注意的是，934年法令尽管措辞尖锐，但是罗曼努斯亦十分注重社会和谐，明确表明立法的目的不是要煽动对权贵的仇恨，而是要通过调适社会阶层关系来缓和尖锐的社会矛盾，为共同面对敌人创造良好的社会氛围。此一态度虽然会使得法令的彻底性打上折扣，但是考虑到紧急情况之下创制法律很难在短期内获得最优方案，法令却也合乎了政权稳定之需要。正因为这样，罗曼努斯才能在马其顿皇统既存的条件下，维持长期而颇有成效的统治。

第十七章　节制权贵比较优势：马其顿王朝土地立法类型学分析

提要：节制权贵的比较优势是马其顿王朝土地立法的主旨之一。这些比较优势包括职权优势、财富优势、等级优势、人际关系网络优势以及对法律、政令的诠释优势等类型。从立法文本看来，节制职权优势的核心是褫夺权贵获得资源的权力渠道；节制财富优势的核心是防止社会分化过于严重；节制等级优势的核心是在承认等级制合理性的前提下，防止出现合法性危机；节制人际关系网络优势的核心是防止人际关系网络被非法用于土地兼并；节制诠释优势的核心是确保帝国法令与政令的畅通。因而，立法具有较强的政治色彩，反映了执政者的思维逻辑和实践逻辑。通过立法，国家较为合理地配置了资源，在一定程度上有助于社会良治。

10世纪是马其顿王朝地权冲突最为剧烈的时期。在此期间，帝国立法活动十分频繁，抛开拜占庭皇帝能够直接影响到的教会法，仅以世俗法而言，至少包括利奥六世颁行的 A 令，罗曼努斯·雷卡平的 B 令与 C 令，君士坦丁七世的 D 令与 E 令，罗曼努斯二世的 F 令，尼基福鲁斯·福卡斯的之 H 令、J 令、K 令、L 令、M 令，瓦西里二世的 N 令与 O 令等诸帝的新律（Novel）和敕令（Rescript），计14条[1]。从这些

---

[1] E. Mcgeer, *The Land Legislation of the Macedonian Emperors*, Toronto: Pontifical Institute of Mediaeval Studies, 2000, p. 4.

第十七章　节制权贵比较优势：马其顿王朝土地立法类型学分析

文本来看，拜占庭帝国中央政府对于权贵所采用的各种违法手段，执法的效果，监督体制的实际状况，掌握得比较清楚。然而，从规制的情况来看，许多问题似乎成了痼疾，因为它们多次出现在不同的法令当中。这些痼疾包括先占权、豁免权的滥用问题、欺诈性土地交易问题、利用小教堂侵占土地问题、农民逃亡问题、流民问题、利用习惯法侵占土地问题，等等。而每一次反复，总少不了权贵集团的影子。应该说，拜占庭帝国的土地立法活动确实具有针对性，对权贵们所采取的各种恶劣手段予以严格规制，这是马其顿王朝能够长期兴盛的原因之一。但是，这些问题之所以反复出现，或许和两方面的原因分不开：权贵们的确拥有相当明显的优势；立法者的偏向难以彻底消除这些优势，只能尽量消解这些优势，缓和社会矛盾。从立法文本来看，帝国中央要节制的权贵优势至少包括以下几个方面。

一　职权优势

职权是一种制度化的权力分层，是基于一种职位的权力和法定的权力，因而职权优势的核心在于居于合法地位的领导者（或集团）所享有的影响和指挥他人，促使他人服从的权力①。职权优势还表现为权力拥有者在某一阶段内某一范围之内是稳定的，其比较优势的削弱或终止往往和一定的任期紧密相关，一旦职位被解除，职权优势就能从根本上被节制。职权优势能否得到有效节制，其根本在于针对其作为制度化存在的特点，对官僚制进行恰当的规范。在这一点上，应该说拜占庭帝国拥有较为成熟的体系，韦伯在《世界经济简史》和《国家社会学》的研究中，经常以拜占庭作为例证。拜占庭帝国所留下的包括《礼仪书》《市政官手册》等文献印证了韦伯的看法。

事实上，能够说明帝国官僚制度对职权优势进行规约的成熟性的文献很大一部分保存在立法文献当中。以马其顿王朝的土地立法活动而

---

① 卢少华、徐万珉：《权力社会学》，黑龙江人民出版社1989年版，第274页。

言，帝国在10世纪第一次对权贵做出了明确界定。罗曼努斯在B令中，对权贵作了较为抽象的界定。他说，所谓权贵是那些"有能力胁迫出售者或者以某种利益满足他们的人"①。以权胁迫是权贵逐利的关键性手段。对此，罗曼努斯在934年的C令中作了具体规定。规定明显是从职权的角度来列举。从列举看来，职位主要分布在军功集团、行政官僚集团、教会当中。罗曼努斯强调，立法目的之一就是要让掌握着国家权力的人们要能够对贫弱者仁爱，要能够保护公共福利。当然，罗曼努斯也强调，为了稳定政局，立法本身不是仅仅出于对权贵的仇恨。②

同时，比对B令和C令，可以发现，罗曼努斯立法活动的另一特点是明确警告这些职权的拥有者不要过于贪婪，而是要谨守职位提升、职权扩大时的政治伦理，更不能以权夺财、劫财，这就带有强烈的权力观说教色彩。罗曼努斯规定："如果神圣的上帝已经把一些人看作更有助益，或者因为不可理解的原因在其他一些案件中把现世生活改变得更好，把他们从卑微者提升了许多，并且把他们提升到更高的等级中的一员，我们规定他们必须保留原来接受的遗产和财产，并且那些通过劫掠比他们财富更少的邻居来扩大他们自己的良好资产者将不会成功。"③对于这部分权贵，罗曼努斯C令中并未明确剥夺其职权，而是重点打击其非法所得。比如，将非法所得收缴入国库。

明确对职权予以剥夺的是瓦西里二世颁行的O令。O令在很大程度上继承了C令的风格④。在该令中，瓦西里二世提到一个案例。案例中的权贵一开始是村民中的贫弱者。后来，他被提升到皇帝宴会侍从（*hebdomadarios*）、皇帝内务侍从（*koitonites*），再其后是皇帝服饰保管员（*protovestiarios*）⑤。这位皇室内宫高官因为土地兼并而被瓦西里二世

---

① E. Mcgeer, *The Land Legislation of the Macedonian Emperors*, p. 46.
② E. Mcgeer, *The Land Legislation of the Macedonian Emperors*, p. 54.
③ 尹忠海:《论罗曼努斯与934年新律》,《古代文明》2008年第2期，第60—62页。
④ E. Mcgeer, *The Land Legislation of the Macedonian Emperors*, pp. 60 – 62.
⑤ *Hebdomadarios*, 皇帝宴会侍从（attendant at imperial banquets）; *Koitonites*, 皇帝内务侍从（an attendant in the koiton, or imperial chamber）; *Protovestiarios*, 皇帝服饰保管员（keeper of the imperial wardrobe）。

予以严惩：剥夺职位，让其在身份上回到起点——村民中的贫弱者①。联系到瓦西里二世在O令的开头明确宣示该令是对罗曼努斯法令的继承。因而，不难理解，瓦西里二世实际上将剥夺职权与打击非法所得结合在一起了。不仅如此，瓦西里二世还在O令当中也同样借助《圣经》中的一些道德教育来强调人们要正确行使职权。

二 财富优势

从某种意义上来看，节制职权优势本身还反映了马其顿王朝立法者的一个强烈的现实面向：他们看到了财富差异对于土地资源配置的重大影响，反过来，土地资源配置有深刻地影响财富分配，因而立法者也试图从这一角度来规范土地交易。君士坦丁七世在D令中就把土地出让价格、财富多寡、贫富分化联系起来。他仍然保留了4世纪时出现的50诺米斯玛这一划分穷人和富人的标准②。在此基础上，D令提出凡是购买者系权贵及其家族，而出售者是少于50诺米斯玛的穷人，那么穷人所要偿还的债务可以免除。显然，法令试图通过经济手段，削弱权贵们的财富优势，以达到约制目的。

财富优势通过购买、礼赠、继承等方式可以在代际之间流动。从当时的文艺作品来看，人们对于财富在代际、家族间的流动具有很强的法律契约意识。影响甚广的史诗《狄吉尼斯·阿卡里特斯》便是重要例证之一。史诗的主人公狄吉尼斯所在家族无疑是拜占庭帝国望族。在狄吉尼斯之前，该家族出了12个将军。不仅如此，该家族拥有一个绵密而广大的社会关系网络，其世系和著名的基纳摩斯、杜卡斯等家族有关。就狄吉尼斯本人而言，他通过婚姻礼赠获得了包括土地在内的大量财富。对于这些财富，其狄吉尼斯未来的岳父提出的结

---

① E. Mcgeer, *The Land Legislation of the Macedonian Emperors*, p. 128.
② 据萨拉迪（Saradi）考证，这一标准被 *Digest* 48.2.4 所引用。它不仅被君士坦丁七世重申了，而且也被 *Procheiros Nomos* 和 Peira 重申。参阅 Eric Mcgeer, *The Land Legislation of the Macedonian Emperors*, p. 62。

◈ 二 文献研究篇

婚要求就是订立和嫁妆财产相关的婚约。这些嫁妆包括 20 个金诺米斯玛的贵重物品、地产、400 头牲畜、14 位厨师、150 个奴隶和 70 个女仆，等等①。

无疑，史诗反映了一种强烈的财产权观念，反映了财产权的继承观念，这些观念构成了一种强大的内在心理动机。因而，为了扩大财富优势，权贵往往会采取剥夺和掠取他人财产的方式，并试图把这种财富优势保持到下一代。对此，瓦西里二世对剥夺者往往会企图绕过时效的心态作了描述："由于我今天正繁荣昌盛，并且贫弱者不可能采取行动反对我，并且如果我的儿子也繁荣昌盛或者我本人继续兴盛，以及我们的财富在法律上的时间限制也将消失，那么我们无须罚没而保留所得，且剥削就是我的利益。"② 这一描述清晰地表明了权贵们兼并土地以保持财富优势的强烈动机。瓦西里二世 O 令之强硬也正表现在这里——从心理动机上予以严厉谴责。

心理动机往往和一定的生活方式和道德取向相关。从法令来看，权贵们凭借财富优势而生活骄奢，虚荣矫情，肆无忌惮，甚至连教会与修道院也不例外。尼基福鲁斯所颁行的 J 令引用大量《圣经》的训诫对此予以抨击和劝诱。尼基福鲁斯把包括教会权贵在内的权贵们的这种习气称为"错误的狂傲"！他还以在埃及、巴勒斯坦、亚历山大等地生活过的圣父们作为例证，强调人作为天使般的精神存在的重要性，由此圣父们能够始终保持一种简朴而一丝不苟的生活③。可见，法令之规制已然深入生活方式与人生观念层面，立法者也试图借道德劝诱来引导权贵们正确看待财富优势。

---

① 史诗《狄吉尼斯》是一部流传甚广的作品，据考，史诗至少存在 A 本、G 本、E 本、O 本、P 本、T 本等版本，此外还有一个 Z 本。关于史诗的更丰富的版本信息可参阅 Elizabeth Jeffreys, *Digenis Akritis, the Grottaferrata and Escorial Versions*, Cambridge: Cambridge University Press, 1998。史诗中提到的诺米斯玛塔是拜占庭帝国的一种货币。限于篇幅，这里不详细列举整个婚礼所费的财物。可参阅 Elizabeth Jeffreys, *Digenis Akritis*, p. 131。

② E. Mcgeer, *The Land Legislation of the Macedonian Emperors*, p. 117.

③ E. Mcgeer, *The Land Legislation of the Macedonian Emperors*, pp. 92-93.

三 等级优势

贵族的财富优势经常和等级优势紧密相关。这一点，马克·布洛赫曾经在《封建社会》一书中论及9—11世纪贵族的这一特点[1]。他还论及，就社会等级而言，封建时代各社会是没有平等可言的，而作为贵族必须兼有两个特点：（1）必须拥有自己的法律地位；（2）必须是世袭的[2]。尽管布洛赫的概括不是针对拜占庭帝国的，但是他把两个兼备的特点综合起来研究贵族的社会等级，仍然具有说服力。大量史料表明，拜占庭帝国贵族亦具有这两个特点。前文论及的史诗《狄吉尼斯》从侧面反映了这些特点。当狄吉尼斯大谈何谓正义之后，帝国皇帝龙心大悦，敕令狄吉尼斯可以继承"*patrikios*"等级的头衔，并继承爷爷的遗产之一——管理边疆事务。而牛津大学约翰斯通博士的研究也表明这种等级制度的存在，他列出了42个贵族头衔名称，并以棕枝主日皇帝对不同等级的赏赐为例说明等级制度与资源配置之间的关系[3]。

同样，马其顿王朝土地立法活动为这两个特点提供了很好的佐证。从罗曼努斯·雷卡平、君士坦丁七世、尼基福鲁斯·福卡斯、瓦西里二世等人的土地立法活动来看，只要不侵犯到国库收益，土地交易不涉及违法，权贵们在社会等级中的优势是不会遭到损害的。君士坦丁七世在D令中就明确说：

> 有适当收入的修士、居住在"上帝保卫之城"的首席执剑者（*protospatharioi*）和较低等级的官僚，只要他们没有采取任何强迫

---

[1] ［法］马克·布洛赫：《封建社会》（下卷），李增洪、侯树栋、张绪山译，商务印书馆2004年版，第475页。

[2] ［法］马克·布洛赫：《封建社会》（下卷），第471页。

[3] 感谢牛津大学詹姆斯·霍华德—约翰斯通博士所提供的资料，他曾经在东北师范大学作过系列讲座。在讲座中，他巧妙而精确地使用了这些史料。讲座内容可参阅尹忠海《拜占庭与西欧中世纪：詹姆斯·霍华德—约翰斯通教授的拜占庭史观》，《古代文明》2007年第2期，第101—105页。

二 文献研究篇

或非正义手段，且没有得到豪强们之庇护，而偶然购买的，不但价钱，而且任何增值的收益，比如葡萄种植园和水磨建筑，都可以收回。只要不破坏财产原貌，他们还可以搬走他们自己的建筑材料。①

就词源来看，"*protospatharioi*"的希腊语单数形式是"πρωτοσπαθάριος"，它是由"*proto*"与"*spatharios*"合并而成。前者相当于英语的"the first"，后者相当于"sword-bearer"，即佩剑者，它可能是源自罗马帝国晚期的贴身侍卫②。尽管难以找到一个合适的中文术语来表达，但拥有"*protospatharios*"这一头衔者实际上是居于一流地位的显贵③。故而，这一条款显然是以承认这些权贵的合法地位和财产权益作为前提的。

即使是不遗余力打击权贵的瓦西里二世也不得不从法律上承认，来自不同集团的权贵在社会等级上的优势，承认他们优势地位的合法性。在教会权贵方面，他在O令中，承认了大主教或主教在满足一定条件下，可以在他们愿意的地方和时间里转让修道院教堂；在世俗权贵方面，他在同一法令中承认，由于不能事必躬亲，自己不得不把管理国库的权力委托给有关官员④。当然，瓦西里二世承认权贵利益的基本前提就是：权贵的等级优势、财产优势，不能以强占别人的财产为前提。这一前提同样适合于另一个特点：世袭。关于这一点，在O令的《序言》中，瓦西里二世叙述得十分清楚：对权贵的严格约束在于剥夺他及其继承人财产中属于别人的那部分财产⑤。

---

① E. Mcgeer, *The Land Legislation of the Macedonian Emperors*, p. 652.
② Alexander P. Kazhdan ed., *The Oxford Dictionary of Byzantium*, Vol. 3, Oxford: Oxford University Press, 1991, p. 1935.
③ Alexander P. Kazhdan ed., *The Oxford Dictionary of Byzantium*, Vol. 3, p. 1749.
④ E. Mcgeer, *The Land Legislation of the Macedonian Emperors*, p. 126.
⑤ E. Mcgeer, *The Land Legislation of the Macedonian Emperors*, p. 114.

第十七章　节制权贵比较优势：马其顿王朝土地立法类型学分析

四　人际纽带优势

人际纽带及其被利用是影响社会结构的重要因素①。而法制是人类基于一定社会结构的有组织的活动体系，此一体系是在社会互动的基础上发展起来的②。因而，人际纽带自然要反映到法制当中来。同时，在人们的互动当中，法制的调适状况也会得到一定程度的反映。譬如，在前文所论及的史诗《狄吉尼斯》当中，男女双方各自所在家族就针对财产关系达成了有法律约束力的契约。联姻双方本来就是望族，联姻后的狄吉尼斯家族自然影响更甚。

除了史诗所反映的人际纽带与法制意识的结合外，在马其顿王朝的土地立法活动当中，权贵们的人际纽带优势同样有着充分的反映。权贵们往往利用家族关系、朋友关系、附庸关系、依附关系等各种人际纽带的表现方式来获得土地资源。罗曼努斯·雷卡平在 B 令中广泛涉及亲戚关系、成年人对未成年人的监护关系、婚约关系、捐赠关系、遗嘱继承关系，权贵之外的社会成员也利用这些关系。但是，在罗曼努斯·雷卡平看来，权贵无疑在利用这些人际纽带上更具有影响力，因而在提到这些关系之后，他接着就从影响力的角度对权贵进行了界定③。罗曼努斯·雷卡平甚至暗示，权贵在利用人际纽带上不择手段，一些去世的亲属也被用作土地兼并的手段④。权贵们之所以如此猖獗，这本身间接表明了他们拥有某种可以依恃的人际纽带优势。

君士坦丁七世则在 D 令中提到了同辈群体、嫁妆置办等人际纽带。

---

①　尽管马克·布洛赫认为人际纽带对社会结构的影响是一个十分难做的课题，但是他仍然在《封建社会》一书中使用了 3 篇来进行细致的阐述，这一课题占据了这本名著的近 40% 的篇幅。马克·布洛赫是从家族关系、附庸和采邑制、下层社会的依附关系三个方面分别展开论述的。这里无意也不可能做如此宏大的论述，而是就立法活动中所反映的人际纽带优势被利用的情况作简略的介绍。参阅［法］马克·布洛赫《封建社会》（上卷），第 215—438 页。
②　陈信勇：《法律社会学教程》，浙江大学出版社 2007 年版，第 59—60 页。
③　E. Mcgeer, *The Land Legislation of the Macedonian Emperors*, pp. 42 – 47.
④　E. Mcgeer, *The Land Legislation of the Macedonian Emperors*, p. 55.

二 文献研究篇

在 E 令中，君士坦丁七世不仅专门就农兵土地财产登记制中的依附关系作了专门规定，而且把亲密程度与先占权的序列结合起来了。从这些规定看来，权贵利用自己在依附关系中的主导地位获得土地资源的现象普遍存在。君士坦丁七世在 E 令中规定："如果一个富裕者从穷苦人那里购买，他将遭到像豪强一样的惩罚，剥夺其购买的土地，并且得不到补偿。"①

在同辈群体、亲戚关系、婚姻关系之外，马其顿王朝土地立法活动还提到了军事地主和农兵的关系、自耕农和依附农的关系。以前者为例，在 E 令中，农兵土地是需要登记的，军事地主除了拥有军役地产外，还可以有自己的独立财富。法令对军事地主们拥有固定资产的数量有限制，但是法令并没有提供这一数量的具体标准。法令还着重提到，军事地主们试图把军役地产转为个人财产。E 令还提到自耕农需要供应农兵，但是不能掠夺农兵所耕作的土地。据法令，军事地主们不仅争夺土地，而且争夺强壮的劳动力。强壮的农兵被他们剥离军队。这些内容表明，军区制的基础——军役地产在 10 世纪已经遇到了严峻挑战。挑战的表征就是，军事地主们在依附关系中居于主导地位，这种地位已然构成了对中央权力的严重威胁。

权贵们不但利用世俗的人际纽带优势，而且抓住时机把世俗的人际纽带关系带到教会与修道院的土地兼并当中来。前文论及的阿塔纳修斯就是一个典型例证。阿塔纳修斯为劳拉修道院制定的教会法规中，就谈到了他和皇帝尼基福鲁斯亲密的朋友关系，当尼基福鲁斯称帝四个月之后，他就找尼基福鲁斯，要求他捐赠只建了一半的修道院。教会和修道院获得包括地产在内的大量社会财富的主要途径是捐赠。马其顿王朝的另一例证是利奥六世的第一位妻子塞奥法诺（Theophano），她和尤西米乌斯关系甚佳，后者当时教会的最高领导。尽管没有详细数据资料流传下来，但可以肯定的是塞奥法诺捐赠给教会的财产十分庞大。因而，无论是 934 年的 B 令，还是其后的 O 令，都对土地作为捐赠物做了明确

---

① E. Mcgeer, *The Land Legislation of the Macedonian Emperors*, p. 75.

第十七章 节制权贵比较优势：马其顿王朝土地立法类型学分析

规定。关于这一点，笔者曾在《论罗曼努斯与934年新律》等文中进行过论述，此不赘述。

教会和修道院的另一重要人际纽带关系史是教会内部的身份差异所导致的交往关系。把这些关系转化为一种获取各种优势，进而获得各种资源也成为教会和修道院的极为重要的路径。在马其顿王朝的法律文本当中，人们经常可以看到"kelliotai"一词。该词词义为"苦工僧"，许多苦工僧实际上是一般的平行徒或修士，他们往往被利用，成为教会或修道院地产的无偿耕作者，甚至被强迫劳动。因此，在约翰·齐米西基斯（John Tzimiskes，969—976年在位）颁行的法律中，就规定教会和修道院不得赖薪。

五 诠释优势

关系纽带终究要由具体的个体来承载，由一定的文本来记载。法律文本和理解者之间的关联性已然得到学界的认可[①]。理解者如何在一定的关系中沟通，如何在沟通中采取一定立场，把握判断依据，必然影响到一定的利益走向。历史地来看，尽管马其顿王朝针对权贵的财富优势、等级优势、人际纽带优势等方面，从法制上作了持续性的、严密的规范，但是由谁来诠释法律，如何诠释法律同样影响着社会结构。以法律解释权而言，至少两个方面值得注意：首先法律解释权涉及特定主体所享有的由国家法律明确规定的可以对国家创制法令进行解释的权力及其界限，它无疑是国家权力的一部分，这就不能不涉及行政权力等方面；其次法律解释的重要群体之一是法官，他们透过法律来进行的操作方法，将法律与社会事实进行结合的过程往往影响利益的分配[②]。

---

① 十余年来，法律诠释问题一直受到学界的广泛关注。由于学科边界，本文无意就此进行理论探讨。对本文具有启发性意义的论文包括：苏力：《解释的难题》，《中国社会科学》1997年第4期；谢晖：《西方法学家的法律诠释观》，《法学论坛》2001年第5、6期；郑永流：《出释入造》，《法学研究》2002年第3期；魏胜强：《法律解释权研究》，博士学位论文，山东大学，2007年；戚渊：《论法律科学中的解释与诠释》，《法学家》2008年第6期。

② 陈金钊：《论法律解释权的构成要素》，《政治与法律》2004年第1期，第43—44页。

二 文献研究篇

事实上，前文论述已多次涉及这两个方面。就马其顿王朝土地立法中关于权贵的定义来看，权贵们主导着国家权力，他们本身就是体制内的核心成员，有的还掌握了法律创制权和解释权。皇帝尼基福鲁斯在 K 令的《序言》中，就告诫握有权柄者要成为合法权力的立法者①。瓦西里二世则在 O 令中表示自己关注法令的约制如何能在权贵当中产生震慑力。他明确提到法律的创制不仅仅是为了将来，而且更是为了能够调适正在发生着的社会现实，为了能够中止被禁止的行为②。具体到土地问题，即使颁行的法令能够有助于土地交易争端得到调适③。

正如包括瓦西里二世在内的部分统治者所认识到的那样，皇帝们不得不要把权力委托给包括法官、检查员或帝国官员。但是，让他感到愤怒的是，法官、检查员或帝国官员们利用了委托权，在执法过程中通过操作法律解释权来肥一己之私，其结果之一便是影响国库收入，危及国家财政能力，扩大社会矛盾。君士坦丁七世在法令中提到，一些司法系统的成员往往在不同的场合，以不同的方式篡改法律，使得被调适的社会问题变得完全混乱。为此，他强调自己颁行的关于农兵的新律就是要使得案件能够有序地、合乎逻辑地得到审理④。其他的一些立法则提到，一些官员在宣读法律时有意遮蔽信息，扭曲信息。如瓦西里二世在 O 令中就提到："由于在边境居民的描述的金玺诏书（chrysobulls）中发现了许多歪曲，并且许多诸如此类的诉讼案被提到了我们的法官面前，我们规定边境的说明性描述没有任何效力。"⑤ "chrysobulls"是一种复数形式，证明了颁行诏令的数量之大。诏令系由帝国皇帝颁行。因而，这一法律文本反映了政令诠释中的扭曲现象引发了大量社会矛盾。

不过，需要注意的是，法律解释权并不总是被不端利用。对于皇室而言，帝国皇帝往往利用法律解释权来缓和社会矛盾。强硬的罗曼努

---

① E. Mcgeer, *The Land Legislation of the Macedonian Emperors*, p. 99.
② E. Mcgeer, *The Land Legislation of the Macedonian Emperors*, p. 120.
③ E. Mcgeer, *The Land Legislation of the Macedonian Emperors*, p. 130.
④ E. Mcgeer, *The Land Legislation of the Macedonian Emperors*, p. 74.
⑤ E. Mcgeer, *The Land Legislation of the Macedonian Emperors*, p. 122.

第十七章 节制权贵比较优势:马其顿王朝土地立法类型学分析

斯·雷卡平也不得不在法令中说,自己的裁决是以"仁爱的方式加以解释"①,这些裁决不仅是为了国库,更是为了减少贫弱者的反抗。可见,皇帝们对权贵利用诠释优势获得有利于己的分配结果是有一定的清醒认识的。也正因为此,马其顿王朝对权力的认识显然较为成熟,从立法来看,对政策、法律的诠释已成为分配资源的重要手段②,也必然被视作权力约束和规范的重要对象之一,甚至被上升到了权力组织资源的有效性的高度③。

从上述对权贵所拥有的部分优势所作的类型学分析可以看到,虽然马其顿王朝的许多皇帝针对这些优势进行了约制、针对先人之法的不彻底性进行过修正、针对法律扭曲现象进行过矫正,但是立法仍然难以具有彻底性,执法过程出现的法律被扭曲现象仍然屡禁不止。故此,立法、执法之困不可能从根源上得到解决,因为其间存在的难以消除的悖论:法律的创制、解释及其执行往往由权贵主导,而约制的对象也主要是善于利用这些优势来参与斗争、冲突的权贵们。

马其顿王朝的土地立法活动无论是立法动机上,还是从立法效果来看,都不可能彻底地消除权贵的优势。不过,不能就此否认其绩效。10世纪的马其顿王朝重大战争不少,但是基本取得了对伊斯兰世界、保加尔人的重大胜利,国土面积扩大得以扩大,拜占庭文明在东欧的影响继续扩大。这些胜利和强大的国家财政支持分不开,到瓦西里二世时期,国库盈余甚丰。因而,马其顿王朝如何节制权贵优势仍然富有镜鉴意义:

第一,从思维逻辑来看,立法不是简单地修修补补,而是带有强烈的综合考量色彩。这种综合性体现在立法不仅从宏观上考虑了法律的资源配置功能,考虑了包括等级关系在内的社会结构与社会流动问题,考

---

① E. Mcgeer, *The Land Legislation of the Macedonian Emperors*, p.59.
② 从社会史角度分析权力与资源配置的关系已成为西方拜占庭学界关注的重点问题之一,约翰·哈尔顿便是其中的代表人物之一,笔者受其影响较大。
③ 尹忠海:《拜占庭帝国转型与权力组织资源的有效性》,《江西财经大学学报》2007年第4期,第76—79页。

虑了政权稳定问题，而且从微观上可虑了权力被委托出去之后如何运行、社会关系如何被不端地利用、法律如何在基层保持信息透明等问题。

第二，从实践逻辑来看，立法考虑了不同优势类型的实践特征，考虑了法律与道德在实践中的紧密关联性。比如，对于节制权贵的诠释优势，皇帝们往往强调法律应该直接让人们知悉；比如对职权优势，皇帝们往往采取褫夺其职位的措施；比如罗曼努斯、瓦西里二世运用宗教素材进行权力观的教育，等等。

第三，从政治与立法关系来看，皇帝们往往以保持皇权的中心地位为着眼点，以社会稳定为核心，舒缓社会矛盾。这些舒缓措施既有稳定统治集团内部方面的，又有和缓统治阶层与被统治阶层方面的。这些舒缓措施带有强烈的政治现实主义色彩。比如，强硬的罗曼努斯提出，法律的制定和解释已经考虑到了对权贵们的仁爱，但是这种"仁爱"是以政权存续为逻辑前提的。

第四，从立法绩效来看，皇帝们颁行的敕令时就已经考虑到了这一问题。皇帝们往往借助各种方式来增强法令效果，这些方式往往以不同优势的特征为逻辑前提。比如，对于有职权优势者，其惩罚措施往往是彻底剥夺其职位；对于利用人际纽带关系进行土地兼并者，包括罗曼努斯等人在内往往直接通过规范社会关系网络在土地分配中的序列，来稳定村社秩序。

附　录

拜占庭皇帝列表

（查士丁尼王朝—马其顿王朝诸帝在位时间）

（一）查士丁尼王朝（Justinian Dynasty, 518—602 年）

查士丁一世 Justin Ⅰ, 518—527 年

查士丁尼一世 Justinian the Great, 527—565 年

查士丁二世 Justin Ⅱ, 565—578 年

提比略二世 Tiberius Ⅱ, 578—582 年

莫里斯 Maurice, 582—602 年

（二）无王朝

福卡斯 Phocas, 602—610 年

（三）希拉克略王朝（Heraclian Dynasty, 610—711 年）

希拉克略一世 Heraclius Ⅰ, 610—641 年

君士坦丁三世 Constantine Ⅲ, 641 年

希拉克隆纳斯 Heraclonas, 641 年

康斯坦斯二世 Constans Ⅱ, 641—668 年

君士坦丁四世 Constantine Ⅳ, 668—685 年

查士丁尼二世 Justinian Ⅱ, 685—695, 705—711 年

（四）中间政权 Ⅰ

莱奥提乌斯 Leontius, 695—698 年

提比略三世 Tiberius Ⅲ, 698—705 年

（五）中间政权Ⅱ

菲利比库斯·巴尔达内斯 Philippicus Bardanes，711—713 年

阿纳斯塔修斯二世 Anastasius Ⅱ，713—716 年

狄奥多西三世 Theodosius Ⅲ，716—717 年

（六）伊苏里亚王朝（或叙利亚王朝 Isurian or Syrian Dynasty，717—802 年）

利奥三世 Leo Ⅲ，717—741 年

君士坦丁五世 Constantine Ⅴ，741—775 年

利奥四世·卡扎尔人 Leo Ⅳ Khazar，775—780 年

君士坦丁六世 Constantine Ⅵ，780—797 年

伊琳娜 Irene，797—802 年

（七）中间政权

尼斯福鲁斯一世 Nicephorus Ⅰ，802—811 年

迈克尔一世 Michael Ⅰ Rangabé，811—813 年

斯陶拉修斯 Stauracius，811 年

利奥五世 Leo Ⅴ，813—820 年

（八）阿莫里亚王朝（Amorian Dynasty，820—867 年）

迈克尔二世 Michael Ⅱ the Stammerer，820—829 年

狄奥菲鲁斯 Theophilus，829—842 年

迈克尔三世 Michael Ⅱ the Drunkard，842—867 年

（九）马其顿王朝（Macedonian Dynasty，867—1056 年）

瓦西里一世 Basil Ⅰ，867—886 年

利奥六世 Leo Ⅵ，886—912 年

亚历山大 Alexander，912—913 年

君士坦丁七世 Constantine Ⅶ，913—959 年

罗曼努斯一世·雷卡平 Romanus Ⅰ Lecapenus，919—944 年

斯蒂芬 Stephen，944—945 年

君士坦丁 Constantine，944—945 年

罗曼努斯二世 Romanus Ⅱ，959—963 年

尼斯福鲁斯二世·福卡斯 Nicephorus Ⅱ Phocas，963—969 年

约翰·齐米西基斯 John Tzimiskes，969—976 年
瓦西里二世 Basil Ⅱ Bogarotonus，976—1025 年
君士坦丁八世 Constantine Ⅷ，1025—1028 年
罗曼努斯三世 Romanus Ⅲ Argyrus，1028—1034 年
迈克尔四世 Michael Ⅳ The Paphlagonian，1034—1041 年
君士坦丁九世·摩诺马赫 Constantine Monomachus，1042—1055 年
佐伊 Zoe，1042 年
狄奥多拉 Theodora，1042，1055—1056 年

后　　记

　　本书的文章撰写与校对工作如下：

　　第一章，张书理；第二章，李继荣；第三章，王小波；第四章，王翘、李强；第五章，李强；第六章，李继荣；第七章，毛欣欣、李强；第八章，李强；第九章，张书理；第十章，李继荣；第十一章，王小波；第十二章，徐家玲；第十三章，李继荣；第十四章，毛欣欣；第十五章，徐家玲、毛欣欣；第十六章，尹忠海；第十七章，尹忠海。李强与徐家玲负责统校全稿，黄群（研究生）协助整理。

　　本书系教育部人文社科重点研究基地项目"中古时期拜占庭立法文献研究与评注"（08JJD770102）成果之一，徐家玲为主持人，王翘、尹忠海、毛欣欣、王小波、李强等是主要课题组成员。